UTB 2933

Eine Arbeitsgemeinschaft der Verlage

Beltz Verlag Weinheim · Basel
Böhlau Verlag Köln · Weimar · Wien
Verlag Barbara Budrich Opladen · Farmington Hills
facultas.wuv Wien
Wilhelm Fink München
A. Francke Verlag Tübingen und Basel
Haupt Verlag Bern · Stuttgart · Wien
Julius Klinkhardt Verlagsbuchhandlung Bad Heilbrunn
Lucius & Lucius Verlagsgesellschaft Stuttgart
Mohr Siebeck Tübingen
C. F. Müller Verlag Heidelberg
Orell Füssli Verlag Zürich
Verlag Recht und Wirtschaft Frankfurt am Main
Ernst Reinhardt Verlag München · Basel
Ferdinand Schöningh Paderborn · München · Wien · Zürich
Eugen Ulmer Verlag Stuttgart
UVK Verlagsgesellschaft Konstanz
Vandenhoeck & Ruprecht Göttingen
vdf Hochschulverlag AG an der ETH Zürich

Grundzüge der Politikwissenschaft

Herausgegeben von Mir A. Ferdowsi

Bisher erschienen:
Christian Schwaabe: *Politische Theorie 1.*
Von Platon bis Locke UTB 2931
Christian Schwaabe: *Politische Theorie 2.*
Von Rousseau bis Rawls UTB 2932
Maren Becker/Stefanie John/Stefan A. Schirm:
Globalisierung und Global Governance UTB 2965

Petra Stykow

Vergleich politischer Systeme

Wilhelm Fink

Der Herausgeber:
Mir A. Ferdowsi, Dr. phil. habil., apl. Professor für Politikwissenschaft und Akademischer Direktor am Geschwister-Scholl-Institut für Politikwissenschaft der Ludwig-Maximilians-Universität München. Neuere Veröffentlichungen u.a.: (Hg.): Internationale Politik im 21. Jahrhundert. UTB 2284, Fink Verlag, München 2002, zus. mit Volker Matthies (Hg.): Den Frieden gewinnen. Zur Konsolidierung von Friedensprozessen in Nachkriegsgesellschaften, Bonn 2003; zus. mit Dietmar Herz und Marc Schattenmann (Hg.): Von himmlischer Ordnung und weltlichen Probleme. Fink Verlag, München 2003; (Hg.): Afrika – ein verlorener Kontinent? UTB 8290, Fink Verlag, München 2004; (Hg.): Weltprobleme, 6. Neuausgabe, Bayerische Landeszentrale für Politische Bildung, München 2007 sowie in der Schriftenreihe der Bundeszentrale für politische Bildung, Band 642, Bonn 2007.

Die Autorin:
Petra Stykow, Dr. phil. habil., Professorin für Politikwissenschaft am Geschwister-Scholl-Institut für Politikwissenschaft der Ludwig-Maximilians-Universität München. Neuere Veröffentlichungen u.a.: mit Jürgen Beyer (Hg.): Gesellschaft mit beschränkter Hoffnung? Reformfähigkeit und die Möglichkeit rationaler Politik. VS Verlag für Sozialwissenschaften, Wiesbaden 2004; Osteuropäische Staatshäupter im Fokus der vergleichenden Politikwissenschaft, in: Ellen Bos und Antje Helmerich (Hg.): Zwischen Diktatur und Demokratie: Staatspräsidenten als Kapitäne des Systemwechsels in Osteuropa, LIT, Berlin 2006; Staat und Wirtschaft in Russland. VS Verlag für Sozialwissenschaften, Wiesbaden 2006.

Bibliografische Information der Deutschen Nationalbibliothek

Die Deutsche Nationalbibliothek verzeichnet diese Publikation in der Deutschen Nationalbibliografie; detaillierte bibliografische Daten sind im Internet über http://dnb.d-nb.de abrufbar.

© 2007 Wilhelm Fink GmbH & Co. Verlags-KG
(Wilhelm Fink GmbH & Co. Verlags-KG, Jühenplatz 1, D-33098 Paderborn)
ISBN 978-3-7705-4548-3

Internet: www.fink.de

Das Werk, einschließlich aller seiner Teile, ist urheberrechtlich geschützt. Jede Verwertung außerhalb der engen Grenzen des Urheberrechtsgesetzes ist ohne Zustimmung des Verlages unzulässig und strafbar. Das gilt insbesondere für Vervielfältigungen, Mikroverfilmungen und die Einspeicherung und Verarbeitung in elektronischen Systemen.

Printed in Germany.
Einbandgestaltung: Atelier Reichert, Stuttgart
Herstellung: Ferdinand Schöningh, Paderborn

ß-Bestellnummer: 978-3-8252-2933-7

Vorwort des Herausgebers

Man mag es begrüßen oder es bedauern, unbestreitbar ist aber, dass mit der Vollendung des Bologna-Prozesses und der flächendeckenden Einführung von Bachelor-Studiengängen sich nicht nur die Hochschullandschaft grundlegend verändern wird, sondern dass damit auch wir, die Hochschullehrer, vor gewaltigen Herausforderungen in der Lehre stehen. Nicht unerheblich wird auch die Last sein, die auf die Studierenden zukommt. Denn es bedarf eines großen Engagements und eines umfangreicheren Zeitaufwandes als bislang, um sich in der relativ kurzen Zeit von vier bis fünf Semestern ein Basis-Wissen des Faches anzueignen und die vielen obligatorischen Module auch zu bestehen bzw. die entsprechenden ECTS-Punkte zu erwerben.

Vor allem die Tendenz zur „Verschlankung" des Studiums erfordert übersichtliche, aber nicht weniger umfassende und fachlich fundierte Lehrbücher. Die Reihe „Grundzüge der Politikwissenschaft", deren einzelnen Bände sich thematisch an die geläufigen Module des Bachelor-Studiums orientieren, hat sich zum Ziel gesetzt, Lehrbücher neuen Typs zu konzipieren, die – von exzellenten Vertretern des Faches verfasst – in knapp ausgearbeiteter Form Einführungen in die Studieninhalte bieten. Sie sollen den Studierenden dazu verhelfen, sich veranstaltungsbegleitend und durch Selbststudium in ein für sie neues Fachgebiet einzuarbeiten. Der Text ist lesefreundlich und konzentriert sich auf die wesentlichen Informationen des jeweiligen Themenbereichs. Dadurch erhalten die Studierenden einen schnellen und umfassenden Überblick und eine Grundlage für weiterführende, vertiefende Studien.

Der Herausgeber und die Autorin hoffen, mit dem vorliegenden Band zum schnellen und erfolgreichen Studienablauf beizutragen.

München, im Sommer 2007   Mir A. Ferdowsi

Inhalt

Was Sie von diesem Lehrbuch erwarten können 11

1 Grundlegung: Vergleich politischer Systeme 16
  *1.1 Der Systemvergleich als politikwissenschaftliche
       Teildisziplin* 16
    1.1.1 Gegenstand und Erkenntnisinteresse 16
    1.1.2 Das systemtheoretische Politikmodell 18
    1.1.3 Das neoinstitutionalistische Politikmodell 22
  1.2 Grundbegriffe 25
    1.2.1 Die Dimensionen von Politik 25
    1.2.2 Politische Institutionen 28
    1.2.3 Akteure und Interessen 31
  1.3 Vergleich als Methode – Methoden des Vergleichs . . . 35
    1.3.1 Politikwissenschaftlicher Erkenntnisgewinn
          durch Vergleich 35
    1.3.2 Konzept- und Typenbildung 39
    1.3.3 Vergleichsdesigns: Äpfel und Birnen – oder
          Kängurus? 41

2 Typen politischer Systeme und der Übergang zur
  Demokratie 46
  2.1 Demokratien 46
    2.1.1 Wahlen als Abgrenzungskriterium politischer
          Systeme 46
    2.1.2 Die repräsentative Demokratie als
          institutionelle Konfiguration 48
    2.1.3 Die nationalstaatliche, marktwirtschaftliche,
          rechts- und sozialstaatliche Parteiendemo-
          kratie 53
  2.2 Demokratien und Nicht-Demokratien 58
    2.2.1 Demokratien, Autokratien und die
          „Grauzone" 58
    2.2.2 Autoritäre und totalitäre politische Systeme 61
    2.2.3 Die quantitative Vermessung politischer
          Systeme 64
  2.3 Demokratisierungsforschung 66
    2.3.1 Demokratisierung und ihre Wellen 66
    2.3.2 Wege zur Demokratie: Modernisierungstheorien 69

8 Inhalt

2.3.3 Wege zur Demokratie: *Rational-Choice-* und neoinstitutionalistische Ansätze 73

3 Die gesellschaftliche Einbettung politischer Institutionen 78
3.1 Politische Kultur 78
3.1.1 Demokratie und *Civic Culture* 78
3.1.2 Wertewandel und Freiheitsstreben 82
3.1.3 Sozialkapital und Vertrauen 84
3.2 Politische Partizipation und kollektives Handeln 86
3.2.1 Typen politischer Partizipation und ihr Wandel . 86
3.2.2 Die Logik des kollektiven Handelns.......... 89
3.3 Gesellschaftliche Spaltungsstrukturen............. 95
3.3.1 *Cleavages* als historisch gewachsene Konflikte 95
3.3.2 Neue Konfliktstrukturen? 98

4 Intermediäre Interessenvermittlung 101
4.1 Der intermediäre Raum 101
4.1.1 Begriffsklärung: Intermediärer Raum, Zivilgesellschaft und Dritter Sektor 101
4.1.2 Akteure des intermediären Raums 103
4.1.3 Medien................................. 107
4.2 Parteien und Parteiensysteme 111
4.2.1 Parteien als Organisationen................. 111
4.2.2 Parteien und *cleavages* 113
4.2.3 Parteienfamilien 116
4.2.4 Typen nationaler Parteiensysteme............ 118
4.3 Systeme der Interessenvermittlung................. 122
4.3.1 Pluralistische und korporatistische Systeme.... 122
4.3.2 Legitimationsgrundlagen von Interessengruppen 127
4.3.3 Interessenvertretung, Lobbyismus und Korruption.............................. 131

5 Wahlen...................................... 135
5.1 Wahlen und Wahlsysteme 135
5.1.1 Wahlen als demokratische Methode der Elitenrekrutierung 135
5.1.2 Klassische Wahlsysteme 140
5.1.3 Kombinierte Wahlsysteme 145
5.2 Parteien und Wähler: Die Logik des Parteienwettbewerbs 149

    5.2.1 Das räumliche Modell des Parteienwettbewerbs 149
    5.2.2 Institutionelle Einflussfaktoren 151
  5.3 Wähler und Parteien: Die Logik der Wahlentscheidung 153
    5.3.1 Der soziologische Erklärungsansatz 153
    5.3.2 Der sozialpsychologische Erklärungsansatz.... 154
    5.3.3 Der ökonomische Erklärungsansatz 157
    5.3.4 Tendenzen des Wählerverhaltens in modernen Demokratien 159

6 Verfassungen 167
  6.1 Grundgesetze demokratischer politischer Systeme ... 167
    6.1.1 Formelle und materielle Verfassung 167
    6.1.2 Verfassungsprinzipien 171
  6.2 Institutionen und Funktionen der Gewalten......... 175
    6.2.1 Das Prinzip der Gewaltenteilung 175
    6.2.2 Exekutive und Legislative................. 177
    6.2.3 Judikative 184
  6.3 Verfassunggebung 188

7 Regierungssysteme 195
  7.1 Horizontale Gewaltenteilung: Exekutive und Legislative 195
    7.1.1 Parlamentarische und präsidentielle Regierungssysteme 195
    7.1.2 Sonderfälle und Mischformen.............. 201
    7.1.3 Vor- und Nachteile der institutionellen Arrangements 205
  7.2 Vertikale Gewaltenteilung: Mehrebenensysteme des Regierens 212
    7.2.1 Föderale und unitarische Staaten 212
    7.2.2 Föderalismus, effizientes Regieren und Demokratie 217
    7.2.3 Mehrebenensysteme des Regierens.......... 220

8 Regieren in repräsentativen Demokratien............... 226
  8.1 Die Regierung als politische Exekutive 226
    8.1.1 Regierung: Begriff, Funktion, Typen 226
    8.1.2 Parteienregierungen...................... 229
    8.1.3 *Do Parties matter?* 235

8.2 Regierung und Verwaltung 237
   8.2.1 Politik und Verwaltung 237
   8.2.2 Die Logik der Verwaltung 240
8.3 Policy-Making als Prozess 245
   8.3.1 Prozessmodelle von Politik 245
   8.3.2 Politik als Folge der Entscheidungen
        lernfähiger Akteure 248
   8.3.3 Regieren: *government* und *governance* 250

9 Zusammenfassung: Demokratien im Vergleich 254
  *9.1 „Muster der Demokratie": Komplexe
    Institutionensysteme* 254
     9.1.1 Zwei Grundtypen moderner Demokratie und
         ihre Entscheidungsregeln 254
     9.1.2 Mehrheits- und Konsensdemokratie im
         Vergleich 256
     9.1.3 Weitere Differenzierungen 259
  *9.2 Akteure in institutionellen Konfigurationen: Der
    Vetospieler-Ansatz* 264
     9.2.1 Vetoakteure und politische Entscheidungs-
         prozesse 264
     9.2.2 Vetospieler und Politikwandel 266
  9.3 Die Leistungsbilanz von Demokratien 269
     9.3.1 Performanzvergleich von Demokratien und
         Autokratien 269
     9.3.2 Vor- und Nachteile unterschiedlicher
         Arrangements 273

Verzeichnis verwendeter und weiterführender Literatur 279

Verzeichnis der Abbildungen 295

Verzeichnis der Tabellen 296

Sachregister 297

Was Sie von diesem Lehrbuch erwarten können

Vorlesungen über den Vergleich politischer Systeme gehören zur Grundausstattung jedes politikwissenschaftlichen Studiengangs. Das vorliegende Lehrbuch, das auf einem solchen Vorlesungszyklus beruht, stellt sich das Ziel, eine ebenso umfassende wie kompakte Einführung in grundlegende Konzepte und Kategorien des Systemvergleichs zu vermitteln. Es wendet sich an Studierende in den ersten Semestern: Jeder von Ihnen verfügt bereits über eine ganze Reihe von Kenntnissen über politische Akteure, Institutionen und Prozesse, die dem Alltag, dem Schulunterricht, dem interessierten Zeitungslesen und manch anderen Quellen entstammen. In der Regel sind diese Kenntnisse aber nicht nur unsystematisch, sondern werden auch lediglich auf einer niedrigen Abstraktionsebene zueinander in Beziehung gesetzt. Reformblockaden erscheinen beispielsweise als Ergebnis der Unfähigkeit oder des mangelnden Willens von Politikern, sich auf „gute Politik" zu einigen. Dass Minister gegenüber widerstrebenden Pharmalobbys oder Gewerkschaften kein „Machtwort" sprechen, wird vielleicht einfach als Ausdruck ihrer persönlichen Schwäche (oder aber ihrer Korruptheit) gewertet. Die notorische Instabilität italienischer Regierungen oder außenpolitische Alleingänge von US-Präsidenten sind überraschend und werden womöglich tagespolitischen Konstellationen, dem Charakter von Politikern oder nationalen Eigentümlichkeiten zugeschrieben, über die man freilich wenig Präzises weiß. Dieses Buch soll einen politikwissenschaftlichen – systematischen und analytischen – Zugang zu solchen Fragen eröffnen.

Die Grundannahme dieses Zugangs lautet, dass alle konkreten politischen Phänomene im Rahmen eines allgemeinen theoretischen Ansatzes, des sogenannten Neoinstitutionalismus, verstehbar sind. Dieser Ansatz, der zum Teil mit anderen politikwissenschaftlichen Perspektiven konkurriert, zum Teil an diese anschließt, erlaubt es, die Wechselwirkungen von Akteuren untereinander und mit ihren jeweiligen Handlungsbeschränkungen, den Institutionen, in den Blick zu nehmen. Dadurch eröffnen sich weitreichende Möglichkeiten, nicht bei der Klassifizierung von Unterschieden zwischen den Institutionengefügen einzelner Länder stehenzubleiben. Vielmehr können Antworten auf solche Fragen gesucht werden wie: Woher stammen diese Unterschiede? Was bedeuten sie für die jeweilige nationale Politik?

Wie und inwieweit ist institutioneller Wandel möglich und wohin führt er? Auch wenn diese Antworten in einem einführenden Lehrbuch nur gestreift werden können, werden Sie damit an ein theoretisches Forschungsprogramm herangeführt, das die aktuelle sozialwissenschaftliche Politikforschung entscheidend prägt.

Jede Gesellschaft ist durch ein kompliziertes Gefüge aus politischen Institutionen geprägt, deren Eigenheiten und Funktionsweise einerseits das Ergebnis politischer Auseinandersetzungen zwischen Akteuren – in weit zurückliegenden Vergangenheiten bis hin zur Gegenwart – sind. Andererseits konditionieren diese Institutionen die Wahrnehmungen und Handlungen von Akteuren. Die wichtigsten Elemente dieses politischen Institutionengefüges von Gesellschaften sollen in den folgenden Kapiteln charakterisiert werden. Da Institutionen nicht überall gleich wirken, weil sie in unterschiedlichen sozialen Böden verwurzelt sind, wird auch auf ihre gesellschaftliche Einbettung besonderes Augenmerk gerichtet. Schließlich stehen nicht nur institutionelle Strukturen, sondern auch Prozess- und Leistungsdimensionen von Politik im Mittelpunkt. Politikwissenschaft zu studieren bedeutet, dass Sie sich grundlegender Probleme der politischen „Organisation des Gemeinwesens" bewusst werden – den Herausforderungen des menschlichen Zusammenlebens, das in vielen Fällen kollektiv bindender Entscheidungen bedarf, also der Politik und der politischen Steuerung. In der Vergleichenden Politikwissenschaft werden Sie sich vor allem damit beschäftigen, wie ähnlich oder unterschiedlich sich die einzelnen Gemeinwesen solchen Problemen stellen und welche Folgen dies hat.

Aus meiner konzeptionellen Entscheidung ergeben sich angesichts des zur Verfügung stehenden Raumes bestimmte Einschränkungen. Die wichtigste dieser Einschränkungen besteht darin, analytische Kategorien und theoretische Aussagen systematisch gegenüber der Darstellung des empirischen Materials zu bevorzugen. Dabei wird auch die Begriffs- und Theoriegeschichte der Vergleichenden Politikwissenschaft gestreift, um „wissenschaftlichen Fortschritt" als Ergebnis innerwissenschaftlicher Kommunikation und der Überprüfung von Gedankengebäuden anhand der Realität zu skizzieren. Länderbeispiele dienen der Illustration, um die Nützlichkeit der vorgestellten analytischen Instrumente zu zeigen und das Verstehen zu erleichtern. Sie demonstrieren das Potential theoriegeleiteter Vergleiche, können aber keine umfassenden Kenntnisse über nationale politische Systeme vermitteln. Leserinnen und Leser, die ihr politikwissenschaftliches Wissen empirisch verbreitern und konzeptionell vertiefen wollen, seien daher auf die einschlägigen Vorlesungen ihrer Professorinnen und Professoren verwiesen, aber auch auf Literaturtipps am Ende jedes Kapitels. Dass Studierende ebenso über Zeitmangel klagen wie alle anderen Menschen, habe ich bei der Auswahl der Empfehlungen berücksichtigt. Sie streben daher keineswegs Vollständigkeit an, sondern konzentrieren sich einerseits auf aktuelle weiterführende Überblickswerke mit umfassenden Literaturverweisen. Andererseits habe ich „klassische" Texte und einige neuere Beiträge zur jeweiligen Diskussion ausgewählt, die originell, dabei vergleichsweise kurz und leicht verständlich sind und überdies exemplarische Einblicke in das Handwerk bzw. die Kunst des wissenschaftlichen Argumentierens bieten. Dem werdenden Politikwissenschaftler seien sie besonders ans Herz gelegt. Eine weitere Einschränkung betrifft die Auswahl der empirischen Beispiele, die nicht immer, aber meist aus den etablierten Demokratien westlichen Typs stammen.

Schließlich trägt das vorliegende Lehrbuch dem Umstand Rechnung, dass die *lingua franca* der Politikwissenschaft die englische Sprache ist. Deshalb werden wichtige Fachbegriffe auch auf Englisch eingeführt. Zitate werden nicht übersetzt, sollten sich aber aus dem Kontext auch dann erschließen lassen, wo das Vokabular Schulkenntnisse übersteigt.

Zwar empfiehlt es sich, zu Beginn die ersten beiden Kapitel dieses Buches zu lesen, danach aber muss die Reihenfolge der Darstellung nicht unbedingt eingehalten werden. Querverweise im Text, denen die Funktion von Hyperlinks zukommt, sollen ein nicht-lineares Vorgehen erleichtern.

Joachim Behnke, Harald Bluhm, Edgar Grande, Christian Schwaabe und Helmut Wiesenthal haben mir wertvolle Hinweise bei der Arbeit an diesem Lehrbuch gegeben. Katarina Bader, Manuela Glaab, Philipp Hallenberger, Tina Kowall, Eva Piekert, Ruth Schneider und Tanja Zinterer gilt mein besonderer Dank. Sie waren engagierte, kluge und sensible Testleser des Manuskripts. Ihre vielfältigen Anmerkungen haben mir sehr weitergeholfen. Philipp Hallenberger hat darüber hinaus mit enormer Akribie an den technisch-formalen Feinheiten des Manuskripts gefeilt. Dadurch ist dieses Lehrbuch zu einem gemeinsamen Projekt geworden, was nichts daran ändert, dass ich die Verantwortung für alle Irrtümer und Fehler allein trage.

Literatur

Aktuelle Einführungen in den Vergleich Politischer Systeme

- *Newton/van Deth (2005)* bieten eine kohärente Einführung in die *Comparative Politics*, die wesentlich umfangreicher als das vorliegende Lehrbuch ist und daher hinsichtlich der behandelten Themen, empirischen Illustrationen und als Überblick über Theorieperspektiven und -kontroversen weiter führt.
- *Gallagher/Laver/Mair (2006^4)* stellen systematisch, aktuell und vergleichend die politischen Systeme von 25 EU-Mitgliedstaaten vor.
- *Almond et al. (2004^8)* ist die seit 1974 mehrfach aktualisierte Ausgabe einer traditionsreichen Einführung in die systemtheoretisch konzipierte *Comparative Politics*. Sie enthält eine prägnante Skizze des strukturfunktionalistischen Theorieprogramms sowie informative Länderstudien, die nicht nur die liberalen Demokratien der USA, Großbritanniens, Frankreichs, Deutschlands und Japans, sondern auch sieben Länder außerhalb der westlichen Hemisphäre umfassen.
- *Jahn (2006)* ist ein umfassendes deutschsprachiges Kompendium der Vergleichenden Politikwissenschaft. Nach einer Darstellung ihrer Gegenstandsbereiche widmet es sich vertieft der Logik und Methode des Vergleichs, den wichtigsten Theorien und Ansätzen sowie den Analysestrategien des Systemvergleichs.
- *Pelinka (2005)* ist eine übersichtliche Einführung in die vergleichende Analyse politischer Systeme, die neben konzeptionell angelegten Kapiteln Fallstudien zu den USA, drei europäischen Kleinstaaten, der Europäischen Union sowie zur Transformation politischer Systeme in Ost- und Mitteleuropa und zu China und Indien als nicht-westlichen Gesellschaften enthält.
- *Berg-Schlosser/Müller Rommel (2003^4) und Helms/Jun (2004)* bieten neben Einführungen in Entwicklung, Stellenwert und Ansätze der Vergleichenden Politikwissenschaft einen Überblick über wichtige Teilbereiche der Disziplin, mit denen sich viele Themen des vorliegenden Lehrbuchs vertiefend erschließen lassen. Ausgewiesene Spezialisten präsentieren die wichtigsten konzeptionellen Bestände der jeweiligen Bereiche und helfen damit auch bei der Suche nach weiterführender Fachliteratur. *Keman (2002)* ist ein ähnlich angelegter englischsprachiger Führer durch den aktuellen Stand der empirischen Forschung und Theoriebildung für Leser mit fortgeschrittenen Kenntnissen.
- *Lauth (2002)* ist eine Einführung in die Vergleichende Politikwissenschaft, die in Expertenaufsätzen methodische Fragen, Demokratietypen,

institutionelle Teilsysteme und einige vergleichende Politikfeldstudien enthält.
- *Kopstein/Lichbach (2005²)* fokussieren ihren theoretischen Zugang zum Ländervergleich dezidiert auf den langfristigen Wandel von Gesellschaften, so dass sich instruktive Vergleiche von unterschiedlichen Entwicklungspfaden in die Welt von heute ergeben. Als Vergleichsfälle werden Großbritannien und Frankreich, Deutschland und Japan, Russland und China sowie Mexiko, Indien, Iran und Südafrika präsentiert.
- Im Internetportal *PolitikON (http://www.politikon.org/)* findet sich eine Reihe von Online-Lerneinheiten zu Themen der Vergleichenden Politikwissenschaft, die für den universitären Gebrauch erarbeitet worden sind.

Um sich über die politischen Systeme einzelner Länder zu informieren, steht eine unüberschaubare Vielfalt deutschsprachiger Darstellungen zur Verfügung. Dazu gehören beispielsweise *Becker (2002)* über Großbritannien, *Kempf (2006⁴)* über Frankreich, *Oldopp (2005)* über die USA, *Rudzio (2006⁷)* und *Schmidt (2007)* über Deutschland sowie *Tömmel (2006²)* über das politische System der Europäischen Union. *Hartmann (2005²)* trägt Informationen über die Regierungssysteme Großbritanniens, der USA und Frankreichs zusammen. *Ismayr (2003³, 2004²)* enthält empirische Porträts politischer Systeme von 24 west- und 21 osteuropäischen Ländern, die einheitlich strukturiert sind.

1 Grundlegung: Vergleich politischer Systeme

1.1 Der Systemvergleich als politikwissenschaftliche Teildisziplin

1.1.1 Gegenstand und Erkenntnisinteresse

Die Vergleichende Politische Systemforschung ist – neben der Politischen Theorie, der Forschung über die Internationalen Beziehungen und der Methodologie der politikwissenschaftlichen Forschung – ein Kernbereich der Politikwissenschaft. Sie beschäftigt sich mit Ähnlichkeiten und Unterschieden zwischen den Ländern der Erde. Analysiert werden die institutionellen Strukturen ihrer politischen Systeme, aber auch die darin ablaufenden Prozesse und die Ergebnisse von Politik. Insofern die vergleichende Analyse politischer Systeme konzeptionelle Grundlagen und generalisierende Aussagen über Politik in tendenziell allen Gesellschaften bereitstellt, schließt sie als Spezialfälle auch die Politische Systemforschung über einzelne Länder ein. Methodisch definiert sich dieser politikwissenschaftliche Kernbereich durch den Vergleich. Das heißt aber weder, dass es sich dabei um eine einheitliche Methode handelte noch dass andere Bereiche nie vergleichend vorgingen (> Kap. 1.3).

Die moderne Vergleichende Systemforschung versteht sich als empirisch-analytische *Sozialwissenschaft* (*social science*). Dieses Selbstverständnis bezieht sich auf einen bestimmten Weg zur Erkenntnis gesellschaftlicher Phänomene: Wissen entsteht, indem Beziehungen zwischen empirisch beobachtbaren Fakten hergestellt werden, um Antworten auf Forschungsfragen zu finden. Wissenschaftliche Forschung beschränkt sich demnach nicht auf die Beschreibung und Klassifizierung des Vorgefundenen (Deskription). Sie stellt darüber hinaus plausibel begründbare Annahmen über Kausalzusammenhänge zwischen den einzelnen Phänomenen her, überprüft sie systematisch an der Realität und verwirft oder bestätigt sie im Ergebnis dieser Überprüfung (empirische Analyse). Eine nachfolgende normative Bewertung der Forschungsergebnisse ist möglich, jedoch nicht inhärent zwingend.

Vergleichende Regierungslehre und Vergleichende Politikwissenschaft

Zuweilen werden die Bezeichnungen *Comparative Politics* (näherungsweise zu übersetzen mit Vergleichende Politikwissenschaft oder Vergleichende Politische Systemforschung) und *Comparative Government* (Vergleichende Regierungslehre) synonym verwendet. Der Vergleichenden Systemforschung liegt jedoch ein breiteres Verständnis von Regieren zugrunde: Politik in modernen Demokratien wird nicht nur von Regierungen im Sinne „politischer Exekutiven" gemacht und auch nicht nur innerhalb von Regierungssystemen. An Prozessen der politischen Entscheidungsfindung und -umsetzung sind vielmehr weitere Institutionen und Akteure beteiligt, die einem weit gefassten politischen System der Gesellschaft zuzurechnen sind. Treffender als der Begriff Regierung (*government*) ist daher der – nicht ins Deutsche zu übersetzende – Terminus *governance*. Er bezeichnet Konstellationen aus staatlichen (Regierungs-) und gesellschaftlichen Akteuren, die nicht durchgängig formal institutionalisiert und hierarchisch geordnet sind sowie ihre Steuerungsaktivitäten (> Kap. 8.3.3).

Die Vergleichende Regierungslehre ist daher ein Teilbereich der Vergleichenden Politischen Systemlehre, der sich mit dem Regierungssystem im engeren Sinne und seinen konstitutionellen Grundlagen befasst (> Kap. 6, 7). Weitere Teilbereiche sind z.B. die Vergleichende Politische-Kultur- und Partizipationsforschung (> Kap. 3), die Parteiensystem-, Verbände- bzw. Interessengruppenforschung (> Kap. 4) und die Wahlforschung (> Kap. 5). Gegenstand der international vergleichenden *Policy*-Forschung (*Comparative Public Policy* > Kap. 8.3) sind die Unterschiede in der Politikausrichtung einzelner politischer Systeme und daher die Prozesse und Inhalte von Politikfeldern.

Das konkrete Erkenntnisinteresse vergleichender politikwissenschaftlicher Forschung hängt von der jeweiligen Theorieperspektive ab. Der klassische Institutionalismus, dessen Wurzeln in der historischen bzw. systematischen Staatsrechtslehre zu finden sind, beschreibt eine eng begrenzte Anzahl von Typen politischer Systeme, um ihre jeweiligen Vor- und Nachteile bewerten zu können. Die grundlegende Frage der Systemtheorie, die um die Mitte des 20. Jahrhunderts die angelsächsische *Comparative Politics* begründete, lautet hingegen: Wie funktionieren sich selbst erhaltende und regulierende Systeme? Vergleiche zwischen unterschiedlichen Ländern sollen die konkreten Erscheinungsformen von Systemstrukturen sowie ihre Funktionen aufdecken, verstehbar machen und erklären. Die neoinstitutionalistische Perspektive und der Konstruktivismus wiederum, die gegen Ende des 20. Jahrhunderts einflussreich geworden sind, wenden sich primär den politischen Akteuren und ihrem Handeln zu: Wie entstehen aus individuell rationalem Verhalten kollektive politische Entscheidungen? Wie beeinflussen institutionelle Arrangements und der soziale Kontext die Art und Weise, in der Akteure solche Entscheidungen treffen und durchsetzen? Welche Bedeutung kommt ihren Situationsdeutungen und Überzeugungssystemen zu? Der theoretische Ausgangspunkt verändert also nicht den Gegenstand der Vergleichenden Politikwissenschaft – die Vielfalt der politischen Systeme –, wohl aber die Blickrichtung und damit auch das, was über ihn zu erfahren ist.

1.1.2 Das systemtheoretische Politikmodell

Als sich die Politikwissenschaft Anfang des 20. Jahrhunderts als eigenständige Wissenschaftsdisziplin etablierte, griff sie auch eine Traditionslinie der vergleichenden Staats- und Regierungslehre auf, die bis zu Aristoteles' *Politik* zurückreicht, also bis ins vierte Jahrhundert vor unserer Zeitrechnung. Die klassische Frage, wie die „beste Ordnung" von Gemeinwesen beschaffen sein sollte, verwandelte sich dabei in die Frage, wie politische Ordnungen überhaupt funktionieren, was sie leisten und wie sie ihren Bestand auf Dauer sichern. Diese Neuformulierung ist eng mit der Rezeption der *Systemtheorie* verbunden, die sich Mitte des 20. Jahrhunderts als interdisziplinäres Paradigma in den meisten Natur-, Geistes- und Sozialwissenschaften verbreitete.

Allen Strömungen der Systemtheorie ist das Grundkonzept des *Systems* gemeinsam. Damit wird eine Menge von Elementen bezeichnet, die miteinander in Beziehung stehen und einen von der Umwelt abgrenzbaren Funktionszusammenhang bilden. Diese *Strukturen* erbringen spezielle Leistungen (*Funktionen*) innerhalb des Systems, das Umwelteinflüsse angemessen verarbeiten muss, um sich reproduzieren zu können. Ein System, sei es ökonomischer, biologischer, psychischer oder politischer Natur, lässt sich mithilfe eines „Fließmodells" beschreiben: Aus der Umwelt treffen „Eingaben" (*inputs*), also Herausforderungen, Bedrohungen, „Nachfragen" (*demands*) oder „Unterstützung" (*support*) ein. Sie werden innerhalb des Systems in „Ausgaben" (*outputs*) transformiert. Diese bewirken in der

1.1 Systemvergleich als politikwissenschaftliche Teildisziplin 19

Systemumwelt Veränderungen (*outcomes*) und speisen über Mechanismen der „Rückkopplung" (*feedbacks*) neue Informationen in das System ein. Daher entstehen neue *inputs*. Das mehr oder weniger reibungslose Zusammenwirken der internen Strukturen sichert den Bestand des Systems als eines vollständigen, sinnvollen, funktionalen und zielgerichteten Ganzen.

In den Sozialwissenschaften sind insbesondere die handlungstheoretische (Talcott Parsons, 1902-1979) und die kommunikationstheoretische (Niklas Luhmann, 1927-1998) Systemtheorie einflussreich geworden. Die wichtigsten Vertreter der *strukturfunktionalistischen Systemtheorie* in der Politikwissenschaft sind David Easton (geb. 1917), Karl W. Deutsch (1912-1992) sowie Gabriel Almond (1911-2002). Ihnen zufolge besteht die spezifische Funktion des politischen Systems einer Gesellschaft darin, kollektive Ziele „autoritativ" zu formulieren und zu implementieren, also öffentliche Entscheidungen zu treffen und durchzusetzen. Nationale politische Systeme stehen mit Umwelten in der nationalen Gesellschaft (d.h. anderen gesellschaftlichen Subsystemen wie Wirtschaft, Kultur usw.) und in der internationalen Arena im Austausch. Von dort kommen die Inputs, die es zur Reaktion veranlassen, und dahin wirkt es durch seine Outputs zurück. System und Umwelt werden also als interdependent wahrgenommen, ihre jeweiligen Veränderungen beeinflussen einander.

Die wichtigsten Strukturen des politischen Systems sind neben Regierung und Verwaltung (Exekutive), Parlament (Legislative) und Gerichten (Judikative) – also dem Regierungssystem – intermediäre politische Organisationen wie Parteien und Interessenverbände. Auch Massenmedien und andere Organisationen bis hin zu Universitäten und Familien, die Einfluss auf das politische Verhalten und die Politik insgesamt ausüben, gehören dazu.

Die Systemstrukturen erfüllen eine oder mehrere Funktionen innerhalb des politischen Systems (Abb. 1):
- *Prozessfunktionen* sichern den Ablauf des politischen Entscheidungsprozesses. Zunächst müssen individuelle und kollektive Interessen gesellschaftlicher Gruppen zum Ausdruck gebracht (*Interessenartikulation*) sowie in politikfähige Standpunkte umgewandelt und gebündelt werden (*Interessenaggregation*). In modernen Demokratien werden diese Funktionen vorrangig von Parteien und Interessenverbänden wahrgenommen, aber auch von Bürgerinitiativen und sozialen Bewegungen sowie von Wirtschaftsunternehmen. Letztere sind genuin dem ökonomischen System zuzurech-

nen, gehören aber dann in den vorliegenden Zusammenhang, wenn sie Interessen im politischen System artikulieren. Die Funktion der Formulierung politischer Entscheidungen (*policy-making*) wird vor allem durch Parlamente und Regierungen ausgeübt, aber auch durch informelle Gremien. Schließlich müssen politische Entscheidungen durchgesetzt werden (*policy implementation and adjudication*), was als Domäne der Verwaltung erscheint, aber auch andere Systembestandteile einbezieht.

- Die *Systemfunktionen* betreffen die politische Entscheidungsproduktion nicht direkt, sondern sichern den Bestand bzw. Wandel des Systems und damit seine Leistungsfähigkeit. Die *Sozialisationsfunktion* wird beispielsweise von Familien, Schulen, Medien, Freundeskreisen und Kirchen wahrgenommen, also von Strukturen, in denen sich politisches Verhalten von Individuen ausprägt und verändert. Die *Funktion der politischen Rekrutierung* betrifft die Selektionsmechanismen für öffentliche Ämter und politische Aktivitäten. Die *politische Kommunikation* wiederum bezeichnet den Informationsfluss innerhalb der Gesellschaft und der sie bildenden Strukturen.
- Die *Policy-Funktionen* gewährleisten die Systemleistungen (*outputs*) gegenüber der Gesellschaft und ihren anderen Subsystemen wie etwa Kultur und Wirtschaft. Im politischen System werden Regulierungsvorschriften erlassen, Steuern und Abgaben erhoben sowie Güter und Leistungen zwischen den Bevölkerungsgruppen umverteilt. Die Ergebnisse, die durch die Rückwirkungen von System-Output und Umwelt entstehen, werden schließlich als neue Inputs, also als Bedarf an weiteren Entscheidungen, an das politische System übermittelt. Wie das System die Leistungserwartungen innerhalb der Gesellschaft erfüllt, wirkt sich auf seine Unterstützung durch die Politikadressaten, mithin auf seine Legitimität, aus.

Mit dem systemtheoretischen Paradigma gelang es zum ersten Male, ein umfassendes und ausdifferenziertes Forschungsprogramm des länderübergreifenden Vergleichs von politischen Strukturen, Prozessen und Leistungen zu entwerfen: Seine funktionalistische Logik beschreibt Prozesse, die in allen Gesellschaften ablaufen, unabhängig von der konkreten Form ihres politischen Systems und der Art der produzierten Entscheidungen. Strukturen und Funktionen werden dabei aufeinander bezogen, sind aber nicht identisch. Strukturen erfüllen in der Regel mehrere Funktionen, und Funktionen werden nur

1.1 Systemvergleich als politikwissenschaftliche Teildisziplin

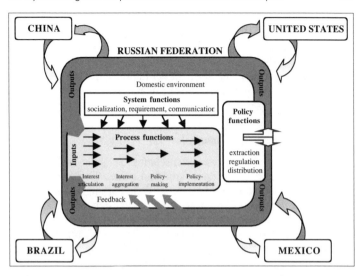

Abbildung 1: Das systemtheoretische Politikmodell
Quelle: Almond et al. (2004[8]: 39)

selten durch eine einzige Struktur monopolisiert. Daher ist Varianz in der politischen Realität zu erwarten: Die Systemfunktionen können von Strukturen wahrgenommen werden, die historische und nationale Besonderheiten aufweisen.

Auf der Grundlage des systemtheoretischen Paradigmas etablierte sich in den USA seit den späten 1950er Jahren die *Comparative Politics* als vergleichende, sozialwissenschaftlich orientierte Politikwissenschaft. Seit Ende der 1960er Jahre fand es auch Eingang in die deutsche Fachdebatte. Dieses Paradigma erweiterte den sachlichen und konzeptionellen Rahmen der in Deutschland bereits etablierten Vergleichenden Staats- und Regierungslehre, die sich mit den Verfassungsorganen beschäftigte. Auch wenn die Vergleichende Politikwissenschaft heute nicht mehr von der Systemtheorie als einer „Großtheorie" der Gesellschaft dominiert ist, verraten viele ihrer Basiskonzepte eine systemtheoretische Herkunft. Dazu gehören insbesondere der Begriff des „Systems", der in einer Vielzahl von Wortzusammensetzungen (z.B. politisches, Regierungs-, Wahl-, Parteien-, Interessengruppensystem) anzutreffen ist, und der Begriff der „Systemfunktionen" in seinen vielfältigen Konkretisierungen. In der pragmatischen Verwendung dieser Termini spielen systemtheoretische Konnotationen nur noch selten eine Rolle. Erhalten geblieben sind jedoch der auf diesen Begriffen beruhende Aufmerksamkeitsfilter für empirische Phänomene und eine Denkweise, in der nationale Politik jeweils als Spezialfall eines allgemeinen Prozessablaufs und seiner Ergebnisse erscheint.

1.1.3 Das neoinstitutionalistische Politikmodell

Wie alle Sozial- und Geisteswissenschaften zeichnet sich auch die Politikwissenschaft durch den Pluralismus ihrer Theorieperspektiven aus. Unterschiedliche wissenschaftliche Paradigmen koexistieren und konkurrieren miteinander. Wenngleich sich dabei „Theoriemoden" abwechseln, verdrängen die unterschiedlichen Ansätze einander nicht zwangsläufig. Neben die einflussmächtige Systemtheorie trat in der vergleichenden Systemforschung im Laufe der Jahrzehnte eine Reihe von „Theorien mittlerer Reichweite". Ihrem Anspruch nach verzichten solche Theorien auf den Versuch, ganzheitliche, allgemein und „ewig" gültige Erklärungen für alle Gesellschaften zu entwickeln. Um dem alternativen Extrem einer rein empirischen Datenerhebung und fallweisen Erörterung sozialer Tatbestände zu entgehen, werden theoretische Erklärungen entwickelt, deren Gültigkeit sich auf Phänomene in bestimmten Segmenten der beobachtbaren Realität beschränkt, so etwa Theorien des Systemwechsels von autoritären zu demokratischen politischen Systemen (> Kap. 2.3), des Wertewandels (> Kap. 3.1.2), der Auswirkungen von Wahlsystemen auf Parteiensysteme (> Kap. 5.2.2) oder der Vetospieler-Theorie (> Kap. 9.2). Ein klassisches Beispiel für eine solche Theorie mittlerer Reichweite ist Max Webers (1904) Studie über den „Geist des Kapitalismus" und seinen Zusammenhang mit der „Protestantischen Ethik".

Mit dem Paradigma des *Neoinstitutionalismus* ist seit den 1980er Jahren erstmals wieder ein Theorieprogramm entstanden, das den Anspruch einer disziplinübergreifenden Integration sozialwissenschaftlicher Erkenntnis – ähnlich der Systemtheorie um die Mitte des 20. Jahrhunderts – erhebt. In der neuen institutionalistischen Perspektive geht es, wie auch in der strukturfunktionalistischen Systemtheorie, um die Herstellung gesamtgesellschaftlich verbindlicher Entscheidungen. Anstelle von „Strukturen" und „Funktionen" bilden jedoch *Institutionen* und *interessengeleitete Akteure* die zentralen

1.1 Systemvergleich als politikwissenschaftliche Teildisziplin

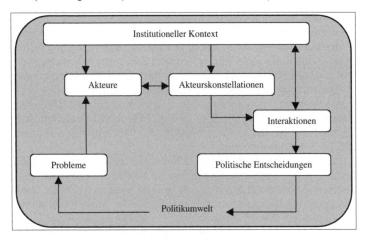

Abbildung 2: Politikmodell des akteurszentrierten Institutionalismus
Quelle: modifiziert nach Scharpf (2000: 85)

Konzepte. Auf ihnen bauen diverse Politikmodelle wie das des *Vetospieler-Ansatzes* (> Kap. 9.2) und des *Ansatzes des akteurszentrierten Institutionalismus* von Fritz W. Scharpf und Renate Mayntz (1995) auf. Ein einfaches analytisches Prozessmodell lässt den Unterschied zur systemtheoretischen Sichtweise von Politik deutlich hervortreten (Abb. 2).

Als politische Akteure treten hier Individuen bzw. Organisationen auf, die an gesellschaftlichem Handeln beteiligt sind. Sie haben aufgrund einer Diskrepanz zwischen ihren Interessen und der tatsächlich vorgefundenen Situation einen bestimmten Umstand als „Problem" identifiziert, dessen Lösung sie anstreben. Dabei treffen sie auf andere Akteure, die jeweils eigene Interessen verfolgen und sich deshalb auf Interaktionen mit ihnen einlassen, um Entscheidungen herbeizuführen oder zu verhindern.

Die beteiligten Akteure sind *institutionell konstituiert*, d.h. geprägt von Einflussfaktoren, die unter dem Sammelbegriff des „institutionellen Kontexts" zusammengefasst werden können: So mag einer der Akteure über weitreichende individuelle Handlungskompetenzen verfügen, weil er das Amt des Premierministers bekleidet, während ein anderer Akteur, etwa die wichtigste Oppositionspartei, in der gegebenen Situation Gesetze weder blockieren kann noch ihnen zuzustimmen braucht. Die an den Interaktionen beteiligten Akteure bilden eine Konstellation, innerhalb derer sie an einem „politischen Spiel" teilnehmen. Alle Spieler verfügen dabei über bestimmte Ziele und Strategieoptionen zur Verfolgung ihrer Ziele. Ihre Interaktionen vollziehen sich in Formen, die von einseitigem Handeln über Verhandlungen zwischen den beteiligten Seiten bis zu diversen Modi der Entscheidungsfindung reichen. Im Ergebnis entsteht eine kollektiv verbindliche politische Entscheidung, die ihrerseits Auswirkungen auf die Politikumwelt zeitigt.

Vergleicht man das Politikmodell des akteurszentrierten Institutionalismus mit dem systemtheoretischen Modell, so fallen Ähnlichkeiten und Unterschiede auf: Beide sind als wissenschaftliche Konstruktionen hochgradig abstrakte Gedankenbilder. Sie beruhen auf der bewussten und theoretisch fundierten Entscheidung, die Realität vereinfacht abzubilden. Nur die im Modellkontext wesentlichen Eigenschaften sollen adäquat erfasst werden. So entsteht ein allgemeiner Rahmen sowohl für die Analyse einzelner politischer Entscheidungen in bestimmten Politikfeldern als auch für die Betrachtung des politischen Prozesses in einer Gesellschaft insgesamt. Er leitet das Erkenntnisinteresse. Beide Modelle gehen in ihrer Sicht auf Politik von einem Prozesskreislauf aus. Während aber das systemtheoretische Modell von der „organisierenden Idee" geprägt ist, dass sich politische Systeme aufgrund der Funktionserfüllung ihrer jeweiligen Elemente reproduzieren, beruht das neoinstitutionalistische Modell auf einem anderen konzeptionellen Filter. Die Prozesshaftigkeit von Politik entsteht hier dadurch, dass sich Institutionen und Akteure ständig aufeinander beziehen.

Die Besonderheit dieses Modells im Vergleich zu seinem systemtheoretischen Pendant besteht weiterhin darin, dass es aus analytischen Gründen die gesamtgesellschaftliche Ebene (*Makroebene*) verlässt, um soziale Tatbestände aus dem umweltbezogenen Handeln von Individuen (*Mikroebene*) sowie von Gruppen und Organisationen (*Mesoebene*) zu erklären. Dadurch gerät auch die Dynamik politischer Prozesse stärker und auf andere Art in den Blick als im Makroebenen-Modell der selbstreferentiellen Systemreproduktion: An die theoretische Stelle des Motors institutionellen Wandels treten – statt der Systemreaktion auf Umweltanforderungen – Akteure und ihr Handeln, und mit ihnen eine komplexe Vorstellung von institutioneller Kontinuität, pfadabhängiger Veränderung und kontingenten Brüchen. Entstehung und Veränderung, Zerstörung und Verschwinden von Staaten, politischen Prozessen und Entscheidungen sind in dieser Sicht das Ergebnis des intendiert rationalen Handelns von Akteuren. Sie sind nicht allein auf der Welt, sondern in Kontexte eingebunden, die durch andere Akteure und ihre Organisationen sowie durch Institutionen und nicht-institutionelle Umweltfaktoren gebildet werden.

Neben den situativen Interaktionen von Akteuren, deren Strategiewahl von ihren (womöglich irrigen) Wahrnehmungen bestimmt wird und deren Verlauf sehr komplex sein kann, rücken historische Prozesse und ihre Ergebnisse in das Gesichtsfeld. Gesellschaften sind durch ihre je spezifische Geschichte und ihre Traditionen beeinflusst, so dass sich institutionelle Strukturen oft pfadabhängig entwickeln. *Pfadabhängigkeit (path dependence)* lässt einerseits erwarten, dass sich im Prozess des institutionellen Wandels Kontinuitäten aufspüren lassen. Andererseits kann sie auch bedeuten, dass es zwar „bessere", günstigere Alternativen zu bestimmten Entwicklungen gibt, diese jedoch einen Pfadwechsel voraussetzen würden, der nicht vollzogen wird: Das Einschlagen eines neuen Weges kann für die Akteure zu teuer sein oder ihnen aufgrund des Mangels an Information gar nicht als Option zur Verfügung stehen.

Solche Überlegungen machen die Erklärung politischer Phänomene weder einfacher noch sparsamer, möglicherweise aber genauer und angemessener. Der Preis dafür ist einerseits, dass Erkenntnisse eher im Nachhinein formuliert werden können denn als Prognosen. Andererseits lassen sie sich nur wenig verallgemeinern, obwohl die heuristischen Modelle sehr abstrakt sind.

1.2 Grundbegriffe

1.2.1 Die Dimensionen von Politik

Politik dreht sich, wie der US-amerikanische Politikwissenschaftler Harold Lasswell (1902-1978) formulierte, um die Frage „Wer bekommt was, wann und wie?" Sie bedeutet also die Herstellung von Entscheidungen, die für das betreffende Gemeinwesen verbindlich sind und sein Zusammenleben organisieren. Diese Entscheidungen entstehen im Ergebnis von Interaktionen zwischen Akteuren, die jeweils bestimmte Ziele mittels erfolgversprechend erscheinender Strategien verfolgen.

> **Begriff: Politik**
> Die wichtigste Aufgabe von Politik besteht in der „Auswahl und Legitimation von Programmen, die mittels der Ressourcen des Gemeinwesens Ziele verfolgen und Probleme bearbeiten sollen, die weder durch individuelles Handeln noch durch Markttransaktionen oder freiwillige Kooperation bewältigt werden können."
> (Scharpf 2000: 17)

Politik bedeutet damit einen bestimmten Typ menschlichen Handelns, der durch seinen Inhalt bestimmt wird – die Produktion und Durchsetzung von kollektiv bindenden Entscheidungen. Nicht alles, was in einem beliebigen sozialen Gebilde geschieht, ist also per se politisch. Aber fast alles, was dort an Interaktionen stattfindet, kann politisch sein oder es gegebenenfalls werden – wenn das Ziel dieser Interaktionen in der Herstellung einer Entscheidung oder Entscheidungsprozedur besteht, an die sich die Mitglieder dieses Gebildes halten sollen (selbst dann, wenn sie an dieser Interaktion aus irgendeinem Grunde nicht teilgenommen hätten). So wird etwa das Aufräumen und Putzen in einer Familie oder Wohngemeinschaft in der Regel „unpolitisch" sein, die Festlegung der betreffenden Pflichten und Termine jedoch ist ein politischer Akt und auch die Sanktionen, die bei Regelverletzungen verhängt werden, sind solche. Die Vergleichende Politische Systemforschung betrachtet Politik allerdings nicht in primären sozialen Systemen wie der Familie, sondern in den auf die gesellschaftliche Entscheidungsproduktion und -vollstreckung spezialisierten Sphären von ganzen Gesellschaften, also in ihren politischen Systemen.

Unter dem *politischen System* einer Gesellschaft werden die staatlichen und nicht-staatlichen Organisationen und Akteure verstanden, die „Politik machen", sowie die Beziehungen und Normen, die ihr Zusammenwirken und ihre Funktionen regulieren. Hier werden politische Probleme formuliert und bearbeitet sowie allgemein verbindliche politische Entscheidungen getroffen (*public policy decision-making*) und durchgesetzt (*policy implementation*). Politische Systeme können in vielfältigen Formen auftreten – in Gestalt von Städten, Staaten und internationalen Organisationen. Die Vergleichende Systemforschung beschränkt sich üblicherweise auf die politischen Systeme (national-)staatlich verfasster Gesellschaften (> Kap. 7.2.3). Der Systembegriff ist daher eng an den des Staates gebunden. *Staaten* sind politische Gebilde, die ein Staatsvolk und

1.2 Grundbegriffe

(international anerkannte) territoriale Grenzen aufweisen sowie über die effektive Kontrolle in ihrem Territorium verfügen. Sie üben das *Gewaltmonopol* aus, also das Monopol auf Rechtsprechung und -durchsetzung. Im Sinne von *Regierungen* treffen Staaten kollektiv verbindliche Entscheidungen für ihre Bevölkerung. Gleichzeitig ist „Regieren" im Sinne des hier verwendeten Politikbegriffs nicht auf den Bereich der staatlichen Steuerung durch eine Regierung (*government*) beschränkt, sondern umfasst auch das Zusammenspiel staatlicher und nicht-staatlicher Akteure in der nationalen oder internationalen Arena (*governance* > Kap. 8.3.3)

Der Begriff *Politik* lässt sich inhaltlich ausdifferenzieren. Seine wichtigsten Dimensionen können im Englischen präzise, eindeutig und ohne umständliche Zusätze mit drei unterschiedlichen Wörtern – *polity, politics, policy* – ausgedrückt werden. Sie haben sich auch in der deutschen Politikwissenschaft durchgesetzt. *Polity* meint die institutionelle Dimension von Politik. Auf den ersten Blick gehören dazu selbstverständlich die traditionell als Institutionen bezeichneten Elemente des politischen Systems, also Verfassungen, Regierungen, Parlamente usw. Der Begriff umfasst aber auch Institutionen im weitesten Sinne, „Spielregeln" wie Wahlgrundsätze und Abstimmungsprozeduren, also Handlungsbeschränkungen für Akteure im allgemeinen, unter denen die konkreten politischen Institutionen ein Spezialfall sind. Diese Institutionen geben den Rahmen für den politischen Prozess (*politics*) vor, in dem Politik im Sinne verbindlicher Entscheidungen formuliert und durchgesetzt wird. Dabei geraten Interaktion, Kooperation und Konflikt zwischen politischen Akteuren in den Blick. Schließlich hat Politik eine inhaltliche Dimension (*policy*), die Ziele, Aufgaben und Gegenstände von Politik in ihrer inhaltlich-materiellen Substanz betrifft (Tab. 1).

Alle politischen Phänomene weisen diese drei Dimensionen auf. Es liegt jedoch am Betrachter, welche von ihnen jeweils im Zentrum der Aufmerksamkeit steht: Die Vergleichende Politikwissenschaft ist in ihrer älteren staatsrechtlich beeinflussten Tradition auf formale Aspekte der *polity* fokussiert, konzentriert ihr Erkenntnisinteresse entsprechend ihres jüngeren Selbstverständnisses aber auf Politik als dynamischen, interaktiven, ergebnisorientierten Prozess (vgl. die Bezeichnung *Comparative Politics*). Nichtsdestotrotz bildet die institutionelle Dimension von Politik – im Sinne sowohl der formalen als auch der informellen – Spielregeln ihren zentralen Gegenstandsbereich, weil ihre Grundannahme lautet, dass das Handeln politischer Akteure durch „Strukturen" geordnet bzw. institutionell konstituiert

Tabelle 1: Drei Dimensionen von Politik

	Polity	*Politics*	*Policy*
Systematischer Fokus	System, Strukturen, Institutionen: Rahmenbedingungen von Politik („Spielfeld" und „Spielregeln")	Prozess, Interaktionen: politische Vorgänge und Abläufe („Spielablauf")	Inhalt, Ziele, Aufgaben, Leistungsprofile („Spielziel" und „Spielergebnis")
Untersuchungsobjekte	Verfassungen, Staatsformen, Regimetypen, Regierungssysteme, formale und informelle Institutionen	Vermittlung und Durchsetzung von Interessen, Regulierung von Konflikten, Konsensfindung, Formulierung und Durchsetzung politischer Entscheidungen	Politikfelder (Gesundheits-, Bildungs-, Wirtschafts-, Außenpolitik, usw.), Staatstätigkeit
Erkenntnisinteresse	Wie ist der politische Prozess organisiert? Warum unterscheiden sich die institutionellen Konfigurationen moderner politischer Systeme?	Wie entstehen politische Entscheidungen? Wie werden sie durchgesetzt? Wie wirken die politischen Institutionen auf das Handeln der Akteure?	Worin besteht der Inhalt politischer Entscheidungen? Was wird geregelt? Wie beeinflussen die politischen Institutionen die Ergebnisse von Politik?

ist: Im Rahmen der *polity* wird entschieden, wer zu den jeweils relevanten Akteuren gehört und wie ihr Zusammenspiel organisiert ist.

1.2.2 Politische Institutionen

Den Grundbegriff für die Analyse einer *polity* bildet die *Institution*. Wie alle Begriffe kann auch der Institutionenbegriff ganz unterschiedlich definiert werden. Das hier verwendete Konzept ist sehr abstrakt und erschließt sich nicht aus dem Alltagsverständnis: Unter Institutionen werden demnach soziale Regelsysteme verstanden, die das Verhalten von Akteuren regulieren und damit auch sichere Erwartungen an das Verhalten anderer Akteure erlauben. Metaphorisch gesprochen handelt es sich um Spielregeln, nach denen Akteure miteinander interagieren. Sie bedeuten Beschränkungen im restringierenden oder ermöglichenden Sinne (*constraints*), denen sich Akteure unterworfen sehen, weil und insofern sie diese als gültig akzeptieren. Institutionen sind gleichzeitig selbst das Resultat menschlicher Interaktionen, die häufig bereits lange Zeit zurückliegen.

> **Begriff: Institutionen**
> Institutions are „rules used by individuals for determining who and what are included in decision situations, how information is structured, what actions can be taken and in what sequence, and how individual actions will be aggregated into collective decisions" (Kiser/Ostrom 1982: 179)

Politisch sind Institutionen dann, wenn sie im Zusammenhang mit der Formulierung und Durchsetzung kollektiv verbindlicher Entscheidungen stehen, wenn Akteure mit gegebenenfalls divergierenden Interessen interagieren und versuchen, ihre Ziele durchzusetzen. Politische Outputs sind das auf einem langen Weg durch die Institutionen prozessierte Ergebnis einer Vielzahl individueller Entscheidungen, angefangen bei der Artikulation von Interessen bis hin zur Implementierung von Gesetzen. Überall auf den Etappen dieses Weges gelten Regeln, die den jeweiligen Akteuren bestimmte Vorgehensweisen erlauben und andere ausschließen oder buchstäblich undenkbar machen. Häufig sind solche Regeln in Verfassungen, Gesetzen, Satzungen, Geschäftsordnungen usw. niedergelegt. Es ist also vielleicht ungewohnt, aber nicht schwer, die dort fixierten Entscheidungs- und Interaktionsregeln wie etwa Versammlungs- und Meinungsfreiheit, Wahlsysteme und Abstimmungsregeln als Institutionen anzusehen: Als Grundsätze der politischen Willensbildung legen sie fest, was Akteuren bei dem Versuch, ihre Interessen im politischen Prozess geltend zu machen, erlaubt ist und wie der politische Wettbewerb entschieden wird.

Der Neoinstitutionalismus geht aber über dieses Institutionenverständnis noch hinaus. Er beachtet nicht nur *formale* Institutionen, sondern auch *informelle* Regelsysteme wie etwa Konventionen, weil sie zwar keine rechtlich durchsetzbaren, wohl aber wirksame

Verhaltensvorschriften darstellen (> Kap. 6.1.1). Einige neoinstitutionalistische Spielarten zählen auch Werte, Normen und eingelebte Handlungsroutinen dazu. Die formal verfasste Ordnung von Gesellschaften engt politische Akteure auf einen „Handlungskorridor" ein. Innerhalb dieses Korridors sind sie jedoch nicht vollständig determiniert. Akteure verfügen über beträchtliche Spielräume für strategische Interaktionen, die sie informell nutzen können: Politik entsteht, so etwa im Falle von Koalitionsregierungen (> Kap. 8.1.2), oft auch unter dem Druck von formal nicht vorgeschriebenen Verhandlungen zwischen Partnern mit durchaus unterschiedlichen Interessen. Ebenfalls dürften nur die wenigsten parlamentarischen Abstimmungen in modernen Demokratien ohne die vorangehende informelle Kommunikation zwischen Abgeordneten derselben sowie unterschiedlicher Fraktionen zustande kommen. Häufig stehen die Realisierungschancen von Politik auch unter dem faktischen Vorbehalt ihrer Abstimmung mit gesellschaftlichen Interessengruppen, wobei die Prozeduren, nach denen etwa die Konsultationen zwischen der Legislative und organisierten gesellschaftlichen Gruppen ablaufen, in unterschiedlichem Maße formal institutionalisiert sind (> Kap. 4.3). In allen Ländern spielen informelle Beziehungen und deren ungeschriebene Gesetze daher eine wichtige Rolle. Nicht immer sind die daran beteiligten Personen durch die Besetzung öffentlicher Ämter legitimiert, wie etwa angesichts von Mutmaßungen über den Einfluss von Ehepartnern oder „Rüstungslobbys" auf diverse Staats- und Regierungschefs immer wieder deutlich wird.

Nicht alle Theoretiker sind sich einig, ob es zweckmäßig ist, neben den Regelsystemen für das Verhalten von Akteuren auch strukturell verfasste soziale Gebilde zu den Institutionen zu zählen. Im Folgenden soll davon ausgegangen werden, dass auch (kollektive) Akteure bzw. Organisationen als Institutionen konzeptualisiert werden können, wenn man sie unter dem Gesichtspunkt von Handlungsbeschränkungen für Akteure betrachtet, wenn sie also durch ihre Existenz (und ihr Verhalten als Akteure) die Strategiewahl anderer Akteure beeinflussen. Mit dieser definitorischen Entscheidung können auch Verfassungsorgane, die den Gegenstand der älteren institutionalistischen Forschungsperspektive bilden und die auch im Alltagsverständnis als politische Institutionen gelten, in die Betrachtung einbezogen werden: *Policy-making* in Demokratien beispielsweise findet wesentliche institutionelle Beschränkungen in der Beteiligung der drei Gewalten Legislative, Exekutive und Judikative

(> Kap. 6.2). Für die Implementierung politischer Entscheidungen werden Verwaltungen benötigt, die mit bestimmten Kompetenzen ausgestattet sind (> Kap. 8.2) usw. Oft wirkt bei der Vorbereitung und Durchsetzung solcher Entscheidungen auch eine Reihe von Akteuren mit, welche die Politikoptionen einschränken, also politische Parteien und Interessenverbände, unter Umständen auch kleine Personennetzwerke.

Die formalen Institutionen bilden in allen politischen Systemen gewissermaßen die eindeutig identifizierbare „Spitze des Eisbergs", unter der sich ein Fundament aus informellen Institutionen ausbreitet. Politische Institutionen sind Regelsysteme, im Rahmen derer die politische Entscheidungsfindung abläuft. Es handelt sich dabei um Institutionen, weil und solange sie als Handlungsbeschränkungen durch die beteiligten Akteure allgemein akzeptiert sind. Die Verletzung von institutionellen Vorgaben wird auf dem Rechtswege und durch den Staat sanktioniert oder aber durch die beteiligten Akteure selbst. Verstöße gegen „ungeschriebene Gesetze" beispielsweise ziehen Reputationsverlust, soziale Missbilligung oder gar Ächtung nach sich. Sowohl die formalen als auch die informellen institutionellen Arrangements unterscheiden sich in Raum und Zeit. Sie sind daher prinzipiell vergleichbar, falls sich dafür zuverlässige Daten erheben und geeignete Vergleichsdesigns entwickeln lassen.

1.2.3 Akteure und Interessen

Der *Akteur* stellt das zweite zentrale Konzept des Neoinstitutionalismus als eines entscheidungstheoretischen Ansatzes dar, der auf dem Prinzip des *methodologischen Individualismus* beruht. Dies bedeutet, dass gesellschaftliche Phänomene aus dem Handeln von Akteuren erklärt werden, welche in strukturierten Kontexten agieren. Akteure sind menschliche Individuen oder – was in der Politik meist wichtiger ist – ihre Organisationen. Letztere sind *kollektive Akteure,* also Zusammenschlüsse von Individuen, die ihr Handeln in der Absicht koordinieren, gemeinsame Ziele zu verfolgen. Solcherart komplexen Akteuren ist zu unterstellen, dass sie nach außen „mit einer Stimme" sprechen können, weil sie auf dem Weg der innerorganisatorischen Willensbündelung und -vereinheitlichung interne Kohärenz hergestellt haben. Sie hängen also mehr oder weniger stark von den Präferenzen ihrer (individuellen oder wiederum kollektiven) Mitglieder ab.

Politische Akteure sind Beteiligte an politischen Prozessen, also etwa neben der CSU auch die SPD im Bayerischen Landtag, und neben dem Ministerpräsidenten auch katholische Landfrauen, sofern sie politisch aktiv werden. Solche Akteure unterscheiden sich zunächst nach ihren Fähigkeiten, d.h. den *Handlungsressourcen*, über die sie verfügen, um politische Ergebnisse zu beeinflussen. Dazu gehören „vorpolitische" Eigenschaften wie physische Stärke, Intelligenz und Geld, besonders aber auch institutionell zugewiesene Kompetenzen, Partizipations- und Vetorechte.

Akteure handeln *intentional*. Damit wird unterstellt, dass sie (Zweck-Mittel-)rational auf der Grundlage relativ stabiler *Präferenzen* handeln. Präferenzen werden durch die Eigeninteressen der Akteure gebildet, sind aber auch durch deren normative Verpflichtungen und Identitätsbilder geprägt. Auch Interaktionsorientierungen, d.h. relationale Handlungspräferenzen, die sich auf Partner in der Akteurskonstellation beziehen, spielen dabei eine Rolle; so sind Koalitionsparteien in der Regel kooperativer zueinander eingestellt als gegenüber Oppositionsparteien. Neben den Präferenzen gehören zu den *Handlungsorientierungen* von Akteuren auch ihre *Wahrnehmungen*. Sie umfassen „neutrale" Informationen zur Situationseinschätzung, aber auch Bewertungen des Status quo, Ursachenvermutungen und Annahmen über die Wirksamkeit sowie Wünschbarkeit von Handlungsstrategien und die dadurch erreichbaren Ergebnisse. Alle Akteure verfügen über die Fähigkeit zu *strategischem Handeln*. Neben ihren eigenen Handlungszielen berücksichtigen sie also auch die jeweilige konkrete Situation und das mutmaßliche Handeln anderer Akteure. Daher wählen sie Strategien, mit denen sie glauben, unter den gegebenen Bedingungen ihre Ziele am besten erreichen zu können.

Ganz offensichtlich ist, dass nicht alle Akteure von gleicher Bedeutung für politische Entscheidungsprozesse sind. Schlüsselakteure werden als *Vetospieler* (*veto player*, auch *Vetoakteure*) bezeichnet. Nur wenn solche Akteure einer politischen Entscheidung, z.B. einem Gesetz, zustimmen, kann Politikwandel herbeigeführt, der Status quo also verändert werden. Vetoakteure gibt es in allen politischen Systemen. Ihr Einflusspotential kann auf Kompetenzzuschreibungen durch Verfassungen beruhen, aber auch aus ihrer aktuellen Position im politischen Prozess erwachsen. So sind etwa Parteien nur selten Vetospieler, wenn sie sich in der Opposition befinden, weil ihr Stimmengewicht bei der Gesetzgebung zu gering ist. Treten sie jedoch als Partner in einer Regierungskoalition auf, werden sie zu parteipoli-

1.2 Grundbegriffe

tischen Vetospielern. Ihre Verweigerung ließe das betreffende Gesetz scheitern und könnte sogar den Rücktritt der Regierung auslösen (> Kap. 9.2).

Die Vorstellung eigeninteressierter, intentional und strategisch handelnder Akteure mit bestimmten Zielen, Vorstellungen und Ressourcen erinnert an das wirtschaftswissenschaftliche *Modell des rationalen Akteurs*, in dem ein *homo oeconomicus*, also ein egoistisch seinen Nutzen maximierendes, vollständig über sich und seine Umwelt informiertes Individuum rationale Wahlentscheidungen (*rational choices*) angesichts der zur Verfügung stehenden Handlungsoptionen fällt. Neoinstitutionalistische Diskurse bedienen sich jedoch differenzierterer und damit auch komplizierterer Modelle, die von einer in vielerlei Hinsicht *beschränkten Rationalität* (*bounded rationality*) der Akteure ausgehen. Menschen handeln demnach zwar intendiert rational, stoßen in diesem Bemühen aber auf unhintergehbare Hindernisse. Dazu gehören ihre mehr oder weniger elementaren Bedürfnisse und Leidenschaften, die das Spektrum der tatsächlich zur Verfügung stehenden oder denkbaren Alternativen eines sozialen Wesens mit begrenzter Lebensdauer erheblich reduzieren. Individuen sehen sich zudem einer Umwelt gegenüber, die so komplex und in ihrer Kausalstruktur so intransparent ist, dass sie als höchst unsicher erscheint. Sie erschließt sich den Akteuren nicht unmittelbar – sei es, weil deren Fähigkeit, Informationen aufzunehmen und zu verarbeiten, dieser Herausforderung nicht gewachsen ist, oder sei es gar, weil „die Realität" als kohärentes Phänomen überhaupt nicht existiert. Eine strikt rationale Handlungswahl ist unter diesen Bedingungen ausgeschlossen. Akteure können also lediglich „als ob" rational handeln. Sie greifen deshalb auf diverse Vereinfachungen zurück: So verzichten sie beispielsweise auf Nutzenmaximierung zugunsten der Erreichung „befriedigender" (*satisficing*) Resultate. Sie orientieren sich an überschaubaren Zeithorizonten und verpassen dabei mitunter den Hauptgewinn in der Zukunft. Sie dichotomisieren ihre Alternativen („to be or not to be?"), statt alle vorstellbaren Optionen zwischen den Extremen zu bedenken. In manchen Situationen greifen sie auf eingeübte Routinen oder soziale Normen zurück, um keine aufwendigen Kosten-Nutzen-Kalkulationen anstellen zu müssen.

Nicht zuletzt ist es der institutionalistische Fokus der Theorie, der den *homo oeconomicus* „sozialisiert" und damit auch „soziologisiert": Akteure werden durch Institutionen konstituiert. Da diese im Sinne von Regeln und Regelsystemen soziales Verhalten und Handlungsoptionen organisieren, erscheint die Umwelt den Akteuren, die sich mit diesen Regeln auskennen – und so auch ihren kundigen Beobachtern – verstehbar und in gewissem Umfang vorhersehbar. Akteure erhalten damit Handlungsorientierungen. Sie machen es ihnen möglich, unter verschiedenen, ihnen zur Verfügung stehenden Strategien die wahrscheinlich bessere auszuwählen. Der institutionelle Kontext *determiniert* die Akteure also nicht, sondern beeinflusst sie lediglich mehr oder weniger zwingend, d.h. er *konditioniert* ihre Handlungen. Unter Umständen kann das auch heißen, dass Akteure ihre Orientierungen infolge des institutionellen Kontextes verändern oder sich entscheiden, verbindliche Regeln vorsätzlich zu verletzen. Die Vorstellung einer prinzipiell vorhandenen Entscheidungsfreiheit über das eigene Vorgehen im Sinne von *(rational) choice* bleibt daher zentral für alle akteurszentrierten Ansätze. Als *homo socioœconomicus* folgt der Akteur seinen eigenen Interessen und ist entscheidungsfähig – aber er kann sich auch an Normen und Absprachen halten, so wie es das Menschenbild der Soziologie, der *homo sociologicus*, vorsieht.

Die Fokussierung auf Akteure und ihre Entscheidungsspielräume innerhalb institutioneller Kontexte ist es auch, die den Neoinstitutionalismus vom *klassischen Institutionalismus* (etwa der älteren Vergleichenden Regierungslehre) unterscheidet, der die Varianz institutioneller Arrangements strukturell erklärt. In der traditionellen Perspektive werden Unterschiede zwischen politischen Systemen grundsätzlich auf Faktoren wie das sozioökonomische Entwicklungsniveau, gesellschaftliche Konfliktstrukturen, das kulturelle und religiöse Erbe, historisch gewachsene institutionelle Traditionen oder die spezifische Einbettung eines Landes in das internationale politische bzw. ökonomische System zurückgeführt. Die Bedeutung solcher Faktoren wird auch durch den Neoinstitutionalismus keineswegs geleugnet. Sie wirken seiner Sichtweise zufolge aber nicht mechanisch und direkt auf der Makroebene, sondern nehmen gewissermaßen einen „Umweg" über die Akteure. Institutionen und strukturelle Umwelteigenschaften schaffen Anreize für politisches Handeln. Sie sind intervenierende Faktoren, die durch die Wahrnehmung von Akteuren gefiltert werden. Von den logisch konstruierbaren Handlungsalternativen bleiben aufgrund dessen nur diejenigen Optionen übrig, die Akteuren in ihren konkreten institutionellen Kontexten als denk- bzw. machbar erscheinen (*feasible set of options*) und somit Handlungskorridore strukturieren.

1.3 Vergleich als Methode – Methoden des Vergleichs

1.3.1 Politikwissenschaftlicher Erkenntnisgewinn durch Vergleich

Vergleichen ist ganz allgemein eine grundlegende kognitive Aktivität, die dem Erkenntnisgewinn dient. Erst durch Differenzbildung erschließen sich die Besonderheiten von Objekten. Wer nur in der Nacht lebt, kann sie nicht als Gegenstück des Tages kennen; wer nie unglücklich war, weiß auch nicht, wie sich Glück anfühlt; München ist anders als Berlin. Der Vergleich stellt Dinge und Erscheinungen einander gegenüber und deckt Ähnlichkeiten und Unterschiede in ihren Eigenschaften auf. Auf dieser Grundlage sind Schlüsse über die betrachteten Gegenstände möglich.

Wissenschaftliche Erkenntnisgewinne entstehen, indem Wissen über die empirisch erfahrbare Welt durch systematische Verfahren der Datensammlung, der Bildung und Überprüfung von Hypothesen und des wissenschaftlichen Schließens gewonnen wird. Schlüsse und Verallgemeinerungen in Bezug auf Politik produzieren politikwissenschaftliches Wissen. In der Vergleichenden Politikwissenschaft werden sie mit Hilfe der vergleichenden Methode gewonnen, die ein Verfahren darstellt, um empirische Zusammenhänge zwischen Phänomenen aufzudecken und zu überprüfen. Der politikwissenschaftliche Vergleich dient daher folgenden Zielen:

- *Empirische Beschreibung*: Politische Systeme werden in ihren Besonderheiten und Ähnlichkeiten erfasst.
- *Klassifizierung, Kategorien- und Typenbildung*: Die durch den empirischen Vergleich beschriebene Vielfalt wird nach bestimmten Kriterien organisiert, so dass abstrakte, aber gehaltvolle Kategorien im Sinne von „Datencontainern" entstehen.
- *Theoriebildung*: Durch den Vergleich werden (rivalisierende) Hypothesen über den Zusammenhang von Ereignissen, des Handelns von Akteuren, der Entstehung oder Wirkung von Institutionen usw. auf ihre Erklärungskraft getestet. Dadurch sollen verallgemeinernde Theorien entstehen, die kausal erklären, was zuvor beschrieben und klassifiziert worden ist.
- *Prognosen*: Die Möglichkeit, künftige Entwicklungen und Ereignisse zu prognostizieren, ist eine wünschenswerte Folge des Vergleichs und der theoretischen Verallgemeinerung. Inwieweit die sozialwissenschaftliche Forschung aber überhaupt theoretisch be-

gründete Vorhersagen treffen kann, ist unsicher. Manchmal ist es möglich, Entwicklungsszenarien zu formulieren und Wahrscheinlichkeiten ihres Eintreffens abzuschätzen.

Die Standards politikwissenschaftlicher Forschung als einer empirischen Sozialwissenschaft orientieren sich generell an denen der Naturwissenschaften. Alle empirisch-analytischen Wissenschaften zielen darauf ab, systematisch Daten zu erheben, empirische Regelmäßigkeiten aufzudecken und angemessene wissenschaftliche Erklärungen (*Theorien*) zu formulieren, die Beziehungen zwischen Variablen herstellen. Solche Beziehungen sind wahrscheinlich, wenn empirische *Korrelationen* zwischen Phänomenen auftreten. Von einem *Kausalzusammenhang* lässt sich jedoch nur sprechen, wenn ein Phänomen begründet als Ursache eines anderen Phänomens angesehen und der entsprechende Wirkungsmechanismus interpretiert werden kann.

> **Korrelationen und Kausalerklärungen**
> Die empirische Partizipationsforschung beispielsweise hat viele Belege für einen positiven Zusammenhang zwischen *sozialer Partizipation* (etwa dem Engagement in Nachbarschaftsgruppen und Sportvereinen) und *politischer Partizipation* (etwa der Beteiligung an Wahlen und der Mitgliedschaft in politischen Parteien > Kap. 3.2) beigebracht. Auf diesen beruht die verbreitete These, dass das Engagement von Bürgern in freiwilligen, nicht unmittelbar politischen Organisationen nicht nur mit dem Niveau ihrer politischen Partizipation korreliert, sondern sogar als deren Ursache anzusehen ist: Soziale Partizipation verbreitert demnach den Aufmerksamkeitshorizont hinsichtlich öffentlicher Angelegenheiten, bringt Personen der unterschiedlichsten Herkunft und Interessen zusammen und mehrt individuelle Ressourcen für die politische Mobilisierung, weil sie beispielsweise den Zugang zu Informationen verbessert und Trainingsmöglichkeiten für Managementfähigkeiten bietet. Diese Kausalinterpretation wäre jedoch nicht haltbar, falls sich eine *Drittvariable (Hintergrundvariable)* fände, welche die Korrelation beider Phänomene besser erklärte. So könnte beispielsweise der Nachweis eines Zusammenhangs zwischen dem Ausmaß des täglichen Fernsehkonsums mit dem Niveau beider Partizipationstypen dazu genutzt werden, um eine konkurrierende Erklärung aufzustellen. Wenn die tägliche Verweildauer vor dem Fernsehapparat beide

1.3 Vergleich als Methode – Methoden des Vergleichs

> Phänomene erklären würde, könnte die soziale Partizipation nicht plausibel als Ursache der politischen Partizipation angesehen werden. Beide stünden vielmehr in einer Beziehung zueinander, die als *Scheinkausalität* (*spurious correlation*, etwas verwirrend auch *Scheinkorrelation*) bezeichnet wird.
> Ein anderes Beispiel für eine Korrelation, die als Kausalbeziehung umstritten ist, stellt der Zusammenhang zwischen Demokratie und sozioökonomischer Entwicklung dar (> Kap. 2.3.2). Als eindeutige Scheinkausalität wiederum gilt etwa der statistisch gesicherte Befund, dass Schuhgröße und Einkommen einer Person kovariieren. (Die plausibelste der denkbaren Drittvariablen, die diesen Zusammenhang erklären, ist das Geschlecht – jedenfalls in Gesellschaften, in denen Frauen durchschnittlich kleinere Füße als Männer haben sowie kürzere Phasen ihres Lebens mit außerhäuslicher Erwerbsarbeit verbringen bzw. schlechter vergüteten Tätigkeiten nachgehen.)

Bei dem Versuch, kausale Zusammenhänge aufzudecken, stößt die Politikwissenschaft auf grundsätzliche Probleme. Sie haben zur Folge, dass ihre Erkenntnisse weder auf demselben Wege zustande kommen noch von derselben Art sind wie die der klassischen naturwissenschaftlichen Forschung: Erstens kann das Experiment als Verfahren, das in den meisten Naturwissenschaften von existentieller Bedeutung ist, aus technischen und ethischen Gründen kaum jemals angewendet werden, um politikwissenschaftliche Sachverhalte zu erforschen. Der Vorteil des Experiments besteht aber darin, dass die jeweiligen Prozesse unter Laborbedingungen wiederholt werden können. Erst dadurch wird es möglich, die Bedeutung einzelner Faktoren zu isolieren, indem alle anderen möglichen Erklärungsfaktoren (*Drittvariablen*) konstant gehalten, d.h. *kontrolliert* werden. Nur wenn eine Beziehung zwischen Variablen unabhängig von sonstigen Kontexteigenschaften besteht (*ceteris-paribus*-Bedingung), kann die Ursache oder Ursachenkombination eines Phänomens empirisch bestimmt werden. In allen anderen Fällen lässt sich letztlich nicht sicher entscheiden, welche der möglicherweise zahlreichen und gleichzeitigen Veränderungen von Parametern zu einem bestimmten Ergebnis geführt haben – ein charakteristisches Problem sozialwissenschaftlicher Forschung, das die dauerhafte Koexistenz konkurrierender Theorien zur Folge hat. Eine weitere Einschränkung besteht darin, dass sozialwissenschaftliche Erkenntnisse nur bedingt generalisierbar sind. In Bezug auf Gesellschaften lassen sich kaum Verallgemeinerungen von Zusammenhängen formulieren, die den Status von Gesetzen beanspruchen könnten, wie das in vielen Naturwissenschaften üblich ist.

Nichtsdestotrotz ist die empirisch-analytische Politikwissenschaft bestrebt, sicheres, präzises und intersubjektiv nachvollziehbares Wissen über politische Phänomene und ihre Zusammenhänge zu generieren. Dem Vergleich kommt dabei große Bedeutung zu, denn er bietet einen „quasi-experimentellen" Ersatz für naturwissenschaftliche Laborverfahren. Während *Einzelfallstudien* zwar eine detaillierte, umfassende und kontextsensitive Untersuchung eines einzelnen Gegenstandes ermöglichen, können sie kaum zur Theoriebildung beitragen, da sie auf ihre Fälle, deren Beschreibung und Verständnis, konzentriert sind. Der *Vergleich* von Fällen bzw. Erklärungsfaktoren hingegen bietet die Möglichkeit, anhand der verfügbaren Evidenz weiter reichende Schlüsse zu ziehen, weil er die Logik eines Experiments nachbildet.

Traditionell lassen sich zwei Herangehensweisen an den Vergleich unterscheiden: Die *statistische (quantitativ-vergleichende, makroquantitative) Methode*, bei der empirisch beobachtete Daten (mathematisch) aggregiert und ausgewertet werden, erlaubt eine weitgehende Annäherung an das Experiment. Die quantitativ-vergleichende Methode deckt Beziehungen zwischen Variablen auf, die in einem Ursache-Wirkungs-Zusammenhang stehen können. Ein Beispiel dafür stellt die Korrelation zwischen dem sozioökonomischen Entwicklungsstand eines Landes und der Wahrscheinlichkeit dar, dass es ein demokratisches politisches System aufweist (> Kap. 2.3.2). Neben weiteren traditionellen Forschungsobjekten, so den Werten und Einstellungen der Bevölkerung oder dem Wahlverhalten sind in den letzten beiden Jahrzehnten viele neue politikwissenschaftlich relevante Phänomene wie etwa Korruption und Staatlichkeit, Typen politischer Systeme oder das Syndrom des „guten Regierens" (*good governance*) so operationalisiert worden, dass sie quantitativ vermessen werden können.

Der Einsatzbereich der variablenfokussierten statistischen Methode bleibt dennoch beschränkt. Abgesehen von methodologischen Problemen und generellen Zweifeln an der Zuverlässigkeit quantifizierter Beschreibungen von empirischen Phänomenen gibt es bei vielen Forschungsfragen schlicht zu wenige Beobachtungsfälle für eine statistische Auswertung. Unter solchen Bedingungen bietet sich die *qualitative, systematisch-vergleichende Methode* an. Sie wird gewählt, wenn „wenige Fälle" vorliegen, die durch „viele Variablen" beschrieben werden können (*small-N-Problem*). Dabei werden die Gemeinsamkeiten bzw. Unterschiede zwischen den Fällen in das Zentrum der Aufmerksamkeit gestellt. Der qualitative Vergleich stellt ein logisches Äquivalent zur quantitativen Methode dar. Seine Ergebnisse sind jedoch nur wenig verallgemeinerbar: Da nur wenige Phänomene beobachtet werden, können rivalisierende Erklärungen anhand der empirischen Evidenz meist nicht sicher ausgeschlossen oder bestätigt werden. So bleiben mitunter mehrere hinreichend plausible Theorien nebeneinander bestehen. Aufgrund seiner Fallfokussierung ist der qualitative Vergleich aber sensitiver als die quantitative Methode gegenüber der Komplexität sozialer Phänomene. Weil die Ganzheitlichkeit der einzelnen Fälle gewahrt bleibt, ist es leichter, Erklärungen für jeden von ihnen zu finden, auch wenn er sehr „speziell" sein sollte. Es gibt also gar keine „Ausreißer" oder „devianten Fälle" wie in statistischen Auswertungen. Die qualitativ-vergleichende Methode erweist sich deshalb als konsistenter in dem Bemühen, spezifische Fälle in ihrer historischen Eigenart zu interpretieren.

1.3.2 Konzept- und Typenbildung

Unvergleichbare und unvergleichliche „Gebilde *sui generis*" lassen sich nicht sinnvoll vergleichen und verhindern die Theoriebildung. Diese Feststellung ist nur scheinbar trivial. Sie bildet den Hintergrund für Diskussionen darüber, ob und zu welchem Zweck man „Äpfel" mit „Birnen" oder sogar mit „Kängurus" vergleichen darf – bzw. die Demokratisierungsprozesse in Lateinamerika mit denen in Ostmitteleuropa, das Institutionengefüge der Europäischen Union mit dem von föderalen Staaten oder aber internationalen Organisationen, die Kompetenzen des britischen Premierministers mit denen der deutschen Bundeskanzlerin oder des russischen Präsidenten usw. Wie für alle wissenschaftlichen Methoden gilt auch für den Vergleich, dass er reflektiert und sich selbst reflektierend eingesetzt werden muss: Die Auswahl geeigneter Fälle hängt ab vom Erkenntnisziel, das wiederum innerhalb einer bestimmten Untersuchungsperspektive formuliert wird.

Um die Vielfalt empirischer Phänomene geordnet erfassen und theoriefähig machen zu können, muss sie in abstrakten „Datencontainern" organisiert werden. Dabei werden empirische Objekte in Kategorien zusammengefasst (*Klassifizierung*), deren Elemente als ähnlich hinsichtlich derselben Kriterien eingestuft worden sind. Solche Kategorien beruhen auf wissenschaftlichen Konzepten, werden also keineswegs von der „objektiven Realität" vorgegeben. Sie sind Konstruktionen von Wissenschaftlern, die sich diese Realität auf eine bestimmte Art und Weise „vorstellen".

Ein gebräuchliches Verfahren der Ordnung und Organisation von Datenklassen besteht darin, *Typologien* zu bilden. Durch die Kombination mehrerer Merkmale, die voneinander unabhängig sind, entstehen eindeutig charakterisierte Typen (z.B. die Typen „Pluralismus" und „Korporatismus" durch je spezifische Ausprägungen der Merkmale „Staat-Verbände-Beziehungen" und „Verbandslandschaft" > Kap. 4.3.1, Tab. 11). Solche Typen sollen trennscharf (eindeutig), erschöpfend (alle empirischen Fälle erfassend) und sparsam (anhand möglichst weniger Kriterien) konstruiert sein. Einfache Typologien sind eindimensional, bestehen also aus zwei Kontrasttypen (z.B. „Demokratie" – „Nicht-Demokratie" > Kap. 2.2). Komplexere Typologien enthalten mehrere Typen (z.B. Parteienfamilien > Kap. 4.2.3) oder typologische Ebenen (z.B. Wahlsysteme > Kap. 5.1).

Typologien entstehen als Folge konzeptioneller Entscheidungen von Wissenschaftlern über die Kriterien der Typenbildung. Dies bedeutet zwangsläufig (und ist aus pragmatischen Gründen erwünscht), dass die Komplexität der realen Phänomene reduziert wird. Nicht „alle", sondern nur diejenigen Objektmerkmale werden zu typologischen Kriterien, die als wesentlich gelten können. Daher ist die Typenbildung zwar ein Verfahren der „vortheoretischen" Organisation von empirischem Material, sie erfolgt jedoch keineswegs „untheoretisch". Vielmehr ist sie vom Erkenntnisinteresse des Wissenschaftlers, seinen (auch normativ und biographisch geprägten) „Realitätsfiltern" sowie seinem empirischen und theoretischen Wissen abhängig.

Die meisten Typen und Typologien der Vergleichenden Systemlehre beruhen vorrangig auf *Induktion*. Auf der Grundlage der Beobachtung und systematischen Beschreibung empirisch vorgefundener Phänomene werden dabei auf dem Wege der Abstraktion Kategorien gebildet, denen diese und andere Phänomene dann als konkrete Manifestationen zugeordnet werden können. Manchmal handelt es sich dabei um *Idealtypen* im Sinne Max Webers (1864-1920). Damit sind Konstruktionen gemeint, die keine empirischen Entsprechungen in der Realität haben – allerdings nicht im Sinne normativ idealer Typen, sondern im Sinne von gedanklichen Fiktionen, die durch die „Stilisierung" charakteristischer Merkmale von realen Phänomenen

1.3 Vergleich als Methode – Methoden des Vergleichs

gewonnen werden. Stärker um empirische Angemessenheit als um begriffliche Reinheit bemüht sind operationalisierbare empirisch-analytische Konstrukte wie etwa Arend Lijpharts (1999) kontrastierende Typen der Mehrheits- und Konsensdemokratie (> Kap. 9.1). Während diese auf einer induktiven Generalisierung beruhen, ist George Tsebelis' (2002) Typologie von Vetospielern und ihren Konstellationen (> Kap. 9.2) eher deduktiv. Bei der *Deduktion* wird explizit von theoretischen Annahmen ausgegangen, um Hypothesen zu generieren, sie zu *operationalisieren* (in empirisch überprüfbare Aspekte zu übersetzen) und dann zu testen.

Beim Vergleich politischer Systeme kommt der Typenbildung fundamentale Bedeutung zu: Typen werden benötigt, um Einzelfälle dem Vergleich überhaupt erst zugänglich zu machen, sie zu klassifizieren und sinnvolle Forschungsfragen zu formulieren, die wiederum dank einer Vergleichsstudie die Theoriebildung voranbringen können. Der größte Teil der vorliegenden Einführung in den Vergleich politischer Systeme widmet sich daher der Präsentation von Typologien und ihrer empirischen Illustration. Erst auf dieser Grundlage lassen sich Theorien formulieren und testen, welche die Entstehung bzw. Wirkungen empirisch beobachtbarer Phänomene erklären, indem sie „Fakten" zueinander in Beziehung setzten. In den folgenden Kapiteln werden auch einige solcher theoretischer Erklärungen vorgestellt, weil die moderne, sozialwissenschaftliche Vergleichende Politikwissenschaft jenseits „typologischer Fingerübungen" nicht aufhört, sondern erst ihren vollen Reiz (und Sinn) zu entfalten beginnt.

1.3.3 Vergleichsdesigns: Äpfel und Birnen – oder Kängurus?

Seit den Anfängen der *Comparative Politics* in den 1940er Jahren haben sich die Methoden des Vergleichs und die methodische Reflektiertheit ihrer Verwendung geradezu revolutioniert. Im Rahmen dieser Einführung in die Vergleichende Systemlehre sei auf diese Entwicklung, die von Politikwissenschaftlern heute zumindest Grundkenntnisse in angewandter Algebra, Wahrscheinlichkeitsrechnung und Statistik verlangt, nicht weiter eingegangen. Eine Ausnahme bildet der folgende ebenso einfache wie grundsätzliche Einblick in die Logik von (qualitativen) Vergleichsdesigns. Anhand dieser Überlegungen soll demonstriert werden, dass zwischen dem routinemäßigen Vergleichen als allgemeiner Methode menschlichen Erkenntnisgewinns und dem politikwissenschaftlichen Vergleich ein bemerkenswerter Unterschied besteht: Der politikwissenschaftliche Vergleich ist hochgradig reflektiert, und dies bereits bei der Fallauswahl. Nur so können zuverlässige und bedeutungsvolle Erkenntnisse gewonnen werden.

Die Ausgangsüberlegung für die Auswahl (einer beschränkten Anzahl) von Fällen geht auf John Stuart Mill (1806-1873) zurück und wurde von Adam Przeworski und Henry Teune (1970) zu zwei grundsätzlichen Untersuchungsdesigns ausgebaut. Die Grundannahme ist simpel: Unterschiedliche Wirkungen haben unterschiedliche Ursachen, ähnliche Wirkungen ähnliche Ursachen. Wenn in zwei Fällen, die große Ähnlichkeit aufweisen, dennoch zwei unterschiedliche Ereignisse oder Entwicklungen auftreten, dann sollte die Ursache dieser Ereignisse und Entwicklungen selbstverständlich nicht in ihren Ähnlichkeiten, sondern in den unterschiedlichen Eigenschaften der Fälle zu finden sein. Bei der Fallauswahl für Vergleiche, die nach Erklärungen unterschiedlicher Outcomes suchen, müssen also unter allen bekannten Fällen die möglichst ähnlichen ausgewählt werden (*Differenzmethode*). Weil jeder theoretisch relevante Unterschied zu einer Kausalerklärung beitragen kann, ist es wichtig, die Zahl der Variablen gering zu halten, die als Ursache in Frage kommen. Hat man also die Wahl zwischen mehreren Fällen, in denen ein bestimmtes Phänomen auftritt, entscheidet man sich – falls man sich auf einen paarweisen Vergleich beschränken muss – für die beiden Fälle, die den empirischen Erkenntnissen zufolge die größten Übereinstimmungen hinsichtlich der zu kontrollierenden Drittvariablen zeigen. Gleichzeitig sollen sie sich möglichst unähnlich in Bezug auf die kritischen unabhängigen Variablen, also die „Kandidaten" für die Ursache des zu erklärenden Phänomens, sein. Über diese, die sogenannte abhängige Variable, sollen die Fälle jedoch möglichst breit streuen.

Tabelle 2 verdeutlicht ein solches *Design der möglichst ähnlichen Fälle (Most similar cases design [MSCD])*: Die beiden Fälle A und B sind sich insofern sehr ähnlich, als dass sie nur in zwei typologischen Kriterien, nämlich X_2 und X_3, unterschiedliche Merkmalsausprägungen aufweisen. („1" bedeutet dabei, das Merkmal liegt vor; „0" soll heißen, dass es fehlt.) Nur die Merkmale X_2 und X_3 kommen hier als Ursachen für das zu erklärende Phänomen Y in Frage, das breit streut, weil es in einem Fall eingetreten ist, im anderen aber nicht. Ausgeschlossen werden kann bei diesem Design, dass die Merkmale X_1 und X_4 bis X_7 hinreichend wären, um das Phänomen Y zu erklären.

1.3 Vergleich als Methode – Methoden des Vergleichs

Tab. 2: Most similar cases design

Variablen	Fall A	Fall B
X_1	1	1
X_2	1	0
X_3	1	0
X_4	1	1
X_5	0	0
X_6	0	0
X_7	1	1
Y	1	0

Tab. 3: Most different cases design

Variablen	Fall A	Fall B
X_1	0	1
X_2	1	0
X_3	1	0
X_4	1	0
X_5	0	1
X_6	1	1
X_7	1	0
Y	1	1

Beim *Design der möglichst unterschiedlichen Fälle (Most different cases design [MDCD])* gilt entsprechend (Tab. 3): Es werden möglichst heterogene Fälle ausgewählt, in denen aber ähnliche erklärungsbedürftige Ereignisse aufgetreten sind. Die paarweise Betrachtung der Merkmale X_1 bis X_5 sowie X_7 zeigt, dass sie keine notwendigen Bedingungen für das Auftreten von Y darstellen. Dieser Ausleseprozess lässt jedoch Variable X_6 „überleben", die daher weiterhin als Ursache im Sinne einer notwendigen Bedingung für das Outcome Y angesehen werden kann (*Konkordanzmethode*).

Wovon hängt die Lebensdauer von Regierungen (Y) ab?
Als mutmaßliche Erklärungsfaktoren kommen z.B. der Rückhalt in der Bevölkerung X_1 (gemessen durch den Anteil der Wähler der Regierungspartei), der Typ des Regierungssystems X_2 und das Wahlsystem X_3 in Betracht. In einem *Most similar cases design* könnte man nun X_2 und X_3 konstant halten, indem man nur Fälle mit parlamentarischem System und mit Verhältniswahlrecht betrachtet. Die untersuchten Fälle sollen jedoch hinsichtlich sowohl von Y als auch von X_1 breit streuen. Bestätigt sich, dass die Regierungsdauer und das Wahlergebnis der Regierungspartei korrelieren, dann kann X_1 als Erklärung interpretiert werden. Allerdings lässt sich nicht ausschließen, dass der Zusammenhang zwischen Wahlergebnis und Regierungsdauer nur in parlamentarischen Re-

> gierungssystemen auftritt, auch wenn diese Eigenschaft offensichtlich keine hinreichende Bedingung darstellen kann. Deshalb wäre eine zusätzliche Fallauswahl nach dem *Most different cases design* möglicherweise weiterführend. Wenn nachgewiesen würde, dass mehrere Fälle mit einer hohen Regierungsdauer sich hinsichtlich X_2 unterscheiden, dann ließe sich schließen, dass der Typ des Regierungssystems keine notwendige Bedingung (Ursache) für eine lange Regierungsdauer sein kann; X_1, der Rückhalt in der Bevölkerung, würde gleichzeitig bestätigt.

Diese grundsätzlichen Designideen lassen sich miteinander kombinieren und weiter verfeinern, was es unter anderem erlaubt, auch Merkmalsbündel – statt Einzelursachen – zu identifizieren. Wichtig ist aber, immer im Blick zu behalten, dass die Ähnlichkeit oder Unterschiedlichkeit der Fälle keineswegs „naturgegeben" ist. Sie liegt vielmehr im Auge des Betrachters und hängt davon ab, über welche Daten er verfügt, wie er sie ordnet und interpretiert. Bei der Bestimmung sowohl der Variablen zur Fallbeschreibung im allgemeinen als auch der möglichen Ursachenvariablen im besonderen gehen Politikwissenschaftler theoriegeleitet vor. Es handelt sich also um wissenschaftliche Konstruktionen. Deshalb ist die Auswahl von Vergleichsfällen und die Erarbeitung von Vergleichsdesigns selbst eine wissenschaftliche, methodisch reflektierte Aktivität. Ob tatsächlich „Äpfel" mit „Kängurus" verglichen werden sollen – etwa das Parteiensystem der Schweiz mit dem Turkmenistans oder aber dem Clansystem Zentralasiens – kann nicht abstrakt und ein für allemal entschieden werden. Ob es sinnvoll und zweckmäßig ist, hängt zum einen von der Forschungsfrage ab und zum anderen, ob es möglich ist, neben den unbestreitbaren Unterschieden zwischen den Fällen auch Gemeinsamkeiten zu konzeptualisieren, die für einen theoriegeleiteten Vergleich relevant sind.

Literatur

Ein gut verständlicher Einblick in die aktuelle Formulierung der politikwissenschaftlichen Systemtheorie findet sich bei *Almond et al. (2004[8]: 1-155)*. *Scharpf (2000, bes. Kap. 2 und 3)* liegt dem hier dargestellten Politikmodell des „akteurszentrierten Institutionalismus" zugrunde. Dieser Ansatz wird kurz und präzise durch *Schimank (2004)* referiert. *Peters*

1.3 Vergleich als Methode – Methoden des Vergleichs

(2005²) bietet eine systematische Einführung in die unterschiedlichen Definitionen für den Begriff der Institution, arbeitet die Gemeinsamkeiten und Unterschiede der verschiedenen Spielarten des Neoinstitutionalismus in der Politikwissenschaft heraus sowie dessen Verhältnis zum klassischen Institutionalismus. Um den genuin soziologischen Forschungsansatz des methodologischen Individualismus und das Konzept des Akteurs zu verstehen, ist *Schimank (2007)* hilfreich.

Die meisten Einführungen in die Vergleichende Politikwissenschaft enthalten auch Beiträge über Methoden des Vergleichs, so insbesondere *Jahn (2006)*, aber auch *Lauth (2002)* und *Berg-Schlosser/Müller-Rommel (2003⁴)*. *Behnke et al. (2006)* stehen für eine Reihe von Lehrbüchern über empirische Methoden der Politikwissenschaft. *Landman (2003²)* ist eine ebenso konzise wie anschauliche und instruktive Einführung in Methoden der *Comparative Politics*. Anhand des methodischen Vorgehens ihrer Schlüsselwerke werden wichtige Themenbereiche vorgestellt. *George/Bennett (2005)* präsentieren Standards der theoriegeleiteten empirischen Forschung für (vergleichende) Fallstudien und diskutieren, was dabei zu beachten ist; das Buch eignet sich daher für Leser, die methodisch anspruchsvolle Abschlussarbeiten schreiben wollen.

2 Typen politischer Systeme und der Übergang zur Demokratie

2.1 Demokratien

2.1.1 Wahlen als Abgrenzungskriterium politischer Systeme

Die Vergleichende Politische Systemforschung befasst sich mit den Ländern der Erde im Hinblick auf ihre staatlich verfassten politischen Systeme (bzw. *Regime* im Sinne der politischen Herrschaftsorganisation). Damit stellt sich zunächst die Frage, wie die fast 200 politischen Systeme der Welt nach ihren Ähnlichkeiten oder Unterschieden geordnet und klassifiziert werden können. Der erste einflussreiche Versuch dieser Art stammt von Aristoteles. Er grenzte (Stadt-)Staaten einerseits nach der Zahl der Herrschenden und andererseits nach den von ihnen verfolgten Zielen voneinander ab. Gemeinwesen, in denen „Viele" regierten, nannte er, wenn sie auf das Gemeinwohl ausgerichtet waren, *Politie*. Im heutigen Sprachgebrauch wäre damit „Demokratie" gemeint, aber darunter verstand Aristoteles seinerzeit die entartete Form der *Politie*, nämlich die eigennützig auf die Bedürfnisse der Armen fokussierte „Herrschaft der Menge".

Um politische Systeme zu vergleichen, werden sie zunächst danach unterschieden, ob sie „demokratisch" oder „nicht-demokratisch" bzw. „autoritär" sind. Nicht anders als für Aristoteles stellt sich auch für die moderne empirisch-analytische Forschung die Frage nach den typologischen Kriterien. Die Selbstbezeichnung von politischen Regimen, wie sie sich oft in Verfassungen findet, eignet sich dafür nicht, weil sie politisch ist, nicht aber politikwissenschaftlich: So haben sich alle staatssozialistischen Systeme des 20. Jahrhunderts für Demokratien gehalten. Gegenwärtig finden sich unter den 194 international anerkannten Staaten nur wenige, die sich selbst nicht als Demokratien bezeichnen (Vatikanstaat, Saudi-Arabien, Oman, Brunei) oder nicht wenigstens ihre schrittweise Einführung proklamiert haben (Vereinigte Arabische Emirate, Bhutan).

Aus analytischer Sicht ist dies nicht deshalb problematisch, weil die Selbstzuordnung in manchen Fällen im normativen Sinne falsch wäre, sondern weil der Vergleich voraussetzt, dass alle Vergleichsgegenstände nach denselben Kriterien und Regeln bearbeitet werden.

2.1 Demokratien

Der Wissenschaftler soll sich ihnen so objektiv wie möglich nähern, also nicht als unreflektierter Bestandteil seines eigenen Beobachtungsgegenstandes, sondern „von außen". Für ein derart distanziertes und systematisches Vorgehen wird auch ein abstraktes Kategoriensystem benötigt. Eine Typologie soll die eindeutige Zuordnung von ähnlichen Fällen zu gemeinsamen Kategorien ermöglichen (> Kap. 1.3.2). Darin besteht die Voraussetzung sowohl für detaillierte Forschungsfragen und methodisch anspruchsvolle Forschungsdesigns als auch für jegliche Verallgemeinerung von Erkenntnissen, die durch Vergleiche gewonnen werden. Dass viele politikwissenschaftliche Fachbegriffe mit Wörtern der Alltagssprache bezeichnet werden, stellt eine besondere Schwierigkeit für die Disziplin dar. Mitunter führt das dazu, dass sich Personen, die über Politik sprechen, mit Politikwissenschaftlern verwechseln. Tatsächlich aber müssen fachwissenschaftliche Begriffe, die meist recht komplex sind, ebenso von umgangssprachlichen Ausdrücken wie von politischen Kampfparolen unterschieden und ihr Gebrauch wie der von fremdsprachlichen Vokabeln erschlossen werden.

Grundsätzlich für eine brauchbare Typologie politischer Systeme ist die klare Abgrenzung von *Demokratien* und *Nicht-Demokratien*. Unter der Vielzahl an definitorischen Angeboten sei hier zunächst die Minimaldefinition von Demokratie präsentiert, die auch einen politikwissenschaftlichen Minimalkonsens markiert: Minimale Demokratien sind *elektorale Demokratien*. In solchen politischen Systemen werden die Regierenden durch regelmäßig stattfindende, freie und faire Wahlen bestimmt. Demokratie bedeutet damit „Herrschaft auf Zeit" durch ihre Rückbindung an den Wählerwillen. Sie ist „Volksherrschaft" (griech.: *demos* – Volk, *kratia* – Herrschaft) im Sinne einer *repräsentativen Demokratie*, also Elitenherrschaft mit Zustimmung des Wahlvolks. In die systemtheoretische Semantik übersetzt (> Kap. 1.1.2), bedeutet dies: Die Systemfunktion der Personalrekrutierung für Strukturen, welche die *policy-making*-Funktion wahrnehmen, obliegt Wahlen – und nicht etwa der Erbfolge, dem Los oder anderen Verfahren (> Kap. 5). Die gewählten Volksvertreter bilden eine Körperschaft, die im Namen des Volkes politische Sachentscheidungen trifft (*Parlamentarismus* > Kap. 7.1.1); die Staatsbürger selbst sind daran aber, anders als in der *direkten Demokratie*, nicht als eigenständige politische Akteure beteiligt. Die „Herrschaft des Volkes" ist dadurch viel weniger „Herrschaft durch das Volk" als „Herrschaft für das Volk".

> **Begriff: (Minimale) Demokratie**
>
> „Die demokratische Methode ist diejenige Ordnung der Institutionen zur Erreichung politischer Entscheidungen, bei welcher einzelne die Entscheidungsbefugnis vermittels eines Konkurrenzkampfes um die Stimmen des Volkes erwerben." (Schumpeter 1972[3]: 428)
>
> „Democracy in a complex society may be defined as a political system which supplies regular constitutional opportunities for changing the governing officials, and a social mechanism which permits the largest possible part of the population to influence major decisions by choosing among contenders for political office." (Lipset 1960: 45)
>
> „Democracy is a system in which parties lose elections." (Przeworski 1991: 10)
>
> „Democracy is a system of rule by temporary majorities." (Rustow 1970: 351)

Minimale Demokratiedefinitionen, deren Kriterium aus einer einzigen Institution besteht, lassen es einfach erscheinen, politische Systeme zu klassifizieren. Aber dem ist nicht immer so. Allein der Fakt regelmäßig stattfindender Wahlen garantiert noch nicht, dass die Bürger die Regierenden wirklich im Ergebnis eines fairen Wettbewerbs und für eine begrenzte Zeit bestimmen, wie etwa wiederum das Beispiel der staatssozialistischen „Volksdemokratien" zeigt, in denen abgestimmt, aber nie (aus)gewählt wurde. Wahlen können nur unter bestimmten Bedingungen als demokratische Methode der Elitenrekrutierung funktionieren und das effektive Bindeglied zwischen Regierten und Regierenden bilden (> Kap. 5.1.1).

2.1.2 Die repräsentative Demokratie als institutionelle Konfiguration

Die Idee der *Repräsentation* – anstelle der unmittelbaren und kontinuierlichen Mitwirkung – der Staatsbürger im politischen Prozess trat ihren Siegeszug im Verlaufe des 19. Jahrhunderts an. Sie bedeutet, dass nicht die Bürger selbst auf unmittelbare und kontinuierliche Art und Weise ihre politischen Angelegenheiten gemeinsam entscheiden, sondern politische Eliten, die in ihrem Auftrag handeln. Sie sollen ihr

2.1 Demokratien

Verständnis dessen, was sie als im „besten Interesse" der (Mehrheit der) Bürger liegend ansehen, in Politik umsetzen. Erst durch die Idee der Repräsentation wurde Demokratie als politisches System für große moderne Flächenstaaten denkmöglich – und nicht nur für kleine Stadtstaaten, in denen die Vollversammlung überschaubar vieler Bürger das Gemeinwesen direkt regierte. Die Kopplung von *Volkssouveränität* (Demokratie) an das Repräsentationsprinzip, die mit dem *Parlamentarismus* vollzogen wurde, wirft jedoch ein grundsätzliches Problem auf: Wie kann gewährleistet werden, dass die gewählten Repräsentanten des Volkes sich im politischen Alltagsgeschäft an den Wählerwillen halten, statt ihre Handlungsfreiheit ausschließlich im Eigeninteresse zu nutzen und die politische Macht zu missbrauchen? Und wie kann andererseits die Autonomie der politischen Eliten gegenüber den Wählern gesichert werden, die für ein effektives Regieren notwendig ist? Jede repräsentative Demokratie steht damit vor einem Problem, das in der direkten Demokratie nicht auftritt: Sie überträgt den politischen Eliten weitgehende Entscheidungsspielräume, denn das Wählervotum erteilt ihnen ein ebenso diffuses Mandat wie den konkreten Auftrag, es eigenständig in Politik zu übersetzen – und sie kann nur funktionieren, wenn der Zusammenhang zwischen dem Wählerwillen und den tatsächlichen politischen Entscheidungen stets nachvollziehbar bleibt.

Dieses grundsätzliche Problem von Demokratien wird in den einzelnen politikwissenschaftlichen Diskursen unterschiedlich formuliert. Für Seymour M. Lipset (1960) kann eine Demokratie nur dann stabil sein, wenn sich *Effektivität* des Regierens mit der *Legitimität* der Regierung verbindet. Während sich die Effektivität an den Systemleistungen bemisst, hängt die Herstellung von Legitimität zum großen Teil davon ab, ob es gelingt, alle Schichten der Gesellschaft zu integrieren und soziale Konflikte systemimmanent zu bearbeiten. In der jüngeren Literatur wird häufig von *Responsivität* (*responsibility, responsiveness*) und *Rechenschaftspflichtigkeit* (*accountability*) der politischen Eliten als wesentlichen Kriterien von „gutem Regieren" (*good governance* > Kap. 8.3.3) gesprochen. Ersteres bezeichnet die Fähigkeit und Bereitschaft, gesellschaftliche Forderungen und Bürgerpräferenzen beim *policy-making* zu berücksichtigen, letzteres die Übernahme der Verantwortung für die Folgen politischer Entscheidungen, also für *policy outcomes*. Damit sollen die Risiken eingeschränkt werden, die der Ausübung politischer Macht inhärent sind, ohne diese ihrer politischen Gestaltungskraft zu berauben.

Demokratie als Delegationsbeziehung
Eine neuere Debatte überträgt das institutionenökonomische Modell der *Prinzipal-Agent-Beziehung* auf Politik in repräsentativen Demokratien: Die Bürger sind demnach Auftraggeber (*principals*) gegenüber durch Wahlen bevollmächtigten Politikern (*agents*). Diese erhalten das temporäre Mandat, im Wählerauftrag tätig zu werden. Das Volk delegiert seine Kompetenz als Souverän also an Repräsentanten. Einerseits sichert die Übertragung von Entscheidungskompetenzen an spezialisierte, professionelle Ausführende, dass der Wählerauftrag effizient erfüllt werden kann. Andererseits ist sie äußerst riskant: Da die Wähler das Verhalten ihrer Bevollmächtigten nicht vollständig kontrollieren können, laufen sie Gefahr, von diesen betrogen zu werden – unter der realistischen Bedingung, dass die Interessen zwischen Agent und Prinzipal zwar Überschneidungen aufweisen, aber nicht identisch sind. Obwohl also „die ganze Macht vom Volke ausgeht", ist Regieren in dessen „bestem Interesse" keineswegs selbstverständlich.
Wie leicht zu erkennen ist, kann dieses Problem im Rahmen der repräsentativen Demokratie nie gelöst werden, denn die relative Autonomie des Politikers als „Auftragnehmer" des Wählers ist die Erfolgsbedingung seiner Tätigkeit. Sie folgt aus der Notwendigkeit arbeitsteiliger Spezialisierung. Das Prinzipal-Agent-Problem kann bestenfalls durch geeignete Institutionen (z.B. der Machtverteilung, Kontrolle und Sanktionierung) eingehegt und dadurch erträglich gestaltet werden. Worin diese bestehen und wie sie etabliert werden können, steht daher im Mittelpunkt des Forschungsinteresses.

Zwischen den Erfordernissen repräsentativer und effizienter Politik besteht ein unauflösliches Spannungsverhältnis, weil die Effizienz des Regierens sich an anderen Kriterien bemisst als seine Repräsentativität. Dieses Spannungsverhältnis wird durch politische Institutionen bearbeitet, welche die nötige Handlungsfreiheit der Eliten gewährleisten und gleichzeitig Willkürherrschaft verhindern, indem sie den Zusammenhang mit den Präferenzen der Bürger garantieren.

Das einflussreichste politikwissenschaftliche Konzept, das die dafür nötige institutionelle Basisausstattung auf einem hohen Abstraktionsniveau benennt, stammt von Robert A. Dahl. Moderne repräsentative Demokratien sind demnach *liberale Demokratien* mit zwei Merkmalen: Erstens ist ein großer Teil der erwachsenen Bevölkerung im Besitz der Staatsbürgerrechte und beteiligt sich an der Diskussion

2.1 Demokratien

öffentlicher Angelegenheiten sowie an der Wahl der wichtigsten politischen Ämter (*inclusiveness* bzw. *participation*). Zweitens erfolgt die Formulierung politischer Entscheidungen von der Interessenartikulation bis hin zur Beschlussfassung auf dem Wege der Konkurrenz, also des freien Wettbewerbs auf dem politischen Markt (*public contestation* im Sinne der Möglichkeit, eine Regierung „herauszufordern"). Um Partizipation und Wettbewerb zu gewährleisten, benötigen moderne Demokratien eine bestimmte institutionelle Konfiguration. Dahl hat im Verlaufe jahrzehntelanger Forschungen mehrere, im Detail leicht variierende Kataloge von demokratischen Kerninstitutionen („institutionelle Minima") vorgelegt, dessen jüngste Formulierung (2005) folgende Elemente enthält:

- *Elected officials*: Alle politischen Entscheidungen werden ausschließlich von gewählten Repräsentanten getroffen; dies ist verfassungsrechtlich abgesichert.
- *Free, fair and frequent elections*: Die Amtsinhaber werden in häufigen, fair durchgeführten Wahlen ausgewählt, bei denen die Anwendung jeglichen Drucks vergleichsweise unüblich ist.
- *Freedom of expression*: Die Bürger haben das Recht, ihre Meinung frei zu äußern, einschließlich der Kritik an Amtspersonen, der Regierung, dem politischen Regime, der Sozial- und Wirtschaftsordnung sowie der Ideologie. Sie werden dafür nicht politisch sanktioniert.
- *Access to alternative sources of information*: Die Bürger haben das Recht und die Möglichkeit, sich durch alternative und unabhängige Informationsquellen zu informieren. Diese werden nicht durch die Regierung oder eine andere politische Gruppierung kontrolliert und sind gesetzlich geschützt, z.B. durch die verfassungsrechtlich verankerte Pressefreiheit.
- *Associational autonomy*: Um ihre Rechte wahrzunehmen, dürfen die Bürger unabhängige Vereinigungen bzw. Organisationen gründen, darunter politische Parteien und Interessenverbände.
- *Inclusive citizenship*: Kein Volljähriger, der seinen ständigen Wohnsitz im betreffenden Staat hat, wird vom Gebrauch der Rechte – insbesondere des aktiven und passiven Wahlrechts – ausgeschlossen, welche die genannten Institutionen begründen bzw. voraussetzen.

Diese Institutionen bilden ein Arrangement, das alle Demokratiestandards erfüllt: Sie gewährleisten die wirksame Partizipation des Großteils der Staatsbürger, ihre politische weil elektorale Gleichheit (in Stimmabgabe und Stimmgewicht), die Kontrolle der Bürger über die politische Agenda, das sachlich informierte Verständnis der Entscheidungsalternativen sowie die volle Inklusion der Staatsbürger in den politischen Prozess. Nur wenn diesen fünf Kriterien Genüge getan ist, kommt es nicht zu Verzerrungen des demokratischen Prozesses. Allerdings sind sie zu anspruchsvoll, um in der Realität jemals vollständig erfüllt werden zu können. Für das utopische politische System, in dem alle diese normativen Grundsätze eingelöst sind, reserviert Dahl die Bezeichnung „Demokratie". Die tatsächlich existierenden demokratischen politischen Systeme hingegen bezeichnet er als *Polyarchien* (griech.: *poly* – viele, *arché* – Herrschaft). Sie erfüllen die genannten Anforderungen in unterschiedlichem, empirisch je zu prüfendem Maße. Die historisch und international vergleichende Demokratiemessung (> Kap. 2.2.3) baut auf Dahls Konzept auf (wenngleich sich die Bezeichnung Polyarchie nicht durchgesetzt hat).

Weitere wesentliche Ergänzungen für einen gehaltvollen empirischen Demokratiebegriff lassen sich aus dem Vergleich politischer Systeme erschließen. Sie betreffen den Geltungsbereich der demokratischen Kerninstitutionen: In etablierten Demokratien liegt erstens die Ausübung der politischen Herrschaft ausschließlich bei gewählten Repräsentanten, die effektiv über das *Regierungsmonopol* verfügen. Es gibt hier keine territorialen oder funktionalen Enklaven, in denen Akteure wie das Militär, Guerillas oder multinationale Konzerne anstelle von gewählten Politikern die politische Macht ausüben. Zweitens ist der Staat in liberalen Demokratien ein *Rechts- und Verfassungsstaat* (> Kap. 6.1). Neben der vertikalen Rechenschaftspflicht der Gewählten gegenüber den Wählern existieren im Detail unterschiedliche Arrangements der horizontalen Verantwortlichkeit (*horizontal accountability*), welche die Macht der Exekutive kontrollieren und begrenzen.

Die moderne (polyarchische) Demokratie unterscheidet sich also in qualitativer Hinsicht von der athenischen *Polis*-Demokratie und der Demokratie der Römischen Republik: Die Polyarchie ist flächenstaatlich verfasst, stellt eine bedeutend größere politische Einheit dar als ihre antiken Vorgänger und schließt tendenziell alle volljährigen Staatsbürger ohne Ansehen ihrer individuellen Eigenschaften ein. Erst die Erfindung von Institutionen, die das Prinzip der Repräsentation und Vermittlung zwischen Regierten und Regierenden verwirklichen, hat die territorialstaatlichen Demokratien der Moderne möglich gemacht. Damit wird im Übrigen auch die demokratietheoretische Frage aufgeworfen, welchen Veränderungsbedarf der gegenwärtige, durch die Globalisierung erzwungene Wandel des Nationalstaates für diesen Regimetyp induziert und ob Demokratie „jenseits der Polyarchie" möglich ist. Ebenso wird diskutiert, ob die qualitativ neuen Informations- und Telekommunikationstechnologien die politischen Partizipationschancen jedes einzelnen Bürgers erhöhen und damit der direkten Demokratie eine neue Blüte ermöglichen werden.

2.1.3 Die nationalstaatliche, marktwirtschaftliche, rechts- und sozialstaatliche Parteiendemokratie

Die Entstehung moderner Demokratien hat im späten 18. Jahrhundert begonnen und setzt sich noch immer fort. Im Laufe der Zeit hat sie auf allen Kontinenten und in den meisten Kulturkreisen mehr oder weniger Fuß gefasst. Verlässt man die bisherige Abstraktionsebene und wendet sich konkreten politischen Systemen zu, so fällt deren große – historische, regionale und sogar nationale – Varianz ins Auge. Auf dem Wege der Induktion, also durch Verallgemeinerung empirischer Beobachtungen, lassen sich dennoch ähnliche Merkmale moderner Demokratien herausarbeiten und darüber hinaus auch unterschiedliche institutionelle Muster typologisieren, die sich als länderübergreifend erweisen (> Kap. 9.1). In der Disziplingeschichte des Vergleichs politischer Systeme liegt begründet, dass dabei eine bestimmte Ländergruppe als Referenzgegenstand der gesamten Forschung hervortritt – die *einkommensstarken OECD-Länder* Kontinentaleuropas und des angelsächsischen Raums. (Wenn Japan zu dieser Referenzgruppe hinzugezählt wird, spricht man von der Gruppe der *trilateralen Demokratien*). Sie liefern auch das empirische Material, auf dem Dahls Polyarchie-Konzept beruht.

OECD-Länder

Der *Organisation for Economic Co-operation and Development* (OECD), die 1961 aus einer 1948 gegründeten Vorläuferorganisation hervorging, umfasst gegenwärtig 30 Vollmitglieder. Die *high-income countries* unter ihnen sind Australien, Belgien, Dänemark, Deutschland, Finnland, Frankreich, Griechenland, Großbritannien, Island, Irland, Italien, Japan, Kanada, Luxemburg, Neuseeland, die Niederlande, Norwegen, Österreich, Portugal, Spanien, Schweden, die Schweiz, Südkorea und die USA. Darüber hinaus gehören der OECD Mexiko, Polen, die Slowakei, die Tschechische Republik, die Türkei und Ungarn an, die über weit weniger entwickelte Wirtschaften verfügen.

Im historischen Rückblick sind die *liberalen Demokratien des Westens* auf sehr unterschiedlichen Entwicklungspfaden entstanden. Gleichwohl weisen sie Gemeinsamkeiten auf, welche sie von anderen Demokratien in der Welt unterscheiden. Es handelt sich um Länder in (West- und Mittel-)Europa sowie Nordamerika, also um zwei Regionalgruppen (zuzüglich des australisch-pazifischen Raums), die dem christlichen Kulturkreis zugehören. Die Prozesse der *Staats-* und *Nationenbildung* setzten hier in der frühen Neuzeit ein und vollzogen sich meist relativ gleichzeitig, immer jedoch in starkem Bezug aufeinander. Im Zeitraum zwischen 1880 und 1920 fanden zwei eng miteinander verzahnte Entwicklungen statt, in denen einerseits moderne, strukturell und funktional ausdifferenzierte *Rechtsstaaten* (> Kap. 6.1.2), andererseits leistungsfähige, hochindustrialisierte kapitalistische *Marktwirtschaften* entstanden. Auch die Demokratisierung begann hier im globalen Vergleich sehr früh, bei den historischen Vorbildern USA, Frankreich und England bereits im frühen 19. Jahrhundert.

In der ersten Hälfte des 20. Jahrhunderts etablierten sich in diesen Regionen *Massendemokratien*. Ihre Schlüsselakteure waren Parteien. Zwar kommen in ihnen auch heute überall direktdemokratische Elemente vor, diese sind aber – außer in der Schweiz (> Kap. 7.1.2) – von lediglich ergänzender Bedeutung. Bei den modernen Demokratien westlichen Typs handelt es sich um repräsentative Demokratien, die *Parteiendemokratien* sind, weil die Vermittlung zwischen Bürgern und Politik maßgeblich durch Parteien geprägt ist: Binnendemokratisch organisierte Parteien dominieren sowohl den intermediären (> Kap. 4) als auch den politisch-administrativen Bereich der Entscheidungsformulierung und -durchsetzung (> Kap. 8). Parteien bilden die strukturelle Grundlage ideologisch-programmatischer Wahlalternativen, der parlamentarischen Repräsentation des Wählers (Parteifraktionen in der Legislative) und von Regierungen. Daher ist der Wettbewerb um Wählerstimmen in erster Linie Parteienwettbewerb (>Kap. 5), parlamentarische Politik ist Parteienpolitik und Regierungen sind Parteienregierungen. Dies gilt insbesondere in parlamentarischen Regierungssystemen (> Kap. 7.1.1), aber auch in präsidentiellen Systemen werden Parlaments- und Regierungshandeln durch Parteien „gerahmt". Parteien bilden also sowohl das wichtigste Bindeglied zwischen Regierungssystem und Wahlbevölkerung (*linkage*) als auch die Klammer zwischen den Institutionen der repräsentativen Demokratie und den verschiedenen Arenen des Regierungshandelns.

2.1 Demokratien

Das Konzept der Parteiendemokratie wird hier empirisch-analytisch verwendet (ausführlich > Kap. 8.1.2). Es sei jedoch erwähnt, dass es auch als normativer Begriff anzutreffen ist. Im deutschsprachigen Raum hängen dem Begriff des *Parteienstaates* eher negative Konnotationen wie Parteienallmacht, politische Durchdringung des Staates, Patronagepolitik und Selbstbedienung aus dem Staatshaushalt an. Positiv gewendet ist die massendemokratische Parteiendemokratie die historische Nachfolgerin des liberal-repräsentativen Parlamentarismus des 19. Jahrhunderts und spiegelt den Strukturwandel moderner westlicher Demokratien wider. Im Parlament treffen sich nunmehr nicht mehr autonome Repräsentanten der Wohnbürger territorialer Wahlkreise, um Mehrheitsbeschlüsse über politische Entscheidungen zu produzieren, die für das gesamte Staatsvolk verbindlich sind. Vielmehr ratifizieren die durch imperatives Mandat gebundenen Beauftragten politischer Parteien die anderenorts (in Ausschüssen oder in den Parteien selbst) beschlossenen Entscheidungen. Mit dem Staatsrechtler Gerhard Leibholz (1958) kann man die Parteiendemokratie daher auch als rationalisiertes Äquivalent der plebiszitären Demokratie bzw. als Ersatz für die direkte Demokratie in großen Flächenstaaten verstehen.

Schließlich sind die modernen westlichen Demokratien *soziale Demokratien*. In allen Ländern bildeten sich im Verlaufe des 20. Jahrhunderts *Wohlfahrtsstaaten* (*Sozialstaaten*) heraus, welche das Wirken des Marktes sozialverträglich einhegen. Sozialpolitik im weitesten Sinne gehört also zu den wichtigsten Aufgaben der Staatstätigkeit. Der Staat institutionalisiert soziale Sicherungssysteme, garantiert das Existenzminimum seiner Bürger, schützt sie vor elementaren Risiken der modernen Gesellschaft und greift in gesellschaftliche Verteilungsprozesse ein, um das Ausmaß der Ungleichheit der Bürger erträglich zu gestalten. Sozialpolitik ist in diesem Sinne zum einen staatliche Ordnungspolitik zur Erhaltung des sozialen Friedens und schafft zum anderen materielle Grundlagen dafür, dass alle Bürger über vergleichbare Partizipationschancen verfügen.

Demokratien als Sozialstaaten
Der Auf- und Ausbau des Sozialstaates ist in der Regel mit kritischen Phasen in der politischen Geschichte einer Gesellschaft verbunden. So führte Bismarck in Deutschland die Sozialversicherung (1883-89) im Zusammenhang mit der Gründung des Kaiserreichs (1871) und den Auseinandersetzungen mit der Sozialdemo-

kratie (Politik von „Zuckerbrot und Peitsche") ein. In den USA kam es zu Sozialreformen im Rahmen des *New Deal* während der Großen Depression in den 1930er Jahren und in Großbritannien unmittelbar nach dem Zweiten Weltkrieg.
Die Sozialstaatlichkeit ist in den „klassischen" Demokratien des Westens sehr unterschiedlich ausgeprägt. Schwach bis mittelmäßig ist sie im angelsächsischen Raum, in Griechenland, Portugal und Spanien (sowie in Japan), beträchtlich in Frankreich, Italien und der Schweiz und sehr weit ausgebaut in Nordeuropa, den Benelux-Staaten, Österreich und Deutschland. Der Beitrag des modernen Sozialstaats zur Stabilisierung von Demokratien kann kaum überschätzt werden, weil er das Spannungsverhältnis entschärft, das aus der Verbindung des demokratischen Prinzips der politischen Gleichheit mit dem marktwirtschaftlichen Prinzip der sozialen Ungleichheit erwächst. Nach einer enormen Expansionsphase in den ersten drei Dekaden nach dem Zweiten Weltkrieg zeigt der Sozialstaat gegenwärtig Anzeichen einer schweren Krise, die als Krisensymptome des westlichen Demokratietyps insgesamt interpretiert werden können.

Die historische Sequenz der wichtigsten gesellschaftlichen Entwicklungsprozesse in den euro-atlantischen Demokratien ist einmalig. Spätere Demokratien bildeten sich in historisch kürzeren Zeitabläufen heraus, während der die einzelnen Teilprozesse sich überlagerten, gegenseitig beeinflussten und unter Umständen kollidierten. Besonders deutlich wird dies im Falle des postkommunistischen Ostmitteleuropa, wo Demokratie und Marktwirtschaft am Ende des 20. Jahrhunderts nicht nur gleichzeitig entstanden, sondern überdies im Verlaufe weniger Jahre als Projekt gesellschaftlicher Großreformen bewusst eingeführt wurden. In einer Reihe von Gesellschaften vollzog sich dies zudem synchron mit der Gründung neuer Nationalstaaten. Nicht in allen dieser jüngeren Demokratien gibt es bisher leistungsfähige Marktwirtschaften, und nicht überall wird die Marktwirtschaft sozialverträglich eingehegt und wohlfahrtsstaatlich abgefedert. Die soziale Demokratie setzt neben dem entsprechenden politischen Willen nämlich auch ein hinreichend hohes Niveau der wirtschaftlichen Entwicklung voraus. Die euro-atlantischen Referenzfälle für demokratische politische Systeme können ihrerseits daher durchaus als Sonderfälle der Weltgeschichte angesehen werden.

2.1 Demokratien

Liberale Demokratien westlichen Typs sind also vergleichsweise wohlhabende, marktwirtschaftliche, national-, rechts- und sozialstaatlich verfasste Demokratien. Jenseits wesentlicher Gemeinsamkeiten weisen sie eine große Bandbreite an Besonderheiten auf. Das grundsätzliche Problem, wie das Spannungsverhältnis zwischen Legitimität und Effektivität von demokratischer Politik bearbeitet werden soll und wie Responsivität und Rechenschaftspflichtigkeit der Regierenden gegenüber den Regierten gewährleistet werden kann (> Kap. 2.1.2), wird auf unterschiedlichem Wege institutionell bearbeitet. Die Arrangements unterscheiden sich danach, welche Anforderung jeweils stärker gewichtet wird und ob bzw. wie die dabei auftretenden unerwünschten Wirkungen kompensiert werden. Das zeigt zum Beispiel die Varianz der Wahlsysteme, die in Demokratien anzutreffen sind (> Kap. 5): Während Mehrheitswahlsysteme Stabilität (und damit Effektivität) der Regierung stärker gewichten als die proportionale Abbildung des Wählerwillens im Parlament, gründet sich das Verhältniswahlrecht auf der entgegengesetzten Designentscheidung. Ähnliches ist bei der Gestaltung von Regierungssystemen zu erkennen (> Kap. 7): Während präsidentielle Regime durch die Direktwahl des Präsidenten auf unmittelbare Rechenschaftspflichtigkeit gegenüber dem Wähler setzen, gilt in parlamentarischen Systemen: Die Regierung ist dem Wähler indirekt – vermittelt über seine Vertretungskörperschaft – verantwortlich; effektives Regieren wird durch die Verschränkung von Exekutive und (der Mehrheit der) Legislative ermöglicht. Auch bei den Interessengruppensystemen (> Kap. 4.3) und, weiter gefasst, im Typ des *policy-making* lassen sich unterschiedliche Prozesslogiken beobachten: Entweder werden der pluralistische Wettbewerb und die Schaffung klarer Mehrheiten betont, um effizient regieren zu können, oder aber die Inklusivität des politischen Prozesses und seine kooperative Orientierung auf konsensuale Lösungen.

All das ermöglicht es, zwei grundsätzliche Muster moderner Demokratien – die Mehrheits- und die Konsensdemokratie – herauszuarbeiten, deren institutionelle Teilsysteme zueinander passfähig sind (> Kap. 9.1). Ihre Vorbilder sind einerseits die angloamerikanischen Demokratien, insbesondere Großbritannien, andererseits die kontinentaleuropäischen Länder. Es handelt sich also ursprünglich um Typen, die anhand der Generalisierung von Eigenschaften der „klassischen" westlichen Demokratien gebildet worden sind, wenngleich sich ihnen auch jüngere Demokratien zuordnen lassen.

2.2 Demokratien und Nicht-Demokratien

2.2.1 Demokratien, Autokratien und die „Grauzone"

Je anspruchsvoller und mehrdimensionaler die jeweilige Demokratiedefinition ist, desto häufiger genügen empirische Fälle bestimmten Zuordnungskriterien nicht. Bis zu welchem Ausmaß an „Fehlermeldungen" sollen solche Regime dennoch als Demokratien gelten? Müssen politische Systeme als autoritär bezeichnet werden, wenn freie Wahlen regelmäßig stattfinden, aber kaum Informationsquellen zur Verfügung stehen, aus denen sich die Bürger über politische Alternativangebote informieren können? Im Verlaufe der letzten beiden Jahrzehnte, in denen diese Fragen dank vieler neuer Vergleichsfälle unter den jungen und instabilen Demokratien Lateinamerikas, Osteuropas und Afrikas akut wurden, hat die Forschung auf die damit verbundenen konzeptionellen Herausforderungen in zweierlei Hinsicht reagiert.

Die erste Weiterentwicklung hat den Abschied von der Demokratie-Autoritarismus-Dichotomie gebracht. Heute wird allgemein akzeptiert, dass zwischen den beiden Grundtypen politischer Systeme eine *Grauzone* liegt. Hier werden politische Systeme eingeordnet, die demokratische Prozeduren mit autoritären Praktiken kombinieren, in denen also beispielsweise Parteien existieren und Wahlen stattfinden, die aber nicht frei, fair oder regelmäßig ablaufen bzw. für die Politik bedeutungslos bleiben. Zunächst glaubte man, solche *hybriden Regime* bezeichneten Übergangszustände zwischen den beiden Grundtypen. Sie würden sich früher oder später eindeutig positionieren lassen, sobald der institutionelle Wandel unumkehrbar geworden wäre. In den letzten Jahren hat sich aber die Auffassung verbreitet, dass nicht alle politischen Systeme in der Grauzone instabil sind. Daher müssen sie auch nicht zwangsläufig in Richtung Demokratie oder Autokratie „kippen".

Die zweite konzeptionelle Entwicklung betrifft einen erheblichen Zuwachs an *Demokratien mit Adjektiven*: Inzwischen sind mehr als 150 Unterkategorien demokratischer Systeme beschrieben worden, so etwa „illiberale", „delegierte", „kontrollierte" oder anderweitig „defekte" Demokratien. Zwar können damit reale politische Systeme differenzierten Kategorien zugeordnet werden, was der Vielfalt institutioneller Arrangements von Demokratien und ihrer Schwachstellen Rechnung trägt. Da sich aber bisher keine Begriffshierarchie von

2.2 Demokratien und Nicht-Demokratien

Demokratie-Subtypen durchgesetzt hat, wird damit auch die innerwissenschaftliche Kommunikation erschwert und die Reichweite von Forschungsergebnissen beeinträchtigt.

Nicht nur die Typenbildung von Demokratien ist ein bisher nicht abgeschlossenes Unterfangen. Dies trifft auch für die Varianz nichtdemokratischer Systeme zu, die erst in jüngster Zeit die Aufmerksamkeit der Vergleichenden Politikwissenschaft auf sich zieht. Entsprechend der Minimaldefinition von Demokratie sind alle politischen Systeme, in denen keine freien, fairen, gleichen und regelmäßigen Wahlen über die Besetzung der politischen Schlüsselämter entscheiden, *Nicht-Demokratien*. Sie bilden also eine Residualkategorie, in der sich sehr unterschiedliche Fälle finden. Für solche „Nicht-Demokratien" werden unterschiedliche Bezeichnungen verwendet. Während um die Mitte des 20. Jahrhunderts die „(totalitäre) Diktatur" den gebräuchlichen Gegenbegriff zur Demokratie darstellte (so etwa bei Ernst Fraenkel), setzte sich später eine dreigliedrige Typologie politischer Systeme durch, die demokratische, autoritäre und totalitäre Regime unterschied. Da das Führungspersonal von „Nicht-Demokratien" (formal oder faktisch) nicht durch Wahlen bestimmt wird, kann man sie anhand des Kriteriums der Elitenrekrutierung klassifizieren, womit in der Regel auch der Typ der Herrschaftsorganisation bestimmt ist. So gibt es Militärjuntas, staatssozialistische Einparteiensysteme, personalistische Herrschaftssysteme und (absolutistische oder konstitutionelle) Monarchien, in denen das Staatsoberhaupt – anders als in parlamentarischen Monarchien – tatsächlich über die effektive Regierungsgewalt verfügt.

Um den Unterschied zwischen Demokratien und Nicht-Demokratien zu bestimmen, dürfen Wahlen nicht schlechthin als eine Technik der Elitenrekrutierung angesehen werden. Ihre Bedeutung ist weitaus umfassender. Wahlen stellen die *demokratische Methode* per se dar, weil sie Regierte und Regierende zueinander in Beziehung setzen und sichern, dass die Ausübung politischer Herrschaft an institutionelle Begrenzungen und den Wählerwillen gebunden ist (> Kap. 5.1.1). Deshalb müssen auch autoritäre Systeme prozedural definiert werden: Hier fehlen die institutionellen Minima (> Kap. 2.1.2) zum Teil oder vollständig, welche die Voraussetzung für eine effektive Repräsentation gesellschaftlicher Interessen im politischen Entscheidungssystem bilden. Konsequenterweise bedeutet dies, dass politische Regime zwar als „defekte" Demokratien bezeichnet werden können, wenn demokratische Standards bei Wahlen partiell verletzt werden (etwa durch geringfügige Manipulation der Ergebnisse). Sie sind jedoch nicht sinnvoll als Demokratien einzuordnen, wenn beispielsweise Wahlen stattfinden, bei denen aufgrund beschnittener Meinungs-, Informations- oder Versammlungsfreiheit gar keine alternativen Politikoptionen zur Wahl stehen können.

Häufig wird Demokratie als rechtsstaatlich gebundene Herrschaft mit Autokratie als repressiver Willkürherrschaft kontrastiert, die sich – wenn überhaupt – gewissen informellen Einschränkungen, etwa traditionellen Konventionen, unterwirft. Eine solche Begriffsbestimmung ist jedoch ebenfalls nicht konsequent: So sind in der Geschichte mehrfach rechtsstaatliche Autokratien, etwa konstitutionelle Monarchien, anzutreffen gewesen (> Kap. 6.1.2). Ebenso stützt sich autoritäre politische Herrschaft nicht immer vorrangig auf Repression, sondern ist in der Regel daran interessiert, von den Regierten als legitim anerkannt zu werden. Schließlich sollte die Bedeutung der Zentralisierung politischer Kompetenzen bei der Exekutive nicht überbewertet werden: Die fehlende Gewaltenteilung bei formaler Konzentration der politischen Macht bedeutet vergleichsweise selten, dass es in der betreffenden *polity* tatsächlich keinerlei politischen Wettbewerb gäbe. Es zeigt sich eher, dass dieser Wettbewerb nicht in formal institutionalisierten Formen ausgetragen wird. Stattdessen sind die Akteure meist informell organisiert, und ihre Konflikte brechen in Krisensituationen mehr oder weniger offen auf. Den verschiedenen Ausprägungen autoritärer Herrschaft ist daher letztlich nicht viel mehr gemeinsam, als dass die Frage der Übertragung von Regierungsgewalt nicht durch freie und faire allgemeine Wahlen in regelmäßigen Abständen neu entschieden wird.

Zu den neueren Versuchen, operationalisierbare Begriffe für politische Systeme in der „Grauzone" zwischen Demokratie und Autokratie zu bilden, gehört das Konzept des *kompetitiven Autoritarismus* (*competitive authoritarianism*). In politischen Systemen dieses Typs sind die Institutionen der Demokratie formal akzeptiert. Die Regeln werden aber so oft und so wesentlich verletzt, dass die Minimalstandards für Demokratie verfehlt werden. Wahlen finden regelmäßig statt, die dominanten Akteure greifen aber zu unfairen Mitteln, um den Wahlsieg zu sichern. Sie manipulieren ihre Ergebnisse oder intervenieren in den Wahlkampf bzw. den politischen Prozess zwischen Wahlen, um die Erfolgschancen ihrer Gegner durch Verzerrung des politischen Wettbewerbs zu senken. Die bürgerlichen Rechte und Freiheiten werden faktisch eingeschränkt. Dass die Regeln des demokratischen Wettbewerbs dabei aber formal in Kraft bleiben, unterscheidet solche Regime von reinen Autokratien. Die politischen Eli-

2.2 Demokratien und Nicht-Demokratien

ten hebeln sie vorzugsweise informell aus, beabsichtigen aber nicht, sie offiziell abzuschaffen. Neben den regimetreuen existieren unabhängige Medien, die mitunter sogar politisch einflussreich sind. Auch die Existenz oppositioneller Akteure ist nicht verboten. Der politische Wettbewerb ist ausgehöhlt, aber nicht völlig unterbunden. Zwar enden Wahlen üblicherweise mit einem Sieg der Amtsinhaber, ein Erfolg der Opposition ist jedoch nicht völlig auszuschließen. Kommt es tatsächlich dazu, werden kompetitive Autokratien instabil. Es eröffnet sich eine Chance auf eine weitergehende Demokratisierung, falls die bis dahin regierenden Eliten – etwa auf Druck der politisch mobilisierten Bevölkerung oder internationaler Akteure – das Wahlergebnis anerkennen.

Kompetitive Autokratien
Als kompetitive Autokratien lassen sich beispielsweise die politischen Systeme Kroatiens (1990er Jahre unter Präsident Tuđman), Serbiens (Ende der 1990er Jahre unter Milošević), Russlands (seit Ende der 1990er Jahre), der Ukraine (Mitte der 1990er Jahre bis 2004 unter Kučma) und Perus (1990er Jahre unter Fujimori) bezeichnen. Im Zeitraum zwischen 1990 und 2002 können etwa dreißig Staaten zumindest zeitweilig unter diesen Regimetyp subsumiert werden.

Als empirische Indikatoren von kompetitiven Autokratien gelten, dass es eine signifikante Opposition gibt, die Staatspräsidenten aber, die aus allgemeinen Wahlen hervorgehen, eine Zustimmungsrate von über 70% erhalten – ein wenig realistischer Anteil, wären diese Wahlen frei und fair. Systeme des kompetitiven Autoritarismus entstehen meist aus dem Kollaps oder der Öffnung geschlossener Autokratien oder aus instabilen jungen Demokratien.

2.2.2 Autoritäre und totalitäre politische Systeme

Unter den „Nicht-Demokratien" können *autoritäre politische Systeme* von *totalitären Regimen* unterschieden werden. Der Begriff des Totalitarismus entstand in den frühen Zeiten des Kalten Krieges als politischer Kampfbegriff. Dieser Umstand wirkt bis heute nach und belastet die wissenschaftliche Auseinandersetzung mit Gesellschaften des so bezeichneten Typs. Dennoch ist eine analytische Konzeptualisierung des Begriffes möglich und sinnvoll. Eine frühe, in der empirischen Forschung oft zitierte Version stammt von Carl Joachim Friedrich und Zbigniew Brzezinski (1956), die sechs miteinander verbundene Merkmale totalitärer Systeme identifizierten: (1) eine umfassende legitimitätsstiftende Ideologie; (2) eine alleinregierende, nicht abwählbare Partei, die (3) ein Monopol über das Informationssystem der Gesellschaft und (4) die Verfügung über Waffen ausübt sowie (5) die Wirtschaft zentralisiert verwaltet, und (6) eine terroristische Geheimpolizei. Diese Merkmale konstituieren einen historisch einzigartigen politisch-sozialen Systemtyp; totalitäre, d.h. nationalsozialistische, faschistische und kommunistische, Systeme können in dieser Sicht nur unter- und miteinander verglichen werden.

Im Unterschied dazu gewinnt Juan Linz (1975) die Typen des autoritären und des totalitären Systems aus der Gegenüberstellung von Merkmalsausprägungen in drei Dimensionen, die den Grad der gelenkten politischen Mobilisierung, des politischen Pluralismus und der Ideologisierung betreffen. *Totalitäre Systeme* zeichnen sich demnach durch Massenmobilisierung „von oben", politischen Monismus und eine exklusive Ideologie aus. *Autoritäre Systeme* hingegen sind durch eine entpolitisierte Gesellschaft, begrenzten Pluralismus und traditionelle Mentalitäten gekennzeichnet. Nach dem Zusammenbruch des Staatssozialismus in Ost- und Ostmitteleuropa ist diese Typologie um den Typus des post-totalitären Systems erweitert worden (Tab. 4). Da Übergänge zwischen den Systemtypen möglich sind, ist es damit auch – anders als im klassischen Totalitarismus-Modell – möglich, eine (evolutionäre) Dynamik von Nicht-Demokratien konzeptionell zu fassen.

Die meisten staatssozialistischen Regime in Ost- und Ostmitteleuropa werden für den Zeitraum der späten 1950er bis Ende der 1980er Jahre als *post-totalitär* bezeichnet, weil sie weitaus weniger terroristisch und repressiv waren als etwa das politische System der Sowjetunion bis Mitte der 1950er Jahre, einen gewissen gesellschaftlichen Pluralismus zuließen und eine Tendenz zur Verrechtlichung ihrer Funktionsweise zeigten. Anders als autoritäre Systeme blieben sie aber zwangsläufig politische Systeme mit Einparteienherrschaft. Auch auf ihre ideologische Begründung (die allerdings zunehmend weniger geglaubt wurde) und die ritualisierte Mobilisierung der Bevölkerung konnten sie zu keinem Zeitpunkt verzichten. Posttotalitäre Systeme verfügen nur über rudimentäre Zivilgesellschaften (> Kap. 4.1), nachdem diese in der vorangegangenen totalitären Ent-

2.2 Demokratien und Nicht-Demokratien

Tabelle 4: Typen nicht-demokratischer politischer Systeme

	Autoritarismus	Totalitarismus	Post-Totalitarismus
Organisation und Legitimation der politischen Herrschaft (*leadership*)			
Typ der Herrschaft	bürokratische, charismatische oder traditionale Herrschaft	charismatisch-bürokratische Herrschaft, die sich auch auf Gewalt/Terror stützt	bürokratische Herrschaft mit kollektiver Führung
Normative Einhegung	in gewissem bis großem Maße	-	in gewissem Maße
Elitenrekrutierung	Erbfolge, Kooptation	Parteikarriere, Nomenklatura-System, Loyalität vor Leistung	Parteikarriere, Nomenklatura-System, Loyalität vor Leistung
Gesellschaftliche Interessenartikulation (*pluralism*)			
Pluralismus	sozialer, ökonomischer, kultureller und begrenzter politischer Pluralismus	Monismus, repressive Homogenisierung, Gleichschaltung, „Transmissionsriemenorganisationen"	begrenzter sozialer, ökonomischer, kultureller Pluralismus („zweite Gesellschaft"), kaum oder kein politischer Pluralismus, „De-Totalisierung"
Zivilgesellschaft	existiert in gewissem Maße	wird vernichtet	entsteht in begrenztem Ausmaß neu
Ideologie (*ideology*)			
	nachrangige Bedeutung der ideologischen Herrschaftsbegründung, diverse „Mentalitäten" ohne ideologische Erklärungs- und Gestaltungsansprüche	exklusive, legitimitätsstiftende und umfassende Ideologie, „Mission", geglaubte gesellschaftliche Utopie	exklusive, legitimitätsstiftende und umfassende Ideologie, die an Glaubwürdigkeit einbüßt, De-Ideologisierung der Gesellschaft
Gelenkte politische Mobilisierung (*mobilization*)			
	entpolitisierte Gesellschaft	zeremonielle, umfassende und permanente Massenmobilisierung	Massenmobilisierung bei Tolerierung von passiver Akzeptanz und Apathie

Quelle: nach: Linz (1975), Linz/Stepan (1996, Kap. 3), Thompson (1998) wicklungsphase zerstört worden sind. Anders als ihre Vorgänger sind post-totalitäre Regime inhärent instabil. Für die Erklärung des Zusammenbruchs des Staatssozialismus am Ende der 1980er Jahre, seiner konkreten Verläufe und der Bedeutung sozialistischer Hinterlassenschaften für die sie ablösenden politischen Systeme ist diese Regimetypologie sehr hilfreich.

2.2.3 Die quantitative Vermessung politischer Systeme

Wie können die in der Realität anzutreffenden politischen Systeme den jeweiligen abstrakten Typen zugeordnet werden? Dazu bedarf es einer Operationalisierung der Definitionskriterien, welche die möglichst genaue, standardisierte Vermessung ermöglicht. Aus der Minimaldefinition der Demokratie lässt sich ein einfacher Indikator ableiten – die Einführung freier, gleicher, allgemeiner Wahlen (> Kap. 5.1.1, Tab. 13). Wenn man Demokratie jedoch, wie oben ausgeführt, als mehrdimensionales Konzept versteht, müssen neben Wahlen auch weitere Institutionen geprüft werden. In der empirisch-analytischen Forschung sind in den letzten dreißig Jahren mehrere Demokratieindizes bzw. -skalen zur Messung der Qualität politischer Systeme entwickelt worden. Sie dienen dazu, die Position politischer Systeme auf einer Demokratieskala zu bestimmen.

Am häufigsten zitiert wird gegenwärtig der *Freedom House Index*, der seit 1971 von einer US-amerikanischen Non-Profit-Organisation erstellt wird. Hierbei werden jährlich über alle Ländern der Erde umfangreiche Informationen zu einer Vielzahl von Indikatoren erhoben und ausgewertet, um die Qualität und das Voranschreiten der Demokratie in der Welt zu erfassen. Für jedes Land wird anhand einer Checkliste von zehn bzw. 15 Fragen die Qualität von politischen Rechten (aktives und passives Wahlrecht in freien Wahlen mit realen Alternativoptionen, Partizipation in Parteien und politischen Organisationen, Rechenschaftspflicht der gewählten Repräsentanten) und Bürgerrechten (Meinungs-, Glaubens-, Assoziationsfreiheit, Rechtsstaat und Menschenrechte) erhoben. Damit ist die Messung auf den prozeduralen Aspekt von Politik fokussiert, wobei die jeweilige politische Praxis höher gewichtet wird als formale Festlegungen in den Verfassungen der betrachteten Länder. Die Angaben werden in Werte zwischen 1 („frei") und 7 („unfrei") transformiert, so dass sich zwei Skalen konstruieren lassen, auf denen alle Länder der Welt vergleichend verortet werden können. Für das Gesamtranking addiert *Freedom House* die Werte beider Skalen und halbiert sie. Länder mit

2.2 Demokratien und Nicht-Demokratien

einem Wert zwischen 1 und 2,5 gelten als „frei", zwischen 3 und 5 als „teilweise frei" und zwischen 5,5 und 7 als „unfrei" (Tab. 5).

Freedom House unterscheidet elektorale und liberale Demokratien. Elektorale Demokratien zeichnen sich durch ein kompetitives Mehrparteiensystem, das allgemeine Erwachsenenwahlrecht sowie regelmäßig abgehaltene, freie und faire Wahlen aus und ermöglichen

Tabelle 5: Freedom-House-Index 2007 (Auswahl)

Free			*Partly Free*			*Not Free*		
Country	*PR*	*CL*	*Country*	*PR*	*CL*	*Country*	*PR*	*CL*
Australia*	1	1	Armenia	5	4	Azerbaijan	6	5
Belize*	1	2	Bosnia-Herzegovina	3	3	Belarus	7	6
Botswana*	2	2	Centr. African Rep.*	5	4	Burma	7	7
Chile*	1	1	Colombia*	3	3	China	7	6
Estonia*	1	1	East Timor*	3	4	Cuba	7	7
Germany*	1	1	Fiji	6	4	Egypt	6	5
Ghana*	1	2	Georgia*	3	3	Iran	6	6
India*	2	3	Guatemala*	3	4	Iraq	6	6
Italy*	1	1	Haiti*	4	5	Libya	7	7
Israel*	1	2	Kyrgyzstan	5	4	North Korea	7	7
Poland*	1	1	Malaysia	4	4	Russia	6	5
Senegal*	2	3	Montenegro*	3	3	Somalia	7	7
Slovenia*	1	1	Nepal	5	4	Sudan	7	7
South Africa*	2	2	Nigeria	4	4	Syria	7	6
Switzerland*	1	1	Sri Lanka*	4	4	Thailand	7	4
Trinidad & Tobago*	2	2	Turkey*	3	3	Turkmenistan	7	7
Ukraine*	3	2	Venezuela*	4	4	UAE	6	5
USA*	1	1	Yemen	5	5	Zimbabwe	7	6

PR: Political Rights; CL: Civil Liberty
"1" represents the most free, "7" the least free rating
* : electoral democracy

Quelle: Freedom House 2007 http://www.freedomhouse.org/uploads/press_release/fiw07_charts.pdf

es den wichtigsten politischen Parteien, das Elektorat über die Massenmedien und im Wahlkampf zu erreichen. Liberale Demokratien sind darüber hinaus durch weitgehend verwirklichte Bürgerrechte gekennzeichnet. Alle als „frei" eingestuften Länder erfüllen die Kriterien liberaler Demokratien. „Teilweise freie" Staaten sind keine liberalen, häufig aber elektorale Demokratien. Für das Jahr 2006 hat Freedom House 123 „elektorale Demokratien" gezählt, von denen 90 auch „liberale Demokratien" sind. 45 Staaten der Erde, in denen 37% der Weltbevölkerung leben, gelten als „unfrei".

Die Demokratieskala von *Freedom House* ist nicht unumstritten, und auch alternative Indizes wie der *Bertelsmann Transformation Index* (BTI) weisen methodologische Schwächen auf. Gleichwohl gestatten die vielfältigen Bemühungen um eine quantitative Vermessung der Demokratie – deren Ergebnisse weitgehend korrelieren – gründlichere und zuverlässigere Einordnungen der politischen Systeme der Welt als zuvor und bieten wichtige Informationen für den systematischen Vergleich. Aufgrund der jährlichen Aktualisierung der Daten lässt sich überdies die Dynamik der Demokratieentwicklung in der Welt nachvollziehen. Die Zahl demokratischer Staaten hat sich demnach in den letzten dreißig Jahren mehr als verdoppelt. Gegenwärtig lebt fast die Hälfte der Weltbevölkerung in liberalen Demokratien.

2.3 Demokratisierungsforschung

2.3.1 Demokratisierung und ihre Wellen

Wenn Demokratie ein bestimmtes institutionelles Arrangement darstellt, dann besteht *Demokratisierung* in dessen Einführung und Etablierung. Dabei wird die kaum oder gar nicht begrenzte und kontrollierte, bis dahin kompromisslos eingesetzte politische Macht einer Gruppe oder einer einzelnen Person institutionell eingehegt: Die Regierenden werden gegenüber den Regierten verantwortlich und können durch diese (ab)gewählt werden. Der Vorstellung einer Demokratisierung von Gesellschaften und ihrer politischen Systeme liegt demnach ein „autokratischer Ausgangspunkt" zugrunde, der im Verlaufe eines mehr oder weniger langen Prozesses überwunden wird. In diesem Sinne wird von einem *Systemwechsel* (im Unterschied zum *Systemwandel*, dem ständig ablaufenden Prozess der Anpassung eines politischen Systems an seine Umwelt) gesprochen, häufig auch von *Transformation* oder *Transition*.

Alle Bezeichnungen betreffen den grundsätzlichen Wandel des institutionellen Systems, also des Systemtyps.

Wie vollzieht sich der Systemwechsel von einem autoritären zu einem demokratischen politischen System? Analytisch – nicht immer auch empirisch – lassen sich mehrere Phasen unterscheiden. Dem Ende des *Ancien Régime* geht in der Regel eine Legitimitäts- und Leistungskrise voraus. Die Regimeeliten reagieren darauf mitunter durch eine gesteuerte *politische Öffnung* (*Liberalisierung*). Die *Ablösung des Systems* vollzieht sich daher manchmal weitgehend evolutionär oder wird zwischen alten und neuen Eliten ausgehandelt. Manchmal bricht das alte System aber auch im Ergebnis sozialer Mobilisierungsprozesse (Revolutionen) oder aufgrund externer Interventionen, durch militärische Niederlage und Besetzung zusammen. Daran schließt sich günstigenfalls die Phase der *Institutionalisierung der Demokratie* an, während der Entscheidungen über das institutionelle Design des politischen Systems getroffen werden. Den Abschluss dieser Phase bildet die Verabschiedung einer neuen Verfassung als „Gründungsurkunde der Demokratie" (> Kap. 6), nach anderer Auffassung auch die Durchführung der ersten kompetitiven Wahlen (*Gründungswahlen, founding elections*) und der Amtsantritt der neuen Regierung. Die *Konsolidierung* des neu etablierten politischen Systems vollzieht sich als Habitualisierung demokratischer Werte und Verfahren. Sie erfasst sowohl die Institutionen und Akteure des politischen Systems als auch die Gesellschaft und ihre Bürger. Diese Phase kann sich partiell mit der Demokratisierungsphase überschneiden.

Die erste Demokratisierungswelle
Die „alten" Demokratien Westeuropas und Nordamerikas haben sich über einen langen Zeitraum hinweg herausgebildet. Sie weisen ein ähnliches Entwicklungsmuster auf: Zuerst wurden Wahlen zu Parlamenten eingerichtet, die lange Zeit die Mitspracherechte von nur wenigen Angehörigen der sozialen Oberschicht sicherten. Diese Parlamente waren Konsultationsgremien der jeweiligen Monarchen. In Großbritannien lässt sich dies bis in das 13. Jahrhundert und in den USA bis in die Kolonialzeit des 17. und 18. Jahrhunderts zurückverfolgen (> Kap. 6.3). Allmählich zog die Logik des Wählens auch die Ausdehnung der Rechte auf Meinungsäußerung und Informationsfreiheit nach sich, später gefolgt von der Assoziationsfreiheit. Zwar wurden gesellschaftliche „Parteiun-

> gen" im Sinne partikularer Sonderinteressen lange Zeit als stabilitätsgefährdend beargwöhnt, wären aber nur mit Gewalt zu unterdrücken gewesen. In den legislativen Körperschaften schließlich transformierten sie sich seit dem späten 18. Jahrhundert in politische Parteien, die mit der Zeit zu den wichtigsten kollektiven Akteuren moderner Demokratien wurden. Die letzte der Kerninstitutionen „polyarchischer Demokratien", die inklusive Staatsbürgerschaft im Sinne des allgemeinen Wahlrechts, setzte sich erst im Verlaufe des 20. Jahrhunderts durch.

Nimmt man die Demokratisierungsprozesse, die sich in den einzelnen Ländern der Erde vollzogen haben oder vollziehen, auf einmal in den Blick, dann kann man mit Samuel Huntington (1991) die Vorstellung gewinnen, dass eine globale wellenförmige Entwicklung zur Demokratie stattfindet: Der ersten langen *Demokratisierungswelle* (1828-1922/26) folgte in der Zeit zwischen den Weltkriegen eine autokratische Gegenwelle (1922/26-1942), in der die meisten europäischen Demokratien zusammenbrachen. Nach dem Zweiten Weltkrieg vollzog sich im Zusammenhang mit der alliierten Demokratisierungspolitik in Westeuropa und der Dekolonialisierung in Asien und Afrika ein neuerlicher Schub (1943-1962), der seit Ende der 1950er Jahre durch eine weitere Gegenwelle abgelöst wurde, in der einige der neuen Demokratien sich wieder in autoritäre politische Systeme verwandelten (1958/62-1974). Mitte der 1970er Jahre begann eine dritte Demokratisierungswelle, die zunächst Südeuropa (Portugal 1974, Griechenland 1974, Spanien 1976) und dann Lateinamerika erfasste. Bis 1988 demokratisierten sich 22 weitere Staaten. Ende der 1980er Jahre erreichte diese Welle ihren Höhepunkt, indem sie sich auf den sogenannten „Ostblock" sowie einige asiatische und afrikanische Länder ausdehnte. Weil innerhalb von fünf Jahren fast drei Dutzend Staaten Anzeichen eines Systemwechsels erkennen ließen, wird die Phase zwischen 1989 und 1994 oft auch als vierte, „explosive" Demokratisierungswelle bezeichnet.

Die dritte bzw. vierte Demokratisierungswelle ist seit Mitte der 1990er Jahre abgeschlossen. Sie führte nicht überall zum dauerhaften Erfolg. So rechnete *Freedom House* im Jahre 2006 nur 18 der 28 Länder, in denen um das Jahr 1989 staatssozialistische politische Systeme zusammenbrachen, zu den elektoralen bzw. liberalen Demokratien.

> **Die vierte Demokratisierungswelle**
> Die „Erfolgsfälle" der Transformation vom Staatssozialismus zur Demokratie liegen in Ostmittel- und Südosteuropa und sind seit dem Jahr 2004 bzw. 2007 Mitglieder der Europäischen Union. Es handelt sich um Bulgarien, Polen, Rumänien, die Slowakei, Slowenien, Tschechien, Ungarn und die drei ehemaligen Sowjetrepubliken Estland, Lettland und Litauen. Außerdem bewertet *Freedom House* die Mongolei als Demokratie. In den meisten Nachfolgestaaten Jugoslawiens – in Bosnien-Herzegowina, Kroatien, Mazedonien, Montenegro und Serbien – hat sich infolge der Kriege in den 1990er Jahren die Demokratisierung verzögert, ebenso in Albanien. In einer Reihe von Nachfolgestaaten der Sowjetunion haben sich nach einer Phase der Liberalisierung, mitunter sogar der Demokratisierung, in der zweiten Hälfte der 1990er Jahre wieder autoritäre politische Systeme etabliert. Dies betrifft Aserbaidschan, Belarus (Weißrussland), Kasachstan, Usbekistan, Tadschikistan und Turkmenistan. Das heißt kaum, dass keine Wahlen mehr stattfinden, wohl aber, dass Wahlen oder Wahlkämpfe nicht frei und/oder fair ablaufen und auch andere demokratische Kerninstitutionen nicht funktionieren. Georgien, Moldova (Moldau) und die Ukraine weisen hybride Regime auf, deren Demokratisierungsaussichten als vergleichsweise günstiger bewertet werden als die der stärker autoritären Systeme Armeniens, Russlands und Kirgistans.

2.3.2 Wege zur Demokratie: Modernisierungstheorien

Wann und warum entsteht Demokratie? Ist sie auf die Existenz bestimmter Voraussetzungen angewiesen oder kann sie ihre Möglichkeitsbedingungen selbst schaffen? Warum brechen einige demokratische politische Systeme wieder zusammen, während andere sich stabilisieren können? Diese Fragen, für die sich Politiktheoretiker seit der Antike interessieren, können durch den theoriegeleiteten empirischen Vergleich seit der zweiten Hälfte des 20. Jahrhunderts auf einer zunehmend soliden Datengrundlage bearbeitet werden.

Ein erster Blick zeigt drei globale Phänomene: Erstens setzte am Beginn des 19. Jahrhunderts eine Spaltung der Welt in Länder mit hohem und solche mit niedrigem Pro-Kopf-Einkommen ein, und etwa gleichzeitig begann in den reicheren Ländern die Entwicklung zur Demokratie. Zweitens breitete sich dieses historisch neue Phänomen in den Ländern des christlich-judäischen Kulturkreises weitaus stärker aus als in anderen Kulturen. Drittens sind Demokratisierungsprozesse oft international. Dies zeigen ihr wellenartiges Auftreten, aber auch ihr Zusammenhang mit Kriegen und Eroberungen sowie die vielfältigen Bemühungen demokratischer Staaten, Elemente ihrer politischen Systeme in andere Länder zu „exportieren".

Geben diese nachweisbaren empirischen Korrelationen auch Auskunft über die Ursachen von Demokratisierungsprozessen? Dies ist umstritten. Fakten sprechen keineswegs für sich allein. Sie bedürfen vielmehr der Interpretation (> Kap. 1.3.1). Jede Interpretation, die in bestimmten Phänomenen die Ursache anderer Phänomene sieht, ist theoretisch: Sie konstituiert eine Theorie, oder sie demonstriert die Erklärungskraft einer bereits vorhandenen Theorie am konkreten Fall und testet damit deren Nützlichkeit und Reichweite. Das Feld der Demokratisierungsforschung bietet ein hervorragendes Anschauungsbeispiel für den politikwissenschaftlichen Theorienpluralismus. Der Wettbewerb unterschiedlicher Theorien führt zu immer differenzierteren Kausalerklärungen, auch weil der Vergleich eine ständig wachsende Fülle an empirischen Daten hervorbringt. Gleichzeitig zeigt es sich auch, dass die Antworten, die Wissenschaftler erhalten, von den Fragen abhängen, die sie stellen, sowie von den verwendeten Forschungsmethoden. Einige wichtige theoretische Ansätze der Demokratisierungsforschung seien in ihrer Substanz im Folgenden vorgestellt, um diese Einsicht zu illustrieren.

Die wichtigste (und genau genommen einzige) Generalisierung der gesamten Demokratisierungsforschung betrifft die These, dass Demokratie in sozioökonomisch höher entwickelten Ländern wahrscheinlicher ist als in ärmeren Ländern. Umgekehrt herrscht weitgehender Konsens darüber, dass Unterentwicklung den größten Risikofaktor für den Rückfall politischer Systeme von einem demokratischen in einen autoritären Zustand darstellt. Dieser robuste Zusammenhang von Entwicklung und Demokratie, der neueren Erkenntnissen zufolge nicht linear verläuft (s. Abb. 3), bildet den Kern sogenannter *Modernisierungstheorien*. Sie waren besonders in den 1960er und 1970er Jahren populär und stellen ebenso wie die mit ihnen kompatiblen systemtheoretischen Ansätze gesellschaftliche „Großtheorien" dar. Ausgehend von dem Gegensatzpaar „Tradition – Modernität" nehmen ihre Vertreter an, dass sich die menschliche Zivilisation zielgerichtet zu Demokratie und Marktwirtschaft als dem überlegenen Gesellschaftsmodell vollziehe. Erklärt werden muss da-

2.3 Demokratisierungsforschung

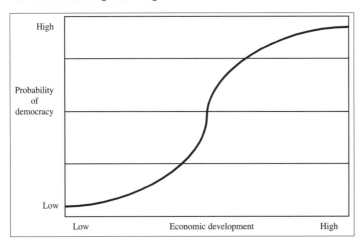

Abbildung 3: Sozioökonomischer Entwicklungsstand und die Wahrscheinlichkeit von Demokratie

Quelle: Geddes (1999: 118)

her, wie es zu diesem langfristigen, tiefgreifenden und letztlich unumkehrbaren gesellschaftlichen Wandel auf der Makroebene politischer Systeme bzw. ganzer Gesellschaften kommt.

In der modernisierungstheoretischen Interpretation konstituiert der Zusammenhang zwischen Entwicklung und Demokratie eine Kausalbeziehung: Die wirtschaftliche Entwicklung eines Landes kann seine Demokratisierung verursachen, weil sie unterschiedliche Prozesse anstößt, die nicht nur das Pro-Kopf-Einkommen erhöhen, sondern auch Veränderungen der ökonomischen und sozialen Struktur in der Gesellschaft hervorrufen. Finanzielles und Humankapital wird wichtiger als Grund und Boden, die industrielle Produktion drängt die Bedeutung der Landwirtschaft zurück, die Kapital- und Arbeitsmigration führt zur Urbanisierung. Der allgemeine Bildungsgrad steigt. Die soziale Ungleichheit wächst, und mit ihr die soziale Unzufriedenheit. Es bildet sich eine Arbeiterklasse heraus, die sich dank ihrer Konzentration in Großbetrieben relativ leicht organisieren kann. Darüber hinaus entwickelt sich aus den Kapital- und Produktionseigentümern eine breite Mittelklasse mit demokratiefreundlichen Werten, die zur sozialen Trägergruppe des neuen politischen Systems wird.

Demokratie entsteht in dieser Interpretation also endogen, als Ergebnis der gesellschaftlichen Entwicklung.

> **Die Wohlstandstheorie der Demokratie**
>
> Die klassische Formulierung der modernisierungstheoretischen „Wohlstandstheorie der Demokratie" stammt von Seymour M. Lipset: „The more well-to-do a nation, the greater the chances that it will sustain democracy" (1960: 48-50).
> Eine aktuelle Revision der These lautet: „Once democracy is established, the more well-to-do a nation, the more likely that it will survive" (Przeworski/Limongi 1997: 166). Dahinter verbirgt sich die Behauptung, dass die Konsolidierungschancen einmal etablierter Demokratien auf einem höheren sozioökonomischen Entwicklungsniveau größer sind als auf einem niedrigen. Empirisch lässt sich belegen, dass bisher kein Land der Erde, dessen Pro-Kopf-Einkommen 6055 US-Dollar übertraf (Stand von 1997), einen Rückfall in die Autokratie erlebte. Die Entstehung von Demokratie aber ist dieser revisionistischen These zufolge nicht durch wirtschaftliche Entwicklung verursacht, sondern durch möglicherweise noch immer unbekannte Faktoren. Weil der globale Trend der sozioökonomischen Modernisierung jedoch anhält, akkumuliert die Weltgeschichte demokratische Regime: Sie mögen zufällig entstehen, überleben aber immer öfter.

Während modernisierungstheoretische Annahmen die Notwendigkeit sozioökonomischer Funktionsbedingungen als Voraussetzung für die Entstehung (stabiler) Demokratien postulieren, ignorieren sie auch die Bedeutung politischer Faktoren für den tatsächlichen Demokratisierungserfolg nicht. So betont beispielsweise Seymour M. Lipset (1960) die Bedeutung der Effektivität und Legitimität von Demokratien. Sie hängen mit der sozioökonomischen Entwicklung zusammen, lassen sich jedoch nicht auf diese reduzieren. In einer neuen modernisierungstheoretischen Interpretation von Ronald Inglehart und Christoph Welzel (2005) wird der Entwicklungsstand der Gesellschaft als Voraussetzung für Demokratie noch breiter gefasst. Er schließt nun auch die „Humanentwicklung" ein, die ein durch „Freiheitspräferenzen" geprägtes politisch-kulturelles Wertesyndrom der Bevölkerung (> Kap. 3.1.3) hervorbringe. Es wird zur Triebfeder eines Demokratisierungsprozesses, der als emanzipatorischer Vorgang begriffen wird, weil er die Menschen mit zivilen und politischen Freiheiten ausstattet.

Modernisierungstheorien der Demokratisierung werden zum einen für ihre inhärente Teleologie kritisiert, also für die Annahme eines demokratischen Endziels der gesellschaftlichen Entwicklung. Zum anderen wird ihnen oft Determinismus vorgeworfen, weil sie den politischen Systemtyp letztlich auf den sozioökonomischen Entwicklungsstandes einer Gesellschaft zurückführen. Die Annahme, dabei handele es sich um einen Kausalzusammenhang, wird vor allem von Forschern attackiert, die sich qualitativer Vergleichsmethoden bedienen und daher zum einen eine Vielfalt weiterer, statistisch schwer erfassbarer Variablen einbeziehen, zum anderen eine gezielte Auswahl von Vergleichsfällen vornehmen (> Kap. 1.3). Schließlich wird das Vorgehen von Modernisierungstheoretikern durch Forscher bemängelt, die dem Prinzip des methodologischen Individualismus folgen (> Kap. 1.2.3): Makroebenen-Phänomene sollen demnach nicht auf eben dieser Abstraktionsebene erklärt werden, weil dadurch die genauen Wirkungszusammenhänge auf der Mikro- und Mesoebene der Gesellschaft ausgeblendet bleiben, die Akteure zum Wandel des politischen Systems in Beziehung setzen.

2.3.3 Wege zur Demokratie: Rational-Choice- und neoinstitutionalistische Ansätze

Seit den 1970er Jahren wurden Alternativen zu modernisierungstheoretischen Erklärungen der Demokratisierung erarbeitet. Sie berufen sich empirisch besonders auf die Zusammenbrüche von Demokratien in Lateinamerika im Rahmen der „zweiten Gegenwelle" sowie auf die Erfolgsfälle der dritten und vierten Demokratisierungswelle. Der Kern der neuen Perspektive liegt in ihrer Hinwendung zum Postulat des methodologischen Individualismus. Als entscheidend für den Erfolg von Demokratisierungsprozessen gilt demnach die Interaktion zwischen „alten" und „neuen", mehr oder weniger ressourcenstarken, informierten, fähigen und entschieden auftretenden Akteuren. Deren strategische Entscheidungen und die situative Dynamik der dadurch ausgelösten Prozesse führen zu nicht genau prognostizierbaren Ergebnissen. Die Vorstellung unhintergehbarer sozioökonomischer oder politisch-kultureller Vorbedingungen für eine erfolgreiche gesellschaftliche Demokratisierung wird in dieser Sicht – bis auf die Notwendigkeit der (national-)staatlichen Verfasstheit des politischen Gemeinwesens – fallengelassen.

In der idealtypischen Modellierung, die erstmals von Guillermo O'Donnell und Philippe Schmitter (1986) vorgelegt wurde, vollzieht sich ein Systemwechsel zur Demokratie folgendermaßen: Aufgrund externer Umstände, endogenen oppositionellen Drucks bzw. infolge von Wirtschafts- oder Amtsnachfolgerkrisen wird die Legitimität des *Ancien Régime* untergraben. Die Suche nach Auswegen verursacht eine Spaltung seiner politischen Eliten in *Hardliner* und *Softliner*. Falls letztere die Oberhand gewinnen, beginnt eine politische Öffnung des Systems, die Ansätze von politischem Wettbewerb und Bürgerpartizipation hervorbringt. Diese Liberalisierung erreicht eine Eigendynamik, die systemsprengende Qualität annimmt. Daher wird sie von den Eliten entweder abgebrochen oder mündet – falls diese unfähig oder unwillig zur Repression sind – in die Phase der unmittelbaren Demokratisierung.

Im Zentrum der Erklärungen stehen also die Wahlentscheidungen von Akteuren mit je unterschiedlichen Interessen, die im Verlaufe einer Sequenz kritischer Situationen auf Bedingungen reagieren, die ihrerseits das Ergebnis vorangegangener Situationen und Akteurskonstellationen sind. Daher ändern sich auch die zur Verfügung stehenden Strategien, wenn nicht gar die Handlungsziele der Akteure. Sie müssen sich unter Bedingungen genuiner *Unsicherheit* (*uncertainty*) entscheiden, denn die Situationsdynamik stellt die geltenden Spielregeln in Frage, und auch die Präferenzen und Entscheidungen der anderen Interaktionspartner sind unvollständig oder gar nicht bekannt. Das lecke Schiff muss auf offener See, in voller Fahrt und mit derselben Mannschaft, aber unter neuer, womöglich umstrittener Führung repariert oder umgebaut werden – so eine gern verwendete Metapher der vergleichenden Transformationsforschung. Der Erfolg solcher Unterfangen ist daher ungewiss.

Die Systemwechselforschung der 1990er Jahre konzentriert sich auf Eliten, d.h. kleine Akteursgruppen, die um den Zugang zum politischen Entscheidungssystem konkurrieren. Ihnen misst sie die entscheidende Bedeutung für den Erfolg der Transformation bei. Zwar sehen viele Beobachter üblicherweise eine oder einige dieser Gruppen als mehr oder weniger lupenreine Demokraten an, jedoch können die interessanteren Interpretationen auf diese Annahme verzichten. Demokratie, so die These, kann vielmehr auch als „zweitbeste Lösung" entstehen: Wenn sich kein Akteur mit der für ihn besten „Machtlösung" durchsetzen kann, handeln die Rivalen eventuell Kompromisse aus, die neue Interaktionsregeln institutionalisieren. Diese Regeln betreffen den zivilisierten Austrag von Konflikten in

2.3 Demokratisierungsforschung

Form des Parteien- und Interessengruppenwettbewerbs sowie in den Medien, Arrangements der institutionellen Gewaltenteilung und vor allem die Delegierung der Entscheidungskompetenz über die Besetzung politischer Schlüsselpositionen an das Wahlvolk. So mag Demokratie entstehen: nicht zwangsläufig, sondern kontingent im Ergebnis des Zusammentreffens günstiger Umstände.

Die theoretische Konsequenz aus solchen Deutungen ist Bescheidenheit – Demokratisierungserfolge und -misserfolge können weitaus besser erklärt als prognostiziert werden; außer Einzelfällen sind bestenfalls bestimmte „Muster" zu beobachten, die bestimmte Merkmalsdimensionen der Fälle umfassen, Verallgemeinerungen der Befunde aber sind kaum möglich. Und ein weltweit demokratisches „Ende der Geschichte" (Francis Fukuyama) ist ebenfalls nicht in Sicht. Akteurszentrierte Erklärungen von Systemwechseln waren bis in die Mitte der 1990er Jahre oft Anwendungen des *Rational-Choice*-Paradigmas. Kritiker bemängelten ihren „Voluntarismus", der nur „Willen und Fähigkeiten" (*will and skill*) von Eliten als Erklärungsfaktor für politische Ergebnisse in Betracht zog. Zunehmend wurden jedoch auch die einschränkenden oder ermöglichenden Langzeitfolgen kritischer Situationen und Prozesse für die Demokratisierung herausgearbeitet. Neu geschaffene, aber auch ererbte und sich verändernde Institutionen rückten in den Blickpunkt des Forschungsinteresses. Sie entfalten ihre Wirkung insbesondere (bzw. erneut) nach dem Abschluss der kurzen Phase des unmittelbaren und strukturell „unterdeterminierten" Systemübergangs. Es zeigt sich dabei, dass auch ein so abruptes und tiefgreifendes Ereignis wie etwa ein schneller Zusammenbruch eines ganzen politischen Systems keine institutionelle *tabula rasa* hinterlässt. Selbst wenn Akteure umfassende gesellschaftliche Reformen in Gestalt von „Schocktherapien" und dezidierten Neugründungen von Institutionen vornehmen, haben sie keine völlig freie Hand, sondern sind vielfach durch *constraints* beschränkt. Das Neue entsteht auch aus dem Alten und als Kombination mit diesem. Auch falls sich Akteure von (pragmatischen oder visionären) „Bauplänen" für den Systemumbau leiten lassen, greifen sie partiell auf gewohnte Routinen zurück, nutzen Elemente des alten Systems mehr oder weniger freiwillig als „Baumaterial" für neue Institutionen und erleben auch in ihrer eigenen Identität, ihren Präferenzen und Wahrnehmungen keine absolute „Stunde Null". Das langfristige Ergebnis von *institutional choices* ist daher kontingent, nicht vorhersehbar, evolutionär und pfadabhängig (> Kap. 1.1.3).

Die neoinstitutionalistische Perspektive erlaubt es, Phänomene der *Institutionenbildung* (*institution-building*) und des institutionellen Wandels in jungen Demokratien als Spezialfälle von allgemeinen Problemen moderner Gesellschaften zu untersuchen. Entwicklungen in „nicht-westlichen" Ländern, die bis dahin den Gegenstand insbesondere länderkundlicher Regionalstudien (*area studies*) gebildet hatten, sind damit in wachsendem Maße zu Fällen für die vergleichende politikwissenschaftliche Forschung geworden. Sie bereichern die bereits vorhandenen Erkenntnisse über politische Systeme. So haben Befunde über Lateinamerika, Mittel- und Osteuropa beispielsweise zur Ausdifferenzierung des Demokratiebegriffs beigetragen (> Kap. 2 2.1), den Ertrag der Diskussion über die Vor- und Nachteile unterschiedlicher Regierungssystemtypen (> Kap. 7.1.3) erheblich qualifiziert und neue Fragen in der vergleichenden Parteien- und Verbändeforschung aufgeworfen. Theoretisch bedeutsam ist auch die wiedererwachte Aufmerksamkeit für die historisch gewachsene gesellschaftliche Verankerung von Institutionen (> Kap. 3), die unter dem Stichwort der *Hinterlassenschaften autoritärer Regime* (*legacies*) diskutiert wird. Die Pfadabhängigkeit von Entwicklungen „historisiert" und „kulturalisiert" die politikwissenschaftliche Forschung und trägt damit zu einem umfassenderen Verständnis von Politik bei.

Literatur

Schmidt (2000³) ist ein Standardwerk, das einen Überblick über die wichtigsten Demokratietheorien seit der Antike und ihre Schlüsselwerke vermittelt. Dies wird ergänzt durch eine ebenso umfassende Einführung in die empirisch-analytische Demokratieforschung, ihre Konzepte, Modelle, Messungen und Befunde. *Dahl (2005)* argumentiert präzise und knapp, warum moderne Demokratien aufgrund ihrer flächenstaatlichen Verfasstheit Polyarchien sein müssen. Er resümiert damit sein reiches politikwissenschaftliches Lebenswerk, dessen Hauptwerk *(Dahl 1989)* eine Theorie des demokratischen Prozesses entwickelt. *Almond (1991)* analysiert das widerspruchsvolle Verhältnis zwischen Kapitalismus und Demokratie. Mit der Konzeptualisierung von Systemtypen befassen sich unter anderem *Collier/Levitsky (1997), Levitsky/Way (2002), Linz/Stepan (1996, Kap. 3)* und *Merkel/Croissant (2000)*.

Klassiker der Demokratisierungsforschung sind *Lipset (1960), Moore (1966), O'Donnell/Schmitter (1986), Huntington (1968, 1991), Przeworski (1991),*

2.3 Demokratisierungsforschung

Rueschemeyer et al. (1992), Linz/Stepan (1996) und *Berins Collier (1999)*, die jeweils für unterschiedliche Theorieperspektiven stehen. *Welzel/Inglehart (2005)* resümieren ihre modernisierungstheoretische These des Zusammenhangs zwischen Demokratisierung und Freiheitsstreben. *Przeworski/Limongi (1997)* haben den Zusammenhang zwischen Demokratie und Entwicklung so reformuliert, dass nicht klar zu entscheiden ist, ob sie die Modernisierungstheorie damit falsifiziert haben, oder aber ihr eine revisionistische Bestätigung liefern. *Diskin et al. (2005)* analysieren Ursachenkombinationen für den Zusammenbruch von Demokratien.

Zusammenfassungen wichtiger Erträge der akteurs- und institutionenzentrierten Systemwechselforschung bieten z.B. *Beyer (2006), Geddes (1999)* und *McFaul (2002). Carothers (2002)* bringt die Kritik am Transitionsparadigma auf den Punkt. Während sich der Großteil der Transformationsforschung in erster Linie auf Lateinamerika sowie Süd- und Ost(mittel)europa bezieht, geben *Croissant (2004), Gibson (2002)* und *Linder/Bächtiger (2005)* Überblicke über die aktuelle Demokratieentwicklung in Asien und Afrika.

Unter http://www.freedomhouse.org/ findet sich der Demokratie-Index von *Freedom House (Freedom in the World)*, unter http://www.bertelsmann-transformation-index.de/ der komplexere der *Bertelsmann Stiftung (Bertelsmann Transformation Index)*. Weitere gebräuchliche Demokratieskalen sind der *Vanhanen-Index (Democratization and Power Resources 1850-2000,* http://www.fsd.uta.fi/english/data/catalogue/FSD1216/) und der *Polity IV-Index (Political Regime Characteristics and Transitions 1800 – 2004,* http://www.cidcm.umd.edu/polity/).

3 Die gesellschaftliche Einbettung politischer Institutionen

3.1 Politische Kultur

3.1.1 Demokratie und Civic Culture

Der ältere Institutionalismus der Vergleichenden Verfassungs- und Regierungslehre konzentrierte sich auf die formalen Strukturen von Politik und sah in ihrer gesellschaftlichen Verwurzelung kein interessantes Forschungsproblem. Dies änderte sich nach dem Zweiten Weltkrieg – auch und besonders aufgrund des Rätsels, das die deutsche Geschichte aufgegeben hatte: Warum war die Demokratie in einem sozioökonomisch modernen Land zusammengebrochen? Lag es am Nationalcharakter der Deutschen oder gar einer „kollektiven Psychopathie", dass sie ein totalitäres Regime bis in die Katastrophe hinein unterstützt hatten? Im Zusammenhang mit der dritten Demokratisierungswelle (> Kap. 2.3.1) stellte sich darüber hinaus die Frage nach der gesellschaftlichen Verankerung demokratischer Institutionen und ihrer Passfähigkeit in „nicht-westlichen" Kontexten.

Mit der strukturfunktionalistischen Systemtheorie (> Kap. 1.2.1) war Anfang der 1960er Jahre ein Modell entwickelt worden, das den Einstellungen, Werten, Ideologien sowie dem politischen Verhalten von Bürgern – im Sinne von Merkmalen ganzer Gesellschaften – einen konzeptionell relevanten Stellenwert für die Erklärung politischer Prozesse zuwies. Gleichzeitig wanderten in die Politikwissenschaft moderne Methoden der empirischen Sozialforschung ein, die es ermöglichten, die dafür nötigen Aggregatdaten zu erheben und auszuwerten. Seit den 1970er Jahren werden in regelmäßigen Abständen europaweit (*European Values Survey*) bzw. weltweit (*World Values Survey*) Umfragedaten über politische Einstellungen in nahezu 100 Ländern der Erde erhoben. Damit soll die „Demokratiefreundlichkeit" nationaler politischer Kulturen sowie der Wandel von Werten und Einstellungen erkundet werden. Der Theorieanspruch dieser Forschung besteht darin, Hypothesen über den Zusammenhang zwischen politischer Kultur und der Entstehung bzw. Funktionsfähigkeit und Stabilität von demokratischen Institutionensystemen zu generieren und zu testen.

3.1 Politische Kultur

Die *politische Kultur* einer Gesellschaft bezeichnet das für ihre Bevölkerung charakteristische Muster politischer Orientierungen. Sie umfasst explizite oder implizite, bewusste oder unbewusste Einstellungen, Meinungen, Werte und Ideologien gegenüber den Institutionen und der Leistungsfähigkeit des politischen Systems sowie die Vorstellungen der Bürger über ihre individuellen Handlungskompetenzen und Einflusschancen. Diese Orientierungen beruhen auf der Informiertheit über Politik und dem Verständnis politischer Prozesse (*kognitive Dimension*), auf Gefühlen und Vorstellungen über die Relevanz von Politik (*affektive Dimension*) sowie auf der Bewertung, ob das gegebene politische System unterstützt oder abgelehnt bzw. verändert werden sollte (*political support*), ob es effektiv funktioniert und ob der Normalbürger über hinreichenden politischen Einfluss verfügt (*evaluative Dimension*). Meist wird auch ein partizipatorischer Aspekt, also typische Muster des politischen Verhaltens und der Beteiligung an politischen Prozessen, unter den Begriff der politischen Kultur subsumiert (*konative Dimension*).

Damit bezieht sich die politische Kultur auf alle drei Dimensionen des Politikbegriffs (> Kap. 1.3.1): Auskunft über die Orientierungen gegenüber den politischen Institutionen erteilen Daten zur nationalen Identität, dem Nationalstolz und der Legitimität der Regierung. Das Verhältnis zum politischen Prozess spiegelt sich in Wahrnehmungen über die Rolle der Bürger und ihre Rechte wider. Die *policy*-Dimension wird durch Angaben über die Rolle und Tätigkeit der Regierung sowie deren vermutete politische Prioritäten erhellt.

Nicht alle Bürger in einer Gesellschaft haben dieselben Orientierungen gegenüber dem politischen System. Die Gründungsväter der Politische-Kultur-Forschung Gabriel Almond und Sydney Verba (1963) unterscheiden folgende Typen individueller Einstellungen: (Potentiell) politisch aktive Bürger (*participants*) sind politisch informiert und interessieren sich für Politik, weil sie diese als wichtig erachten. Sie fühlen sich selbst hinreichend kompetent und einflussreich. „Untertanen" (*subjects*) wissen über die Aktivitäten der Regierung recht gut Bescheid, verzichten aber auf Partizipation, weil sie Politik für ein Geschäft der Politiker halten. Sie machen ihre Zustimmung zum Regime vor allem von materiellen Politikergebnissen abhängig. „Desinteressierte" (*parochials*) schauen hinsichtlich ihrer Informiertheit, ihrer Gefühle und Wertungen kaum über den Tellerrand ihrer kleinräumigen Lebenswelt in der Familie oder in lokalen Gemeinschaften hinaus. Nationale politische Kulturen sind durch einen spezifischen Mix dieser individuellen Kulturtypen gekennzeichnet. In einer modernen Demokratie gehören etwa 60% der Bürger zum Typus der „Partizipanten", während etwa ein Viertel den inaktiven „Untertanen" und der Rest den „Desinteressierten" zuzurechnen sind. In autoritären modernen Gesellschaften hingegen, so die Modellvorstellung, gehört der überwiegende Teil der Bevölkerung zu den „Untertanen", während vorindustrielle Autokratien einen relativ größeren Anteil an „Desinteressierten" aufweisen.

Die These der Politische-Kultur-Forschung lautet, dass politische Systeme längerfristig nur dann stabil sein können, wenn sie in eine kongruente politische Kultur eingebettet sind. Das bedeutet beispielsweise, dass Autokratien instabil werden, wenn der Anteil jener Bürger zunimmt, die politische Partizipationsmöglichkeiten für legitim halten und sie einfordern. Andererseits ist die effektive Funktionsweise demokratischer Institutionen bedroht, wenn die Mehrheit der Bürger sie durch „obrigkeitsstaatliche", passive Erwartungen überfordert.

Das interessanteste Konzept des klassischen Politische-Kultur-Diskurses ist die *Bürgerkultur* (*civic culture*, *Staatsbürgerkultur*, *Zivilkultur*). Sie stellt einen spezifischen Mix aus den hypothetischen Reintypen dar, die sich aus den individuellen Kulturtypen aggregieren lassen: Theoretisch ließe sich erwarten, dass die demokratische Norm eine *Beteiligungskultur* (*participant culture*) zum Ideal erheben müsste, in der alle Bürger als informierte, rational agierende „Partizipanten" auftreten. Empirisch zeigte es sich jedoch, dass die politischen Kulturen der etablierten angelsächsischen Demokratien (zum Zeitpunkt der Untersuchung in den 1950er Jahren) eine Mischkultur darstellten: Die hohe politische Aktivität der Bürgerschaft wurde ausbalanciert durch Loyalität gegenüber traditionellen Bindungen, Vertrauen gegenüber den Mitbürgern und der Regierung sowie eine gewisse Passivität und Indifferenz gegenüber der „Normalpolitik". Almond und Verba zogen daraus den theoretischen Schluss, dass Demokratien dann besonders gut funktionieren, wenn ihre politischen Eliten aktiv, engagiert und relativ autonom von der Bevölkerung regieren können. Der „mündige Bürger" der *civic culture* bleibt dabei normalerweise passiv. Er kennt seine Mitwirkungsrechte jedoch und engagiert sich bei Bedarf oder Notwendigkeit – regelmäßig bei Wahlen, gegebenenfalls kontinuierlich in politischen Organisationen und im eher seltenen Fall auch als Teilnehmer von Protestdemonstrationen. Der ideale Bürger einer

3.1 Politische Kultur

Demokratie ist demnach ein *potentiell* aktiver Bürger. Die Formulierung und Implementierung gesamtgesellschaftlich verbindlicher

Politische Kultur Deutschlands im internationalen Vergleich
Die politische Kultur (West-)Deutschlands wurde von Almond und Verba (1963) als „Untertanenkultur" charakterisiert, die eine latente Gefährdung der nach dem Zweiten Weltkrieg eingeführten Demokratie darstelle. Sie stand im scharfen Kontrast zur *civic culture* insbesondere Großbritanniens. Überraschend schnell vollzog die überwiegende Mehrheit der Deutschen aber bereits bis zu den 1970er Jahren einen Einstellungswandel. Sie sah nun die Demokratie als beste Staatsform an und beteiligte sich aktiv am politischen Prozess.
In den 1980er Jahren schien Dänemark dem Idealtyp der Bürgerkultur am nächsten zu kommen, gefolgt von der Bundesrepublik, den Niederlanden und Luxemburg. Die politischen Kulturen Belgiens, Italiens, Frankreichs und Spaniens hingegen wurden als relativ ungünstig für die Stabilität des politischen Systems eingeschätzt: Die Bevölkerungen vertrauten den politischen Eliten nur wenig. Partizipation, Systemunterstützung und Identifikation mit der politischen Gemeinschaft waren allenfalls durchschnittlich ausgeprägt. Das hohe staatsbürgerliche Kompetenzbewusstsein der Italiener galt als Faktor, der die Übersetzung von Unzufriedenheit in aktiven Protest wahrscheinlicher machte als in den anderen drei Ländern.
Seit den 1990er Jahren zog die politische Kultur Deutschlands neue Aufmerksamkeit auf sich: Belege für eine starke Output-Orientierung der Ostdeutschen, ihre geringe Partizipationsneigung und relativ niedrige allgemeine Systemloyalität werden kontrovers als politisch-kulturelles Erbe des Staatssozialismus oder aber als Symptom enttäuschter Erwartungen an die nach 1989 etablierte Demokratie interpretiert. Umstritten sind auch die Perspektiven: Wird sich die ostdeutsche politische Kultur dem westdeutschen „Standard" annähern, werden beide Kulturen längerfristig koexistieren oder entsteht eine veränderte gesamtdeutsche Kultur? Die Standpunkte in dieser Debatte beruhen auf Unterschieden in den theoretischen Forschungsperspektiven, folgen darüber hinaus aber auch aus der Spezifik der methodischen und sogar normativen Zugänge.

Entscheidungen bedarf der Autonomie der Schlüsselakteure in den politischen Entscheidungszentren. Bürger und ihre Interessen begrenzen diese.

3.1.2 Wertewandel und Freiheitsstreben

Die politische Kultur von Gesellschaften gilt als relativ stabil. Ihr Wandel vollzieht sich langsam. Die bekannteste Theorie eines solchen Wandels stammt von Ronald Inglehart (1977) und beruht auf sozialpsychologischen Annahmen: Die Bedürfnisse von Menschen sind demzufolge hierarchisch aufgebaut. Auf der untersten Stufe einer als Pyramide gedachten Ordnung befinden sich primäre, materielle Bedürfnisse des „nackten Überlebens", auf der obersten Stufe hingegen das Bedürfnis nach ideeller Selbstverwirklichung. Menschen gewichten jeweils die Bedürfnisse am stärksten, die sie nicht genügend befriedigen können, so die *Knappheitshypothese (Mangelhypothese)*. Weiterhin wird angenommen, dass sich die Wertorientierungen eines Individuums in seinen frühen Lebensphasen herausbilden und dann normalerweise stabil bleiben (*Sozialisationshypothese*). Sie sind demzufolge von der Bedürfnissituation in Kindheit und Jugend geprägt. Gesellschaftlicher Wertewandel vollzieht sich also, wenn überhaupt, als Wechsel der Alterskohorten. Er ist möglich, wenn sich die gesellschaftlichen Bedingungen verändern, unter denen die jeweiligen Generationen heranwachsen.

Den von Inglehart ausgewerteten Aggregatdaten zufolge findet seit den 1970er Jahren in westlichen Gesellschaften eine „stille Revolution" im Sinne eines solchen Wertewandels statt. Er besteht in der starken Verbreitung von *postmaterialistischen gegenüber materialistischen Werten*, also in einem Bedeutungszuwachs höherrangiger Bedürfnisse wie Selbstverwirklichung, Partizipation, Lebensqualität, Freiheit usw. Die Ursache dafür liegt in der stürmischen sozioökonomischen Entwicklung: Während die Nachkriegsgeneration unter den Bedingungen des materiellen Mangels aufwuchs, wurden die nachfolgenden Kohorten in eine Phase des kontinuierlichen Wirtschaftswachstums, der Bildungsexpansion, des Ausbaus des Wohlfahrtsstaats und damit der zunehmenden Sicherheit hineingeboren. In dem Maße, wie diese Generationen die westlichen Gesellschaften prägten, verbreiteten sich daher postmaterialistische Werte, deren Attraktivität die der elementaren Überlebensgüter der frühen Nachkriegszeit in den Schatten stellte.

3.1 Politische Kultur

Ein internationaler Vergleich der in den einzelnen Gesellschaften vorherrschenden Werte zeigt supranationale Cluster auf einer „Weltkarte der Werte" (s. Abb. 4): Die Region des historisch protestantischen Europa tendiert auf der *survival/self-expression*-Achse stärker zu Werten auf dem Pol der *Selbstentfaltungswerte* (Selbstverwirklichung, Lebensqualität, Toleranz von Diversität, Partizipation, individuelle Freiheit) als die römisch-katholischen und insbesondere die orthodoxen Gesellschaften Europas, bei denen *Überlebenswerte* (Religiosität, familiäre Bindungen, Autoritätsglauben, nationale Identitätsgefühle) deutlicher zur Geltung kommen. Die islamischen Gesellschaften bilden zwei Cluster entlang der Achse *traditioneller bzw. säkular-rationaler Werte*: Aserbaid-

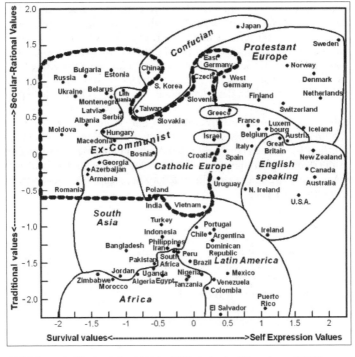

Abbildung 4: Die Inglehart-Welzel-Wertekarte (Stand: ca. 2000)

Quelle: Inglehart/Welzel (2005: 63)

schan und Albanien sind – ein Erbe der staatssozialistischen Ära –
säkularisierter als die meisten anderen islamischen Länder (Indonesien, Iran, Bangladesh, Pakistan, Türkei, Marokko, Algerien, Jordanien, Ägypten). Damit ist deutlich zu erkennen, dass historisch gewachsene kulturell-religiöse Unterschiede von nachhaltiger Bedeutung für das Werteprofil von Gesellschaften sind. Der zweite wichtige Faktor dafür besteht in den Unterschieden im sozioökonomischen Entwicklungsniveau. Während *high-income* Länder tendenziell im „Nordosten" der Wertekarte liegen, befinden sich *low-income* Länder eher im „Südwesten".

So umstritten die Bedeutung dieser Daten, die Erhebungsmethoden und die Theorie des Wertewandels sein mögen, liefern sie dennoch plausible Anhaltspunkte für eine Reihe von Überlegungen in anderen Teilbereichen der vergleichenden Forschung, so insbesondere für die Frage nach politisch organisierbaren Interessen (> Kap. 3.3.2). Für ihre Anhänger dienen die Befunde darüber hinaus der Weiterentwicklung der Modernisierungstheorie (> Kap. 2.3). Neben sozioökonomischen können nun auch politisch-kulturelle Entwicklungsfaktoren von Gesellschaften konzeptualisiert werden. Demokratisierung wird dabei als emanzipatorischer Prozess verstanden, der die zivilen und politischen Freiheiten der Menschheit vergrößert. Die Freiheitspräferenzen der Bürger erscheinen als Triebkraft eines kollektiven Handelns, das Demokratie herbeiführen kann. Während die etablierte akteurszentrierte Transformationsforschung (> Kap. 2.3.3) elitenzentriert ist und den demokratischen Werten in der Bevölkerung erst in der Konsolidierungsphase der Demokratie Bedeutung beimisst, betont diese Argumentation die Relevanz der Massen bereits bei ihrer Institutionalisierung.

3.1.3 Sozialkapital und Vertrauen

Während sich „politische Kultur" im bisher gemeinten Sinn auf Aggregateigenschaften von Gesellschaften bezieht, bietet der neoinstitutionalistische Begriff des *Sozialkapitals* die Möglichkeit, politisch-kulturelle Dimensionen menschlichen Verhaltens auf Individuen, genauer: auf ihre Beziehungen, zurückzuführen. Nach Robert D. Putnam (1993), der entscheidend zur Popularität dieses Konzeptes beigetragen hat, sind unter Sozialkapital Netzwerke, Normen und gegenseitiges Vertrauen zu verstehen, also Eigenschaften, die es Akteuren ermöglichen, sich zur Verfolgung gemeinsamer Interessen und Ziele zusammenzuschließen (> Kap. 3.2.2).

3.1 Politische Kultur

Sozialkapital enthält zwei Elemente – eine Netzwerkstruktur, welche Akteure „objektiv" miteinander verbindet, sowie eine subjektiv wahrgenommene tatsächliche Bindung zwischen ihnen, die durch Reziprozität, Vertrauen und positive Emotionen gekennzeichnet ist. Das Konzept bezieht sich nicht nur auf den politischen Raum. Vielmehr ist Sozialkapital eine Eigenschaft genuin vorpolitischer Beziehungen. Es ist die soziale Verankerung von Individuen in Familien, lokalen Nachbarschaften und Freiwilligenvereinen, die ihr Verhältnis zu den politischen Institutionen und ihr politisches Engagement begründet. Eine Gemeinschaft mit ausgeprägtem brückenbildendem und gemeinwohlorientiertem Sozialkapital ist eine *civic community*, die den strukturfunktionalistischen Begriff der *Bürgerkultur* (*civic culture* > Kap. 3.1.1) aufnimmt, aber breiter fasst. Die *Bürgergemeinschaft* ist das Ergebnis eines langwierigen Prozesses der sich selbst verstärkenden Entwicklung von Kooperation und Vertrauen. Dieser Prozess lässt sich nur in begrenztem Maße durch die zielgerichtete Einführung von politischen Institutionen beschleunigen. Vielmehr besteht ein Wechselverhältnis zwischen diesen und den Eigenschaften der Gesellschaft, in der sie verwurzelt sind. Aus diesem Grunde funktionieren auch demokratische Institutionen, die im Ergebnis von Reformen (oder gar Systemwechseln) eingeführt werden, nicht in allen Gesellschaften auf die gleiche Art und Weise und mit der gleichen Effektivität.

Sozialkapital in Nord- und Süditalien
In seiner Studie über die Reformen der italienischen Regionalregierungen, die zwischen 1970 und 1989 im ganzen Land und nach demselben institutionellen Design durchgeführt wurden, kam Robert D. Putnam (1993) zu dem Befund ihrer nichtsdestotrotz extrem unterschiedlichen Leistungsfähigkeit: In Norditalien funktionierten die neuen Institutionen weitaus besser als im Süden. Die Ursache dafür fand er jedoch nicht in den unterschiedlichen sozioökonomischen Modernitätsniveaus Nord- und Süditaliens, sondern in seit dem 11. Jahrhundert divergierenden Pfaden der gesellschaftlichen Entwicklung. Sie führten im Mezzogiorno zur kleinräumigen und partikularistischen Gemeinschaftsbildung („amoralischer Familismus"), im Norden aber zur Herausbildung von lebendigen *civic communities*. Dass die Institutionen der moder-

> nen Demokratie effektiv funktionieren, ist damit – so Putnam – ein Nebenprodukt der Entstehung von Laienchören und Fußballvereinen.

Seit Mitte der 1990er Jahre befasst sich die vergleichende Forschung damit, das Sozialkapital vieler Gesellschaften zu beschreiben und zu vermessen. Das Erkenntnisinteresse richtet sich dabei ebenso wie in der traditionellen Politische-Kultur-Forschung letztlich auf die Kompatibilität von Werten, Einstellungen und Verhaltensweisen mit demokratischen Institutionen. Neben teilweise alarmistisch geführten Diskussionen über die Bestandsgefährdung westlicher Demokratien infolge schwindenden Sozialkapitals wurden auch Prognosen für nicht-westliche Länder anhand ihrer Ausstattung mit Sozialkapital aufgestellt. Da sich *civic communities* historisch langsam und pfadabhängig herausbilden, werden die Aussichten für die Etablierung funktionsfähiger demokratischer Institutionensysteme in Gesellschaften mit gering ausgeprägtem bzw. überwiegend partikularistischem und exklusivem Sozialkapital als ungünstig bewertet. Ein beliebter Indikator dafür ist das *soziale Vertrauen*, das sich nicht nur auf persönlich bekannte Menschen (*interpersonelles Vertrauen*), sondern auch auf Fremde (*generalisiertes Vertrauen*) erstreckt. Es soll in einem gewissen Zusammenhang mit dem *politischen Vertrauen*, also dem Vertrauen in Institutionen und Organisationen, stehen und Auswirkungen auf das Niveau der politischen Partizipation in einer Gesellschaft zeitigen.

3.2 Politische Partizipation und kollektives Handeln

3.2.1 Typen politischer Partizipation und ihr Wandel

Zur Demokratie gehört *politisches Engagement*, also das Interesse und die Beteiligung der Bürger an der Politik. Sie müssen sich informieren, um Präferenzen entwickeln und äußern sowie begründete (Wahl-)Entscheidungen treffen zu können. *Politische Partizipation* umfasst alle Formen der freiwilligen Beteiligung von Bürgern an Politik auf unterschiedlichen Ebenen, um Einfluss auf die Formulierung gesellschaftlich verbindlicher Entscheidungen zu nehmen. Dieses Konzept bezieht sich auf das politische Engagement von Individuen in nichtprofessionellen Rollen, also von („Normal"-)Bürgern,

3.2 Politische Partizipation und kollektives Handeln

das nicht gesetzlich oder anderweitig vorgeschrieben ist. Politische Partizipation schränkt die Handlungsfreiheit der Schlüsselakteure im politischen Entscheidungssystem ein und sichert damit deren Responsivität gegenüber den Präferenzen der Bürger. Zu einem großen Teil vollzieht sie sich im *intermediären Raum* bzw. in der *Zivilgesellschaft* (> Kap. 4.1.1).

Die Vergleichende Partizipationsforschung als empirische Forschungsperspektive widmete sich seit ihrer Entstehung in den 1940er Jahren zunächst dem Wahlverhalten und der Wahlbeteiligung als der primären und universellen Beteiligungsform von Bürgern an demokratischer Politik (> Kap. 5.3). Sie erweiterte das Spektrum der untersuchten Aktivitäten aber bald und folgte damit einer realen Entwicklung in den liberalen Demokratien des Westens: Seit den 1960er Jahren nahm die politische Bedeutung gesellschaftlicher Gruppen zu. Kontakte und Interaktionsformen zwischen Bürgern einerseits und Politikern sowie Beamten andererseits wurden vielfältiger. Neben konventionellen Beteiligungsformen, die sich auf institutionalisierte Elemente des politischen Prozesses bezogen, kamen seit den frühen 1970er Jahren im Rahmen der *neuen sozialen Bewegungen* (> Kap. 4.1) neue Formen wie Sitz- und Straßenblockaden, Protestdemonstrationen und Gebäudebesetzungen auf. Weil diese Aktivitäten aufgrund ihrer Protestorientierung und der dabei verwendeten Mittel nicht den bis dato vorherrschenden Rechts- und Verhaltensnormen demokratischer Bürgerbeteiligung entsprachen, sind sie als *unkonventionelle* Partizipationsformen bezeichnet worden. Eine neuere Differenzierung unterscheidet hingegen verfasste von unverfassten Formen: *Verfasst* sind Aktionsformen, die in einen institutionell klar definierten Kontext, wie etwa die nationale Verfassung oder lokale Gemeindeordnungen, eingebettet sind, also beispielsweise Wahlen. *Unverfasste* Partizipationsformen hingegen entstehen in einem Mobilisierungsprozess außerhalb eines institutionalisierten Rahmens, z.B. Demonstrationen, Sit-ins, Boykotte.

Gegen Ende des 20. Jahrhunderts erfuhr der Partizipationsbegriff eine weitere Ausdehnung. Die Grenzen zwischen politischen und nicht-politischen Bereichen der Gesellschaft sind fließend geworden. Im Zusammenhang damit wurde der Begriff des *bürgerschaftlichen Engagements* bzw. *Bürgerengagements* geprägt, der ehrenamtliche Tätigkeiten im allgemeinen umfasst, also nicht nur in politischen Organisationen, sondern z.B. auch in karitativen und anderen gemeinwohlorientierten Einrichtungen. Er überschneidet sich mit dem Begriff der *sozialen Partizipation*.

Die Ausbreitung und Vielfalt der politischen Partizipation hängt mit der Ausweitung von Staats- und Regierungsaktivitäten und der Politisierung privater, kultureller und anderer Lebensbereiche zusammen (> Kap. 6.2.2). Je mehr der Staat in die Gesellschaft interveniert, desto mehr Interessen sind davon betroffen. Die Partizipationsforschung, die vorrangig auf Umfragedaten über individuelle Einstellungen und Verhaltensweisen basiert und an die Politische-Kultur-Forschung anschließt, kommt zu folgenden empirischen Befunden: Die politische Beteiligung der Bürger an Politik ist selbst in etablierten Demokratien nicht besonders ausgeprägt. Nur Wenige engagieren sich über das Wählen hinaus, etwa in politischen Parteien oder bei Demonstrationen.

Ausmaß politischer Partizipation
Umfragedaten für das Jahr 2004 ergeben, dass in Westeuropa durchschnittlich 17% der Bürger keinerlei politische Partizipation ausüben, d.h. noch nicht einmal an Wahlen teilnehmen. In den neuen Demokratien Ostmitteleuropas partizipiert sogar ein Drittel der Bevölkerung gar nicht an der Politik. „Apathische" Bürger, die sich kaum politisch interessieren und entweder nicht einmal oder nur an Wahlen teilnehmen, stellen in den ostmitteleuropäischen EU-Mitgliedstaaten, Portugal und Griechenland mehr als die Hälfte der erwachsenen Bevölkerung. Am aktivsten sind die Bürger Schwedens, Norwegens und Dänemarks. Im globalen Vergleich ist das Engagement von Bürgern in Freiwilligenorganisationen in Nordeuropa und den Niederlanden sowie in den USA und Kanada am ausgeprägtesten.

In vielen Ländern schwindet in den letzten Jahrzehnten das Vertrauen in Politik, Politiker und Parteien. Dies führt jedoch nicht generell zu sinkender politischer Beteiligung und wachsender Politikverdrossenheit. Vielmehr ist, wie etwa bei der Wahlbeteiligung (> Kap. 5.3.4), bisher kein eindeutiger Trend zu bestimmen. Außerdem sind unverfasste Formen wie Demonstrationen und Boykotte nun zu normalen Elementen des Partizipationsspektrums geworden. Neue Formen der Beteiligung etwa an Referenden, Lokalpolitik und Bürgerinitiativen treten in den letzten Jahrzehnten zunehmend häufiger auf, während traditionelle Formen wie das Wählen und die Mitwirkung in Parteien in den Hintergrund treten. Individuelle Formen des Engagements wie

Spendentätigkeit, Teilnahme an Unterschriftensammlungen und Konsumentenboykotts nehmen zu. Bürger engagieren sich auch im Rahmen informeller Kommunikations- und Koordinationszusammenhänge, so etwa in Selbsthilfegruppen und lokalen Netzwerken. Darüber hinaus sind Formen der *Mikropartizipation (small-scale democracy)* zu beobachten, bei denen Bürger Repräsentanten des Staates in ihrem unmittelbaren Lebensumfeld beeinflussen, z.b. als Eltern in gewählten Schulvertretungen oder als Patienten gegenüber dem Gesundheitswesen.

Schließlich lässt sich nachweisen, dass politische Beteiligung nicht nur vom sozioökonomischen Entwicklungsstand einer Gesellschaft, ihrem institutionellen Kontext, der individuellen Einbindung in soziale Gruppen (und damit ihrem Sozialkapital) sowie mobilisierenden Ereignissen abhängt, sondern auch von der individuellen Ressourcenausstattung: Höher gebildete, männliche Bürger mit höherem Einkommen und höherem Status partizipieren demnach überdurchschnittlich; eine Tradition des „Familienaktivismus" wird gewöhnlich über Generationen weitergegeben. Mit anderen Worten: Es sind nicht die Verlierer gesellschaftlicher Entwicklungen und nicht die Angehörigen marginalisierter Gruppen, die ihre Interessen mit besonderer Vehemenz in die Politik hineintragen.

3.2.2 Die Logik des kollektiven Handelns

Warum engagieren sich Bürger freiwillig in der Politik? Auf den ersten Blick scheint die Antwort einfach zu sein: Sie wollen das Handeln der politischen Eliten unterstützen, dagegen protestieren oder aber ihren individuellen Präferenzen Ausdruck verleihen, damit sie stärker beachtet werden. Da die meisten Bürger nicht über genügend Ressourcen verfügen, um politischen Einfluss individuell geltend machen zu können, schließen sie sich Interessenorganisationen an. Als kollektive Akteure sind diese die wichtigsten Spieler im intermediären Raum zwischen der Gesellschaft und dem politischen Entscheidungssystem (> Kap. 4.1.2).

Diese Annahme eines einfachen Zusammenhangs zwischen individuellem Interesse und kollektivem Handeln wurde um die Mitte des 20. Jahrhunderts durch die Pluralismustheorie systemtheoretisch formuliert. Neue organisierte Interessengruppen entstehen demnach spontan als Reaktion auf Spannungen zwischen sozialen Gruppen. Über kurz oder lang stellt sich in jeder Gesellschaft automatisch ein Interessengleichgewicht ein, bei dem jeder Gruppe mit bestimmten politischen Zielen eine gegensätzlich eingestellte Gruppe gegenübersteht. Die einzige Voraussetzung dafür, dass dieser Mechanismus reibungslos funktioniert, besteht in der Offenheit des politischen Systems gegenüber Individuen, Gruppen und Interessen, d.h. in der institutionellen Gewährleistung von Partizipationschancen.

Empirisch lässt sich diese Annahme jedoch nur bedingt bestätigen: Zwar gibt es in jeder demokratisch verfassten Gesellschaft eine große Zahl organisierter intermediärer Akteure, jedoch sind viele Interessen offensichtlich unterorganisiert. Alle (west-)europäischen Gesellschaften weisen zum Beispiel vergleichsweise starke Gewerkschaften und Unternehmerverbände auf, Vereinigungen von Arbeitslosen oder Armen sind aber selbst dann kaum anzutreffen, wenn ihre Probleme gesellschaftlich brisant sind. Auch die Vorstellung eines Interessengruppengleichgewichts ist unzutreffend. Eine Erklärung dafür lässt sich finden, verlässt man die gesellschaftliche Makroebene und wendet sich der Mikroebene des individuellen Handelns zu. In der Perspektive des methodologischen Individualismus sind Individuen rationale Akteure, die Kosten und Nutzen ihres Tuns und Lassens abwägen (> Kap. 1.2.3). Im Normalfall, so Mancur Olson (1965), folgt daraus zwangsläufig, dass besonders weit verbreitete, allgemeine Interessen nicht organisierbar sind. Paradoxerweise sind es die Sonderinteressen lediglich kleiner Gruppen, die politischen Einfluss durch kollektives Handeln geltend machen können.

Warum ist das so? Individuen, die sich als Mitglieder einer schweigenden großen Gruppe mit ähnlichen Interessen wahrnehmen, werden sich nicht engagieren. Sie haben nämlich neben den kollektiven auch individuelle Interessen, darunter das der Nutzenmaximierung. Gesetzt den Fall, die anderen Betroffenen würden sich kollektiv organisieren und das gemeinsame politische Ziel – das *Kollektivgut* (*collective good*) – durchsetzen, dann wäre auch dem passiv bleibenden Individuum gedient. Von einer Neujustierung der Arbeitsmarktpolitik infolge „Drucks von der Straße" beispielsweise würden auch diejenigen Arbeitslosen profitieren, die sich nicht daran beteiligt hätten, um die dadurch eingesparten Ressourcen anderen Betätigungen zugutekommen zu lassen. Sie könnten sich überdies vor sich selbst und anderen dadurch rechtfertigen, dass ihr individuelles Engagement für den Erfolg der Gruppe nicht entscheidend – weil zu geringfügig – ist. Ein solches *Trittbrettfahrerverhalten* (*free-riding*) erscheint auch dann als rational, wenn man unterstellt, dass kollektives Handeln gar nicht zustande kommt, falls alle Betroffenen so denken sollten. Ein einzelner heroisch-altrustischer Idealist könnte

3.2 Politische Partizipation und kollektives Handeln 91

nämlich gar nichts bewirken. Daher dürften selbst seine Anreize, sich zu engagieren, gering sein.

Diese Logik kollektiven Handelns lässt sich auf alle Formen kollektiver Partizipation, also auch die Beteiligung an weniger organisierten Aktivitäten wie etwa Streiks und Demonstrationen übertragen. Sie wirft auch Fragen für individuelles politisches Engagement auf, wenn dieses nur als Aggregat Wirkungen zeitigt. So fragt es sich, warum Bürger zur Wahl gehen sollten, wenn sie keinen Grund haben anzunehmen, ihre Stimme sei entscheidend, verursache aber in jedem Fall (zumindest geringfügige) individuelle Kosten (> Kap. 5.3.3).

Die Falle, die sich aus dem Spannungsverhältnis zwischen individueller und kollektiver Rationalität ergibt, betrifft laut Olson nur jene Interessen, die von vielen Individuen geteilt werden. Kleinere Gruppen hingegen seien leicht zu organisieren, weil dort der Beitrag jedes Einzelnen zur Erreichung des Ziels als wesentlich wahrgenommen würde. Das bedeutet nicht nur, dass der Einzelne aufgrund seiner individuellen Bedeutung stärker motiviert ist zu partizipieren, sondern auch, dass sein Verhalten durch die anderen Teilnehmer leicht zu beobachten und bei Bedarf zu sanktionieren wäre. In kleinen Gruppen, in denen jeder jeden kennt, kann sozialer Druck wirken und kollektives Handeln erzwingen. Daraus ergeben sich auch Bearbeitungswege für die Kollektivgutprobleme großer Gruppen: Falls Zwang ausgeübt werden kann, kommt kollektives Handeln zustande. Dies ist jedoch nur mit Hilfe Dritter, genauer: des Staates, möglich, der unter Umständen Pflichtmitgliedschaft anordnen kann. Damit sichert er im Übrigen die Repräsentativität einer Organisation für die betreffende soziale Gruppe, was wiederum korporatistische Verhandlungssysteme legitimiert (> Kap. 4.3.1).

Bearbeitung des Trittbrettfahrer-Problems I: Pflichtmitgliedschaft
Beispiele für die erzwungene Partizipation in Freiwilligenorganisationen finden sich in der Gewerkschaftsbewegung angelsächsischer Länder. In sogenannten *closed shops* gehören alle Angestellten eines Unternehmens der Gewerkschaft an und werden auch nur unter dieser Bedingung eingestellt. In Großbritannien wurde diese Regelung durch die konservative Regierung Thatcher Mitte der 1980er Jahre abgeschafft, der es gelang, die Macht der Gewerkschaften insgesamt zu brechen. In Australien gilt sie heu-

te noch. Nach Auffassung des Europäischen Gerichtshofs für Menschenrechte ist sie übrigens unzulässig.
In Ländern mit einer starken korporatistischen Tradition gibt es Zwangsmitgliedschaft in berufsständischen Interessenvertretungen. Deutlicher noch als in Deutschland, wo es (Industrie-, Handwerks-, Ärzte-, Rechtsanwalts- usw.) Kammern und Innungen mit Pflichtmitgliedschaft gibt, ist dies in Österreich: Die österreichische *Sozialpartnerschaft* (> Kap. 4.3.1) beruht strukturell auf der Wirtschafts-, den Landwirtschafts- und der Bundesarbeiterkammer sowie dem Österreichischen Gewerkschaftsbund. In den Kammern, die Körperschaften des öffentlichen Rechts sind, herrscht gesetzliche Mitgliedschaftspflicht. Die Kammerumlage von 0,5 Prozent des Bruttogehalts wird bei Angehörigen der Arbeiter- und Angestelltenkammer automatisch als Teil des Sozialversicherungsbeitrages eingezogen. Das Kammersystem ist in eine außerordentlich differenzierte Landschaft freiwilliger Interessenorganisationen eingebettet.

Weitere Lösungen für Kollektivgutprobleme können Organisationen zur Verfügung stellen: Da die Identifizierung mit politisch relevanten Gruppeninteressen Individuen nicht per se zum Engagement motiviert, werden zusätzlich *selektive Anreize* bereitgestellt. Vom Kollektivgut unterscheiden sie sich durch ihre Exklusivität, d.h. sie können nur in Anspruch genommen werden, wenn tatsächliche Organisationsmitgliedschaft besteht.

Bearbeitung des Trittbrettfahrer-Problems II: Selektive Anreize
Verkehrsclubs, wie etwa die deutschen, französischen und schweizerischen Automobil-Clubs, sind Lobbyorganisationen der sehr großen gesellschaftlichen Gruppe der Autofahrer, die sich für den Ausbau des Verkehrsnetzes, autofahrerfreundliche Verkehrsregelungen und niedrige Benzinpreise engagieren. Ihre Mitglieder werben sie insbesondere mit exklusiven Serviceleistungen wie Pannendiensten, Versicherungen, Reiseinformationen und Autotests.

Allerdings setzt die Existenz einer Organisation ihre Gründung voraus, also die vorgängige Lösung eines Kollektivgutproblems. Entscheidend sind dafür oft Individuen oder „kleine Gruppen", in deren Nutzenkal-

3.2 Politische Partizipation und kollektives Handeln

kül ein solches Engagement sinnvoll erscheint. In akteurstheoretischer Sicht fungieren sie als *politische Unternehmer*, die für die Organisation eines politischen Ziels auf dem „politischen Beteiligungsmarkt" eine Erfolgschance ausgemacht haben und deshalb in sie investieren. Die „Profite", die sie dabei im Erfolgsfall erwirtschaften, können im engeren Sinne monetärer Natur sein – etwa ein einträgliches Auskommen dank eines Anstellungsverhältnisses im Organisationsapparat –, aber sie können auch in sozialer Anerkennung und Prestige bestehen oder weitergehende Karriereambitionen voranbringen.

Weitere mögliche Lösungen für Kollektivgutprobleme bieten sich auch unter Rückgriff auf das Konzept des *Sozialkapitals* an: Wenn der gesellschaftliche Kontext durch brückenbildendes und außenorientiertes Sozialkapital geprägt ist, dürfte die Gründung von Organisationen und die Werbung von Mitgliedern leichter fallen als in atomisierten Umgebungen (> Kap. 3.1.3). In den individuellen Nutzenkalkülen sollten der emotionalen und sozialen Bereicherung durch Interaktion mit anderen oder dem Unterhaltungs- und Freizeitwert von gemeinsamem Engagement durchaus Bedeutung zukommen. Diese Faktoren könnten unter Umständen höher gewichtet werden als die damit verbundenen Verluste an Zeit oder Geld: Kollektives Handeln mit anderen wäre in diesem Falle, anders als in Olsons ursprünglichem Argument, nicht als vorrangig kostspielige, sondern als überwiegend gewinnbringende individuelle Aktivität einzuordnen – gegebenenfalls selbst dann, wenn sie keine wesentlichen politischen Effekte zeitigen würde.

> **Bearbeitung des Trittbrettfahrer-Problems III: Niedrige Kosten**
>
> Eine neuere Partizipationsform in wohlhabenden Gesellschaften, in der das Kollektivgutproblem durch die Reduzierung individueller Kosten bearbeitet wird, ist die sogenannte *Scheckbuchpartizipation*: Bürger, für welche andere Ressourcen wichtiger sind als (mehr oder weniger kleine) Geldbeträge, partizipieren hier durch Spenden, dank derer andere Bürger Aktivitäten organisieren können. Weil es sich dabei um die Delegierung von Partizipation an andere, gegebenenfalls professionelle Lobbyisten handelt, wird diese Entwicklung als normativ bedenklich angesehen.
>
> Unmittelbarer und gleichzeitig noch sparsamer sind Initiativen wie „Demokratie in Aktion" (http://www.campact.de/), die „für den kleinen Protest zwischendurch" wirbt: Via Internet können Men-

> schen, faktisch ohne Zeit und Geld aufzuwenden, politisch aktiv werden, indem sie sich per Mausklick, Fax oder Telefon an (Unterschriften-)Kampagnen zu aktuellen politischen Themen beteiligen.

Wahrscheinlich ist die Existenz von geeignetem Sozialkapital weder Voraussetzung noch Folge der Bildung intermediärer Organisationen. Beide Phänomene stehen vielmehr in einem reziproken Verhältnis zueinander, was es erschwert, Kausalerklärungen zu formulieren. Je mehr Personen kooperieren, desto mehr Sozialkapital wird produziert, denn es wird bei seiner Nutzung nicht aufgebraucht, sondern vermehrt. Die Verbreitung von Freiwilligenorganisationen und von bestimmten Formen des Sozialkapitals korreliert empirisch recht deutlich, so dass sich die verschiedenen Gesellschaften jeweils meist in beiden Parametern gleichgerichtet unterscheiden.

Das ursprünglich einfache, auf dem *Rational-Choice*-Ansatz beruhende Kollektivgut-Theorem lässt sich also vielfältig erweitern und in institutionalistische Überlegungen einbetten: Welche Formen der Partizipation in Gesellschaften anzutreffen und besonders verbreitet sind, ist unterschiedlich – nicht weil es nationalspezifische Rationalitätskalküle gäbe, sondern weil die Umweltbedingungen politischer Beteiligung variieren. Das Ausmaß, in dem politische Institutionen Organisationsprozesse fördern, ist unterschiedlich. Dasselbe trifft für politisch-kulturelle Eigenheiten der jeweiligen Gesellschaft zu. Beide Faktoren sind überdies historisch gewachsen und nicht beliebig durch politische Eingriffe zu verändern.

Empirisch lässt sich nachweisen, dass die Mitgliedschaft in Interessenorganisationen erstens in ökonomisch und industriell hochentwickelten Ländern weit verbreitet ist. Industrialisierte Gesellschaften sind heterogen, so dass sich in ihnen viele vergleichsweise kleine, leicht organisierbare Gruppen finden. Ihre Bevölkerung ist zudem relativ wohlhabend und verfügt daher über Ressourcen an Zeit und Energie sowie Gelegenheiten, sich politisch zu engagieren. Zweitens sind mehr Bürger in jenen Ländern organisiert, die durch den Protestantismus geprägt sind, am meisten aber in Gesellschaften mit einem Mix aus den christlichen Religionen. Dies wird damit erklärt, dass der Protestantismus die Trennung von Staat und Kirche (sowie Gesellschaft) und Werte des freiwilligen Beistands betont. Der Wettbewerb christlicher Kirchen um Mitglieder wiederum fördere die Heterogenität der betreffenden Gesellschaften. Drittens sind in Ländern mit kontinuierlich bestehenden Demokratien mehr Menschen Mitglieder von Freiwilligenorganisationen als in jungen Demokratien. Dies lässt sich darauf zurückführen, dass sich im Verlaufe längerer Zeitspannen ein soziales Umfeld mit vielfältigen Assoziationen ausdifferenziert hat. Angebote des freiwilligen Engagements werden dadurch erweitert.

3.3 Gesellschaftliche Spaltungsstrukturen

3.3.1 Cleavages *als historisch gewachsene Konflikte*

Nicht alle Interessen in einer Gesellschaft rufen also die Mobilisierung größerer Bevölkerungsgruppen hervor, und nicht alle Themen, die Individuen bewegen, schlagen sich in den Forderungen von Interessenverbänden und anderen kollektiven politischen Akteuren oder den Programmen von Parteien nieder. Gleichzeitig besteht offenbar ein gewisser Zusammenhang zwischen der Agenda von intermediären Akteuren (> Kap. 4) und bestimmten mehr oder weniger weit in der Bevölkerung verbreiteten Einstellungen und Werten.

Wie kommt dieser Zusammenhang zustande? Die bis heute einflussreichste Theorie zu seiner Erklärung stammt aus den späten 1960er Jahren und erwächst aus einer strukturfunktionalistischen Interpretation (> Kap. 1.2.1) historisch-soziologischer Beobachtungen. In ihrer zentralen Idee ist sie gleichwohl anschlussfähig an moderne institutionalistische Ansätze mit ihrem Fokus auf politische Akteure. Sie stammt von Stein Rokkan und Seymour M. Lipset (1967), die damit eine komplexe Ursachendeutung der Gestalt (west-)europäischer Parteiensysteme (> auch Kap. 4.2) vorgelegt haben. Ihr Ausgangspunkt war der soziologische Befund, dass sich sozialstrukturelle Eigenschaften wie Klassenzugehörigkeit, Geschlecht, Alter, Religion usw. recht deutlich im individuellen Wahlverhalten niederschlagen, mithin auch die Einstellungen und Werte der Wähler zumindest partiell sozialstrukturell bedingt sind (> Kap. 5.3.1). Sie lassen sich als Widerhall historisch langfristiger *sozialer Konfliktlinien* bzw. *Spaltungsstrukturen* (*cleavages*) konzeptualisieren, welche die Gesellschaft durchziehen.

Cleavages sind Konflikte zwischen Gruppen von Menschen, die sozialstrukturell begründet sind, sich in der kollektiven Identität dieser Gruppen widerspiegeln und eine dauerhafte, stabile Handlungsorientierung darstellen. In kritischen Phasen des Prozesses der politischen Systembildung verfestigen sie sich organisatorisch-institutionell, z.B. in Form politischer Parteien, aber auch von Gewerkschaften, Kirchen u.a. Sie bilden daher den Stoff, aus dem politische Programme von Interessenorganisationen gemacht sind und somit auch die substanzielle Grundlage von langfristigen Koalitionen zwischen ihnen und den von ihnen repräsentierten Bevölkerungsgruppen.

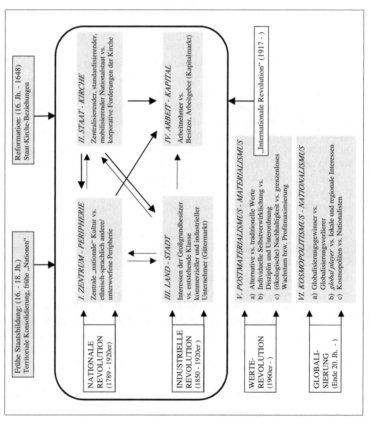

Abbildung 5: Cleavages

Quelle: modifiziert nach Rokkan (2000: 57)

Rokkan und Lipset verstehen die Herausbildung politischer Systeme als langen, pfadabhängig verlaufenden Prozess der territorialen und funktionalen Strukturbildung (Abb. 5). In Westeuropa durchliefen solche Prozesse seit der frühen Neuzeit grundsätzlich ähnliche kritische Phasen. Die territoriale Strukturbildung, also die Herausbildung des Nationalstaates seit dem 16. Jahrhundert, war generell mit einem Integrationskonflikt zwischen dem Zentralstaat und der nationalen Peripherie sowie einem Konflikt zwischen dem Staat und der Kirche über ihre Rolle innerhalb des Gemeinwesens verbunden. Er artikulierte sich unter Umständen auch als konfessioneller Konflikt. Der Industrialisierungsprozess, der um die Mitte des 19. Jahrhunderts einsetzte, rief dann Konflikte zwischen Stadt und Land sowie den Klassenkonflikt zwischen Arbeit und Kapital hervor. Im späten 20. Jahrhundert werden durch Werterevolution und Globalisierungsprozesse weitere *cleavage*-Bildungen ausgelöst (> Kap. 3.3.2).

Die dabei entstehenden Spaltungslinien stellten die Substanz für die Herausbildung subkultureller Milieus in den (west)europäischen Gesellschaften dar, die sich auch organisatorisch verfestigten. Zu Beginn des 20. Jahrhunderts wurden sie von Parteien in gesellschaftspolitische Programme transformiert. Auf ihrer Grundlage bildeten sich die europäischen Parteienfamilien heraus, die durch ihren Bezug auf *cleavages* mit bestimmten Wählergruppen dauerhafte Allianzen eingingen (> Kap. 4.2.2). Die einzelnen europäischen Gesellschaften unterschieden und unterscheiden sich nach der Virulenz der jeweiligen Konflikte sowie ihrer konkreten Bündelung und Überlagerung, die ein Ergebnis historisch kontingenter Ereignisse und ihrer zeitlichen Abfolge ist.

Beziehungen zwischen Konfliktstrukturen
In Belgien überlagern sich soziolinguistische (flämisch – französisch), regionale (Flandern im Norden, Wallonien im Süden) und ökonomische (Blüte der Dienstleistungsregion – Verfall der Industrieregion) Spaltungslinien und verstärken sich gegenseitig (*overlapping cleavages*). In der Schweiz hingegen wirkt die Vielzahl unterschiedlicher soziostruktureller Merkmale (Sprachen: 65% deutsch, 20% französisch, 8% italienisch; Religion: 46% katholisch, 40% protestantisch), die sich kaum regional konzentrieren und durch gemeinsame ökonomische Interessen überbrückt werden, zugunsten einer gemeinsamen Identitätsbildung (*cross-cutting cleavages*).

Nicht nur die Art der *cleavages*, sondern auch ihre Intensität ist national unterschiedlich. In Südeuropa ist die Konfliktlinienstruktur generell komplexer. Neben einem dominanten Klassenkonflikt, der vor allem im linken Teil des politischen Spektrums eine Vielzahl kleiner, auch radikalisierter Parteien hervorgebracht hat, ist hier ein starker Staat-Religion-Konflikt zu erkennen, der sich oft mit anderen *cleavages* bündelt. Auch ein Zentrum-Peripherie-Konflikt ist häufig ausgeprägt, wie er beispielsweise durch die italienische *Lega Nord* artikuliert wird.

3.3.2 Neue Konfliktstrukturen?

Weil die konfligierenden Interessen während langer Zeiträume relevant blieben und ihre sozialen Trägergruppen ein kollektives Identitätsbewusstsein ausbildeten, verschwanden die gesellschaftlichen Spaltungslinien auch dann nicht, als Nationalstaatsbildung und Industrialisierung abgeschlossen waren. Sie sind bis heute, wenn auch zum Teil verändert und rekonfiguriert, in den Strukturen der westeuropäischen Parteiensysteme nachweisbar. Selbst in den Parteiensystemen der jungen ostmitteleuropäischen Demokratien haben sie sich zum Teil wieder manifestiert, obwohl während der vierzigjährigen staatssozialistischen Ära versucht worden war, sie substanziell zu eliminieren.

Während die gesellschaftlichen Spaltungsstrukturen, die Lipset und Rokkan modelliert haben, über lange Zeit als „eingefroren" (*frozen*) galten, scheint seit den 1970er Jahren in den westeuropäischen Gesellschaften infolge des postmaterialistischen Wertewandels (> Kap. 3.1.3) eine neue Konfliktlinie entstanden zu sein. Die Vielfalt der dadurch politisch mobilisierbaren Themen spiegelte sich in den neuen sozialen Bewegungen der 1970er Jahre wider (> Kap. 4.1.2) und liegt Parteigründungen wie den „Grünen" zugrunde. Neuerdings vermuten einige Wissenschaftler, dass der seit Ende des 20. Jahrhunderts beschleunigte Globalisierungsprozess ebenfalls die Qualität einer *cleavage* angenommen hat und den Boden insbesondere für nationalistische und populistische politische Programme und Gruppenidentitäten bildet.

Generell scheint der politische Raum für politikrelevante Spaltungslinien jedoch beschränkt zu sein, wie die Anzahl der sogenannten *issue*-Dimensionen des parteipolitischen Wettbewerbs

3.3 Gesellschaftliche Spaltungsstrukturen

zeigt (> Kap. 4.2.4). Dies liegt nicht nur an der Persistenz von Einstellungen, Werten und kollektiven Identitäten, sondern auch an den Institutionen moderner Demokratien: Da sich das allgemeine Wahlrecht bereits in den ersten Jahrzehnten des 20. Jahrhunderts durchgesetzt hatte, wurden seitdem auch keine neuen Großgruppen mit spezifischen Interessen in den politischen Prozess mehr integriert; eine Änderung des gesellschaftlichen Konflikthaushalts vollzieht sich also eher über den (allmählichen) Wandel von Werten und Gruppenidentitäten. Auch die Spielregeln des politischen Wettbewerbs wie etwa das Wahlsystem und die Struktur des parlamentarischen Systems privilegieren etablierte Konflikte. Schließlich können kollektive Akteure, deren politische Programme auf *cleavages* beruhen, auch im Interesse ihres eigenen Bestandserhalts bemüht sein, neue Themen zu ignorieren oder selbst aufzugreifen, um die Zahl der Anbieter am „politischen Markt" klein zu halten („Kartellbildung" > Kap. 4.2.1).

Literatur

Pickel/Pickel (2006) ist ein einführendes Lehrbuch der Politische-Kultur-Forschung. Die Klassiker der drei vorgestellten Konzepte der Politischen Kultur sind *Almond/Verba (1963, 1980), Inglehart (1977) und Putnam (1993)*. Die Autoren in *Norris (1999, 2002)* und *Pharr/Putnam (2000)* analysieren die politisch-kulturelle Unterstützung für die politischen Systeme westlicher Demokratien und das Verhältnis der Bürger zu ihren nationalen Regierungen in den 1990er Jahren. Die Erosion der politischen Unterstützung für die Institutionen der Demokratie in den entwickelten Industriestaaten belegt *Dalton (2004)*.

Die erste große, sieben Nationen einbeziehende vergleichende Studie zu politischer Beteiligung war *Verba et al. (1978)*. Die neuen, unverfassten Protestformen der 1960er-70er Jahre wurden durch die *Political Action*-Studie von *Barnes et al. (1979)* auf der Grundlage repräsentativer Stichproben in acht Ländern untersucht. *Verba/Schlozman/Brady (1995)* und *Dalton (2002³)* sind weitere Untersuchungen, die den Wandel der Partizipationsformen und auch den der Partizipationsforschung nachvollziehbar machen. Mit einem mehrdimensionalen Konzept der „effektiven Staatsbürgerlichkeit", das über die traditionellen Partizipationskonzepte hinausgeht, arbeitet die große Vergleichsstudie von *van Deth et al. (2007)*, in der 13 europäische Länder analysiert werden.

Mit der Anwendung des *Rational-Choice*-Ansatzes auf politische Organisationen revolutionierte *Olson (1965)* politikwissenschaftliche Vorstellungen über das Zustandekommen kollektiven Handelns in großen gesellschaftlichen Gruppen. Eine anspruchsvolle Einführung in Anwendungsmöglichkeiten dieses Ansatzes in der Politikwissenschaft findet sich bei *Shepsle/ Bonchek (1997)*, eine ebenso umfassende Kritk bei *Green/Shapiro (1994)*. Die *Cleavage*-Theorie geht auf *Lipset/Rokkan (1967)* zurück. *Lane/Ersson (1999, Kap. 2)* vermessen die westeuropäischen Spaltungsstrukturen empirisch und vergleichen sie. Ob es sie auch in den osteuropäischen Ländern gibt, fragen *Berglund et al. (2004)*.

Die beiden internationalen *Value Surveys* der politikwissenschaftlichen Kulturforschung präsentieren sich unter http://www.europeanvalues.nl/ bzw. http://www.worldvaluessurvey.org/. Daten über die EU-Mitgliedstaaten bieten auch der seit 2002 aller zwei Jahre erhobene *European Social Survey* http://www.europeansocialsurvey.org/ und das halbjährlich aktualisierte *Eurobarometer*, das – neben einer Reihe anderer Datensätze – im Zentralarchiv für Empirische Sozialforschung der Universität zu Köln (ZUMA) archiviert ist (http://www.gesis.org/ZA/). Darüber hinaus gibt es auch Regionalbarometer für die anderen Kontinente.

4 Intermediäre Interessenvermittlung

4.1 Der intermediäre Raum

4.1.1 Begriffsklärung: Intermediärer Raum, Zivilgesellschaft und Dritter Sektor

Der Bereich, in dem Parteien, Verbände, soziale Bewegungen, Bürgerinitiativen und ihre Netzwerke die wichtigsten Akteure sind, wird unterschiedlich bezeichnet. Die jeweiligen Begriffe sind nicht vollständig deckungsgleich, weil sie verschiedenen, wenn auch einander überlappenden Diskursen entstammen. Der Terminus *intermediärer Raum* erfasst einen Bereich, der zwischen dem Staat im Sinne des politischen Entscheidungs- bzw. Regierungssystems und den Individuen in ihrer Eigenschaft als Privatpersonen liegt. In diesem Raum werden politische Interessen als Inputs artikuliert, gebündelt und in politische Programme übersetzt. Aber auch die Outputs politischer Entscheidungen werden hier prozessiert – was manchmal auch heißen kann, dass sie in veränderter Form oder gar nicht implementiert werden, weil sie auf den Widerstand von Interessengruppen treffen. In der Regel vollzieht sich im intermediären Raum daher nicht nur die einseitige Repräsentation von gesellschaftlichen Forderungen und Erwartungen (*interest representation*) gegenüber dem Staat, sondern auch der wechselseitige Prozess einer *Interessenvermittlung* (*interest intermediation*) zwischen Regierten und Regierenden. In systemtheoretischer Sicht (> Kap. 1.1.2) gilt die Ausdifferenzierung eines eigenständigen intermediären Raums innerhalb des politischen Systems als Kennzeichen eines fortgeschrittenen Stadiums der gesellschaftlichen Modernisierung.

Stärker normativ aufgeladen sind Konzepte der *Zivilgesellschaft*. In ihrer Charakteristik des öffentlichen Raums zwischen Staat und Privatheit betonen sie die Abgrenzung zwischen Staat und Bürgern. Die sich selbst organisierende Zivilgesellschaft erscheint als autonomes Pendant zu einem demokratischen Staat. Sie begrenzt die Handlungsautonomie der politischen Eliten, indem sie (plurale, legale, gewaltfreie und freiwillige) Partizipations- und Einflusschancen für den „Normalbürger" bietet. Begrifflich stellt sie damit jenen Raum dar, in dem sich die demokratiefreundliche *civic culture* von Almond und Verba organisiert und die politischen Manifestationen von Putnams *civic community* verorten lassen (> Kap. 3.1).

Die Zivilgesellschaft erfüllt eine Reihe von Funktionen: Sie schützt die Bürger vor Eingriffen des Staates in die Privatsphäre, verbindet die vorpolitische mit der politischen Sphäre und sichert die demokratiekompatible Sozialisierung der Gesellschaftsmitglieder im Sinne der Habitualisierung von „Bürgertugenden". Sie bildet ein Gegengift zu etatistischen („obrigkeitsstaatlichen") und individualistisch-egoistischen Wertorientierungen. Sie überbrückt gesellschaftliche Spaltungslinien (*cross-cutting cleavages* > Kap. 3.3), indem sie durch Partizipation solidarische Vergemeinschaftungsprozesse fördert, und sie stellt diskursive Öffentlichkeiten her. Ihre zentralen kollektiven Akteure sind freiwillige, autonome *Nicht-Regierungsorganisationen* (*non-governmental organizations*, *NRO* bzw. *NGO*). Es handelt sich um (mehr oder weniger) auf formaler Mitgliedschaft beruhende Organisationen, abzüglich politischer Parteien und bestimmter Interessenverbände, so etwa Unternehmervereinigungen.

In der Dritte-Sektor-Forschung wiederum werden NGOs als *nonprofit organizations* (*NPO*) bezeichnet, was eine Konsequenz aus dem für diese Perspektive zentralen Konzept ist: Der *Dritte Sektor* umfasst Organisationen, die wie Unternehmen privat tätig sind, jedoch wie der Staat öffentliche Güter und Leistungen bereitstellen. NPOs sind also nicht gewinnorientiert und beruhen auf freiwilligem Bürgerengagement. Sie bilden ein breites Spektrum, das von Wohlfahrtsverbänden über Sport- und Kulturvereine bis hin zu Initiativen in den Bereichen Ökologie, Kultur und Selbsthilfe reicht. Die einschlägige Forschungsperspektive betrachtet einerseits die Partizipations- und Integrationsleistungen solcher Organisationen und ihre Bedeutung im Prozess der politischen Entscheidungsfindung. Andererseits untersucht sie deren Potential als Instrumente der gesellschaftlichen Steuerung, die Alternativen zur Steuerung durch den Staat, den Markt oder primäre Gemeinschaften darstellen. Schließlich analysiert sie solche Organisationen als Produzenten von Dienstleistungen etwa auf dem Gebiet der Wohlfahrt und Sozialfürsorge. Daher ist das Erkenntnisinteresse der Dritte-Sektor-Forschung umfassender als das des Zivilgesellschaftsdiskurses, der sich auf die Input-Seite des politischen Prozesses konzentriert.

Alle drei Begriffe bezeichnen gesellschaftliche Sphären, innerhalb derer sich die politische Partizipation von Bürgern abspielt. Der konzeptionelle Fokus liegt dabei – anders als in der Partizipationsforschung (> Kap. 3.2) – nicht auf dem individuellen Verhalten, sondern auf Organisationen, also kollektiven Akteuren.

4.1.2 Akteure des intermediären Raums

Im intermediären Raum sind *Interessengruppen* (*interest groups*) bzw. *organisierte Interessen* (*organized interests*) anzutreffen. In der ursprünglichen Formulierung der systemtheoretischen Pluralismusforschung werden damit soziale Gebilde unabhängig von ihrer konkreten Organisationsform bezeichnet, die gemeinsame Forderungen aneinander oder an den Staat richten (*pressure groups, political interest groups*). Es handelt sich also um Strukturen des politischen Systems, welche die Funktion der Interessenartikulation wahrnehmen. Dieser weite Begriff dominiert die internationale *Comparative Politics* bis heute. Er umfasst spontane und kurzfristige sowie informelle Vergemeinschaftungsformen, aber auch den „klassischen" Typ der *Interessenorganisation*, die auf freiwilliger und durch regelmäßige Beitragszahlung immer wieder bestätigter (Massen-)Mitgliedschaft beruht.

(1) *Parteien* stellen den wichtigsten Typus der Interessenorganisation dar (> Kap. 4.2). In modernen Demokratien sind sie das zentrale Bindeglied zwischen den staatlichen Institutionen und der Gesellschaft. Als Mitgliederorganisationen, aber auch über sogenannte Kollateralorganisationen wie etwa Gewerkschaftsverbände, verknüpfen sie das Handeln der politischen Eliten mit den Präferenzen der Wahlbevölkerung (*linkage*). Sie sind dauerhaft organisierte Zusammenschlüsse von Bürgern, die gemeinsame ideologisch-programmatisch begründete Anliegen verfolgen. Parteien nehmen an Wahlen teil, um öffentliche Ämter zu besetzen und sind damit Instrumente der Rekrutierung der politischen Führung eines Landes. Als Schlüsselakteure der *Parteiendemokratie* (> Kap. 2.1.3) streben sie unmittelbare politische Einflussnahme an. Ihre Ziele bestehen zunächst in der Stimmenmaximierung bei Wahlen (*vote-seeking*) (> Kap. 5.2), was ihnen Zugang zu öffentlichen Ämtern in den legislativen und exekutiven Arenen der politischen Entscheidungsfindung eröffnet (*office-seeking*). Auf dieser Grundlage können sie bestimmte Politikziele verfolgen, die ihren Vorstellungen darüber entsprechen, wie die Gesellschaft regiert werden soll (*policy-seeking*) (> Kap. 8.1). Mit der Beteiligung an der Regierung, aber auch durch die pluralistische Organisation ihres Binnenlebens tragen sie entscheidend zur Legitimation von modernen repräsentativen Demokratien bei. Normativ gesehen können die Kernfunktionen von Parteien in repräsentative Funktionen (Interessenartikulation und -aggregation, Integration gesellschaftlicher Gruppen, Politikformulierung) und institutionelle

Funktionen (Elitenrekrutierung, Organisation von Parlament und Regierung) unterteilt werden.

(2) Anders als Parteien verfolgen *(Interessen-)Verbände* die Ziele ihrer Mitglieder mehr oder weniger offen als gesellschaftliche „Sonderinteressen", müssen dabei allerdings in der Regel auch deren Kompatibilität mit dem Gemeinwohl im Blick behalten (> Kap. 4.3). Sie streben nicht nach der formalen Übernahme von Regierungsämtern, sondern versuchen gegebenenfalls, die politische Entscheidungsfindung in Legislative und Exekutive zu beeinflussen, indem sie ihr Expertenwissen zu speziellen politischen Problemen zur Verfügung stellen oder mit unterschiedlichen Mitteln als *pressure group* auftreten. Verbände sind aufgrund ihrer formalen Organisationsstrukturen – neben Parteien – der am besten beobachtbare Typus der intermediären Interessengruppe. Mitunter, so oft in der deutschsprachigen Politikwissenschaft, wird der Interessengruppenbegriff deshalb auf Verbände eingeengt. Es ist jedoch weder zwingend noch zweckmäßig, die (Interessengruppen-)Funktion terminologisch an die (verbandliche) Form zu koppeln. Vielmehr gibt es auch *informelle* (ad-hoc-Gruppen, „Seilschaften", Lobbys ohne offizielle Organisationsbezeichnungen usw.) und *institutionelle Interessengruppen* (Länderregierungen in Bundesstaaten, nicht-verbandliche Organisationen wie z.B. Kirchen, Großunternehmen). Der primäre Gründungszweck solcher sozialen Gebilde muss nicht zwangsläufig darin liegen, Gruppeninteressen zu repräsentieren. Wichtig ist vielmehr, dass sie unter bestimmten Bedingungen als intermediäre politische Akteure auftreten – z.b. wenn Kirchen bestimmte Wertbezüge in der staatlichen Familienpolitik fordern oder Autokonzerne politische Gegenleistungen für den Verzicht auf die Produktionsverlagerung ins Ausland anregen. Im Vergleich dazu stellen Verbände den spezifischen Typus einer Interessenorganisation dar, der organisatorisch auf freiwilliger Mitgliedschaft beruht. Diejenigen unter ihnen, die sich vorrangig karitativen, kulturellen, sportlichen u.ä. Anliegen widmen und nicht primär der politischen Verfolgung ihrer Gruppeninteressen, werden häufig als *Vereine* bezeichnet.

Das Spektrum von Interessenorganisationen ist außerordentlich breit. Wie Parteien erfüllen sie die für intermediäre Kollektivakteure charakteristischen repräsentativen Funktionen. In institutioneller Hinsicht lassen sich unterschiedliche Muster erkennen, wie Interessengruppen in den politischen Entscheidungsprozess integriert sind (> Kap. 4.3.1).

4.1 Der intermediäre Raum

Tabelle 6: Typen von Interessenorganisationen

Kriterium	Partei	Verband	Soziale Bewegung
Funktionslogik	Stimmenmaximierung, Besetzung politischer Ämter, Verwirklichung politischer Programme (*vote seeking, office seeking, policy seeking*)	Repräsentation und Durchsetzung von Mitgliederinteressen durch Lobbying innerhalb Legislative und Exekutive	Protest außerhalb der etablierten Institutionen zwecks Durchsetzung von grundsätzlichen Politik- oder Systemwechseln
zentrale Ressourcen	Wählerstimmen	Mitglieder; Expertenwissen; Geld; Zugang zum Entscheidungssystem; Leistungsverweigerung	Aktivisten und Sympathisanten; unkonventionelle politische Beteiligungsformen
politische Programmatik	zentrale Bedeutung, umfassend auf die gesamte Gesellschaft bezogen	gesellschaftliche Teilaspekte oder umfassend	unscharf, *single-issue* oder umfassend, oft radikale Maximalforderungen
Organisationsform	(mehr oder weniger) formale, hierarchische Mitgliedsorganisation	(mehr oder weniger) formale, hierarchische Mitgliedsorganisation	formale Organisationen als Bestandteile eines Bewegungsnetzwerkes mit fluider Anhängerschaft
Interne Verfahrensgrundlage	Satzung; hohe Rollenspezifikation	Satzung; hohe Rollenspezifikation	freies Aushandeln; geringe Rollenspezifikation
Bedeutung der Öffentlichkeit	entscheidend im Wahlkampf	relativ gering	primärer Adressat

Quelle: erweitert nach Rucht (1993: 268)

(3) Als weitere Interessenakteure, die in modernen Demokratien nicht ständig anzutreffen sind, mitunter aber außerordentliche politische Wirkung entfalten, sind *soziale Bewegungen* zu nennen. Sie versuchen, auf dem Wege unkonventioneller, direkter Partizipation (> Kap. 3.2.1) relativ grundlegenden sozialen Wandel herbeizuführen, zu verhindern oder rückgängig zu machen. Dabei kann es darum gehen, das politische System insgesamt (z.B. Demokratiebewegung) zu verändern oder einzelne gesellschaftliche Problemlagen (z.B. Umwelt-, Frauenbewegung) zu bearbeiten. Parlamentssitze oder Regierungsämter werden dabei üblicherweise nicht angestrebt, vielmehr wenden sich soziale Bewegungen häufig gegen die etablierten politischen Institutionen insgesamt. Organisatorisch gesehen sind sie Netzwerke individueller und kollektiver Akteure bzw. „Netzwerke von Netzwerken", verfügen also weder über eine stabile, formalisierte und kontinuierlich Beiträge entrichtende Mitgliedschaft noch über effiziente hierarchische Strukturen. Sie entstehen aufgrund von Prozessen der *Graswurzelmobilisierung (grassroots mobilization).* Meist sind daran einige koordinierende Organisationskerne *(social movement organizations)* beteiligt. Schlüsselbedeutung kommt häufig einzelnen Personen zu, deren herausgehobene Position auf ihrem Charisma und externen Zuschreibungen – besonders durch Medien und andere politische Akteure – beruht *(Bewegungseliten).*

Soziale Bewegungen beanspruchen, die Interessen aller potentiell durch ein bestimmtes Problem Betroffenen zu repräsentieren und gegebenenfalls zu mobilisieren. Sie erfüllen daher ebenfalls repräsentative Funktionen der Interessenartikulation und -aggregation, allerdings bündeln sie kollektive Ziele nur in geringem Umfang. Das gleichgerichtete kollektive Handeln heterogener Bewegungsnetzwerke beruht meist darauf, dass sich die Beteiligten temporär auf einen kleinsten gemeinsamen Nenner in Bezug auf ein bestimmtes Problem *(single-issue movement)* einigen. Den zentrifugalen Tendenzen, die sozialen Bewegungen inhärent sind, wirken sie durch die Forderung maximaler Problemlösungen entgegen. Sie integrieren gesellschaftliche Gruppen, deren Interessen in den formal institutionalisierten Organisationen des intermediären Raums nicht oder zu wenig beachtet werden. Institutionell erfüllen sie daher auch die Funktion eines Warnmechanismus für etablierte kollektive Akteure, weil sie eine Repräsentationslücke für brisant gewordene, meist neuartige gesellschaftliche Themen anzeigen. Da soziale Bewegungen intern kaum formal organisiert sind, können sie die Funktion der

Elitenselektion nicht wahrnehmen. Manchmal institutionalisieren sich einzelne ihrer Bestandteile im Laufe der Zeit in Form von Verbänden und Parteien.

Soziale Bewegungen
Die wichtigste traditionelle soziale Bewegung war die Arbeiterbewegung des späten 19. und 20. Jahrhunderts, die sozialistische und kommunistische Parteien sowie Gewerkschaften hervorbrachte. In ihren frühen Phasen war sie stark durch charismatische Persönlichkeiten geprägt, institutionalisierte sich aber im Laufe der Zeit immer stärker. In der Forschung werden das aktuelle Einfluss- und Veränderungspotential von Gewerkschaften und ihre politische Zukunft kontrovers diskutiert.
In den 1970er und 1980er Jahren erwiesen sich in Westeuropa und Nordamerika *neue soziale Bewegungen* als wirkungsmächtig (Anti-Atomkraft-, Friedens-, Umwelt-, Frauenbewegungen), die auf postmaterialistischen Werten beruhten (> Kap. 3.1.2). Ende der 1980er Jahre haben Demokratiebewegungen in Ostmitteleuropa in einigen Ländern den Zusammenbruch des Staatssozialismus herbeigeführt oder beschleunigt. Seit den 1990er Jahren waren kaum größere Mobilisierungsschübe in nationalstaatlich verfassten Demokratien zu beobachten. Als qualitativ neues Phänomen traten jedoch transnationale und globale Mobilisierungsprozesse auf, die auf lokalen Netzwerken aus Bürgerinitiativen und professionalisierten Nichtregierungsorganisationen (z.B. *Greenpeace, Amnesty International*) beruhen und sich zur Koordinierung von grenzüberschreitendem kollektivem Handeln insbesondere der neuen Medien bedienen.

4.1.3 Medien

Auch Massenmedien sind intermediäre Akteure. Print- und elektronische Medien stellen das wichtigste kommunikative Bindeglied zwischen den politischen Eliten und den Bürgern dar, weil schon aufgrund der Größe nationaler Öffentlichkeiten der direkte Kontakt zwischen ihnen eingeschränkt ist. Ihre institutionelle Funktion besteht darin, die in Demokratien konstitutionell geschützte Freiheit der

Kommunikation – im Sinne der Meinungs- und Pressefreiheit (> Kap. 2.1.2) – zu gewährleisten. Sie sichern einerseits, dass Bürger sich ausreichend und vielfältig über politische Probleme informieren können, um individuell rationale Entscheidungen über Inhalt und Form ihrer Partizipation zu treffen (*Informationsfunktion*). Andererseits nehmen sie die *Funktion der Artikulation gesellschaftlicher Interessen und der Meinungsbildung* wahr. Sie sind Themensetzer *(agendasetter)* zum einen für die Öffentlichkeit (*public agenda*), zum anderen – und darüber vermittelt – auch für die politische Tagesordnung (*policy agenda* > Kap. 8.3.1). Gesellschaftlich relevante Probleme werden durch sie in die öffentliche Diskussion eingebracht, in der nicht nur Informationen zirkulieren, sondern auch die normative Verständigung über geltende Normen und Werte erfolgt. Die Mehrheitsregel der demokratischen Entscheidungsfindung (> Kap. 9.1.1) lässt sich nur dann legitimieren, wenn die Kommunikation über gesellschaftliche Probleme prinzipiell offen und pluralistisch ist. Dadurch erhalten Minderheiten die Chance, durch erfolgreiche Werbung für ihren Standpunkt zur Mehrheit zu werden. Schließlich kommt der Kommunikationsfreiheit und damit Medienakteuren die Aufgabe zu, staatliche Macht zu begrenzen, indem sie den politischen Prozess beobachten und gegebenenfalls Kritik veröffentlichen (Medien als *Vierte Gewalt* bzw. *watchdogs, Kritik- und Kontrollfunktion*).

Seit dem Ende des 20. Jahrhunderts werden moderne Demokratien zunehmend als *Mediendemokratien* bezeichnet, womit eine ambivalente Erscheinung angesprochen ist: Massenmedien haben eine Schlüsselposition im Prozess des *agenda-setting* erlangt. Sie sind, zumal angesichts der nachlassenden Bedeutung verfasster Partizipationsformen (> Kap. 3.2.1), zum wichtigsten Repräsentanten der öffentlichen Meinung gegenüber dem politischen Entscheidungssystem geworden; unkonventionelle Partizipation ist darüber hinaus in der Regel existentiell auf mediale Aufmerksamkeit angewiesen. Gleichzeitig sind die Massenmedien aber keine neutralen Informationskanäle, sondern Akteure mit institutionellen Eigeninteressen, deren Funktionslogik einem auf Aufmerksamkeit und Nachrichtenwerte spezialisierten Markt gehorcht. Der Wert einer Nachricht hängt beispielsweise von ihrer Auffälligkeit und Eindeutigkeit ab, von ihrem Überraschungsgrad und ihrem Potential, Betroffenheit auszulösen, aber auch davon, ob sie zum Medienrhythmus passt und das Nachrichtenspektrum ergänzt. Wenn die Medienberichterstattung also politische Wirkungen zeitigt, dann ist dies nicht zwangsläufig durch die politische Relevanz des Berichteten bedingt.

4.1 Der intermediäre Raum

Da Politiker auf Medien angewiesen sind, um den Kontakt mit den Wählern herzustellen, unterwerfen auch sie sich der Marktlogik, die in einem Spannungsverhältnis zur Logik der Politik steht. Im Ergebnis, so Kritiker, gewinnen politisierte Medien einen nicht legitimierbaren Einfluss auf politische Entscheidungsprozesse, z.B. bei Wahlen (> Kap. 5.3.4). Gleichzeitig erlangten sie unkontrollierbare Macht über den Bürger, der sich in einen passiven Beobachter der politischen Debatte in den Medien verwandle, statt selbst zu partizipieren (*Zuschauerdemokratie, Mediokratie*).

Medien als Agendasetzer
„Florida-Rolf", ein deutscher Sozialhilfeempfänger im sonnigen Miami, wurde im August 2003 bundesweit berühmt. Die Berichterstattung der *Bild*-Zeitung, auf die auch andere Medien aufsprangen, stilisierte ihn zum Symbol für Sozialhilfemissbrauch. Angesichts des medialen Drucks sah die Bundesregierung Handlungsbedarf und brachte im Eilverfahren eine Gesetzesnovelle auf den Weg, die den Anspruch auf Sozialhilfe an den ständigen Aufenthalt des Empfängers in Deutschland knüpft. Die Änderung wurde für den Steuerzahler vergleichsweise teuer, obwohl sie Schätzungen zufolge weniger als 1000 Personen betraf: Zum einen stand ihnen der Rücktransport auf Staatskosten zu. Zum anderen musste meist der Sozialhilfesatz erhöht werden, da er sich nach den Lebenshaltungskosten richtet. Die Betroffenen hatten jedoch bis dahin vorrangig nicht in Florida gelebt, sondern in Ländern, in denen das Leben billiger ist als in Deutschland, z.B. in Polen.
Das Problem der deutschen Sozialhilfeempfänger im Ausland war also offenbar weder von größerer Bedeutung noch fiel seine Lösung befriedigend aus. Die Medien hatten als Agenda-Setzer (> Kap. 8.3.1) gewirkt. Warum sie „Florida-Rolf" so sehr beachteten, lässt sich mithilfe der kommunikationswissenschaftlichen Nachrichtenwert-Theorie erklären: Die Story war hoch personalisiert und löste Überraschung sowie Betroffenheit aus. Während in Deutschland aufgrund von Massenarbeitslosigkeit und knappen öffentlichen Kassen der Gürtel enger geschnallt wurde, schien sich „Florida-Rolf" auf Kosten des Steuerzahlers ein luxuriöses Leben am Strand zu gönnen. Überdies erwies sich das Thema, das mit dem Sozialneid des Publikums spielte, als ausbaufähig im Sinne einer kontinuierlichen Verwertung. So berichtete der *Spiegel* kurz

> darauf über „Viagra-Kalle", der sich dank des Sozialamtes diverser Probleme entledigte. *Sat.1* entdeckte „Yacht-Hans", welcher sich durch das Verschweigen erheblicher Vermögenswerte Hilfe zum Lebensunterhalt erschlichen hatte.

Wie kann die Macht der Medien institutionell begrenzt werden, ohne sie ihrer Funktion als Wächter der Demokratie zu berauben? Entscheidend ist es, den Pluralismus der Medienlandschaft zu sichern, um ein möglichst vollständiges Spektrum politischer Meinungen und Standpunkte abzubilden, sowie bestimmte Standards der Berichterstattung einzuhalten. Bedroht ist die Medienvielfalt insbesondere dadurch, dass nicht alle politischen Standpunkte marktfähig sind, dass die wirtschaftliche Konzentration in Medienunternehmen homogenisierend wirkt und in manchen Bereichen – so etwa bei Rundfunksendefrequenzen – Knappheit herrscht. Damit stellt sich die Frage nach der staatlichen Regulierung und Subventionierung von Mediensystemen. Die Regulierung des Mediensektors kann auf zweierlei Art und Weise erfolgen – entweder durch ein öffentliches, regierungsunabhängiges Gremium (*public service model*) oder durch das „freie Spiel" der Kräfte des Marktes (*market model*). Die Finanzierung der Medienvielfalt wird dabei entweder staatlich (steuerfinanziert) bzw. öffentlich-rechtlich (gebührenfinanziert) oder aber privatwirtschaftlich gesichert. Außerdem gibt es in vielen Ländern Gremien der Medienselbstkontrolle.

> **Berlusconi: Medientycoon und Ministerpräsident**
> Ein besonders prekäres Beispiel für die Beziehungen zwischen Politik und Medien lieferte Italien während der Regierungszeit Silvio Berlusconis (1994-95, 2001-06). Als Ministerpräsident übte er qua Amt großen Einfluss auf die öffentlich-rechtliche Rundfunkanstalt *RAI* aus, war aber als privater Medienunternehmer gleichzeitig Eigentümer der Konkurrenz, des Konzerns *Mediaset*. Damit kontrollierte er fast den gesamten italienischen Fernsehmarkt. Berlusconis Entscheidungen verursachten mehrere Skandale, in denen ihm vorgeworfen wurde, eine Personalpolitik zuungunsten kritischer Journalisten zu betreiben und die Vielfalt der nationalen Medienlandschaft einzuschränken.

4.2 Parteien und Parteiensysteme

4.2.1 Parteien als Organisationen

Politische Parteien entstanden im 19. Jahrhundert unter den Bedingungen des eingeschränkten Wahlrechts als lockere Zusammenschlüsse von besonders angesehenen Bürgern, die sich ehrenamtlich betätigten, also ihren Lebensunterhalt auf andere Weise sichern konnten. Dieser als *Eliten-, Honoratioren- oder Kaderpartei (cadre party)* bezeichnete Typ stützte sich auf vorpolitische Kommunikationszusammenhänge kleiner sozialer Gruppen. Mit der allmählich erfolgenden Ausdehnung des Wahlrechts auf die gesamte erwachsene Bevölkerung (> Kap. 5.1.1) bildete sich nach 1880 in Konkurrenz zu diesem Typ – und ihn unter Wandlungsdruck setzend – die ideologisierte *Massen- bzw. Massenintegrationspartei (mass party)* mit permanenten Organisationsstrukturen und einem hauptamtlichen Parteiapparat heraus. Sie beruhte auf Massenmitgliedschaft und vielfältigen Verbindungen zu politischen und vorpolitischen Kollateralorganisationen in gesellschaftlichen Gruppen, deren Interessen sie vertrat und um deren Wählerstimmen sie warb. Bis in die 1960er Jahre wurden alle westeuropäischen Parteiensysteme durch solche Massenparteien geprägt. Sie verkörperten das national je spezifische Muster der wichtigsten sozioökonomischen Konfliktlinien (*cleavages* > Kap. 3.3). Die Wahlkämpfe dieser Organisationen zielten auf die größtmögliche Mobilisierung ihrer Anhängerschaft, nicht aber primär darauf, Stimmen von anderen politischen Lagern abzuziehen.

Wahlrecht und Massenparteien
Es war der Kampf um die Ausweitung des Wahlrechts, der das Entstehen von Massenparteien in Europa begünstigte und sie ins Parlament brachte. Weil dadurch auch die unteren sozialen Schichten Stimmrechte erhielten, waren die ersten Parteien dieses Typs die europäischen Sozialdemokraten, die den Arbeit-Kapital-Konflikt politisierten. Anders in den USA: Im Verlaufe des 19. Jahrhunderts hatte sich zwar auch hier eine Entwicklung vollzogen, die religiöse, sozioökonomische, ethnische und politische Konflikte aufbrechen ließ. Sie wurden jedoch von den Parteien nicht in kohärente ideologische Programme übersetzt. Entscheidende Wirkung hatte –

> neben dem in der politischen Kultur verankerten allgemeinen Misstrauen gegenüber Interessengruppen – das Fehlen des Anlasses, der die europäische Sozialdemokratie als Massenpartei hervorgebracht hatte: Das allgemeine Männerwahlrecht war in fast allen US-Bundesstaaten schon bis zum Ende der 1820er Jahre eingeführt worden, so dass demokratische Grundrechte nicht erst von der Arbeiterklasse erkämpft werden mussten und somit ein wichtiger „linker" Mobilisierungsfaktor ausblieb. Die Schwäche sowohl sozialistischer Parteien in den USA als auch der geringen gesellschaftlichen Verwurzelung von Parteien insgesamt, die das Stadium der europäischen Massenpartei gewissermaßen „ausließen", ist daher zu einem großen Teil auf die Spezifik der formativen Phase des US-amerikanischen Parteiensystems zurückzuführen.

Als die Grenzen zwischen den sozialen Gruppen im Gefolge des Wirtschaftsaufschwungs der Nachkriegszeit, der Expansion des Wohlfahrtsstaats und der allgemeinen Modernisierung durchlässiger wurden, reagierten die Großparteien mit einem neuerlichen Wandel des Organisationstyps. Sie wurden zu *Volksparteien* (*Allerweltsparteien, catch-all-parties*). Der Wettbewerb zwischen politischen Ideologien trat hinter den Wettbewerb um Wählerstimmen zurück. Die zunehmende weltanschauliche Beliebigkeit der Parteien hatte zur Folge, dass ihre repräsentativen Funktionen gegenüber den institutionellen Funktionen der Organisation und Ausübung des Regierungsgeschäfts an Bedeutung verloren.

Seit den 1970er-80er Jahren beobachten Wissenschaftler im Zusammenhang mit der nachlassenden Bedeutung gesellschaftlicher Konfliktstrukturen und daher auch der sozialen Verankerung der Parteien (> Kap. 5.3.1) die Entstehung neuer Organisationstypen. Angelo Panebianco (1988) spricht von der *professionalisierten Wählerpartei* (*electoral-professional party*), um die sinkende Relevanz aktiver Mitglieder für die Parteiorganisation bei zunehmender Professionalisierung ihres Apparates und ihrer Eliten zu betonen. In einem ähnlichen Sinne charakterisieren Richard Katz und Peter Mair (1995) den Typus der *Kartellpartei* (*cartel party*): Die Verbindungen zum Elektorat sind hier noch lockerer als bei der Volkspartei. Die Partei als Mitgliederorganisation bzw. Sammlungszentrum der Stammwähler (*party on the ground*) tritt hinter die Partei als professioneller Führungsstab (*party in central office*) zurück. Zentraler Bezugspunkt wird die *party in public office*, also ihre Repräsentanten als Berufspolitiker in öffentlichen Ämtern. Parlamentarisierung, Gouvernementalisierung, Professionalisierung und Medialisierung der Großparteien bestimmen nun den Entwicklungstrend. Empirische Hinweise auf solche Entwicklungen bietet der Nachweis sinkender Mitgliederzahlen von Parteien in den meisten – darunter allen „alten" – Demokratien in den vergangenen Jahrzehnten bei einem gleichzeitigen Ausbau ihrer Organisationsapparate.

Hinsichtlich ihrer Binnenorganisation sind Parteien in dieser Perspektive zunehmend weniger Vereinigungen „von Bürgern für Bürger" als vielmehr Zusammenschlüsse von hauptberuflichen Politikern. Katz und Mair befinden sich damit in der Denktradition von Robert Michels (1911), der anhand der Entwicklungen in der deutschen Sozialdemokratie bereits am Anfang des 20. Jahrhunderts ein *Ehernes Gesetz der Oligarchie* entdeckt zu haben meinte. Diesem zufolge orientieren sich die Führungsgruppen in Mitgliederorganisationen im Laufe der Zeit zwangsläufig immer mehr an eigenen Interessen, etwa der persönlichen Karriere, einträglichen Privilegien sowie dem Bestandserhalt der Organisation. Die Präferenzen der von ihnen repräsentierten Klientel geraten dabei in den Hintergrund. Die Parteiführung verselbstständigt sich gegenüber „der Basis", ihren einfachen Mitgliedern und Anhängern. Dem entspricht auch, dass die Aktivitäten der *cartel party* im Unterschied zu denen der *catch-all party* auf den Staat fokussiert sind, weil sie mangels Rückbindung an Mitglieder und Sympathisanten auf dessen Ressourcen (staatliche Parteienfinanzierung, Karrierechancen) angewiesen ist. Weil diese knapp sind, streben die etablierten Parteien eine Kartellbildung auf dem politischen Markt an: Sie schränken den Wettbewerb ein und versuchen, den Marktzutritt neuer Konkurrenten zu verhindern.

4.2.2 Parteien und cleavages

Parteien können sich in Demokratien nur dann an der gesellschaftlich verbindlichen Entscheidungsfindung in Parlamenten und Regierungen beteiligen, wenn sie auch starke Akteure des intermediären Raums sind: Eine Partei muss von einer ausreichenden Zahl von Bürgern gewählt werden, weil diese sie als ihre Interessenrepräsentantin ansehen. Die *linkage* zwischen Wahlbürger und Partei kann auf organisatorischem Wege erfolgen (z.B. Massenpartei, Kollateralorganisationen), besteht aber auch in einer ideologisch fundierten Bindung zu Mitgliedern, Sympathisanten und Wählern. Auf Dauer und selbst im Zeitalter der Kartellpartei scheinen Parteien sich nur stabilisieren zu können, wenn sie ein eigenständiges programmatisches Profil entwickeln. Dabei „übersetzen" sie Einstellungen, Werte und Ideologien der Bürger. Die historisch gewachsenen sozioökonomischen, regionalen, religiösen und kulturellen Konflikte (*cleavages* > Kap. 3.3) bilden das wichtigste „Material" für parteipolitische Programme (*manifestos, party platforms*). Sie beschränken die Handlungsspielräume von Parteien, wenn sie sich zu politischen Themen (*issues*) positionieren müssen.

Als die modernen europäischen Parteiensysteme in den 1920er Jahren Gestalt annahmen, hatten sich die historischen *cleavages* längst in gesellschaftlichen Subkulturen mit dichten Netzwerken aus politischen und vorpolitischen Organisationen (*Milieus*) verfestigt. Sie bildeten ein stabiles Stimmenreservoir für Massenparteien, die mit der Einführung des allgemeinen Wahlrechts zu den zentralen Spielern moderner Demokratien wurden. Die Parteien übersetzten die gesellschaftlichen Grundkonflikte in ideologische Programme, um die Unterstützung bestimmter Wählergruppen zu gewinnen.

Die Besonderheiten der nationalen Parteiensysteme Europas sind das Ergebnis eines komplizierten Zusammenwirkens zwischen dem historisch gewachsenen Konflikthaushalt, institutionellen Rahmenbedingungen, strategischen Entscheidungen (und Fehlentscheidungen) von Parteiführungen angesichts einer bestimmten Wettbewerbskonstellation und von historischen Zufällen. Parteien, die Wahlen gewinnen wollten, mussten die vorhandenen *cleavages* politisieren und ideologisieren, um soziale Gruppen als Wähler zu gewinnen (> Kap. 5.3.1). Erst durch sie wurden die gesellschaftlichen Konfliktstrukturen zu relevanten Dimensionen des politischen Wettbewerbs um Wählerstimmen. In dem Maße, wie der durch die *cleavages* vorstrukturierte „Markt" durch Parteien organisiert wurde, entstanden die ersten nationalen Parteiensysteme.

In den einzelnen Ländern wurden die großen gesellschaftlichen Konfliktthemen auf unterschiedliche Art und Weise in *issue*-Dimensionen des Parteienwettbewerbs (> Kap. 4.2.4) institutionalisiert. Mitunter überlagerten sich *cleavages* oder ließen sich nicht in Gestalt von Parteiprogrammen auf dem Markt etablieren. Als entscheidend für die langfristige Wettbewerbsstruktur nationaler Parteiensysteme erwiesen sich dabei häufig zufällige Entwicklungen in der formativen Phase. Sie fielen in die ersten Jahrzehnte des 20. Jahrhunderts, als sich das allgemeine Wahlrecht allmählich durchsetzte. Der prägende

4.2 Parteien und Parteiensysteme

Konflikt der meisten europäischen Parteiensysteme und die Grundlage für ihre Links-Rechts-Polarisierung ist der Klassenkonflikt zwischen Arbeit und Kapital, der durch die industrielle Revolution in der zweiten Hälfte des 19. Jahrhunderts aufgebrochen war. Gewöhnlich bilden daher sozialdemokratische und bürgerliche Parteien die beiden größten Antipoden.

Die Links-Rechts-Dimension des Parteienwettbewerbs: England und Irland im Vergleich

In den angelsächsischen Ländern manifestiert sich die Links-Rechts-Dichotomie des Parteiensystems als Gegenüberstellung von Liberalen und Konservativen, wobei nationale Besonderheiten und Zufälle zu unterschiedlichen Ausprägungen führten: In England kam es seit dem 17. Jahrhundert zur Ausdifferenzierung parteiähnlicher Gruppierungen, die einerseits die (konservativen) Interessen des landbesitzenden niederen Adels *(Tories)*, andererseits (liberale) nonkonformistische, urbane und später auch proletarische Milieus *(Liberals)* repräsentierten. Die *Labour Party*, gegründet 1900 als politischer Arm der Gewerkschaftsbewegung, erzielte 1922 einen politischen Durchbruch, als sie die zweitstärkste Partei im britischen Unterhaus wurde. Dieser Erfolg war einerseits der auch europaweit zu beobachtenden Radikalisierung des politischen Klimas zuzuschreiben. Andererseits nahm die Organisations- und Mobilisierungsfähigkeit von *Labour* gerade zu einem Zeitpunkt zu, als die britischen Liberalen in eine selbstverursachte schwere Organisationskrise gerieten.

Anders vollzog sich die Entwicklung in Irland: In England hatten sich keine explizit religiösen Parteien etabliert, weil die Gründung der anglikanischen Staatskirche (1534) das Verhältnis zwischen Nationalstaat und Kirche früh geklärt hatte. In Irland jedoch entwickelte sich ein Doppelkonflikt zwischen der englischen Monarchie, die als Zentrum der Nationalstaatsbildung auftrat, und der katholisch-irischen Peripherie. Die Überlagerung des Zentrum-Peripherie- mit dem Staat-Kirche- (und später auch dem Land-Stadt-Konflikt) bildete die Grundlage für sezessionistische Bestrebungen Irlands. Sie wurden seit dem 17. Jahrhundert virulent und ließen sich auch im demokratischen Zeitalter nicht parteipolitisch einhegen, sondern kulminierten zwischen 1916 und 1923 in einem Unabhängigkeitskrieg von England und einem Bürgerkrieg. Dieses spezifische Konfliktbündel blieb in Irland durchgängig dominant

> gegenüber dem Klassenkonflikt. Zwar entstand auch hier eine *Labour Party*, aber das Thema der nationalen Unabhängigkeit drängte alle anderen Konflikte in den Hintergrund. Die wichtigsten politischen Parteien Irlands, das 1937 unabhängig wurde, sind bis heute die konservativ-nationalistische *Fianna Fáil* und die liberal-katholische *Fine Gael*.

Ende der 1960er Jahre konstatierten Lipset und Rokkan (1967), die westeuropäischen Parteiensysteme seien „eingefrorene" (*frozen*) Abbilder der gesellschaftlichen Konfliktthemen der 1920er Jahre. Seit den 1970er Jahren jedoch scheint wieder Bewegung in die nationalen Parteiensysteme gekommen zu sein (*defreezing*), weil sich ein Wertewandel vollzieht (> Kap. 3.1.2) und die Sozialmilieus der 1920er Jahre inzwischen zu weiten Teilen erodiert sind. Dies spiegelt sich einerseits in zunehmenden „Wanderungen" von Wählerstimmen (*Volatilität*) wider (> Kap. 5.3.4), andererseits auch in der Entstehung neuer *cleavages* und darauf reagierender neuer Parteien, so etwa der „Grünen". Gleichwohl haben diese neuen Parteien ihre etablierten Konkurrenten nicht verdrängt, die ihrerseits im Laufe der Zeit neue Themen in ihre Programme integriert haben.

4.2.3 Parteienfamilien

Aufgrund ihrer Wurzeln in *cleavages* lassen sich die meisten Parteien ungeachtet nationaler Besonderheiten einer der großen Parteienfamilien zuordnen, die für alle westeuropäischen, zu einem großen Teil auch für die ostmitteleuropäischen, Parteiensysteme charakteristisch sind. Sie weisen gemeinsame ideologische Merkmale auf:
- *Kommunistische Parteien* befinden sich am äußersten linken Rand des Parteienspektrums. Sie streben die staatliche Kontrolle über die Produktionsmittel im Interesse der lohnabhängigen Bevölkerung („Werktätige") an und halten eine revolutionäre Überwindung der kapitalistischen Demokratie für nötig. Danach soll mittels einer temporären „Diktatur des Proletariats" der Weg zur klassenlosen Gesellschaft bereitet werden. Ihre ideologischen Wurzeln führen solche Parteien auf das „Kommunistische Manifest" von Karl Marx und Friedrich Engels (1848) zurück. Die meisten kommunistischen Parteien haben allerdings – in Westeuropa seit den 1970er Jahren, in Mittel- und Osteuropa seit den 1990er Jahren – ihre ursprüng-

4.2 Parteien und Parteiensysteme

lichen Strategien revidiert. Sie setzen inzwischen auf evolutionäre Systemübergänge ohne diktatorische Interims. Viele von ihnen haben sich in sozialistische Parteien umgewandelt.

- *Sozialistische und sozialdemokratische Parteien* sind in den meisten Demokratien die größten linken Parteien. Anders als kommunistische Parteien, mit denen sie auf eine gemeinsame Geschichte bis zum Ersten Weltkrieg zurückblicken, akzeptieren sie Demokratie und soziale Marktwirtschaft. Programmatisch setzen sie auf staatliche Interventionen in die Wirtschaft, auf den Wohlfahrtsstaat, die progressive Besteuerung sowie eine friedliche Außenpolitik. In den 1990er Jahren haben sich einige von ihnen auf der Suche nach einem „Dritten Weg" in Ländern wie Großbritannien und Deutschland weit in die politische Mitte hineinbewegt. Damit schienen auch Ähnlichkeiten zwischen der europäischen Sozialdemokratie und der Demokratischen Partei der USA stärker zu werden.
- *Linkslibertäre Parteien* sind in wirtschaftlichen und sozialen Fragen postmaterialistisch. *Grüne Parteien* werden ihnen zugerechnet oder aber aufgrund ihres Fokus auf Umweltpolitik als eigene Parteienfamilie angesehen.
- *Liberale Parteien* positionieren sich meist etwas rechts von der politischen Mitte. Die europäischen Liberalen vertreten Standpunkte, die Individualismus, einen schlanken Staat, weniger Regulierung der Wirtschaft und mehr Markt schätzen, während Liberalismus in den USA mit mehr Staat und Wirtschaftsregulierung assoziiert wird.
- *Christdemokratische Parteien*, die seit dem Ende des 19. Jahrhunderts zum Teil in Reaktion auf Säkularisierung und Liberalismus entstanden sind, stellen in Europa meist die größten Parteien in der rechten Hälfte des politischen Spektrums dar. Traditionell unterstützen sie die kapitalistische Marktwirtschaft, aber auch die Regulierung und Besteuerung von ökonomischen Aktivitäten sowie – aufgrund ihrer religiösen Wertbindung – den Wohlfahrtsstaat. Sie sind wertkonservativ und stehen für „Recht und Ordnung" in unsicheren Zeiten.
- *Konservative Parteien* sind ähnlich wertkonservativ und traditionalistisch wie christdemokratische Parteien, aber säkularisiert. Sie betonen die Zusammengehörigkeit von Privateigentum und Freiheit und sind in den angelsächsischen Ländern sowie Japan besonders stark. In Kontinentaleuropa gibt es nur dort größere konservative Parteien, wo die Christdemokratie schwach ist, mit der sie um

konservative Wähler konkurrieren, also in Frankreich, Spanien, Skandinavien und Finnland.
- Am äußersten rechten Rand des politischen Spektrums befinden sich Parteien der *Neuen Rechten*. Sie gehen historisch oft auf faschistische und nationalsozialistische Parteien zurück, distanzieren sich in der Regel aber von diesem Erbe zumindest formal. Die Neue Rechte, die in Europa in den letzten Jahren stärker geworden ist, betont Nationalismus und nationale Identität und ist daher meist ausländerfeindlich und rassistisch.

Darüber hinaus werden in der Literatur weitere Parteienfamilien benannt, welche einer „funktionalen" Typologie folgen, weil ihre Einordnung in die Links-Rechts-Dimension unbefriedigend wäre. Es sind dies insbesondere *Agrarparteien, Regionalparteien, Parteien ethnischer Minderheiten (ethnische Parteien), populistische* sowie *nationalistische Parteien*. Auch *christliche* und *grüne Parteien* können in unterschiedlichen Farbschattierungen, von sozialistisch bis konservativ oder extrem rechts, auftreten.

4.2.4 Typen nationaler Parteiensysteme

Nationale Parteiensysteme bestehen aus politischen Parteien, die um die Wählerstimmen und die Übernahme der Regierungsverantwortung konkurrieren. Parteiensysteme bilden also die Akteurskonstellation des parteipolitischen Wettbewerbs in einem nationalen politischen System ab. Der Parteienwettbewerb kann in zwei Dimensionen betrachtet werden: als Wettbewerb einerseits einer gewissen Menge von (unterschiedlich starken) konkurrierenden Organisationen, andererseits von politischen Programmen innerhalb eines „räumlichen" Spektrums. Letzteres spiegelt sich in der ideologischen Distanz der Parteien zueinander und im Segmentierungsgrad des Elektorates wider. Daher lassen sich Parteiensysteme nach folgenden Strukturmerkmalen beschreiben und klassifizieren:
- *Fragmentierung*: Anzahl der relevanten Parteien und ihre relative Stärke
- *Asymmetrie*: Größenrelation zwischen den beiden stärksten Parteien
- *Polarisierung*: ideologisch-programmatische Distanz zwischen den Parteien
- *Volatilität*: Verschiebung bzw. „Wanderung" von Wählerstimmenanteilen zwischen zwei aufeinanderfolgenden Wahlen

4.2 Parteien und Parteiensysteme

- *Segmentierung*: reale Koalitionsfähigkeit der Parteien untereinander

Damit wird eine Klassifizierung von empirisch anzutreffenden Parteiensystemen möglich, wie sie Giovanni Sartori (1976) vorgeschlagen hat (Abb. 6). Parteiensysteme werden zunächst numerisch nach ihrem Fragmentierungsgrad unterschieden, wobei nicht alle existierenden, sondern nur die politisch *relevanten* bzw. *effektiven Parteien* berücksichtigt werden. Als Kriterium der Relevanz gilt bei Sartori nicht die Mitgliedszahl oder ein bestimmter Stimmanteil bei Wahlen. Vielmehr ist eine Partei dann relevant, wenn sie Einfluss auf den Parteienwettbewerb – seine Richtung und Strategien – ausübt. Dies ist der Fall, wenn sie im Parlament vertreten ist und für das Zustandekommen sowie den Bestand von Regierungskoalitionen wesentlich ist (Koalitionspotential, *coalition potential*) oder größeren Parteien glaubhaft Wählerverluste androhen kann (Stör- oder Blockadepotential, *blackmail potential*). In stark fragmentierten Parteiensystemen wie etwa in Italien oder Israel können daher auch sehr kleine Parteien relevant sein. Das zweite Unterscheidungskriterium ist die Polarisierung zwischen den Wettbewerbern entsprechend der von ihnen vertretenen ideologischen Programme, also der ideologische Abstand zwischen ihnen.

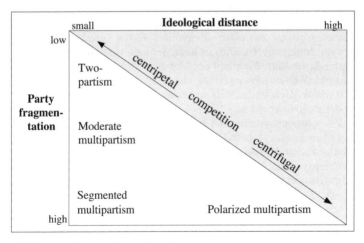

Abbildung 6: Typologie von Parteiensystemen
Quelle: Sartori (1976: 260)

Demnach sind zunächst Einparteiensysteme, in denen es logisch keinen Parteienwettbewerb geben kann, von kompetitiven Parteiensystemen zu unterscheiden. Nur diese sind in Demokratien anzutreffen. Sie kommen als Zwei- oder Mehrparteiensysteme vor. Bei *Zweiparteiensystemen* ist die ideologische Distanz zwischen den Konkurrenten – entsprechend Downs' Modell des Parteienwettbewerbs (> Kap. 5.2.1) – recht gering. Die Parteien konkurrieren um die absolute Mehrheit der Stimmen, befinden sich also in einem zentripetalen Wettbewerb und streben jede die Alleinregierung auf Zeit an. Die Chance des Alternierens der Parteien in der Regierungsverantwortung ist groß, weil ein Machtwechsel schon von kleinen Stimmungsumschwüngen im Elektorat bewirkt werden kann. Diese Logik gilt näherungsweise auch für den *gemäßigten Pluralismus* (*moderate pluralism*) mit drei bis fünf relevanten Parteien. Aufgrund ihrer geringen ideologischen Distanz sind sie alle untereinander bündnisfähig, neigen allerdings zu polaren Allianzen, insbesondere zu (Mitte-)Links- oder (Mitte-)Rechts-Bündnissen. Koalitionsregierungen (> Kap. 8.1.2) sind daher der Regelfall, womit auch die Häufigkeit von Regierungswechseln etwas geringer ist. Bei Systemen mit sechs und mehr Parteien spricht Sartori von *polarisiertem Pluralismus* (*polarized pluralism*). Hoch ideologisierte Parteien tragen einen bipolaren, zentrifugalen Wettbewerb aus. In der Mitte des politischen Spektrums befinden sich meist einige regierungs- und koalitionsfähige Parteien, an den Rändern gegebenenfalls Antisystem-Parteien.

Alle Zwei- und Mehrparteiensysteme können unter Umständen als *Parteiensysteme mit einer dominanten Partei* (*predominant-party system*) funktionieren. Dies ist dann der Fall, wenn ein und dieselbe Partei die absolute Mehrheit der Mandate über mehrere aufeinanderfolgende Wahlen hinweg erhält, ohne dass dies institutionell erzwungen würde. Zwar ist der Wahlsieg einer anderen Partei denkbar, bleibt in der Realität aber aus.

Zweiparteiensysteme sind eine typische Erscheinung in der *Mehrheitsdemokratie*, während Mehrparteiensysteme für die *Konsensdemokratie* charakteristisch sind (> Kap. 9.1). Die Struktur nationaler Parteiensysteme ist nicht nur vom Konflikthaushalt einer Gesellschaft, sondern auch von institutionellen Faktoren wie dem Wahlrecht geprägt (> Kap. 5.2.2).

Zwei- und Mehrparteiensysteme
Reine Zweiparteiensysteme sind in der Realität kaum anzutreffen. Die meisten Forscher sehen nur die USA und Neuseeland (bis zur

4.2 Parteien und Parteiensysteme

Verfassungsreform 1996) sowie die Antilleninsel Barbados als Beispiele dafür. Das britische Parteiensystem, das lange Zeit als klassisches Zweiparteiensystem galt, wird heute meist ebenso wie das kanadische nur noch in dem Sinne dazu gezählt, als dass sich zwei große Parteien jeweils an der Macht abwechseln, ohne auf Koalitionen angewiesen zu sein. Der Parteienwettbewerb jedoch spielt sich insgesamt zwischen mehreren Parteien ab. In Australien und der Bundesrepublik Deutschland weist der gemäßigte Pluralismus typischerweise alternierende Regierungsbildungen auf, die Koalitionspartner benötigen. Für die Benelux-Staaten, die Schweiz und die skandinavischen Länder (außer Finnland) hingegen sind Koalitionen der Mitte, große und übergroße Koalitionen oder tolerierte Minderheitsregierungen (> Kap. 8.1.2) charakteristisch.

Auch der polarisierte Pluralismus weist Varianten auf: Neben dem Typus mit Fundamentalopposition von rechts und links, wie er in der Weimarer Republik (1919-1933) und der Zweiten Spanischen Republik (1931-36/39) vorzufinden war, gibt es auch eine Form mit regierungsfähigen Mitteparteien, die sich in ihrer Funktionsweise kaum vom gemäßigten Pluralismus unterscheidet. Sie ist heute in Frankreich, Israel, Finnland, Italien und Spanien anzutreffen.

Parteiensysteme mit dominanten Parteien finden sich z.B. in Indien mit der Kongresspartei, in Japan, wo die Liberaldemokratische Partei seit 1955 (außer 1993-94) regiert, sowie in Schweden. Dort war die Sozialdemokratische Arbeiterpartei im Zeitraum 1917-2006 in 74 von 88 Jahren an der Regierung beteiligt.

Sartori verortet Parteiensysteme in einem Kontinuum. Daher ergeben sich auch Extremtypen: An einem Ende des Kontinuums stehen – formale oder faktische – *Einparteiensysteme*, am anderen Ende ein *atomisierter Pluralismus*, in dem (kleine und kleinste) Parteien sich weder als Konkurrenten noch als Bündnispartner aufeinander beziehen. Beide Varianten können in der Realität durchaus vorkommen: einerseits in staatssozialistischen Regimes, die schon deshalb keine Demokratien sind, weil es keine Parteien gibt, die sich an der Macht abwechseln könnten – andererseits in Gesellschaften, die einen Systemwechsel erleben. Der Zustand des atomisierten Pluralismus zeigt dann an, dass der erst neuerdings zugelassene politische Wettbewerb noch keine stabilen Strukturen hervorgebracht hat. Die Existenz eines kompetitiven Zwei- oder Mehrparteiensystems ist mithin einer der

Indikatoren dafür, ob das jeweilige politische System eine gut funktionierende Demokratie ist.

Parteiensysteme können darüber hinaus nach ihren relevanten Themendimensionen (*issue dimensions of partisan conflict*) und der Intensität dieser *issues* unterschieden werden. Es handelt sich um sieben Dimensionen: sozioökonomische, religiöse, kulturell-ethnische Themen, das Stadt-Land-Problem, die Legitimität des politischen Systems (*regime support*), Außenpolitik und postmaterialistische Werte. Sie spiegeln die Varianz und Relevanz der *cleavages* in den nationalen Parteiensystemen (> Kap. 4.2.2) wider. Gewichtet man diese *issue*-Dimensionen nach ihrer Konflikthaftigkeit (*salience*), dann lassen sich nationale Parteiensysteme nach der Zahl ihrer relevanten Dimensionen klassifizieren.

Issue-Dimensionen von Parteiensystemen
Arend Lijphart (1999), der 36 Demokratien untersucht hat, fand Parteiensysteme mit zwischen 0,5 und 3,5 relevanten Konfliktdimensionen. Auf den Bahamas fand er nur eine mittelmäßig ausgeprägte sozioökonomische Dimension, während in Finnland zwei Dimensionen – die sozioökonomische und die kulturell-ethnische – stark und drei Dimensionen – die religiöse, Stadt-Land- und Legitimitätsdimension – mittelstark ausgeprägt waren. Ein politisches System weist in der Regel so viele relevante Parteien auf, wie es *issue*-Dimensionen plus 1 gibt *(Taagepera-Grofman-Formel)*. Der nationale Konflikthaushalt grenzt demzufolge die Zahl der Parteien, die im politischen Wettbewerb stehen können, mehr oder weniger strikt ein.

4.3 Systeme der Interessenvermittlung

4.3.1 Pluralistische und korporatistische Systeme

Der internationale Vergleich von Interessenverbänden und *Systemen der politischen Interessenvermittlung* bietet weniger sicheres Terrain als die Parteien(system)forschung. Manche Forscher lehnen den Systembegriff für nationale *Verbandslandschaften* sogar völlig ab, weil die betreffenden Organisationen nicht durchgängig aufein-

4.3 Systeme der Interessenvermittlung

ander bezogen sind. Allerdings kann zumindest von Teilsystemen gesprochen werden, insbesondere vom *System der industriellen Beziehungen*. In diesem besonders wichtigen Teilsystem interagieren Organisationen von Arbeitnehmern und Arbeitgebern miteinander.

Neben Unternehmerverbänden und Gewerkschaften sind im Bereich „Wirtschaft und Arbeitswelt" auch Selbstständigen- und Konsumentenvereinigungen anzutreffen. Im sozialen Bereich finden sich Sozialanspruchs- und Sozialleistungsvereinigungen sowie Selbsthilfegruppen. Der Bereich „Freizeit und Erholung" weist eine Vielzahl von Vereinen auf, und im Bereich „Kultur, Wissenschaft und Religion" sind so unterschiedliche Organisationsformen wie wissenschaftliche Vereinigungen, Bildungswerke, Kunstvereine, Sekten und hierarchisch organisierte Kirchen aktiv. Schließlich können ideelle und gesellschaftspolitische Vereinigungen ausgemacht werden. Nationale Verbandslandschaften unterscheiden sich weniger im Spektrum der organisierten Interessen als nach der Anzahl und Mitgliederstärke der Organisationen und dem Anteil an Mehrfachmitgliedschaften, also nach dem gesellschaftlichen Partizipationsniveau (> Kap. 3.2).

Nationale Verbandslandschaften
Schwach entwickelte Verbandslandschaften sind z.B. in den süd- und ostmitteleuropäischen Ländern anzutreffen. Landschaften mit hoher Mitgliederdichte weisen entweder einen hohen (Nordeuropa) oder einen eher geringen (Deutschland, Niederlande, USA) Anteil an primär auf die politische Interessenverfolgung spezialisierten Organisationen auf.

Als Organisationstypus sind Verbände älter als Parteien. In den kontinentaleuropäischen Ländern reichen ihre Traditionen bis auf die Zünfte und Gilden des Hochmittelalters zurück, in denen sich Handwerker und Händler organisierten. Bis zum letzten Viertel des 19. Jahrhunderts erkannten alle europäischen Regierungen die Assoziations- und Petitionsfreiheit ihrer Bürger an. In den Jahrzehnten zwischen 1880 und 1920 bildeten sich daher in den heutigen OECD-Ländern neben Parteiensystemen auch ausdifferenzierte Verbandslandschaften heraus. Angesichts konjunktureller Wirtschaftskrisen mobilisierten sich sowohl die Interessen der Arbeiterklasse als auch diverser Akteure auf den Produktmärkten. Es entstanden Wirtschaftsverbände, die handels- und zollpolitische Entscheidungen beeinflussten, Gewerkschaften und Geselligkeitsvereinigungen. In den jungen Demokratien Ostmitteleuropas setzte die Herausbildung eines komplexen Systems der intermediären Interessenvermittlung erst nach dem Zusammenbruch des Staatssozialismus am Ende des 20. Jahrhunderts (wieder) ein, nachdem gesellschaftlicher Pluralismus und autonome Interessenorganisationen über ein halbes Jahrhundert hinweg als illegitim bzw. illegal gegolten hatten (> Kap. 2.2.2).

Die am weitesten verbreitete Systemtypologie, die auf Philippe Schmitter (1974) und Gerhard Lehmbruch (1977) zurückgeht, unterscheidet Demokratien nach pluralistischen und (neo-)korporatistischen Systemen der Interessenvermittlung (Tab. 7). Die Zuordnung wird dabei aufgrund des jeweiligen Beziehungsmusters zwischen Interessenverbänden und Staat vorgenommen. Infolgedessen variieren auch die Wege und Chancen der interessenpolitischen Beeinflussung staatlicher Entscheidungen.

Tabelle 7: Idealtypische Systeme der Interessenvermittlung

	Pluralismus	**Korporatismus**
Staat-Verbände-Beziehungen	keine staatlichen Vergünstigungen, keine staatlichen Interventionen in Verbändeangelegenheiten	staatliche Anerkennung von Verbänden, Repräsentationsmonopol der Verbände, Kontrolle der verbandlichen Führungsauslese und Interessenartikulation durch den Staat
Verbände	Vielfalt kompetitiver, auf freiwilliger Mitgliedschaft beruhender Verbände, Mehrfachmitgliedschaften verbreitet; Verbandslandschaft nicht hierarchisch strukturiert	begrenzte Anzahl funktional spezialisierter Verbände, Mitgliedschaftszwang, nicht-kompetitive, hierarchisch aufgebaute Verbandslandschaft

Pluralistische Systeme bestehen aus einer Vielzahl autonomer Interessengruppen, die auf dem „politischen Markt" gegeneinander und um Einfluss auf staatliche Entscheidungsträger konkurrieren. Der Staat mischt sich in innerverbandliche Angelegenheiten nicht ein, privilegiert jedoch auch keine der Interessengruppen. Politische Entscheidungen entstehen daher als Resultat der Einwirkung organisierter Interessen auf Regierung und Parlament infolge unkoordinierten Drucks (*pressure*). Anders in *korporatistischen Systemen*, die in Abgrenzung vom autoritär-faschistischen Korporatismus der 1930er-40er Jahre als *Neokorporatismus* bzw. *demokratischer* (*gesellschaftlicher*) *Korporatismus* bezeichnet werden: Sie sind durch eine begrenzte Zahl relativ großer Interessenorganisationen charakterisiert, die durch *Spitzenverbände* (Verbände von Verbänden) koordiniert werden. Diese Strukturierung des Verbändesystems geht in der Regel mit einer *Konzertierung* des *public policy-making* einher, d. h. der Inkorporierung von Verbänden in den Prozess der Politikformulierung. Sie vollzieht sich im Rahmen mehr oder weniger institutionalisierter Aushandlungsprozesse zwischen den Verbänden sowie zwischen ihnen und dem Staat. Korporatistische Systeme der Interessenvermittlung sind Verhandlungssysteme, politische Entscheidungen kommen bei ihnen aufgrund der Regel des *Konsensentscheids* zustande (> Kap. 9.1.1). Am deutlichsten ist die Konzertierung im Rahmen der *Sozialpartnerschaft* zu beobachten, womit ein System der industriellen Beziehungen bezeichnet wird, das auf Kooperation und Konsensorientierung ausgerichtet ist. Auch der Staat beteiligt sich an diesem Arrangement (*Tripartismus*). Seine Funktion besteht darin, mehr oder weniger informell, auf außerparlamentarischem Wege und unter Einbeziehung von Interessenorganisationen gemeinwohlverträgliche Entscheidungen zu wirtschaftlichen und sozialen Themen herbeizuführen, die anderenfalls in den Kompetenzbereich des Staates fielen.

Die entscheidende Voraussetzung für den Korporatismus bildet die Anerkennung („Lizenzierung") von Verbänden als (monopolistischen) Repräsentanten der von ihnen vertretenen Interessen, gegebenenfalls bis hin zur Gewährung der gesetzlichen Pflichtmitgliedschaft. Dies erleichtert nicht nur die Lösung von Organisationsproblemen, die aus der Logik des kollektiven Handelns erwachsen (> Kap. 3.2.2). Es sichert auch, dass die Ergebnisse korporatistischer Aushandlungsprozesse überhaupt politisch relevant werden: Die Verbände müssen sie gegenüber ihren Mitgliedern durchsetzen können und in der Lage sein, sie zur Einhaltung der getroffenen Vereinbarungen zu bewegen. Sie gelten als „verpflichtungsfähig", wenn sie ihre Klientel auf die Einhaltung von Vereinbarungen zwischen den Verbandsführungen und anderen Akteuren einschwören können, denn dadurch steigt die Berechenbarkeit von Interaktionen aller Beteiligten.

Korporatistische und pluralistische Systeme der Interessenvermittlung

Im neokorporatistischen System Schwedens bilden die Gewerkschaften, deren Organisationsgrad bei 83% liegt (1998), mit der Sozialdemokratischen Arbeiterpartei ein gemeinsames politisches Lager. Sie spielen die zentrale Rolle bei Lohnverhandlungen. Es gibt drei Spitzenverbände, die auf die Interessenrepräsentation von Statusgruppen spezialisiert sind, d.h. Verbände für Arbeiter, Angestellte sowie Angestellte und Beamte mit Hochschulabschluss. Ihnen steht ein gemeinsamer Spitzenverband der Arbeitgeber und der Wirtschaft gegenüber, die das politisch konservative Lager vertreten. Im pluralistischen System der USA sind Arbeitnehmer hingegen Mitglieder dezentralisierter Berufsgewerkschaften. Deren Organisationsgrad, der 1945 noch über 30% lag, ist heute vermutlich unter 10% gesunken. Die Gewerkschaften agieren berufsständisch-pragmatisch ohne ausgeprägt ideologische Orientierungen. Auch die mehreren Tausend Industrieverbände (*trade associations*) sind fragmentiert und dezentral organisiert. Tarifverhandlungen werden auf der Betriebsebene geführt und nicht – wie in korporatistischen Systemen – sektoral oder national. Als Unternehmerdachverbände treten drei große und heterogene Organisationen auf. Insbesondere große Unternehmen lobbyieren ihre Interessen gegenüber der Politik jedoch direkt oder mithilfe professioneller Firmen, die Interessenvertretung als Dienstleistung anbieten.

Österreich (> Kap. 3.2.2), Norwegen und Schweden gehören zur Gruppe der Länder mit stark ausgeprägtem Korporatismus. Die Niederlande, Deutschland, Dänemark und die Schweiz führen die Gruppe des moderat ausgeprägten Korporatismus an. Finnland, Luxemburg, Island und Belgien weisen korporatistische, daneben aber auch pluralistische Merkmale auf. Neokorporatistische Systemmerkmale sind in (West-)Europa am geringsten in Großbritannien und den „Mittelmeerdemokratien" Portugal, Italien, Spanien und Griechenland sowie im politischen System der Europäischen Union vorhanden.

Die Logiken beider Muster in Bezug auf die Beziehungen zwischen dem Staat und organisierten Interessen unterscheiden sich also grundsätzlich. Das pluralistische System ist kompetitiv, nicht koordiniert

4.3 Systeme der Interessenvermittlung

und durch autonome Interessengruppen geprägt. Es ist eine typische Begleiterscheinung von *Mehrheitsdemokratien* (> Kap. 9.1). Im Idealfall gewinnen dort zwei Parteien im Wettbewerb um die Macht alternierend die Oberhand, und eine Vielzahl von Interessenorganisationen konkurriert darum, auf politisches Gehör zu stoßen, insbesondere bei der Regierungspartei. Für *Konsensdemokratien* hingegen sind koordinierte, auf Kompromissbildung abzielende korporatistische Arrangements in den Beziehungen zwischen dem Staat und organisierten Interessen charakteristisch. Allerdings ist einzuschränken, dass es sich bei „Pluralismus" und „Korporatismus" um idealtypische Konstruktionen handelt. In der gesellschaftlichen Realität treten diese Muster nicht in ihrer Reinform auf. Darüber hinaus sind nicht alle Politikfelder innerhalb einer *polity* auf die gleiche Art und Weise organisiert. Korporatistische Konzertierung etwa in der Gesundheitspolitik kann durchaus mit pluralistischem *pressure*, z.b. im Lebensmittelsektor, koexistieren (*sektoraler* oder *Mesokorporatismus*). Die Übergänge zwischen beiden Typen sind fließend.

4.3.2 Legitimationsgrundlagen von Interessengruppen

Versammlungs- und Assoziationsfreiheit sind grundlegende Freiheiten, die in Demokratien konstitutionell geschützt sind (> Kap. 2.1.2). Während an der Legitimität des organisierten Interessenpluralismus auf der Input-Seite des politischen Prozesses keine Zweifel bestehen, wird seine Output-Wirkung kontrovers diskutiert. In demokratietheoretischer Hinsicht ist es problematisch, wenn Interessengruppen auf den politischen Entscheidungsprozess in Demokratien Einfluss nehmen können. Anders als die *Parteiendemokratie* (> Kap. 2.1.3) könnte sich eine „Herrschaft der Verbände" (Theodor Eschenburg) nicht durch Wahlen legitimieren. Der politische Einfluss von organisierten Interessen verletzt das demokratische Gleichheitsprinzip: Bürger, die keinen Verbänden angehören, können ihrer Stimme nur über den Kanal der *territorial-elektoralen Interessenrepräsentation* (> Kap. 5) Ausdruck verleihen, in dem die politischen Alternativen durch Parteien strukturiert werden. Jeder Stimme kommt dabei das gleiche Gewicht zu. Die Stimme von Bürgern, die darüber hinaus Mitglieder von Verbänden sind, kommt aber noch ein zweites Mal zur Geltung, nämlich über den *funktionalen (funktional-korporativen) Kanal der Interessenrepräsentation*. Da die Organisationschancen von Interessen zudem unterschiedlich sind, verfügen einige von ihnen über privilegierte Durchsetzungskraft in der Politik, während andere nicht berücksichtigt werden. Weiterhin kann mit Jean-Jacques Rousseau (1712-1778) argumentiert werden, dass starke Sonderinteressen sich auf Kosten gemeinsamer, allgemeiner gesellschaftlicher Interessen durchzusetzen pflegen.

Dieser Einwand lässt sich steuerungstheoretisch ergänzen. Auf Adam Smith (1723-1790) geht die wirtschaftsliberale Position zurück, wonach die „unsichtbare Hand" des Marktes die Wirtschaftsentwicklung fördere. Politische Interventionen durch den Staat, erzwungen durch partikulare Interessengruppen, gelten daher als schädlich. Interessenverbände rufen unerwünschte Marktverzerrungen hervor. Sie engagieren sich in unproduktiven Aktivitäten (*rent seeking*) wie dem Streben nach staatlichen Subventionen, Krediten oder Marktregulierungen, um ihre Gewinne auf außerökonomischem Wege zu steigern. Laut Mancur Olson (1932-1998) tendieren Gesellschaften überdies im Laufe der Zeit dazu, Interessenverbände zu akkumulieren. Unter den Bedingungen politischer Stabilität gelingt es immer neuen Sonderinteressen, ihre Organisationsprobleme (> Kap. 3.2.2) zu überwinden und sich als mächtige „Verteilungskoalitionen" zu etablieren, die staatliche Umverteilungen zu ihren Gunsten erzwingen. Daher beeinträchtigen sie die allgemeine Wohlfahrt, bremsen das Wirtschaftswachstum und verhindern als Vetospieler fällige politische Reformen.

> **Interessengruppen als Vetoakteure**
> Der unbefriedigende Verlauf von Wirtschaftsreformen in postkommunistischen Demokratien ist entsprechend einer einflussreichen Interpretation von Joel Hellman (1998) durch starke Interessengruppen verursacht worden, denen es gelang, den politischen Entscheidungsprozess zu dominieren und den Staat zu „kapern" (*state capture*). Sie blockierten, so etwa die sogenannten „Oligarchen" im Russland der Jelzin-Ära, weitergehende Veränderungen: Von den radikalen Reformen der frühen 1990er Jahre, die in einigen Ländern einen „Raubtierkapitalismus" hervorbrachten, hatten sie überdurchschnittlich profitiert und fürchteten Verluste, falls es zu politischen Korrekturen kommen sollte. Als Ursache für diese Entwicklung gilt in erster Linie die Schwäche der partei-parlamentarischen Arena im System der politischen Entscheidungsfindung.

Aber auch zur Rechtfertigung von Interessengruppen lassen sich überzeugende Argumente formulieren: Der Liberalismus geht in normativer Hinsicht davon aus, dass Interessenpluralität und -konkurrenz naturgegeben sind. Daher ist es unsinnig, sie bekämpfen zu wollen. Allein ihre Auswirkungen müssen kontrolliert werden.

> **Die Unvermeidbarkeit von Interessengruppen und -konflikten**
> „Die verborgenen Ursachen für die Entstehung von Parteiungen liegen also in der menschlichen Natur [...] Unter einer Parteiung verstehe ich eine Anzahl von Bürgern, sei es die Mehrheit, sei es die Minderheit, die von gemeinsamen Leidenschaften oder Interessen getrieben und geeint sind, welche im Gegensatz zu den Rechten anderer Bürger oder den ständigen Gesamtinteressen der Gemeinschaft stehen.
> Es gibt zwei Methoden, das Übel der Parteiung zu kurieren: erstens: durch Beseitigung ihrer Ursachen, zweitens: durch Kontrolle ihrer Wirkungen.
> Zur Beseitigung der Ursachen von Parteiungen gibt es wieder zwei Methoden: erstens: die Freiheit aufzuheben, der sie ihre Existenz verdanken, zweitens: jedem Bürger dieselbe Meinung, dieselben Leidenschaften und dieselben Interessen vorzuschreiben. Bei keiner Methode könnte man mit größerem Recht sagen, daß das Heilmittel schlimmer ist als die Krankheit, als bei der erstgenannten. [...] Die zweite Methode ist ebenso undurchführbar wie die erste unklug."
> James Madison in den *Federalist Papers # 10* (1788)

Diese Vorstellung liegt auch der systemtheoretischen Pluralismustheorie zugrunde. Ihr zufolge stellt sich in allen Gesellschaften im Laufe der Zeit ein Gleichgewicht zwischen organisierten Interessen ein (> Kap. 3.2.2). Sie kontrollieren sich durch ihre Konkurrenz gegenseitig, weil sie im Wettbewerb um Zugänge zu den Arenen der politischen Entscheidungsformulierung stehen. Mehrfachmitgliedschaften in unterschiedlichen Verbänden führen überdies zur Mäßigung von Forderungen an den Staat. Aus dem pluralistischen Interessenwettbewerb erwächst eine gemeinwohlverträgliche Politik gewissermaßen spontan, zumal Interessen nur indirekt auf die politische Entscheidungsfindung einwirken: Politiker werden von Lobbygruppen zwar informiert und unter Druck gesetzt, entscheiden aber letztlich autonom, gelenkt vom Interesse ihrer Wähler. Wenn der Staat zudem nur wenige Aufgaben für die politische Steuerung von Gemeinwesen wahrnimmt, bleiben die Einflusschancen von Interessengruppen auf einige Themen beschränkt.

Demokratietheoretisch lässt sich darüber hinaus in der Tradition von Alexis de Tocqueville (1805-1859) festhalten, dass die Vereinigungsfreiheit „eine notwendige Sicherung gegen die Tyrannei" darstellt, weil der Bürger als Individuum gegenüber dem Staat schwach ist. Eine Argumentation aus zivilgesellschaftlicher Perspektive betont daher, dass staatsbürgerliche Assoziationen eine deliberative Entscheidungsfindung ermöglichen, indem sie die Adressaten von Politik einbeziehen. Auch schwache Interessen können dabei durch „Ressourcenpooling" zur Geltung kommen. Verbände sind zudem „Schulen der Demokratie", in denen Bürger ihren politischen Horizont erweitern, Kooperation üben und ihr Sozialkapital (> Kap. 3.1.3) vergrößern. Schließlich verkörpern Verbände einen spezifischen Typ der sozialen Steuerung, bei dem Interaktionen nicht hierarchisch oder marktförmig koordiniert werden, sondern aufgrund von Solidarität und gemeinsam geteilten Normen.

An diese Überlegungen können schließlich korporatismustheoretische Argumente angeschlossen werden, die den politischen Einfluss von Interessengruppen steuerungstheoretisch und materiell legitimieren: Verbände erfüllen demnach neben der Aggregation und Repräsentation partikularer Interessen auch öffentliche Funktionen. Sie bringen Expertenwissen über ihr Politikfeld ein und können die Entscheidungen von Regierungen und Parlamenten daher sachgerecht informieren. Sie sind soziale Gebilde, deren Mitglieder sich und ihre Interaktionen selbst regulieren, indem sie beispielsweise für die Einhaltung von professionellen Standards und Normen sorgen und an der Regulierung von Märkten teilnehmen. Zwischenverbandliche Absprachen, etwa zwischen Tarifpartnern, erleichtern die Koordination in gesellschaftlichen Teilbereichen, indem sie den Staat von dieser Aufgabe entlasten.

Die entscheidenden Voraussetzungen für die Wahrnehmung öffentlicher Funktionen bestehen darin, dass die betreffenden Organisationen zum einen repräsentativ sind, also tatsächlich im Namen ihrer Klientel auftreten und diese auch zu disziplinieren vermögen. Zum anderen müssen sie „sozialpflichtig" agieren, d.h. eine Bindung an das gesamtgesellschaftliche Gemeinwohl erkennen lassen. Dies wird durch das Zusammenwirken zweier Faktoren gesichert: Die binnendemokratische Organisation der Verbände ermöglicht eine kollektive Willensbildung „von unten nach oben". Das Resultat dieser Bündelung und Transformation individueller in kollektive Interessen ist jedoch nicht völlig frei: Es wird vielmehr „von oben nach unten" begrenzt, indem der Staat die Verbände auf Gemeinwohlverträglichkeit verpflichtet und diese wiederum die Folgebereitschaft ihrer Mitglieder sichern. Damit vollzieht sich ein „korporatistisches Tauschgeschäft": Interessengruppen werden als politische Akteure lizenziert und privilegiert sowie organisatorisch unterstützt, wenn sie den Egoismus ihrer Partikularinteressen in den Dienst der Gesellschaft stellen. Die Bindung von Verbänden an das Gemeinwohl „repariert" damit in korporatismustheoretischer Perspektive das prinzipiell unauflösbare Demokratiedefizit von Verbänden, nicht durch ein allgemeines Wählervotum lizenziert zu sein. Sie erscheinen nicht nur deshalb als legitim, weil sie gesellschaftliche Interessen repräsentieren, sondern auch, weil sie Leistungen auf der Output-Seite des politischen Prozesses erbringen, indem sie über ein eigenständiges Ordnungspotential verfügen und damit die Leistungsfähigkeit des Staates erhöhen. Die empirischen Belege für diese These sind nicht eindeutig.

4.3.3 Interessenvertretung, Lobbyismus und Korruption

Die Vertretung von Sonderinteressen gegenüber dem politischen Entscheidungssystem und die Beeinflussung der öffentlichen Meinung über die Medien wird häufig auch als *Lobbying* bezeichnet. Begrifflich wird dabei das Bild der Vorhalle (*lobby*) des britischen Unterhauses aufgegriffen, in der zu früheren Zeiten die Vertreter von Interessengruppen antichambrierten, um den gewählten Parlamentariern unter Verweis auf die Endlichkeit ihres Mandats Vorteile für ein bestimmtes Abstimmungsverhalten in Aussicht zu stellen. Lobbying schließt jegliche Strategie der Interessenverfolgung ein und ist auch indifferent gegenüber der Organisationsform des jeweiligen Interessenakteurs. Die Akteure können direkte Kontakte zu den Institutionen der politischen Entscheidungsformulierung und -implementation suchen. Je nach ihrer Stärke unterhalten sie Beziehungen zu Präsidenten, Premierministern und Regierungen oder in die Legislative, wo sie in Ausschüssen und Anhörungen ihre Anliegen vortragen. In Abhängigkeit von ihrem Tätigkeitsfeld wenden sie sich auch oder vorrangig an lokale Repräsentanten des Staates. Indirekte Wege des Lobbyismus führen über Kontakte mit Parteiführungen und Massenmedien, Gerichte und internationale Organisationen. In diesem Sinne sind Lobbying und *Interessenvertretung* Synonyme. Allerdings findet sich in der Literatur auch der Vorschlag, unter „Interessenvertretung" eine unspezifische und öffentliche Repräsentation von Werten, Ideologien und Aktivitäten eines Interessenverbandes zu verstehen, während „Lobbying" die punktuelle Durchsetzung von Einzelinteressen gegenüber politischen Entscheidungsträgern meint. Um politischen Einfluss zu erzielen, mögen sich Lobbyisten formal institutionalisierter Kanäle wie der Zuleitung von Informationen an politische Entscheidungsträger im Rahmen von Konsultationen, Verhandlungsgremien und Politikberatung bedienen, Spenden für politische Parteien und Wahlkämpfe entrichten usw. Sie können aber auch über Zugang zu informellen Kommunikations- und Entscheidungsgremien verfügen oder gar versuchen, Politiker und Verwaltungspersonal zu bestechen. Daher ist es schwierig, (legalen) Lobbyismus systematisch von (illegaler) *Korruption* abzugrenzen, unter der üblicherweise der Missbrauch eines öffentlichen Amtes zu privatem Nutzen verstanden wird. *Administrative Korruption* betrifft dabei das Personal öffentlicher Verwaltungen (> Kap. 8.2), während sich *politische Korruption* auf Politiker bezieht. Bestechung kann eine effiziente Strategie der Interessenverfolgung sowohl individueller als auch kollektiver Akteure darstellen.

Bedeutung und Zugänglichkeit von Einflussstrategien werden durch die Umweltbedingungen und die Verfügung der Interessenakteure über den je benötigten Ressourcentypus bestimmt: Kollektive Formen der Interessenrepräsentation durch Verbände sind in stärker formal institutionalisierten Arrangements zu finden, individuelle Formen hingegen beruhen oft auf *face-to-face*-Kontakten. Die Beziehungen zwischen dem Staat und Interessengruppen sind in allen Ländern der Erde in nur geringem Umfang formal-juristisch oder gar konstitutionell geregelt. Dennoch gibt es große Unterschiede sowohl in Bezug auf die formale Regulierung lobbyistischer Aktivitäten und die Bekämpfung von Korruption als auch hinsichtlich der politisch-kulturellen Akzeptanz der Interessenverfolgung durch partikularistische Gruppen. Während die Repräsentation von Sonderinteressen im angelsächsischen Raum mit seiner pluralistisch-liberalen Tradition als relativ unproblematisch angesehen wird, wenn sie transparent abläuft, stößt sie in Ländern mit einer ausgeprägten Tradition der staatsrechtlichen Trennung von Staat und Gesellschaft auf prinzipielles Misstrauen.

Die Regulierung der Beziehungen zwischen den Akteuren des intermediären Raums und denen des politischen Entscheidungssystems gerät jedoch nur selten auf die politische Agenda. In westlichen Demokratien sind in der Regel erst in den letzten Jahrzehnten einige Spielregeln der Interessenrepräsentation kodifiziert worden, die seit langem informell verankert waren. Dabei bleiben sie lückenhaft, weil sie eher technische als grundsätzliche Probleme der Mitwirkung von Partikularinteressen an der Politikformulierung und -implementierung bearbeiten. Sie konzentrieren sich auf die Registrierung von Lobbyakteuren und die Herstellung von Transparenz ihres Wirkens; Kontrolle wird weniger auf administrativem Wege hergestellt als durch Publizität des Handelns. Selbst in den mehr oder weniger korporatistischen Ländern Westeuropas verfügen Verbände nur in geringem Umfang über konstitutionelle Konsultations- und Mitbestimmungsrechte, etwa bezüglich der Tarifautonomie. Ihre Mitwirkung an der Formulierung und Implementation von Politik wird jedoch in viel größerem Umfang als Routine angesehen und akzeptiert. Stärker noch als andere institutionelle Arrangements moderner Demokratien erweisen sich Interessenvermittlungssysteme als Ergebnis evolutionärer, pfadabhängiger Entwicklungen (>Kap. 1.1.3) und nicht von grundsätzlichen *institutional choices*.

Politische Regulierung der Verfolgung von Sonderinteressen
Der deutsche Lobbyismus etwa wird vornehmlich durch die Akkreditierung von Interessengruppen in der „Lobbyliste" des Bundestags sowie die Geschäftsordnungen der Bundesregierung und des Parlaments normiert, die Anhörungsrechte und -prozeduren beschreiben. Ein Verbändegesetz, das in den 1970er Jahren diskutiert wurde, scheiterte am Widerstand der großen Parteien, Interessenorganisationen und der öffentlichen Meinung. Der Lobbyismus in der Europäischen Union ist kaum reguliert und setzt in der Tradition eines informellen, konsensorientierten Konsultationsstils vorrangig auf Selbstregulierung. Der US-amerikanische *Lobbying Disclosure Act* (1995) konzentriert sich darauf, interessengeleitetes Handeln als solches erkennbar zu machen, indem Lobbyisten sich als Repräsentanten bestimmter Klienten zu erkennen geben und eventuell darüber hinaus ihre Einkünfte offen legen.

Literatur

Das *Handbook of Party Politics* von *Katz/Crotty (2006)* beantwortet alle Fragen über Parteien kurz, bündig und auf dem neuesten Stand der Forschung. Nach Ländern bzw. thematischen Gesichtspunkten gegliederte Sammelbände über Parteien sind z.B. *Niedermayer/Stöss/Haas (2006), Dalton/Wattenberg (2000), Gunther et al. (2002)* und *Webb et al. (2002)*. *Beyme (2000)* analysiert den Wandel politischer Parteien in der zweiten Hälfte des 20. Jahrhunderts. Klassische Texte der unüberschaubaren Literatur zur Parteienforschung sind in *Mair (1990)* sowie *Scarrow (2002)* zusammengestellt.

Das Schlüsselwerk der deutschen Forschung über neue soziale Bewegungen ist *Raschke (1988)*. *Snow et al. (2004)* vermitteln einen Einblick in den aktuellen internationalen Forschungsstand über soziale Bewegungen, darunter Überblicke über die international wichtigsten sozialen Bewegungen. Wichtige Aspekte der Formierung europäischer und globaler sozialer Bewegungen thematisieren der Überblicksartikel von *Doug/Tarrow (2003)* sowie die Sammelbände von *Brunnengräber et al. (2005)* und *della Porta/Tarrow (2005)*.

Grundlegende Einsichten in Forschungsperspektiven auf Zivilgesellschaft und den Dritten Sektor vermitteln *Anheier/Kendall (2002)* und *Croissant et al. (2000)*. *Zinecker (2005)* diskutiert konkurrierende Konzepte der Zivilgesellschaft, um einen Begriff zu entwickeln, der für die empirische Forschung auch jenseits von westlichen Gesellschaften verwendet werden kann. *Howard (2002)* diagnostiziert die Schwäche postkommunistischer Zivilgesellschaften. Über den Zusammenhang zwischen Sozialkapital (> Kap 3.1.3) und Zivilgesellschaft finden sich bei *Edwards et al. (2001)* grundsätzliche Überlegungen sowie Länderfallstudien. (Weitere Literaturhinweise zum verwandten Thema der politischen Partizipation s. Kap. 3.)

Esser/Pfetsch (2003) bieten eine Einführung in die Vergleichende Politische Kommunikationsforschung, während *Gunther/Mughan (2000)* und *Voltmer (2006)* Fallstudien für Mediensysteme in etablierten und jungen Demokratien enthalten.

Das Lehrbuch über Interessenverbände in Deutschland von *Winter/Willems (2007)* enthält auch einige Beiträge über grundsätzliche Probleme intermediärer Organisationen. *Reutter/Rütters (2001)* präsentieren Fallstudien westeuropäischer Verbandslandschaften, Reutter (2005) gibt einen Überblick über die Diskursentwicklung und methodische Probleme des Verbändevergleichs, *Czada (1994)* beleuchtet die Konjunkturen der Korporatismusdebatte. *Siaroff (1999)* misst den Grad an Pluralismus bzw. Neokorporatismus von 24 entwickelten Demokratien. Ein neuerer sozialtheoretischer Klassiker ist *Streeck/Schmitter (1996)*, in dem Verbände als genuiner Koordinationsmodus neben Staat, Markt und Gemeinschaft eingeführt werden.

Treisman (2000) testet mit quantitativen Verfahren die Ursachen von Korruption. Den Versuch, das Ausmaß von Korruption international vergleichend zu vermessen, unternimmt der seit 1995 jährlich aktualisierte *Korruptionsperzeptionsindex* von *Transparency International (CPI)*. Er findet sich im Internet unter http://www.transparency.org/.

5 Wahlen

5.1 Wahlen und Wahlsysteme

5.1.1 Wahlen als demokratische Methode der Elitenrekrutierung

Wahlen entscheiden in Demokratien darüber, wer regiert. Als *Technik der Elitenrekrutierung* sind sie eine Alternative zur Bestellung von Personen in Vertretungsorgane oder Führungspositionen per Erbfolge, Los, Ernennung, Selbsternennung oder Ämterkauf. Für die Legitimation von Demokratien sind allgemeine Wahlen auf den unterschiedlichen Ebenen des politischen Systems die wichtigste Institution. Sie stellen die Standardprozedur der Verbindung zwischen dem Bürger und der (Parteien-)Regierung dar und können damit als *demokratische Methode* per se angesehen werden. Regelmäßig stattfindende, „freie und faire", d.h. allgemeine, gleiche und geheime Wahlen, deren Ergebnisse die Regierungszusammensetzung beeinflussen, sind daher das primäre Kriterium für die Unterscheidung von Demokratien und Nicht-Demokratien (> Kap. 2.2). Die Einführung des allgemeinen Wahlrechts wird folglich oft als Indikator für das Alter einer Demokratie genutzt.

Das allgemeine Wahlrecht
Die allmähliche Ausdehnung des Wahlrechts bedeutete historisch die Inklusion immer breiterer Bevölkerungskreise in den Nationalstaat. Das politische Recht, an der Auswahl der Regierenden teilzunehmen, war in den Ländern der ersten Demokratisierungswelle (> Kap. 2.3.1) zunächst auf Angehörige der Oberschicht beschränkt. Das Wahlrecht für (fast) alle erwachsenen Staatsbürger ist wesentlich jüngeren Datums. In Frankreich und der Schweiz wurde das allgemeine Männerwahlrecht im Gefolge der bürgerlichen Revolutionen von 1848 eingeführt, in Belgien hingegen, wo Regierungen bereits seit 1831 gewählt wurden, erst 1920. In vielen Ländern geht die Ausdehnung des Wahlrechts auf die erstarkende Arbeiterbewegung zurück und stellt ein Zugeständnis an die Bevölkerung für die nationale Inpflichtnahme im Zuge des Ersten Weltkriegs dar. Das Frauenwahlrecht folgte in den meisten älteren

> Demokratien mit großem zeitlichem Abstand. Vorreiter war Neuseeland, wo das aktive Frauenwahlrecht bereits 1893 eingeführt wurde (und das passives Wahlrecht 1919). In der Schweiz hingegen dauerte es bis 1971, im Kanton Appenzell-Innerrhoden sogar bis 1990, bis auch Frauen wahlberechtigt waren.

Wahlen als demokratische Methode sind institutionell voraussetzungsvoll. Sie können ihre Wirkung nur entfalten, wenn sie von anderen Kerninstitutionen der Demokratie flankiert werden – dem allgemeinen Wahlrecht, der verfassungsrechtlich gesicherten Meinungs-, Presse-, Versammlungs- und Vereinigungsfreiheit sowie einem echten Parteienpluralismus (> Kap. 2.1.2). Die Wahlrechtsgrundsätze sind in der Regel durch die Verfassung geschützt. Zu ihnen gehören:

- *Allgemeinheit*: Niemand darf von der Wahlbeteiligung ausgeschlossen werden (universelles Wahlrecht). Heute ist allgemein akzeptiert, dass Geschlecht, Rasse, Sprache, Einkommen und Besitz, Beruf, Stand oder Klasse, Bildung, Konfession und politische Überzeugung keine Aberkennung des Wahlrechts begründen können. Andere Ausschlusskriterien (Volljährigkeit, Staatsbürgerschaft, psychische Zurechnungsfähigkeit, Besitz der bürgerlichen Ehrenrechte u.ä.) gelten weiterhin, sind allerdings generell verhandelbar, wie z.B. Diskussionen über die Absenkung des (aktiven) Wahlalters oder die Verzichtbarkeit des Staatsbürgerstatus (z.B. für EU-Ausländer) bezeugen.
- *Gleichheit*: Alle Wahlberechtigten haben unabhängig von ihren individuellen Merkmalen das gleiche Stimmgewicht, d.h. der Zählwert aller Wählerstimmen ist gleich (*one man – one vote – one value*). Dies bedeutet in technischer Hinsicht z.B. auch, dass beim Zuschnitt der Wahlkreise die Anzahl der Wahlberechtigten in etwa gleich gehalten wird.
- *Geheime Wahl*: Die Stimmabgabe erfolgt anonym, so dass kein Wähler Stellungnahmen zu seiner Wahlentscheidung abgeben muss und keine Sanktionen zu befürchten hat.
- *Direkte Wahl*: Zwischen Wähler und Gewähltem werden keine Dritten (Wahlmänner) zwischengeschaltet, die Wahl erfolgt direkt. Dieses Prinzip gilt nicht bei allen Wahlen in liberalen Demokratien, so z.B. nicht bei den US-amerikanischen Präsidentschaftswahlen, die über (direkt gewählte) Wahlmänner erfolgen.
- *Freiheit der Wahl*: Allgemeinheit, Gleichheit und geheime Stimmabgabe konstituieren die Freiheit der Wahl. Wird sie als eigenstän-

5.1 Wahlen und Wahlsysteme

diges Grundprinzip verstanden, dann soll die Abwesenheit von Zwang gegenüber dem Wähler und von unzulässigem Druck auf ihn betont werden.

Als Technik der Elitenrekrutierung kommen demokratischen Wahlen einige wesentliche Vorteile gegenüber anderen Verfahren der Bestellung in Entscheidungspositionen zu: Weil sie den Wahlsieger nur auf Zeit küren, muss der Gewählte sich auch nach seinem Amtsantritt in einem gewissen Maße der Bedürfnisse seiner Wähler erinnern – seine Entscheidungsfreiheit bleibt also generell und über die Schranken hinaus begrenzt, die in der Kompetenzzuordnung des Amtes selbst liegen. Für die konkurrierenden Elitegruppen haben regelmäßig stattfindende Wahlen den Vorteil, dass die zeitliche Beschränkung nicht nur die Herrschaft des Siegers, sondern auch die Machtlosigkeit des Verlierers trifft. Beide erhalten später eine neue Chance im Wettbewerb um die Wählerstimmen, was nicht zuletzt den Anreiz senkt, nach der (gewaltsamen) Ausschaltung von Rivalen zu streben und das geltende Institutionensystem außer Kraft zu setzen. Sowohl Sieger als auch Besiegte bleiben aufgrund der demokratischen Spielregeln stets *im* System und werden nicht daraus verdrängt.

Für den Bürger ist Wählen in der Regel die häufigste Form seiner Partizipation an Politik (> Kap. 3.2), weil es vergleichsweise effektiv und „kostengünstig" ist: Es handelt sich um eine hoch institutionalisierte, legale und gewaltfreie Handlung, die individuell vollzogen wird. Darüber hinaus ist Wählen die einzige Partizipationsform, bei der jeder Aktivität gleiches Gewicht zukommt. Die unaufwendige Stimmabgabe kann gleichwohl außerordentlich einflussreich sein, weil sie Druck auf Politiker ausübt. Da der Kommunikationsfluss vom Wähler zu Politikern und Parteien schwächer ist als bei anderen Partizipationsformen, ist freilich auch der Informationsgehalt dieses Drucks geringer. Wahlen sind daher ein generalisierendes und gleichzeitig unspezifisches Kontrollinstrument des Bürgers gegenüber den Regierenden.

Eine besondere Form von Abstimmungen stellen Referenden dar, die eine politische Entscheidung unmittelbar dem Bürger – ohne Zwischenschaltung seiner gewählten Repräsentanten – unterbreiten, also eine Methode nicht der repräsentativen, sondern der direkten Demokratie sind. Meist werden sie für Verfassungsänderungen oder andere wichtige, darunter moralisch oder emotional aufgeladene Themen anberaumt, zu denen der Wählerwille unmittelbar erhoben werden soll. Die Ausstattung moderner demokratischer Systeme mit Elementen der direkten Demokratie ist unterschiedlich.

> **Referenden als Elemente der direkten Demokratie**
> Referenden finden meist seltener statt als Wahlen, wurden bisher aber in fast allen Demokratien durchgeführt – ausgenommen sieben Länder, darunter die Bundesrepublik Deutschland und die USA (in beiden Ländern gibt es jedoch Referenden auf gliedstaatlicher Ebene). Die Schweiz (> Kap. 7.1.2) ist das Land mit den ausgeprägtesten direktdemokratischen Elementen weltweit. Bei wichtigen verfassungsrechtlich definierten Gesetzesvorhaben folgt auf den Parlamentsbeschluss ein obligatorisches Referendum. Fakultative Referenden werden auf Forderung von 50.000 Wählern oder acht Kantonen innerhalb von 100 Tagen nach einer Parlamentsentscheidung einberufen. In zwei kleinen Kantonen und in den Gemeinden werden darüber hinaus bei Bedarf Volksversammlungen durchgeführt. Zwischen 1848 und 1997 fanden in der Schweiz 451 Referenden und Volksentscheide statt, von denen ca. 10% bei den obligatorischen und etwa die Hälfte bei den fakultativen Referenden im Sinne der Initiatoren erfolgreich waren. Die direkte Beteiligung kompensiert hier eine gewisse Schwäche der elektoralen Verbindung zwischen Bürgern und Politikern. Sie besteht darin, dass Wahlen in der Schweiz nicht zu Regierungswechseln führen, weil alle großen Parteien eine Regierungskoalition eingehen und organisierte Interessen, die nicht elektoral legitimiert sind, in den politischen Entscheidungsprozess („Vernehmlassungsverfahren") integriert sind (> Kap. 9.1.1).

Die zentralen Akteure des Wahlprozesses sind einerseits die Parteien als Anbieter politischer Programme („Ideologien") auf einem politischen Markt. Andererseits treten die Bürger als „Konsumenten" auf, die Parteien auswählen, um ihnen auf Zeit die Regierungsmacht zwecks Realisierung eines Programms zu überlassen. Das Verhalten sowohl der Parteien als auch der Wähler wird durch Institutionen reguliert. Dazu gehören die Struktur des Parteienwettbewerbs (> Kap. 4.2.1 und 4.2.2) und das Wahlsystem. Sie schränken den Handlungsspielraum der beteiligten Akteure ein: Zwar gibt es theoretisch eine unbegrenzte Entscheidungsfreiheit über Ideologien und Programme, die der Implementation offenstehen, tatsächlich jedoch ist die Auswahl der vorgeschlagenen, wählbaren und wirklich gewählten Politikoptionen begrenzt. Nicht alles, was der Bürger wählen würde, steht (jedes Mal) zur Wahl, nicht alles, was programmatisch denkbar ist, findet einen Anbieter.

5.1 Wahlen und Wahlsysteme

Zum *Wahlsystem* im weiteren Sinne gehören der Wahlprozess, das Wahlrecht und die Wahlorganisation. Im Folgenden wird ein enger gefasstes Konzept verwendet, das den Modus erfasst, nach dem einerseits die Wähler ihre Präferenzen für Parteien und Kandidaten in Stimmen ausdrücken und andererseits die abgegebenen Stimmen in Mandate übertragen werden. Das Wahlsystem in diesem Sinne kann (muss aber nicht) Bestandteil der Verfassung (> Kap. 6) eines Landes sein. Die Entscheidung für das Design eines Wahlsystems ist nicht technischer Natur, sondern hochpolitisch. Wahlentscheidungen, bei denen individuelle – und zwar individuell unterschiedliche, ja gegensätzliche – Präferenzen zu einer kollektiv verbindlichen Entscheidung aggregiert werden sollen *(social choice)*, sind durch das Problem belastet, dabei notwendig selektiv zu wirken. Logischerweise kann nicht jede Einzelpräferenz im aggregierten Entscheidungsergebnis genau abgebildet werden, jedoch entsteht damit die Frage, nach welchen Regeln aggregiert und reduziert werden soll, um dennoch ein legitimes Gesamtergebnis zu erhalten. Prozedurale, scheinbar technische Fragen erweisen sich dabei als bedeutungsvoll für den Inhalt des Wahlergebnisses.

Hierbei handelt es sich um eine im politischen Prozess immer wieder auftretende Frage: Nach welcher Regel sollen kollektive Entscheidungen getroffen werden, wenn die Einzelinteressen der Akteure divergieren? Entsprechend der Antworten lassen sich moderne Demokratien in Mehrheits- und Konsensdemokratien unterscheiden (> Kap. 9.1.1), denen auch gleichsinnig wirkende Regelsysteme für die Wahl von Repräsentanten der Bürger in die jeweilige Vertretungskörperschaft entsprechen – die *Mehrheits-* und die *Verhältniswahl*. Die Frage nach der Designentscheidung für nationale Wahlsysteme ist daher exemplarisch für die Auswirkung von Spielregeln auf die Politikergebnisse. Für die Bewertung der jeweiligen Vor- und Nachteile solcher Wahlsysteme sind, wie Dieter Nohlen (2004: 157-159) herausarbeitet, fünf Funktionskriterien wesentlich:

- *Repräsentation*: Zum einen sollen alle relevanten gesellschaftlichen Gruppen, etwa Frauen und ethnische Minderheiten, in den gewählten Körperschaften vertreten sein. Zum anderen soll eine faire Repräsentation der gesellschaftlichen Interessen und politischen Meinungen im Parlament erreicht werden. Diese Vielfalt wird näherungsweise spiegelbildlich in der Vertretungskörperschaft abgebildet, wenn Wählerstimmen proportional in Mandate übersetzt werden.
- *Konzentration und Effektivität*: Als Akt der politischen Willensbildung sollen Wahlen Interessen und Meinungen aggregieren, um die

politische Entscheidungsfindung und die Handlungsfähigkeit des Gemeinwesens zu verbessern. Dieses Kriterium, das in einem Spannungsverhältnis zu dem der Repräsentation steht, lässt sich an der Zahl der Parteien messen, die Parlamentsmandate erhalten bzw. daran, ob die Zahl solcher Parteien durch das Wahlsystem reduziert wird.

- *Partizipationschancen der Bürger*: Unter Umständen wählen die Bürger nicht nur unter Parteien und ihren Programmen, sondern auch unter Personen aus (Personenwahl versus Parteienwahl/Listenwahl), was ihre Möglichkeiten erhöht, ihren politischen Willen zum Ausdruck zu bringen. Dies lässt sich daran ablesen, ob und inwieweit ein Wahlsystem die Personalstimmgebung ermöglicht.
- *Einfachheit*: Wahlsysteme sollten für den Wähler verständlich sein und nachvollziehbar funktionieren.
- *Legitimität*: Dieses umfassende Kriterium betrifft die allgemeine Akzeptanz der Wahlergebnisse und des Wahlsystems und damit die Zustimmung zu den Spielregeln des demokratischen Systems.

Die beiden wichtigsten dieser Anforderungen sind die mit der partizipatorischen Demokratietheorie begründbare gleichmäßige Repräsentation aller gesellschaftlichen Gruppen sowie die von der funktionalen Demokratieschule angestrebte Konzentration der politischen Alternativen zur Sicherung effektiven Regierens.

5.1.2 Klassische Wahlsysteme

Die Grundtypen von Wahlsystemen sind die Mehrheits- und die Verhältniswahl. Bei der *Mehrheitswahl* in Einerwahlkreisen werden so viele Wahlkreise gebildet, wie Mandate zu vergeben sind. Der Kandidat, der im jeweiligen Wahlkreis die absolute (*majority*) oder relative (*plurality*) Mehrheit der Stimmen erhält, gilt als gewählt. Bei der *Verhältniswahl* (*proportional representation, PR*) werden Mandate auf die Parteien verteilt, die zur Wahl angetreten sind. Die Anzahl der Mandate entspricht dabei so weit wie möglich dem prozentualen Anteil an den abgegebenen gültigen Stimmen. Der entscheidende Unterschied zwischen beiden Systemen liegt also darin, dass im letzteren Falle jede Stimme zählt, während bei der Mehrheitswahl alle Stimmen wirkungslos bleiben, die nicht für den Wahlsieger abgegeben worden sind (*winner-take-all*-Prinzip). Die zugrundeliegenden Repräsentationsziele, die diesen Unterschied hervorbringen, stehen in einem Spannungsverhältnis: Bei der Mehrheitswahl wird angestrebt, der stärksten Partei eine parlamentarische Mehrheit zu verschaffen. Sollte dies nicht bereits aus den abgegebenen Stimmen erwachsen, geschieht das in der Regel bei deren Übersetzung in Parlamentssitze (Mandate). Die Hauptfunktion des Wahlsystems besteht darin, mit stabilen parlamentarischen Mehrheitsverhältnissen die Konzentration der exekutiven Machtausübung in der Regierung abzusichern. Das Prinzip der Repräsentationsgenauigkeit des Wählerwillens wird gegenüber dem Effektivitätsprinzip geringer gewichtet. Anders bei der Verhältniswahl: Um die politische und soziale Vielfalt innerhalb der Gesellschaft möglichst getreu in der Zusammensetzung des Parlaments widerzuspiegeln, erhält die proportionale Repräsentation höchste Priorität. Zur Not werden dadurch Verluste (*trade-offs*) in Bezug auf die Regierungsstabilität hingenommen.

Die technischen Mittel, um diese Repräsentationsziele zu erreichen, bestehen im Einsatz bestimmter *Entscheidungsregeln*. Bei der *Majorz-(Mehrheits-)Regel* werden Mandate an den Kandidaten oder die Partei vergeben, die eine geforderte (absolute, relative) Stimmenmehrheit erhält. Bei der *Proporz-(Verhältnis-)Regel* erfolgt die Sitzvergabe im Parlament hingegen nach dem Anteil der Stimmen, der erzielt wurde.

Tabelle 8: Wahlsystem, Repräsentationsziel und Entscheidungsregel

Typ des Wahlsystems	Repräsentationsziel	Entscheidungsregel
Mehrheitswahl	Mehrheitsbildung	Majorz: Mehrheit siegt
Verhältniswahl	Abbild der Wählerschaft	Proporz: Anteil entscheidet

Quelle: Nohlen (2004[4]: 132)

In den klassischen Wahlsystemen entsprechen sich Entscheidungsregel und Repräsentationsprinzip (Tab. 8). *Klassische Mehrheitswahlsysteme* treten in zwei Ausprägungen auf:
- Das paradigmatische Beispiel für das System der *relativen Mehrheitswahl in Einerwahlkreisen (plurality system, first-past-the-post, FPTP)* ist Großbritannien. Es findet sich auch in den USA, in Kanada sowie Indien und ist in vielen karibischen sowie afrikanischen Staaten verbreitet. Gewählt ist, wer die einfache Stimmenmehrheit gegenüber den Mitbewerbern erhält.
- Bei Systemen mit einer *absoluten Mehrheitswahl in Einerwahlkreisen (majority system)* gibt es mehrere Varianten. Meist wird im

ersten Wahlgang eine absolute Stimmenmehrheit verlangt. Wenn sie nicht erreicht wird, treten im zweiten Wahlgang nur die beiden Bestplatzierten gegeneinander an (*majority-runoff system*). Dieses System wird in 19 der 32 Staaten verwendet, in denen der Präsident als Staatsoberhaupt direkt gewählt wird. Die französischen Parlamentswahlen sind der prominenteste Fall eines *majority-plurality system (two ballot system)*. Auch hier findet ein zweiter Wahlgang statt, wenn die absolute Mehrheit der abgegeben gültigen Stimmen im ersten Wahlgang verfehlt wird. Es wird dann mit einfacher Mehrheit zwischen allen Kandidaten entschieden, die schon im ersten Wahlgang angetreten waren (, dabei mindestens 12,5% der Stimmen erhielten und ihre Kandidatur im zweiten Wahlgang aufrechterhalten).

Auch *klassische Verhältniswahlsysteme* kommen in zwei Ausprägungen vor. Den Unterschied bildet dabei die Anwendung der Entscheidungsregel des Proporz auf einen nationalen oder mehrere subnationale Wahlkreise.

- Bei der *reinen Verhältniswahl (list proportional representation system, list PR)* wird nach Parteilisten in nur einem nationalen Wahlkreis und idealerweise ohne künstliche Hürden gewählt. Sie galt in der Weimarer Republik und findet sich heute in Israel und den Niederlanden, wo sie mit niedrigen Sperrklauseln (1,5% bzw. 0,67%) kombiniert sind.
- Bei der *Verhältniswahl in Mehrpersonenwahlkreisen* hingegen wird das Wahlgebiet in mehrere Wahlkreise eingeteilt, in denen jeweils die Proporzregel angewandt wird. Beispiele dafür bieten Spanien und Portugal.

Das Design von Wahlsystemen kann durch eine Reihe technischer Elemente variiert werden. Dazu gehören
- *Wahlkreiseinteilung*: Wahlkreise können nach der Bevölkerungszahl oder der Zahl der Wahlberechtigten eingeteilt werden. Auch die Anzahl der in einem Wahlkreis zu vergebenden Mandate kann unterschiedlich festgelegt werden. Der technische Effekt besteht darin, dass die natürliche Eintrittshürde für Parteien größer wird, je kleiner der Wahlkreis ist.
- *Wahlbewerbung und Stimmgebung*: Kandidaten können als Personen oder auf (Partei-)Listen kandidieren. Die Listenformen und die Stimmgebung verändern die Einflusschancen der Wähler auf die Bewerberauswahl. In einer „starren Liste" kann er nur *en bloc*

abstimmen. Bei einer „lose gebundenen Liste" kann er innerhalb der Parteiliste die Reihenfolge der Kandidaten ordnen. Wenn er über mindestens zwei Stimmen verfügt, kann er diese *kumulieren*, d.h. auf einen einzigen Kandidaten einer Parteiliste häufen. Auf einer „offenen Liste" kann der Wähler sogar über die Parteilisten hinweg seine persönliche Kandidatenliste frei zusammenstellen (*panaschieren*). Die unterschiedlichen Möglichkeiten betreffen nicht nur das Ausmaß, in dem das Kriterium der Partizipationschancen von Bürgern erfüllt wird, sondern auch das Verhältnis zwischen einer Partei und ihren Abgeordneten. Während der Kandidat bzw. Abgeordnete bei einer starren Liste hochgradig von seiner Partei abhängt und daher stärker zum Einhalten der Parteidisziplin gezwungen sein dürfte, orientieren sich die über die beiden anderen Listenformen Gewählten in ihrem parlamentarischen Abstimmungsverhalten tendenziell eher an den Interessen ihres Wahlkreises.

- *Stimmenverrechnung*: Bei der Transformation der Stimmen in das Wahlergebnis können zum einen Sperrklauseln gelten, die Parteien mit zu geringen Stimmanteilen den Einzug in das Abgeordnetenhaus verwehren. Dies bedeutet eine Reduktion der Repräsentation, wirkt aber zugunsten der Konzentration. Disproportionseffekte ergeben sich weiterhin aufgrund des angewandten Verrechnungsverfahrens (*electoral formula*), das nötig wird, wenn die Mandate nach der Proporzregel verteilt werden. Sie lassen sich zwei Grundtypen zuordnen: Bei *Höchstzahlverfahren (Divisorenverfahren)* werden durch Division der Stimmenzahlen mit Hilfe von Divisorenreihen Quotienten für die Mandatsvergabe errechnet (Methoden d'Hondt, St. Laguë). Bei *Wahlzahlverfahren (Quotaverfahren)* wird eine Wahlzahl gebildet, der entsprechend die Parlamentssitze den Parteien zugeordnet werden (Methode Hare-Niemeyer, Droop).

So wie alle Spielregeln das jeweilige Spiel beeinflussen, haben auch Wahlsysteme Auswirkungen auf das Ergebnis von Wahlen. Sie können erstens unmittelbar als Regeln, also *mechanisch* wirken, weil sie bei der Transformation von Stimmen in Mandate Disproportions- oder Konzentrationseffekte hervorrufen, die besonders kleine und mittlere Parteien bei der Vergabe von Parlamentssitzen benachteiligen. Mehrheitswahlsysteme zeitigen dabei, anders als Verhältniswahlsysteme, unter Umständen beachtliche Wirkungen (Tab. 9). Zweitens können sie *psychologisch* wirken, weil die Akteure aufgrund erwarteter mechanischer Effekte und antizipierter Reaktionen anderer Akteure ihr Verhalten strategisch ändern (*taktisches Wählen* > Kap. 5.3.3). Parteien, die sich keine Chance auf ein Mandat ausrechnen, verzichten womöglich auf ihre Teilnahme am Wettbewerb; Anhänger kleiner Parteien werden es unter den Bedingungen der Mehrheitswahl (anders als bei Verhältniswahl) meist nicht rational finden, ihre Partei oder ihren Kandidaten zu wählen, weil diese keinerlei Siegesaussicht haben.

Tabelle 9: Disproportionseffekte von Wahlsystemen

Land	Jahr	Partei	Stimmen (%)	Mandate (%)
Mehrheitswahlsysteme				
Großbritannien	1983	Konservative	42,4	61,6
		Allianz aus Liberalen und SDP	25,4	3,5
Kanada	1984	Konservative	50,0	74,8
		Liberale	28,0	14,2
Türkei	1954	Republikaner	36,4	5,7
Verhältniswahlsysteme				
Deutschland	1983	CDU/CSU	48,8	49,0
Niederlande	1982	Evangelische Volkspartei	0,7	0,7
Schweiz	1983	Autonome Sozialistische Partei	0,5	0,5

Quelle: Nohlen (2004[4]: 142)

Betrachtet man Systeme, die auf der Mehrheitsregel beruhen, so zeigt sich, dass sie keine proportionale Repräsentation hervorbringen. Kleinen Parteien gelingt der Einzug ins Parlament aufgrund der Disproportionalität zwischen Stimmen und Mandaten tendenziell nicht, außer wenn sie über ausgeprägte lokale Wählerhochburgen verfügen. Für die stärkste Partei kommen hingegen oft übergroße, künstliche Mandatsmehrheiten (*manufactured majorities*) zustande. Sie spiegeln die Präferenzen von häufig weitaus weniger als der Hälfte der Wählerstimmen wider. Dies bedeutet übrigens auch, dass relativ kleine Schwankungen des Elektorats große Veränderungen auf der Ebene der Mandate nach sich ziehen können, so dass Wahlen hier recht leicht zu Regierungswechseln führen. Die Konzentrationsfunktion erfüllt die relative Mehrheitswahl in Einerwahlkreisen besser als alle anderen Wahlsysteme, während die absolute Mehrheitswahl in Einerwahlkreisen hier ambivalent wirkt: Da im zweiten Wahlgang per Stichwahl (*ballotage*) entschieden wird, werden kleine Parteien dazu angeregt, Bündnisse zu bilden, was den Konzentrationseffekt zunächst dämpft. Er kommt jedoch dadurch wieder zur Geltung, dass solche Allianzen nicht nur wahlstrategische Bedeutung aufweisen, sondern auch für die parlamentarische Zusammenarbeit wichtig sind. Das Kriterium der Partizipation des Wählers am Wahlergebnis erfüllen Mehrheitswahlsysteme gut, weil sie die Möglichkeit gewähren, unter Personen auszuwählen. Überdies sind sie einfach. Ihre Legitimität schließlich beruht in der Regel darauf, dass sie sich auf eine lange historische Tradition beziehen. Diese beruft sich entweder auf die britische (relative Mehrheitswahl) oder die französische (absolute Mehrheitswahl) Demokratie. Die recht schwache Repräsentationsleistung untergräbt diese Legitimität jedoch tendenziell.

Wahlsysteme, die auf der Entscheidungsregel der Verhältniswahl beruhen, haben den Vorzug, das Kriterium der fairen Repräsentation konsequent zu erfüllen. Die Abwahl von Regierungen ist hier tendenziell schwerer, weil es dazu eines größeren Umschwungs im Elektorat bedarf als bei der Mehrheitswahl. Die Proportionalität der Umwandlung von Stimmen in Mandate geht jedoch auf Kosten der Konzentrationsfunktion. Weil dadurch Koalitions- oder Minderheitsregierungen die Regel werden (> Kap. 8.1.2), sagt man diesen Wahlsystemen häufig negative Wirkungen auf die Regierungsstabilität nach. Bei der reinen Verhältniswahl werden starre Listen verwendet, womit auch das Partizipationskriterium nur eingeschränkt erfüllt wird. Unter den Bedingungen heterogener Politikumwelten, in denen die Gesellschaft durch tiefe Spaltungsstrukturen geprägt ist, gilt es jedoch oft als legitim, der Repräsentationsfunktion Vorrang einzuräumen. Dadurch wird eine größere Inklusion der Wählerpräferenzen erreicht.

5.1.3 Kombinierte Wahlsysteme

Nicht alle nationalen Wahlsysteme können eindeutig der Verhältnis- bzw. Mehrheitswahl zugerechnet werden. Viele sind aus Elementen der beiden grundlegenden Entscheidungsregeln kombiniert, d.h. verbinden die Wahl von Kandidaten nach Majorzregel mit der Wahl von Parteilisten nach Proporzregel (*mixed-member systems*). Seit Anfang der 1990er Jahre sind weltweit etliche Reformen unternommen wurden, die häufig kombinierte Wahlsysteme einführten. Daher ist die Vielfalt der internationalen Wahlsystemlandschaft gewachsen. Zum einen wurden in einigen etablierten Demokratien grundlegende Wechsel des Wahlsystemtyps vollzogen, so in Italien (1993, 2005), Japan (1996) und Neuseeland (1996). Zum anderen fanden Reformen im Zuge der dritten Demokratisierungswelle (> Kap. 2.3.1) statt.

Die wichtigsten Typen kombinierter Wahlsysteme sind folgende:
- Bei der *personalisierten Verhältniswahl (mixed-member proportional system, MMP) mit gesetzlicher Sperrklausel (threshold)*, dessen prominentestes Beispiel das bundesdeutsche Wahlsystem darstellt, ist das Repräsentationsprinzip der Verhältniswahl bestimmend, da die Mandatsverteilung nach Proporz erfolgt. Damit kombiniert wird die Vergabe von Mandaten in Einerwahlkreisen (was traditionell mit dem Majorz einhergeht) und das technische Element der Sperrklausel, das Disproportionseffekte bewusst provoziert. Dieses System genügt dem Repräsentationskriterium durch die proportionale parlamentarische Vertretung aller Parteien, deren Stimmanteil die Sperrklausel überwindet. Dadurch treten gleichzeitig Konzentrationseffekte ein, weil sehr kleine Parteien ausgeschlossen werden. Die Bildung parlamentarischer Mehrheiten wird also erleichtert, und Koalitionsregierungen beruhen hier nicht auf künstlichen, durch die Wirkungen des Wahlsystems konstruierten Mehrheiten, sondern auf der tatsächlichen Mehrheit der Wählerstimmen (*earned majorities*). Auch dem Partizipationskriterium wird Genüge getan, weil zumindest ein Teil der Abgeordneten als Personen in Einerwahlkreisen gewählt wird.
- *Segmentierte Wahlsysteme (Grabenwahlsystem, Parallelsystem, parallel system)* wirken hingegen primär mehrheitsfördernd. Ein Teil der Mandate wird nach der Majorzregel in Einerwahlkreisen, ein weiterer Teil nach der Proporzregel in Mehrpersonenwahlkreisen vergeben. Da die jeweiligen Ergebnisse – anders als bei der personalisierten Verhältniswahl – nicht miteinander verrechnet werden, vereinigt das Gesamtsystem die Auswirkungen beider Segmente: In Einerwahlkreisen mit Mehrheitswahlrecht treten zwar Disproportionseffekte auf, aber die Konzentration der Parteien wird gefördert und die Partizipationschancen der Wähler steigen aufgrund der Möglichkeit, neben Parteilisten auch Personen zu wählen. Im zweiten Segment erfolgt die Mandatsvergabe nach dem Verhältniswahlrecht, so dass die Repräsentationsleistung des Ge-

samtsystems verbessert wird. Beispiele dafür sind Russland (1993-2003), Japan (seit 1993) und Mexiko (seit 1979). Das segmentierte Wahlsystem ist in den 1990er Jahren darüber hinaus in Ostmitteleuropa populär geworden.

Das Wahlsystem Italiens
Das *Verhältniswahlrecht in Mehrpersonenwahlkreisen* galt als Hauptursache für die notorische politische Instabilität der Ersten italienischen Republik (gegründet 1946) mit ihren insgesamt 57 Regierungen bis 1993. Es wurde 1993 durch das komplizierte System der *kompensatorischen Verhältniswahl* (mit 4%-Sperrklausel) ersetzt, bei dem drei Viertel der 630 Abgeordneten in Einerwahlkreisen nach relativer Mehrheit bestimmt wurden. Das verbleibende Viertel erhielt Mandate nach dem Verhältniswahlrecht, wobei Parteien, die in den Einerwahlkreisen bereits Mandate errungen hatten, bei der Zuteilung nur noch partiell berücksichtigt wurden. Außerdem wurden Listenverbindungen zwischen Parteien zugelassen. Die Reform zielte darauf, das diskreditierte Parteienkartell aufzubrechen, die Fragmentierung des Parteiensystems zu verringern und stabile Regierungsmehrheiten zu ermöglichen. Dies gelang jedoch kaum. Lediglich der Wechsel von Mitte-Links- und Mitte-Rechts-Koalitionen in der Regierungsverantwortung wurde Ende der 1990er Jahre zur Normalität. Aber auch dies war weniger ein Erfolg der Wahlreform als der Sozialdemokratisierung der kommunistischen Partei, die dadurch im linken Lager koalitionsfähig wurde.
Als im Jahre 2005 Meinungsumfragen eine sinkende Zustimmung zur regierenden Mitte-Rechts-Koalition von Silvio Berlusconi registrierten, führte dieser mit den Stimmen der Regierungsmehrheit und trotz tumultartiger Auseinandersetzungen im Parlament das System der Verhältniswahl wieder ein. Die Reform wurde mit der notwendigen Konzentration des Parteiensystems und der Schaffung stabiler Regierungsmehrheiten begründet, war aber deutlich machtpolitisch motiviert. Sie sah Sperrklauseln von 4% für einzelne Parteien, 10% für Parteienbündnisse und 2% für koalitionswillige kleine Partner vor, wenn diese sich vor den Wahlen auf eine Allianz festlegten und einen gemeinsamen Spitzenkandidaten benannten. Die siegende Partei(enkoalition) sollte automatisch eine Mehrheitsprämie von 50 Sitzen gegenüber der Opposition erhal-

> ten. Diese Regelungen schienen das rechte Lager zu privilegieren, das weniger fragmentiert war als die Linke. Weithin unerwartet gelang der Linken jedoch die Bündnisbildung für die Wahlen vom April 2006. Sie siegte zudem – mit einem hauchdünnen Vorsprung von ca. 25.000 Stimmen, der sich aufgrund der Mehrheitsprämie in eine komfortable Regierungsmehrheit übersetzte. Die weitere Entwicklung zeigt allerdings, dass dies keine Garantie für die Stabilität einer Regierung ist, an der immerhin 13 Partner beteiligt sind (von 23 Parteien, die insgesamt ins Parlament einzogen). Das tieferliegende Problem, das in den virulenten gesellschaftlichen *cleavages* Italiens (> Kap. 3.3.1) besteht, kann nicht allein durch Wahlreformen gelöst werden.

Entscheidungen über Wahlsysteme lassen sich zum einen aus machtpolitischen Erwägungen erklären, zum anderen aber auch aus veränderten Erwartungen an ihre Wirkungen: Ihre „Designer" wägen die Vor- und Nachteile der jeweiligen Regelsysteme gegeneinander ab und versuchen sie auszugleichen, um den verschiedenen Funktionsanforderungen – insbesondere Repräsentation, Effektivität und Partizipation – gleichzeitig gerecht zu werden. Kombinierte Wahlsysteme sind komplexer als die klassischen Varianten. Sie lassen stärkere Spielräume für Kontextfaktoren und sind in ihren Wirkungen daher weniger eindeutig, wie die vergleichende Wahlsystemforschung zeigt.

Es gibt kein ideales Wahlsystem. Alle Systeme sollen stets mehreren Anforderungen genügen, zwischen denen gewisse *trade-offs* bestehen. So kollidieren das Repräsentations- und das Konzentrationskriterium nahezu zwangsläufig: Ersteres betont Partizipation und Inklusion, letzteres aber Effizienz durch Machtkonzentration. Die Kombination von Elementen, die unerwünschte Effekte anderer Elemente neutralisieren, macht Wahlsysteme komplizierter. Welches Wahlsystem sich für eine Gesellschaft am besten eignet, hängt davon ab, welche politischen Ziele Priorität genießen. Für heterogene Gesellschaften in ungefestigten Demokratien werden oft Verhältniswahlsysteme empfohlen, weil sie die Repräsentativität des Wahlergebnisses sichern und damit die Akzeptanz des politischen Systems auch bei mehr oder weniger großen und zahlreichen Minderheiten verbessern (> Kap. 9.3.2). Auch hier zeigt es sich, dass Entscheidungen über Institutionen *(institutional choices)* politische

Entscheidungen sind: Spielregeln haben Einfluss auf Verlauf und Ergebnisse des Spiels, und Spieler, die sie verändern können, sich dann aber an sie halten müssen, wissen das. Da Entscheidungen über Institutionen selten unilateral gefällt werden, entstehen sie auch nicht „auf dem Reißbrett", sondern spiegeln die Auseinandersetzungen von Akteuren in bestimmten Konstellationen zu einem bestimmten Zeitpunkt wider.

5.2 Parteien und Wähler: Die Logik des Parteienwettbewerbs

5.2.1 Das räumliche Modell des Parteienwettbewerbs

Durch Wahlen entscheiden die Bürger in der Parteiendemokratie (> Kap. 2.1.3), welcher Partei bzw. ihren Repräsentanten das temporäre Mandat zur Ausübung der politischen Herrschaft übertragen wird. Wie aber kommt der Zusammenhang zwischen Wählerpräferenzen und Parteiprogrammen zustande, der die Grundlage für die Wahlentscheidung bildet? Eine einfache Antwort auf diese Frage findet sich in der auf dem *Rational-Choice*-Ansatz beruhenden „Ökonomischen Theorie der Politik" von Anthony Downs (1957). Demzufolge lässt sich der politische Wettbewerb analog zum Wettbewerb auf ökonomischen Märkten verstehen: Auf dem politischen Markt wird politische Macht in Form von Wählerstimmen gegen die Realisierung politischer Ziele getauscht. Die Produzenten (Parteien) konkurrieren also mit ihren Produkten (Ideologien) um die Gunst der Konsumenten (Wähler). Dabei versuchen alle Beteiligten, ihren Nutzen zu maximieren. Parteien sind Instrumente der Stimmenmaximierung der Parteiführungen (*vote-seeking*), um die Wahlen zu gewinnen und damit an die Regierung zu gelangen bzw. dort zu bleiben. Die Wähler wiederum sind bestrebt, für sich einen möglichst hohen Nutzen aus der Tätigkeit der Regierung, d.h. ihren politischen Entscheidungen in einzelnen Sachfragen (*issues*), zu ziehen.

Für die Orientierung von Parteien und Wählern im politischen Raum sind *Ideologien* wichtig. Sie erfassen Positionen zu politischen Grundsatzfragen (*superissues*), denen viele andere Sachfragen logisch nachgeordnet sind. Damit wird es möglich, den Parteienwettbewerb in einem räumlichen Modell zu veranschaulichen, was Downs anhand der einfachen ökonomischen Links-Rechts-Dimen-

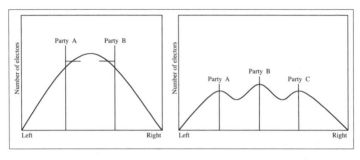

Abbildungen 7 und 8: Das räumliche Modell des Parteienwettbewerbs
Quelle: Budge (2006: 424, 425) nach Downs (1957)

sion (> Kap. 4.2.2) demonstriert. Sie bildet ein Kontinuum zwischen den Extrempositionen „Planwirtschaft" und „Manchesterkapitalismus", auf dem sich sowohl die individuellen Idealpunkte der Wähler als auch die ideologischen Positionen der Parteien verorten lassen. Je geringer die räumliche Entfernung zwischen einer Parteiposition und dem Idealpunkt eines individuellen Wählers ist, desto größeren Nutzen wird dieser davon erwarten können, wenn diese Partei die Regierungsverantwortung ausübt. Er wird sie deshalb wählen (> Kap. 5.3.3). Wenn sich die Wähler also an ideologischen Kriterien orientieren, so reicht es für eine Partei aus, die Verteilung der Wählerpräferenzen auf dem betreffenden Kontinuum zu kennen und sich entsprechend programmatisch zu positionieren.

Konkurrieren nur zwei Parteien miteinander, befindet sich der optimale Standpunkt für beide am Idealpunkt des *Medianwählers*, also desjenigen hypothetischen Wählers, an dem sich die Wählerschaft in zwei genau gleich große Gruppen teilen lässt. Während in Abbildung 7 Partei A die Wähler links von ihrer eigenen Position und Partei B die Wähler rechts davon nicht besonders umwerben muss, da deren Stimmen ihr sicher sind, kämpfen beide um die politische Mitte. Beide Parteien sollten daher im Laufe der Zeit programmatisch an der Präferenzposition des Medianwählers konvergieren, denn dessen Stimme ist für den Wahlausgang entscheidend. Wenn es einer der beiden Parteien gelingt, den Idealpunkt dieses Wählers einzunehmen, hat sie keinen Anlass mehr, von ihm abzurücken. Die unterlegene Partei wiederum kann ihren Stimmenanteil nur vergrößern, wenn sie sich ebenfalls diesem Punkt annähert. Eine solche ideologische Konvergenz setzt allerdings die wenig realistische Annahme voraus, dass Wähler sich in jedem Falle für die ihnen am nächsten positionierte Partei entscheiden, und zwar selbst dann, wenn die Distanz zwischen dem ideologischen Angebot und der Nachfrage sehr groß ist. Lässt man diese Annahme fallen, kann der Parteienwettbewerb auch an den Rändern entschieden werden, weil eine Partei womöglich dort mehr Stimmen verliert als sie in der Mitte hinzugewinnt. Auch der „Markteintritt" einer dritten Partei ist denkbar, die sich der Wähler am Rand des politischen Spektrums annimmt.

Abbildung 8 illustriert die Übertragung des Modells von einem Zweiparteien- auf ein Mehrparteiensystem. Ein Gleichgewichtspunkt, auf den alle Parteien zustreben würden, existiert dann nicht; es gibt also keinen Trend zur Konvergenz. Während aus dem Wettbewerb zwischen zwei Parteien also diejenige Partei als Siegerin hervorgehen sollte und die Regierungsverantwortung übernimmt, die während des Wahlkampfs den Medianwähler für sich gewinnt, kann im hier modellierten Mehrparteiensystem keine Partei die Stimmenmehrheit erringen, um eine Einparteienregierung zu bilden (> Kap. 8.1.2). Damit sind auch die Chancen der Bürger, durch ihre Stimmabgabe die Bildung einer Regierung – und damit auch deren Politik – zu beeinflussen, hier relativ kleiner als in Zweiparteiensystemen, weil sie an Koalitionsverhandlungen nicht beteiligt werden.

Übrigens ist eine Konvergenz innerhalb von Zweiparteiensystemen in der Realität bisher nicht zu beobachten gewesen – wohl aber ein in den meisten Parteisystemen über Jahrzehnte hinweg zu beobachtender Trend, den ideologischen Abstand zwischen den Wettbewerbern konstant zu halten. Die ideologischen Positionen von Parteien bleiben innerhalb eines gewissen Korridors meist über lange Zeit relativ stabil. Sprünge von einem zum anderen Extrem des politischen Spektrums, um neue Wählerstimmen anzuziehen (*leapfrogging*), finden nicht statt, weil sie mit einem erheblichen Verlust an Glaubwürdigkeit verbunden wären.

5.2.2 Institutionelle Einflussfaktoren

Downs sparsames Modell plausibilisiert die Logik eines politischen Wettbewerbs, in dem die Entscheidung über Sieg oder Niederlage an die Wähler – wie an eine Publikumsjury – abgegeben wird. Es bietet deshalb einen sehr allgemeinen und simplifizierenden Erklärungsansatz für die Konkurrenz um Wählerstimmen. Abgesehen von seiner analytischen Verfeinerung bedarf dieses auf dem *Rational Choice* beruhende Modell auch der Einbettung in den Rahmen der neoinstitutionalistischen Theorieperspektive. Neben den Zielen der Parteien und ihrer Eliten in einem nationalen politischen System muss einerseits das Wählerverhalten (> Kap. 5.3) und andererseits die Umwelt der „elektoralen Verbindung" zwischen den Anbietern von Politik und ihren Konsumenten in den Blick genommen werden. Dazu gehören die *cleavages* als zeitstabile gesellschaftliche Spaltungslinien, die das ideologische Repertoire von Parteien prägen und einschränken (> Kap. 3.3.1), aber auch Institutionen wie das Parteien- und Wahlrecht sowie das Regierungssystem (> Kap. 7), die bereits im älteren Institutionalismus Beachtung fanden. Beispielsweise werden der Parteienwettbewerb und die Konkurrenz um Sitze im Parlament in präsidentiellen Regierungssystemen stark von den Präsidentschaftswahlen und dem entsprechenden Wahlsystem geprägt.

Vor diesem Hintergrund lässt sich nun auch die intensive wissenschaftliche Debatte um die Auswirkungen von Wahlsystemen auf die Gestalt von Parteiensystemen verstehen. Sie beginnt mit den „soziologischen Gesetzen" von Maurice Duverger (1959). Anschlussfähig an die Logik von Downs' räumlichem Modell des Parteienwettbewerbs behauptet er, die Verhältniswahl führe tendenziell zu einem Vielparteiensystem mit programmatisch starren und organisatorisch stabilen Parteien. Die relative Mehrheitswahl fördere hingegen ein Zweiparteiensystem mit sich in der Regierungsausübung abwechselnden großen Parteien, und die absolute Mehrheitswahl (mit Stichwahl) ein Vielparteiensystem mit elastischen, verhältnismäßig stabilen Parteien (*Duverger's Law*).

Die Vergleichende Wahlsystemforschung hat den Determinismus und die Monokausalität dieser rein institutionalistischen Zusammenhangsbehauptung in der Folgezeit relativiert. Tatsächlich zeigt es sich, dass alle Wahlsysteme – nicht nur die auf der Majorz-Regel beruhenden – die Zahl der Parteien auf Parlamentsebene reduzieren. Dabei tendieren alle Wahlsysteme dazu, die stärksten Parteien zu privilegieren, wenn auch in unterschiedlichem Ausmaß. Alle Wahlsysteme wirken darüber hinaus deutlich in Richtung ihrer Repräsentationsziele: Systeme, die durch das Prinzip der Verhältniswahl dominiert werden, bewirken eher eine proportionale Abbildung des Wählerwillens, während Mehrheitswahlsysteme vor allem Konzentrations- und Partizipationseffekte produzieren. Gleichzeitig gilt inzwischen als gesichert, dass Wahlsysteme zwar das Verhalten der Parteien in einem Parteiensystem beeinflussen, dessen Konfiguration jedoch nicht determinieren können. Die *cleavage*-Struktur von Parteiensystemen wirkt vielmehr auch auf Wahlsysteme zurück. Da sie ihrerseits die soziostrukturelle Heterogenität der betreffenden Gesellschaft abbildet, scheint es, dass sich politische Akteure in sehr heterogenen, fragmentierten Gesellschaften vorzugsweise für den Grundtyps des Verhältniswahlrechts entscheiden, weil dieser faire Repräsentationschancen auch für Minderheiten bietet. Damit würde der von Duverger angenommene Kausalzusammenhang durch die Einbeziehung soziologischer Faktoren umgekehrt.

5.3 Wähler und Parteien: Die Logik der Wahlentscheidung

5.3.1 Der soziologische Erklärungsansatz

Wählen ist die wichtigste unter den Aktivitäten von Bürgern, die der politischen Partizipation zugerechnet werden (> Kap. 3.2.1). Wie entscheiden sich Wähler für bestimmte Parteien? Auf diese Frage gibt es in der Wahlforschung traditionell drei Antworten, die auf systematisch verschiedenen Ausgangsannahmen beruhen.

Der *soziologische Ansatz* erklärt das individuelle Wahlverhalten durch soziodemographische Merkmale, also durch die Position eines Menschen in der Sozialstruktur: Der Wähler, ein *homo sociologicus* (> Kap. 1.2.3), fällt seine Wahlentscheidung in Übereinstimmung mit seinem sozialen Umfeld, geprägt durch die politisierten Milieu- bzw. Gruppenstrukturen, in die er eingebunden ist. Er ist Stammwähler einer Partei, die auf der Grundlage einer soziostrukturellen Konfliktlinie ein historisch gewachsenes Bündnis mit seiner gesellschaftlichen Großgruppe eingegangen ist. Zu beobachten sind daher stabile Muster des *social cleavage voting*, insbesondere *class voting* (Arbeiter wählen linke Parteien, die Mittelklasse hingegen liberale und konservative Parteien) und *religious voting* (religiöse Gruppen wählen religionsgebundene Parteien). Damit liefert dieser Erklärungsansatz das Pendant zum *cleavage*-Modell der Entstehung von Parteiensystemen (> Kap. 4.2.2).

Neben dieser makrosoziologischen liegt auch eine mikrosoziologische Interpretation der soziostrukturellen Prägung des Wahlverhaltens vor. Sie wurde von der *Columbia-Schule* um Paul Lazarsfeld (1944) formuliert. Ihr zufolge zeigen Individuen die Tendenz zu unveränderlichem Wahlverhalten, weil sie in soziale Gruppen mit erkennbaren Wahlnormen und einem bestimmten politischen Profil eingebunden sind. Sie unterliegen daher Einflüssen, die auf Sozialisation und Kommunikation beruhen und durch Gruppendruck, Harmonie- und Anpassungsbedürfnisse sowie eine selektive Mediennutzung verstärkt werden.

Beide Varianten des soziologischen Ansatzes können stabiles Wahlverhalten gut erklären. Wechselwähler hingegen sind der makrosoziologischen Interpretation zufolge unter Bürgern zu suchen, die nicht über eine sozialstrukturell vorgeprägte, stabile Parteipräferenz verfügen, weil sie keiner sozialen Gruppe angehören, die ein Bündnis mit einer Partei unterhält. Auch Menschen, die mehreren Gruppen angehören, neigen zu wechselndem Wahlverhalten, da sie unter den Druck parteipolitisch gegenläufiger Einflüsse (*cross-pressures*) geraten. So könnten sich stark religiös geprägte Arbeiter sowohl für eine linke als auch für eine christliche Partei entscheiden – oder sich ganz der Stimme enthalten. Die mikrosoziologische Argumentation führt Wechselwählen auf die interpersonale Kommunikation in der Nahumgebung des Wählers zurück; der Kontakt mit politisch Andersdenkenden sollte das Wahlverhalten demnach destabilisieren. Wahlenthaltung schließlich wird in dieser Argumentation auch begünstigt, wenn die soziale Kontrolle in der näheren sozialen Umwelt schwach ist bzw. ein derartiges Verhalten nicht sanktioniert.

5.3.2 Der sozialpsychologische Erklärungsansatz

Ein zweiter Erklärungsansatz für Wahlverhalten geht *sozialpsychologisch* vor. Er erklärt, anknüpfend an das *Ann-Arbor-Modell* (der *Michigan-Schule*) um Angus Campbell (1960) die individuelle Stimmabgabe mit den politischen Einstellungen des Wählers. Die drei zentralen Erklärungsgrößen innerhalb dieses Ansatzes sind die Parteiidentifikation, die Issue-Orientierung und die Kandidatenorientierung. Die *Parteiidentifikation (party identification, PI)* des Wählers entfaltet dabei den größten Einfluss auf die Wahlentscheidung. Sie bezeichnet die langfristig stabile, affektive, im Laufe der Primärsozialisation erworbene, allerdings durchaus wandelbare Loyalität gegenüber einer politischen Partei. Diese Parteiidentifikation wirkt als Wahrnehmungsfilter bei der Interpretation des politischen Geschehens. Sie ist ein Instrument der Komplexitätsreduktion und ermöglicht dem Bürger die Orientierung in der alltagsfernen Sphäre der Politik. Allerdings determiniert sie sein Verhalten nicht vollständig.

5.3 Wähler und Parteien

Die Wirkung dieser Einflussgröße kann durch zwei kurzfristig variable Faktoren modifiziert werden: Die *Kandidatenorientierung* betrifft die Ansicht des Wählers in Bezug auf die Persönlichkeit des zur Wahl stehenden Kandidaten, aber auch auf dessen Positionen zu politischen Sachfragen. Die *Sachfragenorientierung* (*Issue*-Orientierung) wiederum umfasst die Einstellungen des Wählers zu Fragen, die sich auf staatliche *policies* beziehen. Inhaltlich können solche Sachfragen in *Positionsissues* über kontroverse Inhalte von Politik (etwa bezüglich der Nutzung von Kernenergie oder Gentechnologie) von *Valenzissues* unterschieden werden. Letztere beziehen sich auf gesellschaftliche Ziele, die auf allgemeine Zustimmung stoßen (etwa Wirtschaftsentwicklung oder Frieden). Wenn Wähler Kandidaten oder Parteien mit solchen Zielen und der Fähigkeit zu ihrer Realisierung verbinden, werden sie wahlrelevant. Zu den kurzfristigen Einflussgrößen des Wahlverhaltens gehören schließlich *parteibezogene Einstellungen*, etwa bezüglich der Regierungs- oder generellen Problemlösungsfähigkeit politischer Parteien. Sie werden von einigen Autoren innerhalb des sozialpsychologischen Ansatzes als vierte Komponente des Erklärungsmodells analytisch separiert, während andere sie unter einen weit gefassten *issue*-Begriff subsummieren.

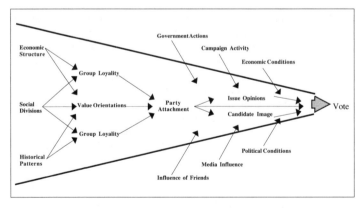

Abbildung 9: Kausalitätstrichter zur Erklärung der Wahlentscheidung
Quelle: Dalton (2002[3]: 173)

Wie die tatsächliche Wahlentscheidung entsteht, modelliert der sozialpsychologische Ansatz mithilfe eines *Kausalitätstrichters (funnel of causality)*. An der Mündung des Trichters befinden sich die unmittelbar relevanten Faktoren der Wahlentscheidung, die den Kern des Erklärungsmodells bilden. Ihre konkrete Ausprägung lässt sich zurückverfolgen, indem in der Vergangenheit liegende Faktoren betrachtet werden. Wichtig sind diese für die Wahlentscheidung insbesondere dann, wenn sie vom Wähler als politisch wahrgenommen werden, wenn also beispielsweise die individuellbiographische Erfahrung von Arbeitslosigkeit als Folge einer bestimmten Politik der Regierung angesehen wird. Dies betrifft die der Wahlentscheidung zeitnah vorgelagerten Faktoren wie z.b. interpersonale und mediale Kommunikation, aber auch weiter zurückliegende Faktoren wie die Sozialisationsbedingungen des Wählers, seine daraus erwachsenen Gruppenloyalitäten und allgemeinen Wertorientierungen. Die individuelle Wahlentscheidung entsteht also im Verlaufe eines komplexen Prozesses, in dem vielfältige, darunter soziodemographische, Bestimmungsgründe wirken können (Abb. 9).

Durch den Kausalitätstrichter wird der psychologische Erklärungsfokus erweitert, was das Modell gegen den Vorwurf eines unangemessenen Reduktionismus schützt. Gleichzeitig legitimiert er die spezifische Erklärungsperspektive dieses Ansatzes, die sich auf die politischen Einstellungen konzentriert, welche der Wahlentscheidung unmittelbar vorgelagert sind und daher die Erklärung des Stimmverhaltens ermöglichen. Geleitet durch den Kausalitätstrichter ist auch die Analyse der Entstehung wahlverhaltensrelevanter Einstellungen möglich, steht aber nicht im Mittelpunkt der Aufmerksamkeit.

Der sozialpsychologische Ansatz erklärt stabiles Wahlverhalten mit der Prägekraft der Parteiidentifikation, welche die politische Wahrnehmung und die Einstellung gegenüber Kandidaten und Themen zugunsten der Identifikationspartei „färbt" und damit stabilisiert. Ist (oder wird) die Parteibindung hingegen schwach, steigt die Wahrscheinlichkeit von wechselndem oder instabilem Wahlverhalten. Kandidaten- und Sachfragenorientierungen des Wählers gewinnen unter diesen Bedingungen an Bedeutung. Auch Einstellungswandel oder Einstellungskonflikte (psychologische *cross-pressures*), etwa zwischen der Parteiidentifikation und den Kandidaten- bzw. Sachfragenorientierungen (sowie zwischen diesen Kurzfristkomponenten) begünstigen wechselhaftes Stimmverhalten. Weil die Beteiligung an Wahlen durch die mentale Einbindung einer Person in das politische System begünstigt wird, lässt sich Wahlabstinenz in diesem Modell am ehesten durch die Erosion der *Wahlnorm* erklären, also der verinnerlichten Annahme, die Teilnahme an Wahlen gehöre in einer Demokratie zu den staatsbürgerlichen Pflichten (Wahlpflichtgefühl). Ein zweiter wichtiger Erklärungsfaktor ist die Parteiidentifikation. Dabei spielt weniger die konkrete Bindung an eine Partei eine Rolle als ihre Intensität; je geringer sie ist, desto geringer dürfte das Bedürfnis sein, ihr am Wahltag Ausdruck zu verleihen. Auch psychologische *crosspressures* können unter Umständen dazu führen, dass sich der Wahlberechtigte seiner Stimme enthält. Weitere Gründe dafür werden in geringer individueller politischer Involvierung (politisches Interesse), politischer Entfremdung und Unzufriedenheit mit der Demokratie im allgemeinen sowie in einer als gering wahrgenommenen individuellen politischen Wirksamkeit (*political efficacy*) gesehen.

5.3.3 Der ökonomische Erklärungsansatz

Der dritte Ansatz zur Erklärung individuellen Wahlverhaltens ist *rationalistisch (ökonomisch)* und folgt aus Antony Downs' Theorie des Parteienwettbewerbs (> Kap. 5.2.1). Der rationale Wähler orientiert sich demnach als *homo oeconomicus* an aktuellen Streit- und Sachfragen (*issue-voting*), wobei er eine strategische Entscheidung entsprechend seines Nutzenkalküls trifft. Er informiert sich daher über die Ziele politischer Parteien und wählt diejenige unter ihnen, deren ideologische Position seinen Idealvorstellungen zu politischen Grundsatzfragen am nächsten kommt. So sollte ein Bürger, der linke Präferenzen hat, keine wirtschaftsliberalen Parteien wählen, weil deren Politikangebot seinen Bedürfnissen nicht entspricht. Da er vielmehr wünscht, dass der Staat Reichtum umverteilt und deshalb höhere Steuern gegenüber Wohlhabenden und umfassende staatliche Interventionen in Märkte begrüßt, sollte er der sozialdemokratischen Partei seines Landes oder deren linker Konkurrenz seine Stimme geben (> Kap. 4.2.3).

Ob sich ein Wähler für eine Partei aus egoistischen und einkommensorientierten oder aus altruistischen Gründen entscheidet, ist seine Sache – in jedem Falle vergleicht er vorab die jeweiligen Positionen der Parteien hinsichtlich politischer Sachfragen. Angesichts dessen, dass er nicht weiß, wie sich eine zukünftige Regierung verhalten wird, bedeutet dies am ehesten, die Leistungen der Regierungspartei in der vergangenen Legislaturperiode zu den (hypothetischen) Leistungen der Opposition in Beziehung zu setzen. Die Differenz aus den dabei kalkulierten Nutzeneinkommen wird als *Parteiendifferential* bezeichnet. Die Wahlentscheidung entfällt dann auf jene Partei, die dabei besser abschneidet. Falls mehr als zwei Parteien angetreten sind, verzichtet der rationale Wähler aber unter Umständen darauf, seine am meisten bevorzugte Partei zu wählen, wenn diese keine realistische Chance hat, die Regierung zu übernehmen. Dann wird er unter den aussichtsreichen Wettbewerbern denjenigen unterstützen, von dem er den höchsten Nutzen für sich erwartet (*taktisches Wählen*).

Das Wahlverhalten wird im *Rational-Choice*-Modell also nicht, zumindest nicht unmittelbar, durch sozialstrukturelle Bestimmungsfaktoren oder eine langfristige Parteibindung geprägt. Vielmehr stimmt der rationale Wähler bei jedem Urnengang unter Umständen für eine andere Partei. Dies kann der Fall sein, weil sich die ehedem gewählte Partei von seinem Idealpunkt entfernt hat oder weil eine andere Partei diesem stärker nähergekommen ist. Denkbar ist wechselndes Wahlverhalten aber auch als Reaktion darauf, dass sich die betreffende Partei in der Wahrnehmung des Wählers als weniger leistungsfähig erwiesen hat als zuvor angenommen. Falls der rationale Wähler keinen Unterschied zwischen den von den Parteien angebotenen Programmen für sich zu erkennen vermag, das Parteiendifferential also Null beträgt, oder wenn er zu dem Schluss kommt, seine Stimme sei für den Wahlausgang bedeutungslos, nimmt er gar nicht daran teil, weil er mit den dafür aufzuwendenden Ressourcen anderweitig größeren Nutzen erzielen kann.

> **Das Wahlparadoxon**
> Downs' Argumentation führt zu einer theoretischen Konsequenz, die empirisch nicht haltbar ist: Wenn der Wähler tatsächlich beabsichtigt, mit seiner Stimme seiner bevorzugten Partei zum Wahlsieg zu verhelfen, wenn gleichzeitig aber die Wahrscheinlichkeit verschwindend gering ist, dass gerade (s)eine einzelne Stimme diesen Effekt bewirken kann und wenn ihm durch seine Stimmabgabe darüber hinaus zwar (wenn auch meist nur geringe) Kosten entstehen, aber keinerlei (materielle) Anreize für eine Wahlbeteiligung vorliegen, sollte er zu Hause bleiben. Der rationale Wähler wäre logisch zwingend ein Nichtwähler.
> Weil das Verhalten eines Großteils der Wahlberechtigten jedoch dieser Logik nachweislich nicht folgt (> Kap. 5.3.4), spricht man vom *Wahlparadoxon (voter's paradox, paradox of voting)*. In einer ausgiebigen politikwissenschaftlichen Diskussion sind unterschiedliche Varianten des Umgangs mit diesem Problem vorge-

schlagen worden. Während einige Autoren den Verzicht auf den rationalistischen Ansatz in der Wahlforschung nahelegen, verteidigen andere die Downssche Argumentation als lediglich ein Modell ohne Erklärungsanspruch, dessen Funktion in der Generierung interessanter Hypothesen bestehe. Ein dritter Diskussionsstrang widmet sich der Suche nach Modifikationen der Modellannahmen, um eine erklärende *Rational-Choice*-Theorie des Wahlverhaltens zu erarbeiten. So wird beispielsweise argumentiert, dass aus dem Wahlakt selbst eine Reihe von psychologischen und sozialen Gratifikationen folgt, die als soziale Anreize wirken können und daher für den Wähler Nutzen stiften. Die Erfüllung der Wahlnorm beispielsweise kann mit sozialer Anerkennung belohnt werden. Vielleicht zieht der Wähler aus der Stimmabgabe auch expressiven Nutzen, indem er damit eine bestimmte Überzeugung – etwa seine Unterstützung für das politische System insgesamt oder seine Parteiidentifikation – zum Ausdruck bringt. Mit diesen Erweiterungen nähert sich die rationalistische Perspektive der sozialpsychologischen an.

5.3.4 Tendenzen des Wählerverhaltens in modernen Demokratien

Seit Mitte der 1960er Jahre sind die traditionellen *cleavages* (> Kap. 3.3) aufgrund des Wandels der Sozialstruktur, der Verbürgerlichung der Arbeiterklasse, der Expansion des Wohlfahrtsstaates und des gestiegenen Niveaus der Bildung, Mobilität und Urbanisierung schwächer geworden. Die Bindungen zwischen den Parteien und ihren Wählern lassen daher allmählich nach (*party dealignment*).

Erosion der Wählerbindung
Nachdem sich im Verlaufe der 1950er Jahre zwischen 70 und 75 % der US-amerikanischen Wähler stabil zu einer der beiden großen Parteien bekannt hatten, ließ ihre Loyalität seit den Wahlen von 1964 sichtbar nach. Anlässlich der Präsidentschaftswahlen des Jahres 2004 bekundeten nur noch 60 % der Wähler, Anhänger einer bestimmten Partei zu sein. Der *dealignment*-Trend setzte in den 1970er Jahren auch in allen westeuropäischen Demokratien ein. Die Zustimmung für die großen europäischen Parteien sank

> von 92% im Jahre 1960 auf 78% in den frühen 1990er Jahren. Neue und kleinere Parteien hingegen haben Stimmen hinzugewonnen, was zum Teil substantielle Auswirkungen auf die Zusammensetzung von Parteienregierungen hat.

Mitunter gehen Wähler, die ihre traditionellen Bindungen an eine Partei aufgegeben haben, neue Bündnisse mit anderen Parteien ein (*realignment*). Das bedeutet jedoch nicht, dass die historisch gewachsenen europäischen *cleavages* völlig verschwunden wären. Ihre Wirkung ist heute nur weniger sichtbar als in den 1970er Jahren. Sie werden durch neue Konfliktstrukturen sowie die wachsende Bedeutung von *issues*, d.h. aktueller, oft temporärer, aber drängender Probleme, partiell in den Hintergrund gedrängt. Eine weitere Entwicklung, welche die empirische Wahlsoziologie beschäftigt, ist der nachhaltige Wandel der Medienlandschaft, der mit Veränderungen der Wahlkampagnen von Parteien und Kandidaten einhergeht.

All dies stellt erhebliche Herausforderungen an die empirische Wahlsoziologie, die das Gewicht der einzelnen Erklärungsfaktoren für Wahlverhalten immer wieder überprüfen und gegebenenfalls durch weitere Faktoren – so etwa retrospektive und prospektive Wählerkalkulationen sowie mediale Komponenten – ergänzen muss. Einige wichtige aktuelle Fragen der empirischen Wahlforschung seien im Folgenden skizziert:

Wie stark wird das *Wahlverhalten* noch von sozialstrukturellen Faktoren – von der Klassenlage und der Religionszugehörigkeit, aber auch der Bindung an (post-)materialistische Werte – geprägt? Wie stabil ist die Parteiidentifikation von Wählern? Die Bedeutung sozialstruktureller Faktoren für die Parteienwahl ist in den einzelnen Ländern unterschiedlich groß. Umfragedaten aus den 1990er Jahren zeigen, dass beispielsweise Religiosität das Wahlverhalten in Italien weitaus besser erklärt als in Großbritannien (*religious voting*), während die Klassenzugehörigkeit in Schweden bis heute eine recht hohe Korrelation mit der Parteienpräferenz aufweist (*class voting*), in Deutschland und Australien aber kaum noch zur Erklärung der Stimmabgabe beiträgt. Die Bedeutung von Werten für das individuelle Wahlverhalten (*materialist-postmaterialist voting*) wiederum ist zwar in den Niederlanden, Finnland und Dänemark hoch, nicht aber in den USA. Insgesamt scheinen alle diese Faktoren an Relevanz verloren zu haben, was auch für die Parteiidentifikation gelten dürfte, die aufgrund der Erosion der Wählerbindungen nachgelassen hat. Entsprechend wichtiger dürften

5.3 Wähler und Parteien

kurzfristige Faktoren wie die Kandidaten- und Themenorientierung von Wählern geworden sein, die den Schwerpunkt von *Rational-Choice*-basierten Erklärungen des Wahlverhaltens bilden.

Eine andere Frage der Wahlforschung betrifft die *Wahlbeteiligung* (*turnout*). Lässt sie langfristig und irreversibel nach oder handelt es sich lediglich um temporäre Schwankungen – und woran liegen die Veränderungen?

> **Wahlbeteiligung**
> Unter allen Formen der politischen Partizipation (> Kap. 3.2.1) ist Wählen die am weitesten verbreitete. Im Zeitraum zwischen den 1950er und den 1990er Jahren lag die Wahlbeteiligung in Europa im nationalen Durchschnitt bei etwa 82%. Die höchsten Werte erreichte sie in den 1990er Jahren in Belgien (92,5%), Luxemburg (87,1%) und Island (86,4%), die niedrigsten in der Schweiz (43,8%). In einigen Ländern veränderte sie sich zwischen den 1950er und den 1990er Jahren nur leicht, in anderen sank sie geradezu dramatisch: Während sie in Dänemark insgesamt um 2,6% zunahm, ließ sie im Verlauf von einem halben Jahrhundert in der Schweiz um 25,2%, in den Niederlanden um 19,4% sowie in Österreich und Frankreich um mehr als 11% nach. Insgesamt ist ein leichtes Absinken der Wahlbeteiligung in den meisten europäischen Ländern in den 1980er und ein stärkerer, etwa fünfprozentiger Rückgang in den 1990er Jahren zu beobachten.
> In einigen Ländern herrscht gesetzliche Wahlpflicht, so in Österreich, Belgien, Griechenland, Liechtenstein und Luxemburg. Ihr wird eine deutliche Schubkraft auf die Wahlbeteiligung nachgesagt, weil sie die Kosten des Nichtwählens erhöht. Die Sanktionen für Verstöße gegen die Wahlpflicht sind unterschiedlich. Während Wahlabstinenz in Italien lediglich einen Eintrag in die persönlichen Dokumente nach sich zieht, werden in Australien und Belgien unter anderem Geldstrafen fällig.

Eine Ursache für steigende Wahlabstinenz könnte darin bestehen, dass die Wahlnorm längerfristig an Akzeptanz verliert, derzufolge Wählen als sozial erwünschtes Verhalten gilt. Auch eine als sinkend wahrgenommene Relevanz von Wahlen oder „Wahlmüdigkeit" kommt dafür in Frage. Darüber hinaus werden allgemeine Politikverdrossenheit und politische Apathie vermutet. Förderlich für eine höhere Wahlbeteiligung sind institutionelle Faktoren wie Wahlpflicht,

Verhältniswahlrecht, die Möglichkeit, per Briefwahl zu wählen und die Terminierung von Wahlen auf das Wochenende. Die Wahlbeteiligung steigt aber auch, wenn der Urnengang als relativ bedeutsam wahrgenommen wird – etwa, weil der Wahlausgang knapp zu werden verspricht oder weil es sich um nationale Wahlen handelt. Generell gilt, dass institutionelle Faktoren stärker auf die Wahlbeteiligung einwirken als individuelle Eigenschaften. Unter diesen wiederum erhöhen Merkmale wie mittleres Alter, starke Parteiloyalität, hohes Bildungsniveau, aktive Religionsausübung, Gewerkschaftsmitgliedschaft und hohes Einkommen die Partizipation.

Die Wahlforschung beschäftigt sich weiterhin mit den Ursachen für die nachweislich zunehmende *Wählervolatilität (electoral volatility)*, d.h. für die Stimmenwanderung zwischen zwei aufeinanderfolgenden Wahlen, sowie für die wachsende Zahl unentschlossener Wähler, die erst im letzten Moment eine Entscheidung treffen *(floating voters)*. Sie werden in einer geringen ideologischen Distanz zwischen den Parteien, nachlassenden Parteibindungen der Wähler, der sinkenden Bedeutung soziologischer Bestimmungsfaktoren der Wahlentscheidung zugunsten ökonomischer Faktoren, aber auch in einer womöglich abnehmenden normativen Bindung der Bürger an die Demokratie gesucht.

Wählervolatilität

Die Wählervolatilität betrug im Durchschnitt von 15 westeuropäischen Demokratien in den 1950er bis 1980er Jahren zwischen 6,9 und 8,9%. Im Verlaufe der 1990er Jahre ist sie jedoch auf 12,6% gestiegen. Außer in Dänemark, Luxemburg sowie Frankreich und Deutschland (wo die Wanderungsbewegung des Elektorats in der unmittelbaren Nachkriegszeit am höchsten war), wurden in den 1990er Jahren überall Spitzenwerte erreicht. In Italien betrugen die kumulierten Gewinne bzw. Verluste der Parteien im Verlaufe dieser Dekade 22,9%, was allerdings mehr mit dem tiefgreifenden Wandel des italienischen Parteiensystems in diesem Zeitraum zu tun haben mag als mit dem wechselnden Wählerverhalten.

Eine weitere Frage betrifft die Gewichtung der *Bestimmungsgründe* des Wählerverhaltens. Gewinnen kurzfristige, situative Faktoren wie Wahlthemen, die vermutete Kompetenz der Parteien und Kandidaten sowie die Bewertung der Spitzenkandidaten an Einfluss auf die Entscheidung des Wählers? Welche Themen sind dies und warum? Wel-

5.3 Wähler und Parteien

chen Einfluss haben Wahlkämpfe auf die Entscheidungen der Wähler? Ist es für die Parteien wichtig, Themen bereits im Vorfeld von Wahlen erfolgreich zu besetzen, *issue*-Kompetenz nachzuweisen und über geeignete und prominente Politiker zu verfügen, oder kann eine geschickte Kampagne kurzfristige Umschwünge im Elektorat hervorrufen? Wahlkämpfe werden heute von professionellen Managern und Imageberatern (*spin doctors*) organisiert und personenzentrierter und aggressiver geführt als früher. Das *negative campaigning* hat zugenommen, bei dem die jeweiligen Kontrahenten gezielt angegriffen werden. Die gewohnte Routine des Wählers, jene Informationen höher zu gewichten, die seinen eigenen Vorstellungen entsprechen, wird damit durchbrochen. Sein selektiver Wahrnehmungsfilter wird löchrig, so dass eine kurzfristige Wahlentscheidung oder ihre Korrektur wahrscheinlicher wird.

Damit steigt auch die Relevanz der *Medienberichterstattung* für das Wahlverhalten. Genau genommen wird die individuelle Wahlentscheidung nicht durch die „objektive Situation" geprägt, sondern dadurch, wie der Wähler die Situation, die Wichtigkeit der Themen des Wahlkampfs, die Parteiprogramme und die Kandidaten wahrnimmt, was den zentralen Stellenwert der Medien (> Kap. 4.1.3) begründet. Bis in die 1970er Jahre hinein galt die empirisch gestützte Vorstellung, dass ihre Berichterstattung meist die vorhandenen Prädispositionen des Wählers verstärkt und aktiviert, nur selten jedoch verändert. Seitdem hat sich jedoch sowohl im Wählerverhalten als auch im Charakter von Wahlkämpfen und in der Berichterstattung darüber ein erheblicher Wandel vollzogen.

Können Medien heute sogar den Ausgang von Wahlen entscheiden? Tatsächlich üben sie direkte persuasive Wirkungen aus. Aufgrund der Vielfalt an Informationsquellen, zu denen Wähler Zugang haben, sind diese im allgemeinen jedoch nicht als besonders hoch zu bewerten. Medien spielen eine größere Rolle, wenn ein Thema neu auf der politischen Agenda erscheint, wenn Personen statt Sachfragen erörtert werden und wenn verschiedene Medienakteure konsonant berichten. Den größten Einfluss übt die Fähigkeit der Medien aus, Themen zu setzen (*agenda-setting* > Kap. 4.1.3), sie aus der öffentlichen Debatte herauszuhalten (*agenda-cutting*) und durch Häufigkeit sowie Art der Berichterstattung Bewertungsmaßstäbe für Parteien und ihre Kandidaten festzulegen, nach denen der Wähler sein Urteil fällt (*priming*). Da Menschen nicht alle zur Verfügung stehenden Informationen nutzen, sondern zu Vereinfachungen neigen (> Kap. 1.2.3), ist die Agenda-Setzer-Funktion der Medien nicht zu unterschätzen. Sie können durch ihre Berichterstattung die Aufmerksamkeit für Themen gewichten, in denen bestimmte Parteien und Kandidaten für kompetenter gehalten werden als andere, was möglicherweise stärker wirkt als unmittelbar wertende Inhalte.

Clintons *War Room*

„Dream on, Democrats", titelte *Newsweek* Anfang des Jahres 1992, als die Demokraten den wenig bekannten Gouverneur des unbedeutenden Bundesstaates Arkansas gegen den Republikaner George Bush sen. nominierten. Obwohl dieser sich zu diesem Zeitpunkt der Zustimmung von über 90% der Bevölkerung erfreute, verlor er den Kampf um seine Wiederwahl: Im Januar 1993 wurde Bill Clinton als 42. Präsident der Vereinigten Staaten vereidigt. Der unerwartete Stimmungswechsel der Wähler ist auf mehrere Faktoren zurückzuführen, darunter Veränderungen in der außenpolitischen Situation und die Verschlechterung der ökonomischen Lage. Vor allem aber erreichte die Wahlkampagne des Herausforderers eine bis dahin nicht gekannte Effizienz. Die Wahlkampfzentrale Clintons wurde zur Schnittstelle zwischen dem politischen Lager des Herausforderers und den (kommerziellen) Massenmedien. Der *War Room* lieferte ihnen Informationen und Anlässe, die der an Nachrichtenwerten orientierten Logik der medialen Aufmerksamkeit (> Kap. 4.1.3) entgegenkamen. Mit Slogans wie „It's the economy, stupid", die unmittelbar geeignete Medienschlagzeilen lieferten, wurden Techniken des Angriffswahlkampfs perfektioniert. Ein *Rapid-Response*-Team im Wahlkampfhauptquartier schuf die Voraussetzung für einen wirkungsvollen Konterwahlkampf. Es war in der Lage, binnen einer Stunde Reaktionen auf Aktivitäten des Rivalen an die Medien weiterzuleiten. Damit wurden dessen Angriffe noch während desselben Nachrichtenzyklus gekontert.

Auf Medienbedürfnisse abgestimmte Wahlkämpfe, die durch spezialisierte „Politikmarketing"-Experten organisiert werden, sind in den folgenden Jahren auch international üblich geworden. So unterhielt die SPD in den Bundestagswahlkämpfen 1998 und 2002 eine separate Wahlkampfzentrale („Kampa"), welche die Außenwirkung der Partei und ihres Spitzenkandidaten steuerte. Moderne Wahlkampfführung wird dabei als Multimediakampagne aufgefasst, in deren Zentrum das Fernsehen steht.

5.3 Wähler und Parteien

Nicht zuletzt interessiert sich die Wahlforschung dafür, ob die traditionellen Parteien durch *neue politische Alternativen* herausgefordert werden. Brechen die etablierten Parteienkartelle auf, kommt es zu einem *realignment* von Wählern und Parteien? Die Gründe für den relativen Erfolg neuer Parteien werden darin vermutet, dass es ihnen gelingt, spezifische Nischen auf dem politischen Markt zu besetzen, dass sie effizienter organisiert sind als die am Erbe der „Massenpartei" tragenden traditionellen Parteien oder dass sie von der allgemeinen Diversifizierung des Elektorats und dem Wandel der politischen Partizipation insgesamt (> Kap. 3.2.1) profitieren.

Neue Parteien und Wähler

Tatsächlich hat in den 1990er Jahren durchschnittlich einer von vier Wählern in europäischen Demokratien einer Partei seine Stimme gegeben, die vor dem Jahre 1960 noch nicht existierte. In Großbritannien war dieser Effekt am geringsten ausgeprägt, in Italien (57,3%), den Niederlanden (43,6%) und Frankreich (25,4%) am stärksten. Die beiden wichtigsten neuen Parteifamilien, die davon profitierten, waren die *Grünen* und die *Neue Rechte* – sie banden zusammen aber nur etwa die Hälfte der Stimmen, die für neue Parteien abgegeben wurden. Grüne Parteien erwiesen sich insgesamt als wenig erfolgreich. Im Durchschnitt von 15 europäischen Demokratien erzielten sie in den 1990er Jahren lediglich 5% der Wählerstimmen, waren allerdings in einigen Ländern (Belgien, Deutschland, Finnland, Frankreich, Italien) an der Regierung beteiligt. Die Neue Rechte nahm in den 1990er Jahren in einigen europäischen Staaten nicht an Wahlen teil oder spielte keine bemerkenswerte Rolle, während sie in anderen Ländern über 7,5% der Stimmen erhielt (Österreich, Belgien, Dänemark, Frankreich, Italien, Norwegen, Schweiz).

„Wahlen" und „Wählen" sind ein komplexes Thema. Die Vergleichende Wahlforschung umfasst daher sowohl die Wahlrechts- und Wahlsystemforschung (> Kap. 5.1, 5.2) wie auch die empirische Wahlsoziologie, die das Wählerverhalten untersucht (> Kap. 5.3). Angesichts der skizzierten Fragen und der umfangreichen, nicht eindeutigen sowie immer wieder neu zu aktualisierenden und methodisch zu verfeinernden Datenerhebungen handelt es sich um einen der dynamischsten Zweige der Vergleichenden Politischen Systemforschung.

Literatur

Das Handbuch von *Falter/Schoen (2005)* trägt den aktuellen Forschungsstand der Wahlforschung zusammen und bietet präzise Einführungen in die meisten der in diesem Kapitel angeschnittenen Themen. Die zur Illustration angeführten Angaben über die Veränderungen des Wählerverhaltens in westlichen Demokratien entstammen *Mair (2002)*.

Einen kurzen und prägnanten Überblick über jüngere internationale Entwicklungen des Wahlrechts gibt *Nohlen (2005)*, der auch die grundlegende deutschsprachige Gesamtdarstellung zum Thema Wahl- und Parteiensysteme *(2004[4])* vorgelegt hat. *Gallagher/Mitchell (2005)* enthält 22 detaillierte Fallstudien über nationale Wahlsysteme, darunter in nicht-westlichen Ländern, sowie ihre vergleichende Auswertung. Die Wirkungen von Wahlsystemen auf nationale Parteiensysteme, Parteien, Parlamente und die Regierungsbildung werden ebenso analysiert wie die Gründe, warum die betreffenden Wahlsysteme entstanden sind bzw. unter welchem Reformdruck sie stehen. Ein Klassiker der vergleichenden Wahlsystemforschung ist *Lijphart (1994)*. *Shugart/Wattenberg (2001)* untersuchen Gründe und Folgen von Wahlreformen in einer Reihe demokratischer Länder, durch die kombinierte Wahlsysteme eingeführt wurden.

Der soziologische Ansatz in der Wahlforschung wurde durch *Lazarsfeld (1944)* begründet, der sozialpsychologische durch *Campbell et al. (1960)*. Die klassische Anwendung des *Rational-Choice*-Ansatzes in der Politikwissenschaft ist *Downs' (1957)* Analyse des Parteienwettbewerbs und des Wahlverhaltens. *Schmitt-Beck (2000)* untersucht Einflüsse von Medien auf das Wählerverhalten im internationalen Vergleich.

6 Verfassungen

6.1 Grundgesetze demokratischer politischer Systeme

6.1.1 Formelle und materielle Verfassung

Jeder demokratische Staat verfügt über eine einzigartige Institutionenausstattung. Sie ist die empirische Konkretisierung allgemeiner Kerninstitutionen repräsentativer Demokratien (> Kap. 2.1.2). Die spezifische institutionelle Konfiguration eines Staates wird in seiner Verfassung (*constitution*) festgelegt: Hier werden Gestalt und Form der politischen Strukturen des Gemeinwesens geregelt und die wichtigsten Spielregeln des politischen Prozesses formuliert, also die konstitutionellen Grundlagen der *polity* fixiert.
- Verfassungen sind Meta-Regeln („Grundgesetz"), also Gesetze, welche die politischen Prozeduren der Gesetzgebung regulieren, einschließlich der Verfassungsänderung selbst. Sie stellen deshalb in der Regel höchstrangiges Recht dar.
- Verfassungen regeln die Allokation von Kompetenzen, Rechten und Pflichten zwischen den staatlichen Institutionen sowie zwischen der Regierung und den Regierten.
- Formelle Verfassungen sind kodifiziertes Recht, meist in Form eines einzelnen Dokumentes.

> **Begriff: Verfassung**
> Eine gebräuchliche staatsrechtliche Definition lautet: „Verfassung ist der Inbegriff von in der Regel in einer Verfassungsurkunde niedergelegten Rechtssätzen höchsten Ranges, die die Ordnung des Staates hinsichtlich der grundlegenden Organisation, Form und Struktur regeln sowie das grundlegende Verhältnis zu seinen Bürgern und bestimmte aus Gründen erschwerter Abänderbarkeit in diese übernommene Gegenstände festlegen." (Stern 1984[2]: 78)

Ein politikwissenschaftlich sinnvoller Verfassungsbegriff berücksichtigt neben der *formellen Verfassung*, also dem Verfassungsdokument im engeren Sinne, auch die *materielle Verfassung*, d.h. weitere gesetzliche Regelungen wie das Wahl-, Parteien-, Parteienfinanzierungs-, Vereinsgesetz u.a. Sie statten politische Akteure mit institutionellen Kompetenzen, darunter gegebenenfalls Vetorechten (> Kap. 9.2), aus. Oft gehören zur materiellen Verfassung noch weitere Dokumente, z.B. Entscheidungen des Obersten Gerichts oder die UN-Deklaration der Menschenrechte. Darüber hinaus sind nichtkodifizierte *Konventionen*, also informelle, gleichwohl allseits als geltend akzeptierte Grundsatzregeln Bestandteil des erweiterten Verfassungsbegriffs. Die politische Rolle von Interessenverbänden (> Kap. 4.3) und die Stellung der Zentralbank gehören beispielsweise zu jenen Regelungsbereichen, die nur selten konstitutionell festgeschrieben sind. Sie sind aber mitunter sogar auf dem Rechtswege einklagbar.

Kodifizierte und nichtkodifizierte Verfassungen
Besonders auffällig ist die Verfassung des Vereinigten Königreichs, da sie nicht als einheitlicher Rechtskodex in Schriftform vorliegt. Nichtsdestotrotz besteht dort aber eine moderne gewaltenteilige Verfassung. Sie enthält mit der *Magna Charta (1215)*, der *Petition of Rights (1628)*, dem *Habeas-Corpus-Act (1679)* und der *Bill of Rights (1689)* Texte von Verfassungsrang, aber auch einfache Gesetze und ungeschriebene *constitutional conventions*. Zu den Verfassungskonventionen gehört beispielsweise die allgemein geteilte Überzeugung, dass die aus historischen Beispielfällen aufgebaute Verfassungspraxis verbindliche Regeln setzt. In dieser „lebendigen Verfassung" gilt seit über 100 Jahren die sogenannte *Parlamentssuprematie (sovereignty of parliament)*, die den Willen des Unterhauses als absolut ansieht: Der jeweils jüngste Gesetzesbeschluss der Legislative ersetzt dabei alle älteren Beschlüsse zum gleichen Regelungsgegenstand. Die Parlamentssouveränität wird durch keine Autorität eingeschränkt. Es gibt bisher kein Verfassungsgericht, und auch der Monarchin kommt nach Auffassung aller relevanten Akteure im Regierungssystem keine reale Regierungskompetenz zu. Dies spiegelt sich unter anderem in ihrer zwar obligatorischen, faktisch aber automatischen Bestätigung von Gesetzen *(royal assent)* wider, die durch das Parlament in einfacher Mehrheit beschlossen werden.
Daher ist für das Verständnis des britischen Verfassungsrechts letztlich weniger das Fehlen einer kodifizierten Form von Bedeutung als der Umstand, dass es aufgrund des Prinzips der Parlamentssouveränität kein höchstrangiges Recht kennt. Dennoch respektiert die Legislative durchaus Handlungsbeschränkungen, darunter die wichtigsten förmlichen Gesetze, die Verfassungskon-

> ventionen und das britische Rechtssystem, das auf nichtkodifizierten richterlichen Präzedenzentscheidungen beruht *(common law)*. Politik ist also auch in Großbritannien hochgradig institutionalisiert, darunter im Rahmen einer belastbaren „Realverfassung". Die konstitutionellen Grundlagen des Vereinigten Königreichs erleben zudem gegenwärtig einen tiefgreifenden Wandel. Dazu gehört auch die Schaffung eines Verfassungsgerichts. Der *Supreme Court* soll im Oktober 2009 seine Tätigkeit aufnehmen.
>
> Interessanterweise verfügen die ehemaligen britischen Kolonien, die ebenfalls in der angelsächsischen Rechtstradition stehen, durchaus über kodifizierte Verfassungen. Dies erklärt sich daraus, dass viele von ihnen ursprünglich als britische Handelsgesellschaften mit entsprechenden Satzungen gegründet worden waren. Im Rahmen dieser Statuten übten sie legislative Funktionen aus, sofern diese nicht im Widerspruch zu den Gesetzen der Krone bzw. des englischen Parlaments standen. Damit wurde eine Tradition des geschriebenen Rechts begründet. Als sich die britischen Kolonien seit Ende des 18. Jahrhunderts für unabhängig erklärten, ersetzten sie die alten Satzungen durch eigene Verfassungen, die sie schon deshalb zu höherrangigem Recht erklärten, damit sie durch das Parlament des ehemaligen Mutterlandes nicht kassiert werden konnten.

Ebenso wie alle anderen Institutionen sind auch Verfassungen in ihre Politikumwelt eingebettet und würden das Verhalten politischer Akteure daher selbst dann nicht überall auf die gleiche Weise regulieren, wenn ihre Festlegungen den gleichen Wortlaut hätten. Eine „beste Verfassung" des Gemeinwesens, nach der schon Aristoteles suchte, kann es bereits aus diesem Grunde nicht geben. Die politische Wirksamkeit von Verfassungen ist zwar vergleichsweise groß, gleichzeitig aber vielfach beschränkt.

Zum einen können sich Grundgesetze als vollständig oder teilweise bedeutungslos erweisen, weil sie nicht beachtet werden. Auch in Demokratien kommen Verfassungsverstöße vor, mehr noch aber in nicht-demokratischen politischen Systemen, die keine Rechtsstaaten sind – ungeachtet dessen, dass sie vielleicht über demokratisch erscheinende Grundgesetze verfügen. Daher darf aus der formellen und selbst aus der weiterreichenden materiellen Verfassung eines Landes noch nicht umstandslos auf den Typ des politischen Systems (> Kap. 2) geschlossen werden. Zum anderen sind auch Grundgesetze wie alle Regelsysteme lückenhaft, so dass weithin nichtkodifizierte Verhaltensspielräume erhalten bleiben. Die neoinstitutionalistische Sichtweise kann diesem Aspekt besser gerecht werden als der Konstitutionalismus der klassischen Verfassungs- und Staatsrechtslehre mit seinem deskriptiven, formalistischen und legalistischen Fokus. Im neoinstitutionalistischen Verständnis schaffen Institutionen Handlungskorridore, innerhalb derer Akteure ihr Verhalten, ihre Identitätsvorstellungen und ihre Realitätsinterpretationen entwickeln (> Kap. 1.2.2). Die informelle Nutzung der damit verbundenen Spielräume „im Geiste der Verfassung" ist für die Relevanz der schriftlich kodifizierten Elemente wesentlich: Informelle Verhaltensweisen und Regulierungen, die dadurch nötig und möglich werden, dürfen den formalen Festlegungen nicht zuwiderlaufen, sollen sie diese nicht auf Dauer delegitimieren.

> **Die Kompatibilität formaler und informeller Institutionen**
> Genau dieses Problem war für staatssozialistische politische Systeme unlösbar: Formell enthielten ihre Verfassungen viele Kerninstitutionen moderner Demokratien. Real jedoch okkupierte die kommunistische Partei nicht nur sämtliche Institutionen des politisch-administrativen Entscheidungssystems (> Kap. 7, 8), sondern auch das intermediäre System (> Kap. 4) und schaltete Wahlen als Technik der Elitenrekrutierung sowie als Kontrollinstrument der Bürger über die Regierung (> Kap. 5) aus. Da damit auch die Rückkopplung über die Wirkungen der starren, häufig dysfunktionalen „offiziellen" Spielregeln unterbunden wurde, korrigierten informelle Prozeduren die Funktionsweise des politischen Systems auf eine Art und Weise, die den formal geltenden Ansprüchen und Intentionen zuwiderlief. Sie stabilisierten das System damit gewissermaßen stillschweigend, unterminierten es aber gleichzeitig legitimatorisch und funktional. Im Ergebnis dessen war der Staatssozialismus sowjetischen Typs unfähig, sich an die veränderte Umwelt des späten 20. Jahrhunderts anzupassen. Dies hätte einen tiefgreifenden, das System sprengenden Wandel der formalen Institutionen erfordert.

Schließlich können demokratische Verfassungen versagen und durch Revolutionen, (Militär-)Putsche oder autoritäre Eliten explizit außer Kraft gesetzt werden. Im Gegenzug gilt dann auch, dass die Verabschiedung einer demokratischen Verfassung zwar einen wichtigen

Schritt für die Institutionalisierung demokratischer politischer Systeme darstellt (> Kap. 2.3.1), aber keineswegs hinreichend für ihre Konsolidierung ist. Verfassungen müssen vielmehr durch die politischen Eliten und die Bevölkerung als Kodex von Spielregeln für die Politik als handlungsleitend akzeptiert werden.

6.1.2 Verfassungsprinzipien

Unabhängig von ihren konkreten Formulierungen enthalten alle demokratischen Verfassungen eine Reihe ähnlicher Grundsätze in folgenden vier Dimensionen: staatliches Handeln, Beziehungen zwischen Bürger und Staat, Regierungs- und Machtwechsel sowie institutionelle Beziehungen zwischen den Machtorganen.

- Staatliches Handeln hat dem *Prinzip der Rechtsstaatlichkeit* bzw. der *rule of law* zu folgen. Jegliches Handeln staatlich bevollmächtigter Akteure ist an das Recht gebunden, nicht aber an den politischen Willen einzelner Personen oder Organisationen. Alle etablierten liberalen Demokratien sind Rechtsstaaten, und neu etablierte Demokratien verpflichten sich dazu im Sinne eines Verfassungsziels. Rechtsstaatlichkeit bedeutet Gewaltenteilung, Unabhängigkeit der Gerichte und richterliche Nachprüfbarkeit staatlichen Handelns sowie Bindung von Justiz und Verwaltung an das Gesetz. Neben dem Grundsatz der Gesetzmäßigkeit allen staatlichen Handelns, das geltendem Recht nicht widersprechen darf (Vorrang des Gesetzes) und stets einer Rechtsgrundlage bedarf (Vorbehalt des Gesetzes), gelten dabei die Grundsätze der Rechtssicherheit der Bürger (Vertrauensschutz), ihrer Gleichheit vor dem Gesetz und der Verhältnismäßigkeit staatlicher Eingriffe in die Rechte des Einzelnen.

Diese Prinzipien des *formellen Rechtsstaats* begründen einen „Gesetzesstaat" mit verfahrens- und organisationsrechtlichen Vorkehrungen gegen den Missbrauch der Staatsgewalt. Er ist darüber hinaus ein *materieller Rechtsstaat*, wenn dadurch nicht irgendeine, sondern eine „gerechte" Ordnung kodifiziert wird, also auch eine inhaltliche Ausrichtung der Gesetzgebung an einer höheren Normenordnung erkennbar ist.

Rechtsstaat und *Rule of Law*
Die englische *rule of law* wird oft als *Rechtsstaat* übersetzt, jedoch sind diese Begriffe nicht deckungsgleich. Sie gründen auf weit zurückreichenden unterschiedlichen Rechtstraditionen: Die angel-

sächsische *rule of law* beruht auf dem *common law*, in dem Richter aufgrund von Präzedenzfällen flexibel Recht sprechen (*judge made law, case law*). In Folge dieses Rechtsdenkens hat sich in Großbritannien historisch keine auf umfassender Kodifikation beruhende Gesetzlichkeit herausgebildet und damit auch kein eigenständiges Verfassungs- und Verwaltungsrecht.
Während das englische Rechtssystem von Richtern geschaffen wurde, die meist mit der Aristokratie verbündet waren und damit oppositionell zur englischen Krone standen, lässt sich in Kontinentaleuropa eine historische Entwicklung verfolgen, die das Recht stärker an den Staat knüpft. Dies geht einerseits auf die römische Rechtstradition zurück, die den Staat mit einer eigenen Rechtspersönlichkeit bedachte und Staat und Gesellschaft sowie Öffentliches und Privates Recht sorgfältig voneinander trennte. Andererseits führten die Modernisierer des Rechts im 19. Jahrhundert – Napoleon und Bismarck – diese Tradition fort. Sie ließen das Rechtssystem von Juristen im Auftrag des Staates weiterentwickeln, um dessen Steuerungsansprüche zu legitimieren. Der moderne Rechtsstaat ist daher genuin nicht zwangsläufig ein demokratischer Staat, wenngleich beide oft gemeinsam auftreten.
Dies bedeutet auch, dass nicht alle historisch bekannten Demokratieformen Rechtsstaaten sind – die athenische *Polis*-Demokratie etwa war keiner. Andererseits ist nicht jedes nicht-demokratische Regime zwangsläufig mit Willkürherrschaft gleichzusetzen (> Kap. 2.2.1). Solche Regime können vielmehr durchaus rechtsstaatlich verfasst sein, nämlich dann, wenn sich der autoritäre Herrscher der Bindung an Recht und Gesetz unterwirft, wie etwa im Deutschen Kaiserreich nach 1871.

- Verfassungen regeln die Beziehungen zwischen dem Staat und den Bürgern. Sie zählen dabei üblicherweise die Rechte und Pflichten der Bürger auf und benennen die Grenzen der Staatsmacht. Durch die Gewährleistung von *Grundrechten (human rights)*, das heißt durch die konstitutionelle Verankerung und Konkretisierung angeborener, vorstaatlicher Menschenrechte, wird die Freiheit des Individuums gesichert. Es handelt sich dabei um Abwehrrechte gegen staatliche Willkür. Unter den *(Staats-)Bürgerrechten* (*civic rights*) werden Mitwirkungsbefugnisse an der Politik verstanden, die üblicherweise nur Staatsangehörigen gewährt werden, wie etwa das aktive und passive Wahlrecht.

Grundrechte in den Verfassungen westlicher Demokratien

Das historische Vorbild aller Grundrechtskataloge ist die *Erklärung der Menschen- und Bürgerrechte* der Französischen Nationalversammlung vom 6. August 1789. Im Prozess der amerikanischen Verfassunggebung wurde dieses Thema kontrovers diskutiert. Die *Federalists* lehnten es ab, grundrechtliche Abwehrrechte aufzunehmen, um nicht den Eindruck zu erwecken, eigentlich sei staatliche Willkür erlaubt und müsse daher explizit verboten werden. Dieser Gedanke lenke von der Kernidee der Verfassung ab: einer Republik, in der jeder Bürger sein Verhalten am Gemeinwohl bemisst und nicht nur an seinen individuellen Interessen. Die *Anti-Federalists* setzten jedoch mit der *Bill of Rights* (25. September 1789) einen Grundrechtskatalog durch. Er bildete die ersten zehn Zusätze (*Amendments*) zur Verfassung vom 17. September 1787.

In allen europäischen Verfassungen nehmen die Grundrechte heute eine zentrale Stellung ein. Das Deutsche Grundgesetz verbürgt sie im Ersten Abschnitt (Art. 1-19), weitere „grundrechtsgleiche Rechte" in Art. 20, Abs. 4, sowie in Art. 33, 38, 101, 103 und 104. Die Artikel 1 und 20 werden durch die „Ewigkeitsklausel" (Art. 79, Abs. 3) geschützt, welche ein Änderungsverbot dieser Verfassungsprinzipien vorsieht. In Großbritannien gelten ungeachtet der nichtkodifizierten Verfassung die Grundrechte seit dem *Human Rights Act* (1998) als kodifiziert, der die Europäische Menschenrechtskonvention in nationales Recht überführte.

Viele Verfassungen enthalten darüber hinaus Festlegungen zu *sozialen Grundrechten* wie das Recht auf Arbeit, auf Bildung und Ausbildung, auf Wohnung und Gesundheit, auf soziale Sicherheit, auf Kultur und eine gesunde Umwelt. Bei den detaillierten Katalogen, die insbesondere die spanische, italienische und portugiesische Verfassung aufweisen, handelt es sich aber kaum um subjektive, einklagbare Grundrechte, sondern eher um Staatszielbestimmungen bzw. Programmsätze. Ebenfalls im Sinne eines Staatsziels werden soziale Rechte in Deutschland durch die Sozialstaatsklausel in Art. 20 des Grundgesetzes geschützt. Österreich nimmt eine Sonderstellung ein, weil es zwar über ein ausgebautes System der sozialen Sicherung verfügt, soziale Grundrechte aber nur in einfachen Gesetzen festgeschrieben sind.

- Verfassungen enthalten Festlegungen über den *Machttransfer*: Demokratien gestalten die Ablösung und Übergabe der politischen Entscheidungskompetenz auf friedlichem Wege durch Wahlen. Sie sind eine Technik der Elitenrekrutierung und das entscheidende Legitimationsmittel demokratischer politischer Systeme, weil sie die Machtausübung von der Zustimmung der Regierten abhängig machen (> Kap. 5). In Verfassungen wird mindestens geregelt, ob die Staatsbürger das Parlament als Vertretungskörperschaft oder darüber hinaus auch das Staatsoberhaupt wählen. Mitunter enthalten sie auch detaillierte Festlegungen zum Wahlrecht.
- Schließlich regeln Verfassungen die Staatsform und die Regierungsform eines Landes. Die *Staatsform* unterscheidet Staaten nach der Stellung ihres Oberhauptes (z.B. Monarchie, Republik). Die *Regierungsform* betrifft das Regierungssystem, also das spezifische institutionelle Arrangement der Gewaltenteilung, mit der eine monopolistische Konzentration von Entscheidungskompetenzen verhindert wird, um Machtmissbrauch zu erschweren (> Kap. 7).

Monarchien und Republiken
Viele Demokratien sind Monarchien, was gegenüber Republiken auf den ersten Blick als weniger demokratisch erscheint. Die Ursache dafür liegt im historischen Entstehungspfad der jeweiligen Demokratie: Wo Könige den Verlust einer aktiven politischen Rolle akzeptierten, ist die Institution der Monarchie erhalten geblieben, wo nicht, wurde sie im Verlaufe der Demokratisierung abgeschafft. Weil ihre Bedeutung konstitutionell sehr eng begrenzt ist, sind solche Staatsoberhäupter, die dem Wähler gegenüber nicht einmal indirekt verantwortlich sind, mit demokratischen politischen Systemen vereinbar. Solche Machtbeschränkungen können vorrangig auf ungeschriebenen Konventionen beruhen, wie etwa in Großbritannien, oder aber formalrechtlich fixiert sein. In Schweden z.B. wurde mit der Verfassung von 1974 das Vorschlagsrecht für den Premier vom Monarchen auf das Parlamentsoberhaupt übertragen. Oft wird die konstruktive Bedeutung von Monarchen für Demokratien gewürdigt, wenn sie – wie z.B. in Spanien – als unpolitisches, überparteiliches Symbol der nationalen Einheit wirken. Demokratische Monarchien haben stets parlamentarische Regierungssysteme (> Kap. 7.1.1).

6.2 Institutionen und Funktionen der Gewalten

6.2.1 Das Prinzip der Gewaltenteilung

In westlichen Demokratien ist das *Repräsentationsprinzip* (> Kap. 2.1.2) mit dem *Prinzip der Teilung der (Staats-)Gewalten (separation of powers)* kombiniert. Dies ist funktionslogisch nicht zwingend, sondern das Ergebnis eines spezifischen historischen Entwicklungspfads. Er erwuchs aus den Auseinandersetzungen zwischen den absoluten Monarchen in den europäischen neuzeitlichen Staaten mit ihren Beratungsgremien, insbesondere in England. Reflektiert und weiterentwickelt durch eine bestimmte Traditionslinie des politischen Denkens wurde die Konstruktionsidee der Gewaltenteilung als institutionelle Vorkehrung gegen Machtmissbrauch so wirkungsmächtig, dass sie sich Ende des 18. Jahrhunderts in den Verfassungstexten der ersten Demokratien niederschlug und von da an die politische Praxis prägte. Die Väter der US-amerikanischen Verfassung (1787) beriefen sich explizit auf John Locke und Charles de Montesquieu, als sie erstmals die Machtteilung zwischen den Gewalten konstitutionell festschrieben. Diese Verfassung hat in der Folgezeit weltweit als Vorbild gedient.

> **Die ersten demokratischen Verfassungen Europas**
> Die erste demokratische Verfassung Europas war die der polnischen „Republik beider Nationen", d.h. Polens und Litauens (*Rzeczpospolita*). Sie wurde am 3. Mai 1791 verabschiedet. In der konstitutionellen Monarchie wurde Gewaltenteilung eingeführt, Bürger und Adel erhielten die gleichen Rechte. Der Katholizismus wurde zur Staatsreligion erklärt, anderen Bekenntnissen aber Religionsfreiheit gewährt. Russland und Preußen setzen diese Verfassung mit der Zweiten Teilung Polens (1793) außer Kraft.
> In der Verfassung der Ersten Französischen Republik (3. September 1791) war das Prinzip der Gewaltenteilung nicht vorgesehen, widersprach es doch der jakobinischen Idee der ungeteilten Volkssouveränität, die auf den theoretischen Entwürfen von Jean-Jacques Rousseau aufbaute.

Die Idee der Gewaltenteilung geht auf John Locke (1632-1704) zurück, der ein Vordenker der konstitutionellen Monarchie nach der englischen „Glorious Revolution" von 1688/89 war. Der Staat soll ihm zufolge Leben, Freiheit und Besitz seiner Untertanen sichern. Eingriffe in das Leben der Bürger in Gestalt von Gesetzen werden als derart schwerwiegend angesehen, dass ihre Festlegung deren Beteiligung in einem speziellen Gremium, der Legislative, bedarf. Besonders betrifft dies Entscheidungen über Steuern und Staatsausgaben, da sie in die Eigentumsrechte der Bürger eingreifen (*no taxation without representation*). In diesem Modell obliegt die Funktion der Gesetzgebung (Legislative) der gewählten Vertretungskörperschaft und dem Monarchen gemeinsam. Letzterer wiederum verfügt darüber hinaus über die ausführende Gewalt (Exekutive), über gewisse Rechte auf eigenständige politische Entscheidungen ohne parlamentarische Mitwirkung (Prärogative) sowie über das Recht, mit anderen Herrschern Verträge abzuschließen (Föderative).

Die Idee der „Distribution des Pouvoirs"

„Alles wäre verloren, wenn ein und derselbe Mann beziehungsweise die gleiche Körperschaft entweder der Mächtigsten oder der Adligen oder des Volkes folgende drei Machtvollkommenheiten ausübte: Gesetze erlassen, öffentliche Beschlüsse in die Tat umsetzen, Verbrechen und private Streitfälle aburteilen. Sobald in ein und derselben Person oder derselben Beamtenschaft die legislative Befugnis mit der exekutiven verbunden ist, gibt es keine Freiheit. Freiheit gibt es auch nicht, wenn die richterliche Befugnis nicht von der legislativen und von der exekutiven Befugnis geschieden wird. Die Macht über Leben und Freiheit der Bürger würde unumschränkt sein, wenn jene mit der legislativen Befugnis gekoppelt wäre; denn der Richter wäre Gesetzgeber. Der Richter hätte die Zwangsgewalt eines Unterdrückers, wenn jene mit der exekutiven Gewalt gekoppelt wäre."

Charles de Montesquieu in *Vom Geist der Gesetze* (1748)

Die unabhängige Rechtsprechung (Judikative) als dritte Gewalt wurde in diesen Gesellschaftsentwurf von Charles des Montesquieu (1689-1755) eingebracht, der nach rechtlichen Garantien gegen die Allmacht von Königen suchte und sich (ablehnend) auf das absolutistische Regime der französischen Bourbonen sowie (zustimmend) auf das englische Regierungssystem bezog, das sich in den Jahrzehnten nach Locke noch weiter parlamentarisiert hatte. Montesquieus Modell ist das einer institutionellen Gewaltenteilung und

6.2 Institutionen und Funktionen der Gewalten

funktionalen Machtverschränkung: Die Rechte des Souveräns werden auf die Krone als Exekutive, das Parlament als Legislative und den unabhängigen Richterstand als Judikative aufgeteilt. Das Parlament ist eine (zum Teil) gewählte Repräsentativkörperschaft. Sie übt das Recht der Gesetzgebung gemeinsam mit der Krone aus, die über Vetorechte verfügt. Im Kern entwickelte Montesquieu damit die Konturen des *präsidentiellen Regierungssystems* (> Kap. 7.1.1).

6.2.2 Exekutive und Legislative

Es ist sinnvoll, den Begriff der *Gewalten* auszudifferenzieren – in die institutionelle *(branches of government)* und die funktionale *(powers)* Dimension: So betreffen *exekutive Funktionen* die Ausübung und den Vollzug politischer Entscheidungen, insbesondere von Gesetzen, sowie die Koordination der Staatstätigkeit. Ihre erfolgreiche Wahrnehmung bemisst sich an Effizienzkriterien. *Institutionell* sind exekutive Funktionen bei Regierungen, Verwaltungen, der Polizei und dem Militär konzentriert. Oft werden Regierungen deshalb der Einfachheit halber als Exekutiven bezeichnet (ausführlich > Kap. 8.1.1). Dies ist jedoch verkürzt, weil sie auch maßgeblich an der Wahrnehmung gesetzgebender, also *legislativer Funktionen* beteiligt sind – welche primär in den Zuständigkeitsbereich der gewählten Vertretungskörperschaft des Volkes, also des *Parlaments* fällt. Es wird deshalb synonym auch als *Legislative* bezeichnet. Die Verbindung von gesetzgebender Gewalt und – durch Wahlen erzielter – Repräsentativität des Gesetzgebers ist eine konkrete Interpretation der Idee der *Volkssouveränität*. Sie stellt das entscheidende Merkmal moderner Demokratien (*Parlamentarismus* > Kap. 2.1) dar, indem sie eine spezifische „technische" Lösung bietet, wie die Legitimität von politischer Herrschaft gesichert werden kann.

Parlamente erfüllen daher fünf Funktionen:

(1) Funktion der Interessenartikulation, -aggregation und -repräsentation (Öffentlichkeitsfunktion): Parlamente repräsentieren die Bürger, ihre politischen Einstellungen, Werte und Meinungen sowie ihre sozialstrukturelle Heterogenität.

(2) Legislative Funktion: In Zusammenarbeit mit der Regierung agieren Parlamente als Gesetzgeber. Während sie bzw. ihre Mitglieder vergleichsweise selten die Gesetzesinitiative ergreifen, tragen sie doch die entscheidende Verantwortung für die Prüfung, Verabschiedung und Änderung von Gesetzesentwürfen und Gesetzen. Da die legislative Tätigkeit moderner Parlamente infolge

der vielfältigen Aufgabenfelder des Staates sehr umfangreich ist, werden in der Realität nicht alle Gesetze sorgfältig bearbeitet. Grundlegend ist jedoch das Prinzip, dem zufolge der Gesetzgebungsprozess als eine institutionalisierte Routine jedes Mal in Gang gesetzt wird, wenn politische Entscheidungen für das Gemeinwesen getroffen werden.

(3) Kontrollfunktion: Parlamente kontrollieren die Tätigkeit der Exekutive. Die Instrumente, die ihnen dafür zur Verfügung stehen, variieren in den einzelnen Ländern und je nach Typ des Regierungssystems (> Kap. 7.1.1). Zu ihnen gehört z.b. die Abberufung durch ein Misstrauensvotum in parlamentarischen Systemen, das gegenüber der Regierung, dem Regierungschef oder einzelnen Ministern ausgesprochen werden kann. Neben der Variante des einfachen („destruktiven") Misstrauensvotums ist das *konstruktive Misstrauensvotum* verbreitet, bei der die Amtsenthebung von der gleichzeitigen Wahl eines Nachfolgers begleitet wird. Das Parlament ist dadurch aktiv an der Beilegung einer Regierungskrise beteiligt und demonstriert nicht nur seine Ablehnung der bisherigen Politik. In präsidentiellen Regierungssystemen hingegen beschränkt sich die Sanktionsmöglichkeit des Parlaments gegenüber dem Regierungspersonal darauf, ein Amtsenthebungsverfahren gegen den Präsidenten (*impeachment*) anzustrengen, wenn dafür juristische (Hochverrat, Bestechung o.ä.), zuweilen auch andere (z.B. gesundheitliche) – nicht aber politische – Gründe vorliegen. Weitere Kontrollinstrumente von Vertretungskörperschaften gegenüber der Exekutive sind parlamentarische Debatten, z.B. über Regierungserklärungen, und Befragungen von Regierungsmitgliedern sowie die Arbeit in parlamentarischen Ausschüssen.

(4) Wahlfunktion: In parlamentarischen Systemen geht aus den Parlamenten die Regierung selbst hervor.

Rede- und Arbeitsparlamente
Hinsichtlich der Arbeitsweise der Vertretungskörperschaft spricht man von einem *Redeparlament*, wenn sich die parlamentarische Arbeit vorwiegend in Plenardiskussionen abspielt. Der Schwerpunkt der parlamentarischen Arbeit liegt darin, die unterschiedlichen politischen Standpunkte zu kommunizieren und damit den Wähler zu erreichen. Das Parlament ist hier – im ursprünglichen Sinne eines *parliament* – das Diskussionsforum aller öffentlich

> relevanten politischen Themen. In einem *Arbeitsparlament* hingegen steht die Regierungs- und Gesetzgebungsarbeit im Mittelpunkt, also seine Funktion als *Legislative*. Von primärer Bedeutung sind dabei die arbeitsteilig organisierten, mit Spezialisten besetzten Parlamentsausschüsse. Das britische Unterhaus gilt als klassisches Beispiel für ein Redeparlament, während der US-Kongress, aber auch das italienische und das Schweizer Unterhaus als Arbeitsparlamente angesehen werden. Die meisten Parlamente sind eine Mischform aus diesen beiden Typen.

Viele Parlamente bestehen aus zwei Kammern (*Bikameralismus*). Diese Struktur beruht auf der Vorstellung des klassischen Konstitutionalismus, dass zwei unterschiedlich zusammengesetzte Kammern („Häuser") ein politisches Gleichgewicht bei der Gesetzgebung herstellen können. Zum einen verbindet sich damit die Hoffnung auf eine höhere Effizienz politischer Entscheidungen, weil beide Kammern unabhängig voneinander vorgehen. Zum anderen kann die zweite Kammer je nach dem Modus ihrer Zusammensetzung sichern, dass Interessen – etwa von regionalen Einheiten, ethnischen oder Statusgruppen – systematisch berücksichtigt werden, welche in der ersten Kammer nicht adäquat repräsentiert sind. Historisch entstanden zweite Kammern als konservatives Korrektiv zu direkt gewählten Vertretungskörperschaften und repräsentierten Statusgruppen (*statusorientierter Bikameralismus*). Ein zweiter Entstehungspfad ist mit dem Föderalismus (> Kap. 7.2) verbunden. Zweite Kammern vertreten hier die Interessen von Gliedstaaten (*territorialer Bikameralismus*). Während beide Häuser ursprünglich eher gleichrangig waren, sind die ersten Kammern heute meist dominant.

> **Zweite Kammern**
> Etwa ein Drittel bis die Hälfte aller Länder der Erde verfügt über Zweikammersysteme. Am häufigsten sind sie in Südamerika, der Karibik und den Ländern am Atlantik anzutreffen, weniger häufig in Zentralamerika, Schwarzafrika und den postkommunistischen Staaten. Tendenziell finden sie sich eher in heterogenen, großen und föderal organisierten Ländern als in kleinen. Zwölf der 27 EU-Mitgliedstaaten weisen ein Zweikammerparlament auf. In einigen etablierten Demokratien, so in Neuseeland, Dänemark, Schweden und Island, wurde die zweite Kammer in der zweiten Hälfte des 20. Jahrhunderts abgeschafft.

In Großbritannien wird von Zeit zu Zeit ein Verzicht auf das Oberhaus (*House of Lords*) erwogen, das bis heute das klassische Beispiel für eine Statuskammer darstellt. Sie entstand im 14. Jahrhundert, als sich im englischen Parlament die Trennung von *Lords* und Vertretern der Gemeinden (*Commons*) institutionalisierte. Die Parlamentarisierung der Monarchie vollzog sich durch eine langwierige Kompetenzverschiebung vom König auf das Oberhaus und schließlich, mit der Ausweitung des Wahlrechts, auf das Unterhaus (*House of Commons*). Heute besteht das britische Oberhaus aus zwei Erzbischöfen und 24 Bischöfen (Geistliche Lords) sowie 707 Weltlichen Lords aus dem Adel, die auf Lebenszeit ernannt sind, ihren Status seit 1999 aber nicht mehr automatisch vererben.

Den Prototyp des territorialen Bikameralismus stellen die USA dar. Die englischen Kolonien verfügten meist über eine dualistische Vertretung des Mutterlandes und der Kolonialisten, und dieses Design der Vertretungskörperschaft wurde im Verfassungskonvent von 1787 auch auf die Legislative der Vereinigten Staaten übertragen. Kompetenzaufteilung und Besetzungsmodalitäten zweiter Kammern – und damit ihre Stärke – unterscheiden sich deutlich. In Kanada und Österreich gelten sie als schwach, wenngleich aus unterschiedlichen Gründen: Der kanadische Senat ist der ersten Kammer zwar im Gesetzgebungsverfahren völlig gleichgestellt, politisch aber weitgehend bedeutungslos, weil seine Mitglieder auf Vorschlag der zentralstaatlichen Regierung durch den Generalgouverneur – den Repräsentanten des symbolischen Staatsoberhaupts, der britischen Königin – ernannt werden. In Österreich hingegen ist der Bundesrat, dessen Abgeordnete von den Landtagen entsandt werden und über ein freies Mandat verfügen, lediglich mit einem suspensiven Vetorecht ausgestattet. Es kann vom Nationalrat, also der ersten Kammer, mit einfacher Mehrheit aufgehoben werden. Die zweiten Kammern in Australien, der Schweiz, den USA und Deutschland sind den ersten Kammern im Gesetzgebungsprozess gleichgestellt (in Deutschland nur bei Verfassungsänderungen und zustimmungspflichtigen Gesetzen). Im Unterschied zu den drei erstgenannten Ländern, wo die zweite Kammer durch das Volk gewählt wird, entsenden in Deutschland die Gliedstaatenexekutiven ihre Repräsentanten in den Bundesrat. Die Stärke der zweiten Kammer hat Auswirkungen auf das Ausmaß der *Politikverflechtung* in föderal organisierten Staaten (> Kap. 7.2.1).

6.2 Institutionen und Funktionen der Gewalten

Verfassungen regeln die Gewaltenteilung im Sinne der Zuordnung von Funktionen der Regierungsausübung auf bestimmte Institutionen. In der *vertikalen Dimension* können Verfassungen politische Kompetenzen auf einer staatlichen Ebene konzentrieren oder auf mehrere Ebenen verteilen (> Kap. 7.2). In der *horizontalen Dimension* finden sich im internationalen Vergleich zwei institutionelle Grundmuster von Regierungssystemen: Im *parlamentarischen Regierungssystem* wird die Konzentration von Macht durch den *Dualismus von Regierung und Opposition* eingeschränkt. (Parteien-)Regierung und Parlamentsmehrheit verschmelzen zwar für eine Legislaturperiode zu einer Handlungseinheit, in der exekutive und legislative Funktionen aufeinander abgestimmt wahrgenommen werden. Ihre Handlungsfreiheit ist dennoch begrenzt, weil sie sich der Kontrolle durch die parlamentarische Opposition sowie dem periodisch anstehenden Wählervotum stellen muss. Im *präsidentiellen Regierungssystem* hingegen stehen sich (Präsidial-)Regierung und Parlament als Institutionen gegenüber. Sie müssen aber bei der Ausübung der legislativen Funktion miteinander kooperieren (*checks and balances*). Die Beschränkung ihrer Spielräume schlägt sich daher in permanenten Entscheidungskompromissen nieder (> Kap. 7.1).

Die Gewalten müssen bei der Gesetzgebung zusammenwirken. Die konstitutionelle Konfiguration des Regierungssystems legt die reale Machtbalance zwischen den Gewalten jedoch nicht zwingend fest. Das Kräfteverhältnis zwischen Exekutive und Legislative hängt unter anderem auch von der Konstellation des Parteiensystems ab. Wenn z.B. Einparteienregierungen (> Kap. 8.1.2) die politische Geschichte eines Landes prägen, so verfestigt dies im Laufe der Zeit die Dominanz der Regierung über das Parlament – obwohl diese ihrer genuinen Logik nach lediglich den „verlängerten Arm der Parlamentsmehrheit" darstellt. Das Verhältnis zwischen Exekutive und Legislative ist darüber hinaus dynamisch.

Das Kräfteverhältnis von Exekutive und Legislative
In den USA hat sich die Balance zwischen Präsident und Kongress in den vergangenen 200 Jahren mehrfach verschoben. Während der Präsident bis in die 1930er Jahre eher schwach war, sprachen Kritiker Mitte der 1960er-1970er Jahre von einer „imperialen Präsidentschaft". Gegenwärtig gilt das Verhältnis der Gewalten als relativ ausgewogen. In den präsidentiellen Regimen etwa Kolumbiens und Venezuelas dominiert der Präsident hingegen langfristig.

Ein balanciertes Kräfteverhältnis zwischen Legislative und Exekutive ist z.b. im parlamentarischen System Belgiens anzutreffen, während Großbritannien als Musterfall einer parlamentarischen Demokratie mit Regierungsdominanz gilt (> Kap. 8.1.1). In Frankreich bedeutete die Gründung der semipräsidentiellen V. Französischen Republik (1958) den Versuch, die Dysfunktionalitäten des „Ultraparlamentarismus" der IV. Republik (1947-58) durch eine starke Exekutive zu überwinden und die *Assemblée Nationale* politisch zu marginalisieren („rationalisierter Parlamentarismus"). In einem längeren Prozess gewann die Nationalversammlung bis Ende der 1990er Jahre einige wesentliche Kompetenzen zurück. Als relativ dominant im Vergleich zu den Parlamenten gelten die Regierungen der meisten angelsächsischen parlamentarischen Demokratien, der skandinavischen Länder, Belgiens, Deutschlands, Griechenlands und Spaniens. Wenig dominant ist die Exekutive hingegen in Italien und den Niederlanden.

Die unterschiedlichen Entwicklungen in den postkommunistischen Staaten im Verlauf der beiden vergangenen Jahrzehnte zeigen, dass erfolgreiche Demokratisierung und ein starkes Parlament zusammenhängen. Legislativen mit umfassenden Kompetenzen können Präsidenten besser kontrollieren und damit die horizontale Verantwortlichkeit (> Kap. 2.1.2) zwischen den Gewalten effektiver garantieren als schwache Legislativen. Sie schaffen darüber hinaus größere Anreize dafür, dass Akteure in Parteien investieren – und starke Parteien wiederum verbinden gewählte Repräsentanten mit den Bürgern besser als schwache Parteien, fördern also die vertikale Rechenschaftspflichtigkeit von politischen Akteuren. Das Kräfteverhältnis zwischen Exekutive und Legislative wirft damit ein neues Licht auf die Diskussion um Vor- und Nachteile der unterschiedlichen Typen von Regierungssystemen (> Kap. 7.1.3).

Gegenwärtig wird kontrovers diskutiert, ob sich in den westlichen Demokratien ein genereller Trend zur Dominanz der politischen Exekutive über die Legislative durchsetzt. Dies ist demokratietheoretisch bedeutungsvoll, denn eine übermäßige Stärkung der Exekutive würde das Prinzip des Parlamentarismus (> Kap. 7.1.1) in Frage stellen, der die modernen Demokratien westlichen Typs auszeichnet. Begründungen und empirische Indikatoren für eine derartige Entwicklung lassen sich in der Tat finden: Im Vergleich zur Entstehungszeit von Demokratien sind die sozialen, ökonomischen und politischen Dimensionen der modernen Welt immer komplexer geworden. Gesellschaften differenzieren sich immer stärker aus, der Lösungshorizont vieler Probleme hat gesamtgesellschaftliche und sogar globale Ausmaße erreicht, internationale Faktoren werden immer wirkungsmächtiger und die Erwartungen an Politik steigen. In Reaktion darauf haben sich nicht nur die Steuerungsansprüche moderner Staaten ausgeweitet. Auch der Bedarf an zentralisierter politischer Kontrolle und Koordination ist gestiegen und mit ihm die Zahl an differenzierten *Politikfeldern (public policies)*, in denen Staatstätigkeit stattfindet (> Kap. 8).

> **Die Ausdehnung der Staatstätigkeit**
> Bis zum 19. Jahrhundert hatten sich mit der Außen-, Innen-, Justiz- und Finanzpolitik die vier klassischen zentralen Politikfelder von Staaten etabliert, die in die Zuständigkeit von Fachministern fielen. Mit der Parlamentarisierung und der Demokratisierung sowie der Entstehung des Sozialstaats in Europa und Nordamerika entstand eine Reihe neuer Politikfelder, die bereits nach dem Ersten Weltkrieg den Charakter des Staates in Richtung eines *Leistungs- und Interventionsstaates* veränderten. Seit den 1970er Jahren erweiterte sich das Spektrum noch einmal erheblich – Konjunktur-, Umwelt-, Technologie-, Atom-, Entwicklungs-, Forschungs-, Gen- und Biopolitik wurden in den meisten Ländern zu eigenständigen Politikfeldern.

Im Zusammenhang mit der wachsenden Komplexität der Staatstätigkeit verändert sich auch der Charakter der Gesetzgebung. Da es nicht möglich ist, allen Eventualitäten durch detaillierte Gesetze gerecht zu werden, gewinnt die *delegierte Gesetzgebung* immer größere Bedeutung. Dabei überlassen die Parlamente den exekutiven Staatsorganen und Verwaltungen die Umsetzung allgemeiner Gesetze, was deren Entscheidungsautonomie erhöht (> Kap. 8.2). In West- und Mitteleuropa sinkt die Bedeutung nationaler Parlamente darüber hinaus, weil intergouvernementale und supranationale Entscheidungen auf der Ebene der Europäischen Union getroffen werden. Die Parlamente der Mitgliedstaaten verfügen kaum noch über Spielräume, wenn sie solche Regelungen in nationales Recht überführen. Auch der immer häufiger zu beobachtende Rekurs nationaler Regierungen auf Referenden und Meinungsumfragen schwächt die Bedeutung von Parlamenten als Zwischengliedern in der Beziehung zwischen Bevölkerung und Staat. Schließlich verfügen Exekutiven über Organisationsvorteile. Sie setzen sich aus wesentlich weniger Einzelakteuren als die Legislativen zusammen und sind daher flexibler und entscheidungsfähiger. Zudem werden sie durch professionelle Verwaltungsapparate und Beratungsdienstleister unterstützt. Ihr Führungspersonal ist in der Öffentlichkeit weitaus sichtbarer und nutzt Gelegenheiten der medialen Präsentation. Die effizient organisierten Kartellparteien (> Kap. 4.2.1), die sich weniger auf ihre Mitglieder als auf Berufspolitiker in öffentlichen Ämtern ausrichten, verstärken den Trend zur Dominanz der Exekutive.

6.2.3 Judikative

Die dritte Gewalt im System der Gewaltenteilung ist die *Judikative*. Die *rechtsprechende Funktion* besteht darin, Gesetze zu interpretieren, anzuwenden und privatrechtliche sowie öffentlich-rechtliche Streitsachen verbindlich zu entscheiden. Anders als die Legislative und die Exekutive legitimiert sich die Judikative autonom, über die Institution des Rechts und die Professionalität ihrer Akteure, und nicht über ihre Rückbindung an den Wählerwillen. *Institutionell* ist sie unabhängigen Gerichten anvertraut, d.h. der *Justiz*.

Tendenziell steigt die Bedeutung der Judikative in modernen Demokratien. Dies korreliert mit der Ausweitung der Staatstätigkeit, die mit einem größeren Umfang an legislativen und exekutiven Handlungen einhergeht und daher auch mit wachsendem Konfliktpotential zwischen Regierung und Parlament. Gleichzeitig verändert sich die Streitkultur: Die individuellen Rechte der Bürger werden immer stärker betont, was auch die Bereitschaft steigert, zu ihrem Schutz den Rechtsweg einzuschlagen. In Reaktion auf neuere Entwicklungen, etwa die Bedrohung durch den internationalen Terrorismus, wird gegenwärtig in den westlichen Demokratien außerdem das Verhältnis zwischen Rechten bzw. Freiheiten der Bürger und den Interventionsrechten des Staates zum Schutze des Gemeinwohls erneut ausgehandelt.

Zur Justiz gehören Gerichte, aber auch Staatsanwaltschaften als Behörden der Anklageerhebung sowie Justizverwaltungen, d.h. Justizministerien und Gefängnisse. Entsprechend der Rechtsgebiete werden Fachgerichte unterschieden. Die politikwissenschaftlich bedeutendste Funktion der Judikative ist die *gerichtliche Normenkontrolle (judicial review)*. Damit wird die Überprüfung von Rechtsvorschriften an den Maßstäben des jeweils höherrangigen Rechts

6.2 Institutionen und Funktionen der Gewalten

bezeichnet. Die Normenkontrolle wird von Gerichten und Behörden auf dem Instanzenweg ausgeübt. Diese Überprüfung wird unabhängig von einem konkreten Anwendungsfall (*abstrakte Normenkontrolle*) oder aufgrund der Vorlage einer bestimmten richterlichen Entscheidung veranlasst (*konkrete Normenkontrolle*). Für die Überprüfung der Vereinbarkeit rechtlicher Normen mit dem Verfassungsrecht existieren in einigen Ländern spezielle *Verfassungsgerichte*, die außerhalb des eigentlichen Justizsystems stehen. Man spricht dann von einem *konzentrierten System*, weil Institution und Funktion der Verfassungsgerichtsbarkeit zusammenfallen (*constitutional review*). Im System der *diffusen gerichtlichen Normenkontrolle* hingegen wird die Funktion der Verfassungsgerichtsbarkeit durch das oberste Gericht im Instanzenzug der jeweiligen nationalen Gerichtsbarkeit mit ausgeübt (integrierte Verfassungsgerichtsbarkeit).

Systeme der Verfassungsgerichtsbarkeit
Systeme der diffusen gerichtlichen Normenkontrolle gibt es in den meisten Staaten des *Commonwealth* wie Australien, Neuseeland, Kanada und Indien, in den skandinavischen sowie den meisten lateinamerikanischen Ländern, aber auch in Estland und Japan. Ihr Vorbild ist der US-amerikanische *Supreme Court* („amerikanisches Modell"). Die institutionell konzentrierte Normenkontrolle hat sich in Deutschland, der Europäischen Union, Frankreich, Italien, Österreich, Portugal und Spanien sowie in fast allen ostmitteleuropäischen Demokratien etabliert.
In Dänemark ist die Verfassungsgerichtsbarkeit nicht konstitutionell kodifiziert, wird jedoch gewohnheitsrechtlich ausgeübt; im Falle unauflösbarer kontroverser Standpunkte in Verfassungsfragen erhält das Parlament den Vorrang. In der Schweiz orientierte sich die Verfassungsgerichtsbarkeit ursprünglich am amerikanischen Modell, ist in Bezug auf die Kantonsverfassungen inzwischen jedoch weitgehend konzentriert. Gegenüber der Bundesverfassung ist sie nur schwach ausgestaltet, weil das direktdemokratische Prinzip der unmittelbaren Volkssouveränität höher gewichtet wird. Zwar wird vermieden, Recht zu sprechen, das nicht mit der Verfassung vereinbar ist, es kann jedoch bei Verfassungswidrigkeit nicht formell durch das Bundesgericht aufgehoben werden. Auch in Frankreich sind die Kompetenzen des *Conseil constitutionnel*, der kein Gericht ist und nicht aus Richtern

besteht, eingeschränkt, um den Vorrang der Volkssouveränität zu betonen.
Als mächtigstes Verfassungsgericht der Welt gilt neben dem US-amerikanischen *Supreme Court* das deutsche *Bundesverfassungsgericht (BVerfG)*, das ca. fünf Prozent des Gesetzgebungs-Outputs aus verfassungsrechtlichen Gründen aufhebt. Seine Zuständigkeiten betreffen nicht nur die konkrete, sondern auch die abstrakte Normenkontrolle. Außerdem entscheidet es im Unterschied zum *Supreme Court* auch den Organstreit zwischen den obersten Staatsorganen auf dem Rechtsweg und prüft Verfassungsbeschwerden gegen Verwaltungs- oder Gerichtsentscheidungen, die von jedem Bürger eingereicht werden können. Es verfügt damit über umfassende Kompetenzen der Staatsgerichtsbarkeit und der Kontrolle über das Staatshandeln gegenüber dem Bürger.

Eine Verfassungsgerichtsbarkeit gehört demnach nicht zur unumgänglichen institutionellen Grundausstattung liberal-demokratischer Systeme, ist aber in etwa der Hälfte der Verfassungen weltweit vorgesehen. Wie erklärt es sich, dass sie in vielen Ländern, darunter als spezifische Institution, etabliert worden ist? Da Verfassungen, wie alle Regelsysteme, Lücken aufweisen und vergleichsweise wenig flexibel sind, stellt sich in der Tat zuweilen die Frage, wer die Interpretationshoheit über die Verfassungsauslegung beanspruchen kann. Während solche Probleme in der direkten Demokratie dem Volk als dem obersten Souverän unterbreitet würden, lassen sie sich in repräsentativen Demokratien prinzipiell an das Parlament oder aber an die Justiz übertragen. Dass Richter als oberste Schlichter in strittigen Verfassungsfragen auftreten können, liegt nahe. Bei Verfassungen handelt es sich um Rechtsdokumente, und die Annahme, professionelle, auf Lebenszeit ernannte und gut bezahlte Richter seien vergleichsweise politisch unabhängig und wenig korrupt, entbehrt nicht der Logik. Andererseits kann plausibel eingewendet werden, dass die politische Unabhängigkeit auch von Gerichten äußerst verwundbar ist, insbesondere aber, dass die Verrechtlichung (*Justizialisierung, Judizialisierung*) von Politik dem Prinzip des Parlamentarismus widerspricht: Seiner Logik zufolge sollte es die gewählte Vertretungskörperschaft der Bürger sein, der die Interpretation der Verfassung obliegt. Daraus leitet sich auch der gewaltenteilige *Grundsatz der richterlichen Selbstbeschränkung (judicial self-restraint)* ab. Er schreibt vor, dass durch die Rechtsprechung keine politischen Gestal-

6.2 Institutionen und Funktionen der Gewalten

tungsfragen in der Kompetenz von Legislative oder Exekutive berührt werden.

Welche institutionelle Lösung des Problems der gerichtlichen Normenkontrolle sich in den einzelnen Ländern durchgesetzt hat, ist pfadabhängig zu erklären: Verfassungsgerichte entstehen unter Umständen während kritischer Situationen als eine institutionelle Innovation, die sich nachfolgend konsolidieren kann. Dabei zeigt es sich, dass ähnliche Institutionen auf unterschiedlichem Wege entstehen können. Die historisch ersten Verfassungsgerichte sind später zum Vorbild für entsprechende *institutional choices* im Verlauf von Verfassunggebungsprozessen weiterer Länder geworden.

Historische Pfade der Verfassungsgerichtsbarkeit
Der US-amerikanische *Supreme Court* war das erste Verfassungsgericht der Welt. In der Verfassung von 1787 war allerdings lediglich die Suprematie der Verfassung gegenüber dem einfachen Gesetz festgehalten worden, nicht aber das Prinzip der *judicial review*. Gerichte erlangten diese Kompetenz vielmehr infolge einer Entwicklung, deren spektakulärstes Einzelereignis in einer richterlichen Anmaßung bestand, mit der der Oberste Gerichtshof eine politische Auseinandersetzung entschied: Der von den Föderalisten dominierte US-Kongress hatte im Februar 1801 ein Gerichtsgesetz verabschiedet, das eine Reihe neuer Bundesgerichte schuf. Buchstäblich bis in die letzten Stunden vor seiner Amtsübergabe ernannte der scheidende Präsident John Adams 42 Richter an diesen Gerichten, um die Position der Föderalisten zu stärken. Der anti-föderalistische Demokrat Thomas Jefferson, der am 4. März 1801 das Präsidentenamt antrat, verweigerte einem Großteil dieser Richter die Ernennung mit einer formalen Begründung. Der sich daraus entwickelnde Rechtsstreit „Marbury vs. Madison" (1803) wurde durch den *Supreme Court* geschickt entschieden: Einem auf Einstellung klagenden Richter sei Recht zu geben, der neue Präsident habe sich des Rechtsbruchs schuldig gemacht. Allerdings widerspreche das Gesetz, aufgrund dessen die Ernennung erfolgt war, der Verfassung. Die Prüfung der Vereinbarkeit einfacher Gesetze mit der Verfassung wiederum obliege Gerichten, nicht aber Politikern. Damit wurde der Vorrang der Verfassungsgerichtsbarkeit in der amerikanischen Verfassungsrealität als Konvention etabliert.

Eine Alternative zu diesem Modell bildet die Verfassungsgerichtsbarkeit des sogenannten „österreichisch-deutschen Systems". Sie wurde erstmals in der österreichischen Bundesverfassung von 1920 kodifiziert und ist stark von dem Staatsrechtler Hans Kelsen beeinflusst. Historisch-empirisch berief sich dieses Design auf die bis auf das 15. Jahrhundert zurückgehende richterliche Tradition der Abgrenzung der Rechte von Staatsorganen, so auf das Reichskammergericht (1495-1806) des Heiligen Römischen Reiches. Diese Traditionslinie traf unter den Bedingungen der hoch politisierten gesellschaftlichen Umwelt des frühen 20. Jahrhunderts auf das Bestreben, eine außerpolitische Schlichtungsinstanz zu etablieren. Das amerikanische Modell, das z.b. den Entwurf eines Reichsgerichts in der deutschen Paulskirchenverfassung (1849) beeinflusst hatte, wurde dabei in wesentlichen Merkmalen verworfen. Dieser Typus der konzentrierten Normenkontrolle ist für Demokratien typisch, die aus autoritären Regimes des 20. Jahrhunderts hervorgegangen sind. Das deutsche Bundesverfassungsgericht liefert dabei häufig das institutionelle Vorbild, besonders für die postkommunistischen Demokratien Ostmitteleuropas.

In der politischen Praxis der einzelnen Länder spielt die gerichtliche Normenkontrolle eine unterschiedlich große Rolle. Sie scheint besonders dann bedeutend zu sein, wenn die politische Macht dezentralisiert ist, der Parteienwettbewerb hinsichtlich der Links-Rechts-Dimension hochgradig polarisiert ausgetragen wird und viele Vetoakteure am politischen Entscheidungsprozess beteiligt sind. Die umstrittene *Justizialisierung* politischer Prozesse wird nicht nur durch ihre konkrete Institutionalisierungsform begünstigt, sondern – und womöglich stärker – auch durch die Spezifik politisch-kultureller Faktoren, wie etwa Legalismus und Konsensorientierung in politischen Interaktionen. Nicht zuletzt wird die Akzeptanz spezialisierter Verfassungsgerichte auch von der Wahrnehmung ihrer Aktivitäten in der politischen Praxis beeinflusst.

6.3 Verfassunggebung

Formelle Verfassungen werden in der Regel verabschiedet, um Staaten oder ihre politischen Systeme neu zu begründen. Im internatio-

6.3 Verfassungsgebung

nalen Vergleich lassen sich Zeiträume beobachten, in denen sich solche Ereignisse gehäuft haben. Dies geschah einerseits in engem Bezug zur Bildung von Staaten nach dem Ersten Weltkrieg, im Gefolge des Zusammenbruchs der europäischen Kolonialreiche nach dem Zweiten Weltkrieg sowie der Auflösung der Sowjetunion (1991). Andererseits hängt die *Verfassunggebung* mit der Demokratisierung eines Landes zusammen. Viele Politikwissenschaftler sehen die Verabschiedung einer Verfassung als einen Zeitpunkt an, zu dem die Institutionalisierung von Demokratie in die Phase ihrer Konsolidierung übergeht (> Kap. 2.3.1). Entsprechend tritt das Phänomen gehäuft auf, wenn Demokratisierungsprozesse internationale Dimensionen erreichen, so in den Jahren 1780 bis 1791, in der Zeit um das europäische Revolutionsjahr 1848, nach dem Zweiten Weltkrieg und im Verlaufe der dritten bzw. vierten Demokratisierungswelle. Von den gegenwärtig über 170 geltenden nationalen Verfassungen ist mehr als die Hälfte nach 1974 geschrieben worden.

Verfassungen entstehen im Ergebnis von Aushandlungen zwischen politischen Akteuren im Rahmen einer Verfassunggebenden Versammlung (*Konstituante*), die häufig speziell zu diesem Zweck einberufen oder gewählt wird. Oft erfüllt auch das gerade amtierende Parlament diese Funktion. Im Regelfall werden Verfassungen, manchmal auch Verfassungsrevisionen, nach ihrer Verabschiedung in der Konstituante per Referendum von den Staatsbürgern gebilligt. Während die Erarbeitung von Verfassungen historisch oft ein langwieriger Prozess war, nimmt er in jüngster Zeit nur selten einige Jahre, meist sogar nur Monate, in Anspruch.

Verfassungsgeschichtliche Entwicklungspfade
In England wurde die absolutistische Monarchie seit dem frühen 13. Jahrhundert schrittweise konstitutionalisiert. Das Parlament war ursprünglich lediglich ein beratender Kronrat in Steuerfragen. Seine Mitglieder stammten zunächst nur aus dem Hochadel und dem Klerus, wurden aber durch den englischen Monarchen selbst um Angehörige des niederen Adels und der Stadtbürgerschaft ergänzt, weil er seine Position gegenüber den *Lords* stärken wollte. Das Unterhaus nutzte seine Rechte bald als politisches Instrument. In einem langwierigen Prozess wandelte es sich zur gewählten Repräsentativkörperschaft und zum Souverän.

Stärker als in Großbritannien vollzog sich der Weg zu einer modernen politischen Ordnung in Frankreich über den Weg von Massenerhebungen. Seit 1302 waren hier vom König zur Durchsetzung neuer Steuern und in außenpolitischen Fragen die „Generalstände" einberufen worden, eine Versammlung aus Vertretern des Klerus, des Adels und des „Dritten Standes" der Bürger und Handwerker. Als sie sich nach mehr als 170jähriger Unterbrechung im Frühling 1789 zur Lösung einer schweren Finanzkrise der absolutistischen Monarchie erneut versammelten, kam es zu Auseinandersetzungen zwischen den Ständen und dem König. Am 17. Juni 1789 erklärte sich der Dritte Stand zur Nationalversammlung, die sich verpflichtete, Frankreich eine neue Verfassung zu geben. Sie trat am 3. September 1791 in Kraft, hatte jedoch nur ein Jahr Bestand. Sie erklärte das französische Volk zum Souverän. Auch die folgenden zehn Verfassungen des 18. und 19. Jahrhunderts waren das Ergebnis revolutionärer Aufstände bzw. von Restaurationen der Monarchie.

Neben den (evolutionären bzw. revolutionären) Pfaden der Parlamentarisierung von absolutistischen Monarchien ist der Weg der republikanischen Neugründung zu beobachten, für den die USA steht. Hier wurde kein König entmachtet oder geköpft, sondern ein Präsident als „Wahlkönig" mit begrenzten Kompetenzen institutionalisiert. Die zugrundeliegende Idee der Verfassung von 1787 ist es dabei nicht, den Ort der höchsten politischen Macht von der Krone auf die gewählte Repräsentativkörperschaft zu verlagern, sondern sie auf unterschiedliche Institutionen aufzuteilen, um Missbrauch zu verhindern.

Die jungen Nationalstaaten nach dem Zweiten Weltkrieg kopierten die institutionellen Grundausstattungen ihrer Vorbilder – in der Regel die Verfassungen der ehemaligen Kolonialmächte – oft mehr oder weniger unverändert. Für die Verfassungswirklichkeit erwies sich das häufig als problematisch. Die Institutionen wurden kaum an ihre Umgebung, sozialstrukturelle und sozioökonomische Faktoren, historische Traditionen und die politische Kultur angepasst und funktionierten daher nicht reibungslos bzw. stießen als Erbe der Kolonialzeit auf Ablehnung. Die Gründungsakteure der jüngeren Demokratien seit den 1970er Jahren gingen meist differenzierter und umsichtiger vor. In der Regel analysierten und verglichen sie verschiedene kon-

6.3 Verfassungsgebung

stitutionelle Modelle, übernahmen in ihre Entwürfe jeweils einzelne Elemente aus unterschiedlichen Herkunftskontexten und fügten die einzelnen Regeln absichtsvoll zu einem Verfassungsdokument zusammen. Ein solches „Institutionenshopping" ermöglichte, historische Erfahrungen auszuwerten und die Vor- und Nachteile von Regelungen abzuwägen, um schließlich die erfolgversprechendsten Lösungen zu kodifizieren. Dabei entstanden institutionelle Mischformen, die zuvor unbekannt oder vergleichsweise bedeutungslos waren, wie etwa die gewachsene Anzahl semipräsidentieller Regierungssysteme zeigt (> Kap. 7.1.2). Allerdings garantierte das größer gewordene Spektrum alternativer Designentscheidungen für Verfassungen weder zwangsläufig, dass der politische Kontext von Institutionen ausreichend beachtet wurde, noch dass die einzelnen Bestandteile des Institutionenmixes miteinander harmonierten. Die Verfassungswirklichkeit junger Demokratien ist daher eine Fundgrube für vergleichende Studien über die Wirkungen von Institutionen in ihren Kontexten.

Gewichtiger noch als die gegebenenfalls aus dem verfassungspolitischen Dezisionismus (*constitutional engineering*) erwachsenden Probleme kann der Umstand sein, dass Verfassungen im Rahmen meist außergewöhnlich angespannter Krisensituationen erarbeitet und verabschiedet werden. Akteure verfolgen dabei (auch) unterschiedliche Interessen, ihre Wahrnehmungen sind (auch) durch ihre Erfahrungen geprägt, ihre Ressourcenausstattung (auch) durch Zufälle. In der Institutionalisierungsphase einer Demokratie herrscht in der Regel hohe Unsicherheit (> Kap. 2.3.3). Ob und inwieweit die alten Regeln des politischen Prozesses noch gelten, welche von ihnen dezidiert außer Kraft gesetzt werden können oder müssen, ist nicht genau bekannt und erwächst zudem oft aus eigendynamischen Entwicklungen, die nicht vorhersehbar sind. Bei der Verfassunggebung haben Akteure deshalb möglicherweise überdurchschnittlich große Handlungsspielräume. Wiewohl sich solche Pfade der Verfassungsgeschichte im Nachhinein nachzeichnen und erklären lassen, sind sie nicht zwangsläufig, sondern kontingent: Wie sie jeweils verlaufen, entscheidet sich anlässlich kritischer Situationen immer wieder neu, allerdings sind die weiteren Optionen durch das bereits zurückliegende Stück Weges begrenzt (Pfadabhängigkeit > Kap. 1.1.3). Die Eigenschaften der Akteure, ihre Wahrnehmungen und Strategien sowie ihre Bündnisse prägen die Verfassunggebung einschneidend. Die resultierenden Dokumente spiegeln danach meist für lange Zeit das aktuelle Kräfteverhältnis der politischen Akteure und die Umstände der Gründungssituation wider.

Im Verfassunggebungsprozess müssen Vereinbarungen über den Katalog der Grund- und Freiheitsrechte, die institutionelle Basiskonfiguration des Regierungssystems, die Mechanismen der Regelbindung und über das Wahlrecht getroffen werden. Die beteiligten Akteure haben Kompromisse zu erzielen, die zum einen sie selbst an Regeln binden, zum anderen aber auch künftige Akteure. Normative Vorstellungen darüber, wie effizientes Regieren und die Systemstabilität zu sichern sind, mögen dabei die Wahrnehmungen und Ziele der Akteure ebenso bestimmen wie das Bestreben, erfolgreiche Referenzfälle für einen „Institutionenimport" zu nutzen oder an die Traditionen der eigenen Verfassungsgeschichte anzuknüpfen. Die „Verfassungsideologie" der Akteure wirkt aber im Prozessverlauf mit den verfügbaren Ressourcen und den wahrgenommenen Chancen des Zugangs zur politischen Macht zusammen. Mit institutionellen Entscheidungen (*institutional choices*) versuchen die betreffenden Akteursgruppen, diese Chancen für sich zu verbessern.

Auch Verfassungen sind Institutionen, die das Ergebnis politischer Auseinandersetzungen der näheren oder fernen Vergangenheit darstellen und neben beabsichtigten auch unbeabsichtigte Wirkungen zeitigen. Wie alle Institutionen sind sie inhärent träge und ändern sich nur unter außergewöhnlichen Bedingungen, in denen die Akteure sich unmittelbar mit ihren Spielregeln auseinandersetzen (müssen). Gewöhnlich tendieren Akteure aber dazu, Regeln für gegeben zu nehmen und sich daran zu halten. Dies gilt auch für den konstitutionellen Wandel. Nicht immer schlagen sich Veränderungen in der Verfassungsrealität auch im Verfassungstext nieder, und wenn, dann selten sofort oder konfliktfrei. Die meisten Verfassungen enthalten Klauseln, die ihre Revision erschweren, so etwa die Zustimmungspflicht von zwei Dritteln des Parlaments oder durch Verfassungsreferenden. In einigen Ländern ist vor Verfassungsänderungen sogar vorgeschrieben, das Parlament aufzulösen und neu zu wählen.
Für Arend Lijphart (1999) ist die Flexibilität einer Verfassung, also die Höhe der Hürde für Verfassungsänderungen, und der Typ der gerichtlichen Normenkontrolle ein wichtiges Kriterium seiner Typologie von „Mustern der Demokratie" (> Kap. 9.1). In der Vetospielertheorie von George Tsebelis (2002) sind Verfassungen wichtig, weil sie institutionelle Vetospieler konstituieren (> Kap. 9.2).

6.3 Verfassungsgebung

> **Verfassungsrevisionen**
> Die Verabschiedung einer neuen Verfassung ist ein historisch eher seltenes Ereignis. Die US-Verfassung zum Beispiel gilt seit 1787, und sie hat auch erst 27 Veränderungen erfahren, zehn davon allein mit der *Bill of Rights* (1791). In den Text des ursprünglichen Dokuments, das lediglich sieben Artikel enthält, wird dabei nicht eingegriffen, die *Amendments* werden vielmehr angefügt. Die Verfassung Norwegens gilt seit 1814, die Dänemarks unverändert seit 1953. Frankreich hingegen hat seit dem Jahr 1789 15 Verfassungen verabschiedet. Die seit 1958 durch ein Referendum angenommene Verfassung der Fünften Republik wurde bis Februar 2007 bereits 18mal geändert. In Venezuela wurde Ende 1999 die 26. Verfassung seit der Unabhängigkeit im Jahre 1811 angenommen.
> Mit einfacher Mehrheit können Verfassungen z.B. in Island, Israel, Neuseeland und Großbritannien geändert werden. Besonders gut dagegen geschützt sind sie hingegen in Ländern, wo Supermehrheiten nötig sind. In den USA beispielsweise müssen einer Verfassungsänderung nicht nur zwei Drittel der Abgeordneten im Kongress und im Senat zustimmen, sondern auch Dreiviertel der Bundesstaaten. In Australien und der Schweiz müssen bei einem entsprechenden Referendum nicht nur die Mehrheit der Wähler, sondern auch Wählermehrheiten in der Mehrheit der Gliedstaaten zustimmen. In Japan bedarf eine Verfassungsänderung der Zweidrittelmehrheit in beiden Parlamentskammern sowie eines Referendums. Auch das deutsche Grundgesetz lässt sich nur schwer ändern, weil neben der Zweidrittelmehrheit im Bundestag eine ebensolche Mehrheit im Bundesrat gefordert ist und in diesem normalerweise andere Mehrheitsverhältnisse herrschen als in der ersten Kammer des Parlaments. Der Verfassungskern (Art. 20) ist darüber hinaus aufgrund der „Ewigkeitsklausel" (Art. 79, Abs. 3) unabänderlich.

Literatur

Der größte Teil der Literatur über Verfassungen ist staatsrechtlicher Natur. Politikwissenschaftliche Untersuchungen konzentrieren sich meist auf Regierungssysteme (> Kap. 7), wenn sie sich Verfassungen zuwenden.

Darüber hinaus findet sich bei *Lijphart (1999, Kap. 12)* ein Vergleich demokratischer Verfassungen hinsichtlich ihrer Veränderbarkeit und des Systems der Normenkontrolle. *Lijphart (2004)* entwickelt vor diesem Hintergrund Empfehlungen für das Verfassungsdesign moderner heterogener Gesellschaften. *Elster (1993)* entwirft anhand ostmitteleuropäischer Fälle einen Analyserahmen für den Verfassunggebungsprozess. *Fish (2006)* argumentiert, dass ein starkes Parlament die Schlüsselinstitution für eine erfolgreiche Demokratisierung darstellt. Die Entstehung der Verfassungsgerichtsbarkeit in westlichen Demokratien wird bei *Helms (2006)* erklärt und verglichen. *Patzelt (2003)* enthält neben einem Analyserahmen für die Funktionswahrnehmung von Parlamenten ausführliche Fallstudien über die Vertretungskörperschaften Frankreichs, Kanadas, der DDR und der EU.

Die meisten Verfassungen der Welt lassen sich über das Internet recherchieren, darunter in den Sammlungen des *International Constitutional Law Project* (http://www.servat.unibe.ch/law/icl/index.html), des *Avalon Project at Yale Law School* (http://www.verfassungsgeschichte.ch/) und der *University of Richmond* (http://confinder.richmond.edu/) sowie unter http://www.verfassungen.de.

7 Regierungssysteme

7.1 Horizontale Gewaltenteilung: Exekutive und Legislative

7.1.1 Parlamentarische und präsidentielle Regierungssysteme

Das Kernstück der traditionellen Vergleichenden Regierungslehre ist die Verfassungssystematik im Sinne einer Typologie der Regierungssysteme. Das *Regierungssystem* (synonym oft: *Regierungsform*, *Regimetyp*) umfasst jene formalen Institutionen, deren Zusammenwirken dazu führt, dass kollektiv verbindliche Entscheidungen für das Gemeinwesen getroffen werden. Diese Institutionen sind meist in der Verfassung (> Kap. 6) aufgelistet. Es handelt sich um die Staatsorgane, die an der Gesetzgebung beteiligt sind, und den Staatsaufbau. Die konstitutionelle Gewaltenteilung besteht einerseits in einer horizontalen Dimension, d.h. als Beziehungsmuster zwischen der Exekutive und der Legislative, andererseits in einer vertikalen Dimension, d.h. als Beziehungsmuster zwischen den Ebenen des Regierens. In einem erweiterten Sinne werden auch (Teile der) Verwaltung und die Justiz zum Regierungssystem gezählt, also Organe, welche die Umsetzung von Gesetzen (*Implementation*) sichern (*politisch-administratives System*).

Es gibt zwei institutionelle Grundformen der demokratischen Gewaltenteilung, das *parlamentarische* und das *präsidentielle Regierungssystem*. Beide werden dem Oberbegriff *Parlamentarismus* (> Kap. 2.1) zugeordnet, auch wenn dies zunächst etwas irreführend klingt. Parlamentarismus bedeutet, dass das Parlament die Funktionen der Gesetzgebung (als Legislative), der Entscheidung über den Staatshaushalt und der Kontrolle über die Regierung ausübt. Es ist dazu ermächtigt, weil es durch das Volk gewählt ist, also seine kollektive Vertretung darstellt: Die moderne Demokratie ist Volksherrschaft als repräsentative Herrschaft durch ein parteipolitisch strukturiertes Parlament. Seine Mitglieder verfügen über ein freies Mandat, das ihnen die rechtliche Unabhängigkeit garantiert. Präsidentielle Regierungssysteme, in denen das Parlament diese Funktionen formal oder faktisch nicht ausübt, funktionieren nicht nach dem Prinzip des Parlamentarismus. Vielmehr kennzeichnen sie autoritäre Staaten, in denen sie eine häufig anzutreffende Regierungsform sind.

Das *Hauptunterscheidungsmerkmal* zwischen dem parlamentarischen und dem präsidentiellen System liegt in der Abberufbarkeit der Regierung bzw. des Regierungschefs durch die Legislative. Im parlamentarischen System (*parliamentary government*) ist das durch ein Misstrauensvotum des Parlaments (> Kap. 6.2.2) jederzeit, auch vor Ablauf der gesetzlichen Legislaturperiode, möglich. Die Regierung ist gegenüber der Vertretungskörperschaft rechenschaftspflichtig (*kollektive Verantwortlichkeit*). Sie kann das Parlament meist ihrerseits nach einer gescheiterten Vertrauensfrage auflösen. Im präsidentiellen System (*presidential government*) hingegen ist die Amtsdauer der Regierung in der Verfassung festgelegt und kann nicht aus politischen Gründen verkürzt werden, unabhängig von den parlamentarischen Mehrheitsverhältnissen. Eine Ausnahme stellen lediglich verfassungsrechtliche Gründe dar *(impeachment)*. Der Präsident wird (direkt oder über Wahlmänner) turnusmäßig vom Volk gewählt.

Der Hintergrund dieser auf den ersten Blick technischen Unterscheidung ist *funktionslogischer* Natur: Für parlamentarische Systeme ist *institutionelle Gewaltenverschränkung* charakteristisch. Zwischen der Regierung und der Mehrheit des Parlaments besteht eine enge Funktions- und Handlungseinheit: Die Regierung stellt formal den „ausführenden Arm" der parteipolitisch begründeten Parlamentsmehrheit dar. Hier ist es die *Parteienkonkurrenz*, die eine dauerhafte Machtkonzentration verhindert: Weil der Parteienwettbewerb von Zeit zu Zeit durch Wahlen aufs Neue entschieden wird, bleibt die prinzipiell riskante Übernahme der Staatsgewalt durch eine Partei (bzw. Koalition) temporär und revidierbar. Die Grundidee dieses Designs besteht darin, dass allein das Parlament die Volkssouveränität verkörpert. Folglich muss alle Staatsgewalt aus dieser Vertretungskörperschaft hervorgehen und an sie gebunden bleiben. Exekutive und Legislative sind daher interdependent und „verschränkt" (*fusion of powers, power sharing*).

Das präsidentielle System hingegen dämmt die Konzentration politischer Macht institutionell ein. Exekutive und Legislative sind hier autonom voneinander konzipiert, in dem jede der beiden Gewalten durch Wahlen legitimiert wird. Ihre Beziehungen werden so gestaltet, dass sie sich gegenseitig hemmen und balancieren können (*checks and balances*). Damit Regieren unter diesen Bedingungen tatsächlich möglich ist, müssen Exekutive und Legislative im politischen Alltag kooperieren, anderenfalls tritt politischer Stillstand ein. Es handelt sich beim Präsidentialismus also um ein System der *institutionellen*

7.1 Horizontale Gewaltenteilung

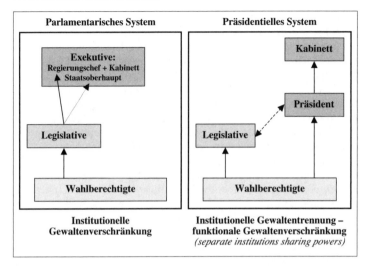

Abbildung 10: Parlamentarisches und präsidentielles Regierungssystem

Gewaltentrennung und -konkurrenz bei funktionaler Gewaltenverschränkung. Seine Grundidee besteht darin, den Missbrauch der politischen Macht einzudämmen, indem sie auf zwei unabhängige Institutionen verteilt wird, die sich gemeinsam an den Regierungsfunktionen beteiligen. Richard Neustadt (1960) bezeichnet dieses Arrangement als *separate institutions sharing powers*. Differenzierter als in der ideengeschichtlichen Formel der Gewaltenteilung (*separation of powers* > Kap. 6.2.1) wird hier die institutionelle Zuordnung von legislativen, exekutiven und judikativen Kompetenzen (als institutionelle Gewaltentrennung) von den entsprechenden Funktionen im Sinne der Ausübung der Gewalten (und damit der funktionalen Gewaltenverschränkung) konzeptionell unterschieden.

Als Zwischenfazit lässt sich also festhalten, dass sich die Logiken der beiden Formen von Regierungssystemen im Grundsatz unterscheiden: In einem Falle wird die politische Macht auf die kooperative Handlungseinheit Regierung – Parlamentsmehrheit konzentriert, steht aber unter dem Vorbehalt ihrer Neubesetzung, falls diese politikunfähig wird. Im anderen Falle wird die politische Macht institutionell aufgeteilt, so dass *policy-making* die Kooperation der Gewalten voraussetzt. Die beiden Grundtypen von Regierungssystemen verkörpern damit unterschiedliche Antworten auf das Demokratien inhärente Spannungsverhältnis zwischen Effektivität und Legitimität von Politik bzw. der Responsivität und Rechenschaftspflichtigkeit der Regierenden gegenüber den Regierten (> Kap. 2.1.2).

Dieser substantielle Unterschied begründet auch die formalen Unterschiede im Design der beiden Systemtypen, aufgrund derer die phänomenologische Zuordnung konkreter Fälle erfolgt: Im *parlamentarischen System* ist die Exekutive von der Unterstützung der Mehrheit in der Legislative abhängig. Daher stehen sich hier die Parlamentsmehrheit mit der Regierung einerseits und die parlamentarische Opposition andererseits gegenüber (*Dualismus von Mehrheit und Opposition*), nicht aber die institutionellen Gewalten. Innerhalb der Handlungseinheit Regierung-Parlamentsmehrheit besteht *arbeitsteilige* Gewaltenteilung entsprechend der jeweiligen institutionellen Kompetenzen, wobei die politische Exekutive stets als „Arbeitsausschuss" der parlamentarischen Mehrheit agiert. Dass diese in der Tat hinter der Regierung steht, wird dadurch gesichert, dass die Regierung jederzeit durch die gewählte Vertretungskörperschaft abberufen werden kann. Das bedeutet auch, dass die Regierungspartei bei Abstimmungen Fraktionsdisziplin zeigen muss, will sie Stabilität und Handlungsfähigkeit ihres Arbeitsausschusses sichern. Dieselbe Funktion erfüllt das *Kompatibilitätsgebot*, das in Ländern mit parlamentarischen Regierungssystemen die Vereinbarkeit von Regierungsamt und parlamentarischem Mandat verlangt oder zumindest fast immer zulässt. Strukturell konzentriert sich die politische Handlungsfähigkeit dieses Arrangements in einem einzigen Zentrum, der *kollegialen Exekutive* (Kabinett), die durch einen Regierungschef (Premierminister, Kanzler) geführt wird (> Kap. 8.1.1). Darüber hinaus gibt es fast immer ein Staatsoberhaupt mit repräsentativen und residualen oder rein zeremoniellen Kompetenzen (Präsident, Monarch). Die Exekutive ist also *dual* organisiert.

Parlamentarische Regierungssysteme
Der Typ des parlamentarischen Systems ist klassisch im sogenannten „Westminster-Modell" verkörpert, dessen Vorbild Großbritannien ist. Seine Tradition prägt die *Commonwealth*-Staaten, so etwa Australien, Botswana, Kanada, Indien und Neuseeland. Parlamentarische Regierungssysteme finden sich darüber hinaus fast überall in Westeuropa. Anfang der 1990er Jahre wurde der

7.1 Horizontale Gewaltenteilung

parlamentarische Typ in einigen jungen Demokratien Ostmitteleuropas konstitutionell etabliert (z.B. Ungarn, Lettland). In anderen Staaten dieser Region gingen aus Verhandlungen zwischen den maßgeblichen politischen Akteuren der Verfassunggebung zunächst Mischformen (> Kap. 7.1.2) hervor, die sich in der politischen Praxis der folgenden Jahre häufig parlamentarisierten. Weltweit gibt es fast 60 parlamentarische Demokratien, darunter 31 konstitutionelle Monarchien.

Im Unterschied zum parlamentarischen besteht im *präsidentiellen Regierungssystem* eine institutionelle, also *organschaftliche* Gewaltenteilung zwischen Legislative und Exekutive. Der Präsident und das Parlament sind unabhängig voneinander durch Wahlen legitimiert und bilden daher zwei autonome Zentren der politischen Handlungsfähigkeit. Ob der Präsident sich einem Abgeordnetenhaus gegenübersieht, das mehrheitlich der Opposition (*divided government*) oder aber seiner Partei (*unified government)* angehört, hängt vom Wähler ab, ist aber im Unterschied zum parlamentarischen System zulässig und vorgesehen. Der Präsident ist Chef einer Regierung, die seinen Arbeitsstab bildet (*nicht-kollegiale Ein-*

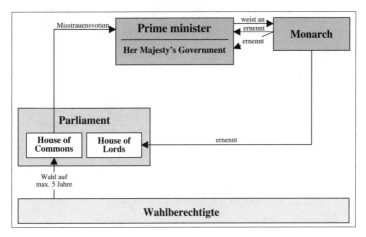

Abbildung 11: Das Regierungssystem Grossbritanniens

Personen-Exekutive > Kap. 8.1.1) und gleichzeitig Staatsoberhaupt (*geschlossene, monistische Exekutive*), nimmt also neben Regierungs- auch repräsentative Funktionen wahr, ist in der Regel der Oberbefehlshaber der Streitkräfte, trägt die Verantwortung für die Außenpolitik und verfügt über das Initiativrecht bei der Gesetzgebung. Die Zusammensetzung des Kabinetts liegt allein in seiner Verantwortung, Kabinettsmitglieder dürfen keine Abgeordneten sein (*Inkompatibilität*).

Präsidentielle Regierungssysteme
Als paradigmatisches Beispiel für eine präsidentielle Demokratie gelten die USA. Auch in den Demokratien Lateinamerikas und Afrikas ist dieser Systemtyp der Regelfall. Er findet sich darüber hinaus in vielen Demokratien der dritten und vierten Demokratisierungswelle (> Kap. 2.3.1), so in Argentinien, Kroatien, Südkorea und Taiwan.

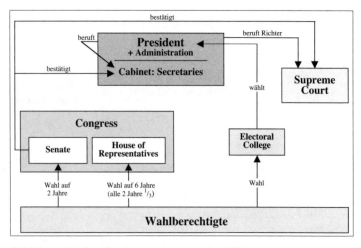

Abbildung 12: Das Regierungssystem der USA

Das parlamentarische System ist aufgrund seiner Funktionslogik auf starke, profilierte und disziplinierte Parteien existentiell angewiesen. In einem präsidentiellen System hingegen sind locker organisierte, ideologisch heterogene und flexible Parteien (> Kap. 4.2.1), deren Wählerschaft relativ volatil und wenig sozialstrukturell verfestigt ist sowie stärker anhand von aktuellen Themen abstimmt, keine Bedrohung für reibungslose politische Abläufe, sondern vielleicht sogar deren Bedingung. Der Charakter einer Parteiendemokratie (> Kap. 2.1.3) ist daher in parlamentarischen Systemen stärker ausgeprägt als im präsidentiellen Typ. Die beiden Formen unterscheidet also weitaus mehr als nur die Regelung des Verhältnisses der Gewalten zueinander. Es handelt sich um komplexe institutionelle Konstellationen, die in ihre Umwelten eingebettet sind und deren Funktionieren auch von ihnen geprägt wird. Das bedeutet auch, dass der Typ des Regierungssystems nicht eindeutig festlegt, wie die Machtbalance zwischen der Exekutive und der Legislative tatsächlich ist (> Kap. 6.2.2). Ob ein Präsident stark oder schwach ist, hängt nicht nur von seinen konstitutionellen Kompetenzen, insbesondere seinen Veto- und Dekretrechten ab, sondern auch von der Stärke und Kohäsion seiner Partei in der Legislative und ihrer Legitimation durch Direktwahl ab.

7.1.2 Sonderfälle und Mischformen

Die meisten (etablierten) Demokratien lassen sich eindeutig einer der beiden Grundformen des Regierungssystems zuordnen. Eine Ausnahme bildet die Schweiz: Sie ist parlamentarisch, insofern die Schweizer Regierung, der kollegiale Bundesrat, durch das Parlament gewählt wird. Sie ist präsidentiell, insofern seine sieben Mitglieder für eine fixe Zeit von vier Jahren im Amt bleiben und nicht per Misstrauensvotum durch die Bundesversammlung abberufen werden können.

> **Die versammlungsunabhängige Kollegialregierung der Schweiz**
> Laut ihrer Direktorialverfassung (1848, revidiert 1874) verfügt die Schweiz über die Bundesversammlung als repräsentative Volksvertretung, die aus dem Nationalrat (Unterhaus) und dem Ständerat (Vertretung der Kantone) besteht. Die Regierung, der sogenannte Bundesrat, wird nach einer „Zauberformel" (> Kap. 8.1.2) aus den vier stärksten Parteien gebildet und auf vier Jahre von der Bundesversammlung gewählt. Diese kann die Regierung jedoch

während der laufenden Legislaturperiode nicht abwählen, und umgekehrt kann der Bundesrat das Parlament nicht auflösen. Regierungsamt und Abgeordnetenmandat sind unvereinbar. Die Regierung bildet ein Kollegialorgan. Die Funktion des Bundespräsidenten wird in jährlichem Wechsel auf eines der Mitglieder der Regierung übertragen. Er besitzt keine autonomen politischen Kompetenzen gegenüber der Regierung, die ein beispielhaftes Kollegialkabinett ist (> Kap. 8.1.1). Im Gegensatz zum präsidentiellen System verfügt die Regierung auch formell über das Recht der Gesetzesinitiative.

Diese Kombination aus präsidentiellen und parlamentarischen Elementen ist in einen stark direkt-demokratisch geprägten Kontext eingebettet (> Kap. 5.1.1). Dennoch ist davon auszugehen, dass auch die Schweiz eine repräsentative Republik ist, denn die Verfassung weist dem Parlament eindeutig die wichtigste Rolle zu. In der Verfassungswirklichkeit hat sich die Exekutive, ebenso wie in anderen Demokratien, zur bedeutendsten der drei Gewalten entwickelt.

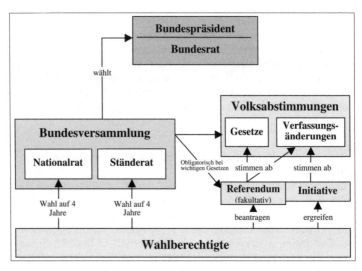

Abbildung 13: Das Regierungssystem der Schweiz

7.1 Horizontale Gewaltenteilung

Das Schweizer Regierungssystem – aufgrund seiner starken direktdemokratischen Elemente ein Sonderfall unter modernen Demokratien – stellt die dichotome Typologie von Regierungssystemen nicht ernsthaft in Frage. Dies geschieht jedoch angesichts einer Reihe von Ländern, die sowohl parlamentarisch gewählte Regierungsoberhäupter als auch direkt gewählte Staatsoberhäupter aufweisen und in denen damit Elemente beider Grundtypen gemischt werden. Solche Mischsysteme werden häufig unter den Begriff des *semipräsidentiellen Regierungssystems* (bzw. noch weiter differenzierte Typen) subsumiert.

Den empirischen Ausgangspunkt des semipräsidentiellen Typs (*semi-presidential government, dual power government*) bildet die V. Französische Republik. Hier gibt es eine duale Exekutive aus Staatspräsident und Regierung. Ebenso wie das Parlament, aus dem die Regierung hervorgeht, wird der Staatspräsident direkt von den Bürgern gewählt. Er unterliegt keiner politischen Verantwortlichkeit und kann nur wegen Hochverrats belangt werden. Er verfügt über exekutive und legislative Kompetenzen. Seine Stellung ist relativ stark, weil er beispielsweise den Premierminister ernennt, das Parlament auflösen kann, die Außen- und Verteidigungspolitik dominiert (*domaine réservé*) und in außergewöhnlichen Fällen den Notstandsartikel der Verfassung in Kraft setzen kann, der ihm außerordentliche

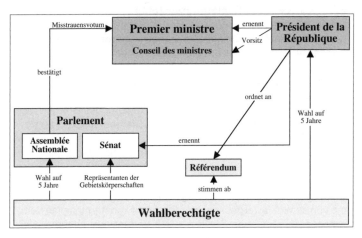

Abbildung 14: Das Regierungssystem Frankreichs

Machtbefugnisse verleiht. Der Premier wiederum ernennt sein Kabinett, das dem Parlament kollektiv rechenschaftspflichtig ist. Daher liegen auch Elemente der funktionalen Gewaltenverschränkung vor. Wie in präsidentiellen Systemen gibt es also hier zwei eigenständige Zentren politischer Handlungsfähigkeit – wie in parlamentarischen Systemen ist die Exekutive, genauer: ein Teil von ihr (Premierminister und Kabinett) aber institutionell mit dem Parlament verbunden und kann von ihm abberufen werden. Semipräsidentielle Systeme unterscheiden sich relativ stark voneinander. Erstens sind unterschiedliche konstitutionelle Kompetenzausstattungen für die beiden politischen Zentren der Exekutive und unterschiedliche Regelungen für ihre jeweiligen Beziehungen zur Legislative möglich. Zweitens bietet die Verfassungswirklichkeit erhebliche Spielräume, die sich je nach situativen Umständen – dem Kräfteverhältnis im Parlament, der Parteizugehörigkeit von Präsident und Regierung, selbst der Persönlichkeit des Präsidenten – dynamisch verändern können. Manche semipräsidentiellen Regierungssysteme funktionieren faktisch wie einer der beiden Grundtypen, andere changieren dazwischen. Der semipräsidentielle Systemtyp, der zunächst eher eine Kuriosität darstellte, hat seit den 1990er Jahren an Bedeutung gewonnen, weil er in vielen jungen Demokratien in der Verfassung verankert wurde.

Semipräsidentielle Regierungssysteme
Die empirische Zuordnung von Fällen ist nicht einheitlich, was auch daran liegt, dass die Definitionskriterien variieren. In Westeuropa werden neben Frankreich (seit 1958), Finnland (1919-2000) und der Weimarer Republik (1919-1933) meist Österreich, Irland, Island und Portugal zu den semipräsidentiellen Systemen gezählt. Da die Kompetenzen der Präsidenten der vier letztgenannten Länder recht schwach sind, funktionieren diese Regierungssysteme in der politischen Realität eindeutig nach der parlamentarischen Logik. Anders Frankreich: Bis 1986 war der für sieben Jahre direkt gewählte Präsident der faktische Regierungschef, nicht aber der Premierminister, so dass die Logik des präsidentiellen Grundtyps dominierte. Die starke Stellung des Präsidenten beruhte freilich stets mehr auf der Unterstützung der parlamentarischen Mehrheit, die von seiner Partei gebildet wurde, als auf konstitutionellen Kompetenzzuschreibungen. Nicht nur laut Verfassung, sondern auch real agiert der Premier allerdings als Regierungschef, wenn die

Mehrheit im Parlament nicht von der Partei des Präsidenten gebildet wird, sondern von der Opposition. Solche Phasen der *cohabitation* gab es in Frankreich 1986-88 und 1993-95 mit einem sozialistischen Präsidenten (François Mitterrand) bei einer Mitte-Rechts-Parlamentsmehrheit sowie 1997-2002 mit einem Präsidenten der rechten Mitte (Jacques Chirac) und einer linken Parlamentsmehrheit. Inzwischen wurde die Amtszeit des Präsidenten auf fünf Jahre verkürzt; Präsidentschaftswahlen finden nun zwei Monate vor den Parlamentswahlen statt. Damit ist die Wahrscheinlichkeit solcher Phasen, in denen das französische Regierungssystem wie ein parlamentarisches System funktioniert, weitaus geringer geworden.

In Ostmitteleuropa werden meist die Regierungssysteme von Bulgarien, Polen, Kroatien, Litauen, Polen, Rumänien, der Slowakei (seit 1999) und Slowenien, manchmal auch weiterer Länder wie Makedonien, für semipräsidentiell gehalten. In der Mehrzahl von ihnen sind in den letzten Jahren deutliche Tendenzen zur Parlamentarisierung zu beobachten. Unter den Nachfolgestaaten der Sowjetunion gilt dies auch für die Ukraine. Im Ergebnis der „Orangenen Revolution" von 2004 wurden die konstitutionellen Vollmachten des Präsidenten beschnitten. Die anderen Länder im postsowjetischen Raum, in denen Anfang der 1990er Jahre Mischformen zwischen den beiden Grundtypen etabliert worden waren z.B. Russland, funktionieren heute wie Präsidialsysteme mit extrem starken Staatsoberhäuptern („Superpräsidentialismus"). Fast immer haben sich allerdings auch Demokratien dort nicht dauerhaft etablieren können; es handelt sich also nicht (mehr) um Subtypen des Parlamentarismus (> Kap. 2.3.1).

7.1.3 Vor- und Nachteile der institutionellen Arrangements

Welches institutionelle Arrangement passt besser zur Demokratie und der Forderung nach „gutem Regieren"? Gibt es eine Lösung, die das Grundproblem von Demokratien – das Spannungsverhältnis zwischen Legitimation durch Rückkopplung an den Wählerwillen und Effektivität des Regierens (> Kap. 2.1.2) – überzeugender als ihre Alternativen bearbeitet? Hat z.B. die politische Instabilität in Lateinamerika etwas mit dem Präsidentialismus zu tun? Hängen die langfristigen Erfolgsaussichten der ost- und ostmitteleuropäischen Demokratisierungsprozesse womöglich von der Entscheidung für einen bestimmten Systemtyp ab? Über die Vor- und Nachteile der verschiedenen Regierungssystemtypen gibt es eine rege politikwissenschaftliche Debatte, die in den 1990er Jahren ihren Höhepunkt erreichte. Sie beruht insbesondere auf dem reichen empirischen Anschauungsmaterial, das die neuen Demokratien der dritten Demokratisierungswelle seit Mitte der 1970er Jahre zur Verfügung stellen.

Im Kern handelt es sich um eine Diskussion über vermutete Nachteile präsidentieller Regierungssysteme. Kritiker wie Juan Linz (1994) argumentieren, dass der Präsidentialismus der Stabilität von Demokratien vergleichsweise abträglich ist. Er weise eine Reihe von Nachteilen auf: Parlament und Präsident können aufgrund ihrer je autonomen Legitimierung durch das Wahlvolk konkurrierende Legitimitätsansprüche geltend machen (*duale Legitimität*). Wenn zwischen beiden Institutionen also ein schwerwiegender Konflikt ausbricht, kann er mangels effektiver Vermittlungsmechanismen möglicherweise nicht auf demokratischem bzw. konstitutionellem Wege gelöst werden, sondern ruft das Militär auf den Plan.

Da der Präsident sowohl Regierungschef als auch Staatsoberhaupt ist, agiert er im Spannungsfeld zwischen der Notwendigkeit, nach außen hin als Repräsentant eines einheitlichen Gemeinwesens zu agieren und gleichzeitig innenpolitisch Parteipolitik zu betreiben. Dadurch besteht die Gefahr der gesellschaftlichen Polarisierung. Präsidentielle Systeme setzen nur wenig Anreize für kooperatives Verhalten. Sie fördern Konflikte, Konfrontationen sowie abrupte Wechsel zwischen Kooperation und Nullsummenspielen, bei denen die eine Seite gewinnt, was die andere verliert. Gegenseitige Blockaden der beiden Institutionen, für die jede Seite die andere verantwortlich machen kann, sind wahrscheinlich. Weil die Amtszeit fix ist, können solche Situationen zudem nicht flexibel aufgelöst werden. Gleichzeitig behindert die vorab feststehende Amtszeit des Präsidenten, die meist auf zwei Amtsperioden begrenzt ist, langfristiges und kontinuierliches *policy-making*. Um die politische Handlungsfähigkeit zu sichern, verlangt die Systemlogik, ständig Koalitionen über die Grenzen politischer Lager hinaus zu schmieden. Dies wird nicht nur durch die Schwäche von Kooperationsanreizen behindert, sondern auch durch die hohen Kosten der Konsensbildung.

Um ihre Handlungsräume zu vergrößern, tendieren Präsidenten dazu, den Verwaltungsapparat ihres Amtes (*executive office*) zu stärken und mit seiner Hilfe zu regieren sowie Verwaltungen personell zu politisieren. Ihre majoritäre, quasi-plebiszitäre Legitimation för-

7.1 Horizontale Gewaltenteilung

dert einen Politikstil, der inkohärente, populistische Programme bevorzugt, wie Kritiker argumentieren. Der Appell an die Öffentlichkeit und politische Inszenierungen, „Überzeugungsarbeit" (*persuasion*) und politisches Marketing können daher dazu führen, dass die Sachorientierung von Politik in den Hintergrund gedrängt wird. Schließlich birgt die geringe Einbindung von Präsidenten in Parteien Chancen für politische Außenseiter und Quereinsteiger, weil sie weniger die Repräsentanten ihrer Organisation sind als diese ihre „Wahlmaschine".

Die parlamentarische Regierungsform wird in der Literatur meist weitaus günstiger bewertet. Schon der britische Journalist Walter Bagehot (1826-1877), der mit seinem Vergleich des britischen und US-amerikanischen Regierungssystems die Diskussion im Jahre 1867 eröffnete, hielt das Westminster-System für überlegen. Zugunsten parlamentarischer Systeme wird argumentiert, dass sie inklusiver sind, d.h. den Willen breiterer Kreise der Bürger repräsentieren, Minderheitenrechte effektiver schützen, höhere Partizipation der Wähler sichern und Wirtschaftsprobleme erfolgreicher bekämpfen. Parlamentarische Systeme gelten allgemein als flexibler und gegenüber sich ändernden Umwelten als anpassungsfähiger, da die Exekutive sich auf die Parlamentsmehrheit stützen muss und eine variable Amtsperiode hat. Weil der Zeithorizont von Regierungen durch die Chance auf Wiederwahl nicht strikt begrenzt ist, so die Befürworter dieses Typs, sei kontinuierlichere Politik möglich. Da überdies Parteien als Organisationen eine zentrale Rolle spielen, erwiesen sich auch Personalwechsel als weniger folgenschwer. Während Führungskrisen in präsidentiellen Systemen aufgrund ihrer Fixiertheit auf die Person des Präsidenten in Regimekrisen übergehen können, verursachten sie in parlamentarischen Systemen lediglich Regierungskrisen, die oft ohne Neuwahlen überwunden werden können. Die Stabilität von Regierungen werde überdies durch die Verschränkung von Exekutive und Legislative gefördert. Empirisch zeigt sich freilich, dass dies nicht für alle Länder gilt – so etwa nicht für Italien und Frankreich während der IV. Republik mit ihrer extrem geringen Regierungsstabilität.

Insgesamt sind empirische Belege für die Überlegenheit parlamentarischer Regierungssysteme zwar vorhanden, aber nicht übermäßig belastbar. Das liegt in erster Linie daran, dass ihre Wirkungsweise von den Bedingungen abhängt, unter denen sie die Machtbeziehungen organisieren. Institutionensysteme sind kontextsensitiv. Diesem Aspekt ist in der jüngeren Debatte zunehmende Aufmerksamkeit gewidmet worden. Differenzierteren Argumentationen zufolge ist es für Demokratien besonders problematisch, wenn präsidentielle Systeme mit fragmentierten Mehrparteiensystemen (> Kap. 4.2.4) einhergehen, weil letztere die Wahrscheinlichkeit erhöhen, dass sich die Gewalten gegenseitig blockieren und aufgrund ihrer ideologischen Polarisierung Konsensfindung zusätzlich erschweren. Ebenso ist es ungünstig, wenn Präsidenten über starke legislative Kompetenzen verfügen, so dass die Balance zwischen den Gewalten gestört ist. Unabhängig vom konkreten Typ des Regierungssystems scheint ein starkes Parlament positive Auswirkungen auf Demokratisierungsprozesse zu zeitigen (> Kap. 6.2.2).

Für parlamentarische Systeme gilt, dass sie nicht gut funktionieren, wenn Parteien- und Interessenvermittlungssysteme instabil und unterentwickelt sind. Stabile, intern kohärente Parteien und wenig fragmentierte Parteiensysteme hingegen fördern die Bildung starker, dauerhafter und disziplinierter parlamentarischer Mehrheiten, die ihrerseits die Voraussetzung für stabile und handlungsfähige Regierungen darstellen. Auch Wahlsystemen werden Effekte zugeschrieben: Relative Mehrheitswahlsysteme produzieren im Unterschied zu Verhältniswahlsystemen – ähnlich wie präsidentielle Systeme – das kritisch beurteilte Phänomen der *winner-take-all politics* (> Kap. 5.1.2). Im Grunde genommen geht es also gar nicht um mutmaßliche Vorteile parlamentarischer Regierungssysteme per se, sondern vielmehr um diejenigen von parlamentarischen Koalitionen gegenüber Einparteien- oder Ein-Mann-Exekutiven, oder noch abstrakter: darum, welche Entscheidungsregel die bessere ist (> Kap. 9.1.1).

In welche Richtung die Kausalbeziehung zwischen den unterschiedlichen institutionellen Elementen politischer Systeme verläuft, ist schwer zu entscheiden. Das Problem erinnert an die Frage nach dem Zusammenhang zwischen Henne und Ei. Zwar ist unter den konsolidierten Demokratien der Welt kaum eine Handvoll präsidentiell organisiert, aber daraus können keine eindeutigen Schlüsse gezogen werden. Die regionale Konzentration präsidentieller Regierungssysteme in Lateinamerika, Afrika und den östlichen und südlichen Gegenden des postkommunistischen Raums geht tatsächlich mit einer geringen Stabilität von Demokratien einher. Dies kann aber auch auf andere Faktoren zurückgeführt werden, so etwa auf fragmentierte, schwach institutionalisierte Parteiensysteme, einen vergleichsweise geringen sozioökonomischen Entwicklungsstand oder fehlende demokratische Traditionen.

Auf diese Weise schließt sich der Kreis von Theorien über die Wirkungen von Regierungssystemen hin zu Demokratisierungstheorien. Komplexe Erklärungen berücksichtigen Wechselwirkungen zwischen unterschiedlichen institutionellen Komponenten in variierenden Kontexten. So könnte die Kombination aus Verhältniswahlrecht und präsidentiellem System polarisierend und damit destabilisierend wirken: Durch die hohe Repräsentativität dieses Wahlsystems (> Kap. 5.1) wird die Fragmentierung der Parteienlandschaft befördert, was wiederum die Bildung extrem heterogener ad-hoc-Koalitionen im Vorfeld von Präsidentschaftswahlen zur Folge haben kann. Die mit der Unterstützung solcher Allianzen gewählten Präsidenten sind später kaum in der Lage, den äußerst widersprüchlichen Forderungen ihrer Wählerschaft zu genügen.

Präsidentialismus und Demokratie I: USA
Mitunter werden die Vereinigten Staaten von Amerika als einziger Fall einer langfristig demokratiefähigen Variante des präsidentiellen Regierungssystems angesehen. Einige Autoren argumentieren, dass die US-amerikanische Tradition des *common law* (> Kap. 6.1) konfliktdämpfend wirkt, während die (in Lateinamerika anzutreffende) Kultur des kodifizierten Rechts die im Design des Präsidentialismus angelegte Konfrontation noch verstärkt. Andere verweisen auf interagierende und interdependente Grundregeln des politischen Verhaltens wie den tief verwurzelten Konstitutionalismus der politischen Kultur, den Föderalismus und das effektive System der Verfassungsgerichtsbarkeit. Das Zweiparteiensystem, das die Wahl moderat kompromissfähiger Personen in das Amt des Präsidenten begünstigt, wirkt Polarisierungstendenzen demzufolge ebenso entgegen wie Besonderheiten des US-Wahlverhaltens, etwa die relativ geringe Wahlbeteiligung der Bürger. Der Charakter des US-Kongresses als eines Arbeitsparlaments mit effektiven Ausschüssen (> Kap. 6.2.2), die geringe Disziplin der beiden pragmatischen, dezentralisiert organisierten Parteien (> Kap. 4.2) und die damit – ebenso wie mit dem Mehrheitswahlrecht zusammenhängende – starke Ausrichtung der Abgeordneten auf Wählerinteressen stärkt die Position der Legislative gegenüber dem Präsidenten und gewährleistet damit die Funktionsfähigkeit der *checks and balances*. Diese und weitere institutionalisierten

> Interaktionsmuster politischer Akteure neutralisieren somit, eingebettet in kulturelle und historische Hintergrundfaktoren wie etwa die Tradition des *common law* und die vom Puritanismus beeinflusste Verwaltungskultur, das Destabilisierungspotential, das in anderen Länder mit präsidentiellen Regierungsformen häufig zur Beschädigung oder zur Zerstörung der Demokratie führt.

Eine neue Sicht auf die Frage nach den Vor- und Nachteilen von Regierungssystemen erlaubt der *Vetospieler-Ansatz* (> Kap. 9.2), weil er dank seines allgemeinen Institutionenfokus in der Lage ist, Regierungssysteme konzeptionell in politische Prozesse insgesamt einzuordnen. Er überwindet damit die isolierte Betrachtungsweise der traditionellen Debatte. Vetospieler sind individuelle oder kollektive Akteure, deren Zustimmung unumgänglich ist, soll der jeweilige Status quo durch politische Entscheidungen verändert werden. Wenn Verfassungen den Typ des jeweiligen Regierungssystems fixieren, legen sie daher auch die Zahl der *institutionellen Vetospieler* fest: In präsidentiellen Regierungssystemen gibt es zwei (Präsident und Parlament), in rein parlamentarischen Systemen lediglich einen Vetoakteur (Parlament), die als Agendasetzer in die Gestaltung von Politik eingreifen (*agenda-setting power*). Diese Zahl erhöht sich jeweils, wenn die betreffenden politischen Systeme föderal aufgebaut sind (> Kap. 7.2.2) und wenn es ein Verfassungsgericht gibt (> Kap. 6.2.3).

Darüber hinaus entstehen im politischen Prozess unter Umständen aber noch weitere – nämlich *parteipolitische* – Vetospieler, etwa in Gestalt parlamentarischer Mehrheiten. Die Zahl der real am politischen Prozess beteiligten Vetospieler variiert daher nicht nur zwischen nationalen politischen Systemen, sondern im Zeitverlauf auch innerhalb von ihnen. Entscheidend dafür sind neben dem Typ des Regierungssystems auch parteipolitische Konstellationen: Ebenso wie im parlamentarischen Normalfall gibt es im Präsidentialismus nur einen Vetospieler, wenn Präsident und parlamentarische Mehrheit derselben Partei angehören. Dies ist deshalb der Fall, weil die gemeinsame Parteizugehörigkeit das institutionell zugewiesene Vetopotential der Legislative absorbiert, da sie keine vom Präsidenten abweichenden Politikpräferenzen in den Entscheidungsprozess einbringt. In semipräsidentiellen Systemen wird dies besonders deutlich: Nur unter den Bedingungen von *cohabitation* treten Präsident und parlamentarische Mehrheit als zwei Vetospieler auf. Es ist diese Gesamtkonfiguration, die der Vetospielertheorie zufolge die Fähigkeit politischer Entscheidungssysteme beeinflusst, innovativ und flexibel zu funktionieren oder aber Politikstabilität (policy stability) bis hin zu Blockaden zu verursachen. Der Typ des Regierungssystems ist zwar als institutioneller Rahmen für die Akteure von Bedeutung, determiniert aber keineswegs ihre realen Machtressourcen.

(Semi-)Präsidentialismus und Demokratie II: Russland

Die Russische Verfassung von 1993, die Anleihen bei den entsprechenden Dokumenten der V. Französischen Republik und der USA nahm, konstituierte eine semipräsidentiell regierte demokratische Republik. Faktisch funktioniert das Regierungssystem jedoch „superpräsidentiell" innerhalb eines politischen Systems, das in den letzten Jahren den Charakter einer Demokratie verloren hat und zum Autoritarismus mutiert ist. Zum einen war die Balance zwischen den Gewalten von Anfang an konstitutionell zugunsten des Präsidenten verschoben. Zum anderen konnte der Präsident auch informell ein Übergewicht erlangen, weil er in einem Kontext agiert, in dem kollektive Akteure und ihre Spielregeln nur gering institutionalisiert sind oder aber die Dominanz der Exekutive akzeptieren: Politische Parteien und Interessengruppen sind extrem schwach formal organisiert, Loyalitäten werden über ausgedehnte informelle Netzwerke gesichert. Dies ist auch ein Erbe der „sowjetischen Demokratie", die eine Tradition der informellen Korrektur von Dysfunktionalitäten im formalen Institutionensystem hinterlassen hat (> Kap. 6.1.1). Dazu kommt, dass die politische Kultur Russlands eine starke, autoritative politische Führung generell akzeptiert, wenn sie sich auf gemeinwohlorientierte Ziele wie Wohlstand, Sicherheit und nationales Selbstbewusstsein beruft und konsensorientiert auftritt.

Für das russische Regierungssystem heißt das: Anders als in den europäischen Demokratien erweist sich aufgrund der konstitutionellen Regelungen die Exekutive nicht als „verlängerter Arm" der Parlamentsmehrheit. Sie ist vielmehr der Arbeitsstab des Präsidenten, der sich traditionell als über den Parteien stehend inszeniert. Die Schwäche der Parteien und des Parteiensystems, in dem es keine echte Parteienkonkurrenz im Sinne relevanter und wählbarer Alternativen gibt, ist sowohl Ursache wie Folge dieser Erscheinung. Anders aber auch als im präsidentiellen System der USA kontrolliert der Präsident das Parlament systematisch und

> effektiv. Beides arbeitet der Verselbstständigung der Exekutive gegenüber der Legislative zu: Es gibt faktisch weder eine Interdependenz der Gewalten noch die gegenseitig begrenzenden Effekte institutioneller *checks and balances*. Die politische Macht ist daher in einer einzigen Institution – bei einem einzigen institutionellen Vetospieler – konzentriert und bedarf zu ihrer Legitimation lediglich eines quasi-plebiszitären Votums in Form von Präsidentschaftswahlen. Während die Akteure selbst darin eine spezifische, „nichtwestliche" Form der Demokratie sehen, sprechen Kritiker unter anderem von einer „Wahlmonarchie".

7.2 Vertikale Gewaltenteilung: Mehrebenensysteme des Regierens

7.2.1 Föderale und unitarische Staaten

Neben der horizontalen Gewalten- und Arbeitsteilung weisen politische Systeme auch vertikale Strukturen auf. Alle Staaten verfügen – schon aus administrativ-„technischen" Gründen – über subnationale Glieder. In *zentralisierten Einheitsstaaten* existiert in der vertikalen Dimension lediglich ein einziges politisches Handlungszentrum; die subnationalen Einheiten erfüllen Verwaltungsfunktionen. In *Föderationen* hingegen schafft ein System der vertikalen Gewaltenteilung zwei eigenständige politische Ebenen. Unterhalb der nationalen Ebene gibt es territoriale Einheiten (z.B. „Länder") mit eigenen Parlamenten und Regierungen. Ebenso wie die beiden Beziehungsmuster zwischen Exekutive und Legislative und der Bikameralismus bedeutet der so verstandene Föderalismus eine konstitutionelle Regelung zwecks Aufteilung politischer Macht.

Im traditionellen Verständnis der vergleichenden Verfassungs- und Regierungslehre zeichnen sich föderale Staaten durch folgende formale Merkmale aus:
- Es existieren (mindestens) zwei Regierungsebenen, die einander nicht untergeordnet sind. Sie üben die Staatsgewalt unmittelbar gegenüber den Bürgern aus, die sie auch gewählt haben.
- Die legislativen und exekutiven Kompetenzen sowie die Besteuerungsrechte der Regierungsebenen sind konstitutionell festgeschrieben.

7.2 Vertikale Gewaltenteilung

- Gliedstaateninteressen werden innerhalb der zentralstaatlichen Institutionen, insbesondere durch zweite Kammern im nationalen Parlament, repräsentiert.
- Zwischen dem Zentralstaat und seinen Gliedern gibt es substantielle Bereiche einer gemeinsamen Rechtsprechung.
- Für die Regelung von Konflikten zwischen den Regierungsebenen sind institutionalisierte Mechanismen wie etwa (Verfassungs-)Gerichte oder Referenden vorgesehen.

Föderale Staaten

Von den weltweit knapp 200 Staaten sind etwa zwei Dutzend als Föderationen organisiert. Unter den etablierten Demokratien gelten als zweifelsfrei föderal Australien, Belgien (seit 1993), Deutschland, Indien, Kanada, Österreich, die Schweiz und die USA; oft wird auch Spanien hinzugezählt. Unter den jungen Demokratien sind Argentinien, Bosnien-Herzegowina (seit 1995), Brasilien, Mexiko, Nigeria und Venezuela sowie die Inselgruppen Komoren, Mikronesien und St. Kitts und Nevis föderal organisiert; einige Politikwissenschaftler nennen auch Südafrika. Hinzu kommt eine Handvoll nicht-demokratischer Föderationen wie Äthiopien, Malaysia, Pakistan, Russland und die Vereinigten Arabischen Emirate.

Ähnlich wie bei der horizontalen Gewaltenteilung finden sich auch bei der vertikalen Gewaltenteilung idealtypische Arrangements, die entweder *checks and balances* zwischen den Institutionen oder aber ihre Verschränkung betonen. Auch der Typologie föderaler Staaten liegt daher eine Ordnungsvorstellung zugrunde, die entweder Konkurrenz und gegenseitige Kontrolle oder aber Konsensorientierung und gemeinsames Handeln stärker fördert. Im *Trennföderalismus (dualen Föderalismus)* sind den jeweiligen Ebenen des Staates klare Kompetenzen zugeordnet, die sich nicht überschneiden. Zentral- und Gliedstaaten sind für die gesetzliche Regulierung ihrer Aufgabenbereiche und für deren Implementierung allein verantwortlich. Als klassische realtypische Annäherung an diesen Typ gelten die Vereinigten Staaten bis Ende der 1920er Jahre. Im *verflochtenen, kooperativen* oder *Verbundföderalismus* teilen sich der Zentralstaat und seine Glieder eine Reihe von Kompetenzen und müssen deshalb eng kooperieren, so etwa in Deutschland und der Schweiz. Von *Vollzugs-*

föderalismus wird gesprochen, wenn sich die Zusammenarbeit auch auf die Implementierung politischer Entscheidungen erstreckt.

In der neueren historisch-institutionalistischen Diskussion wird betont, dass der Föderalismus nicht nur ein formal-institutionelles Arrangement der Staatsorganisation ist, sondern in seiner Wirkungsweise und Dynamik durch seine gesellschaftliche Einbettung geprägt wird: Bundesstaaten verkörpern sowohl die Einheit als auch die Vielfalt und Differenzierung von Gesellschaften. Daher zeichnet sie eine demokratietheoretisch spannungsvolle Dualität aus, sind doch das Volk im Sinne des *demos*, seine repräsentativen Körperschaften und die Regierung gleichzeitig im Bund und in den Gliedstaaten organisiert. Die unterschiedlichen föderalen Arrangements bearbeiten die Konflikte, die aus dieser territorialen Differenzierung erwachsen, auf je eigene und veränderliche Weise. Föderale Strukturen sind als lediglich eines der Elemente des politisch-administrativen Systems Bestandteil von außerordentlich komplexen institutionellen Konfigurationen, die durch die gängigen Typologien der vergleichenden Föderalismusforschung nicht hinreichend erfasst werden. So zeigt sich beispielsweise, dass das Phänomen der *Politikverflechtung*, das zuerst für die Bundesrepublik Deutschland diagnostiziert worden ist, ein allgemeines, unvermeidliches Merkmal moderner Föderationen darstellt: Föderale Institutionen verbinden mehrere Politikebenen, in denen häufig nur dann politische Ergebnisse zustande kommen, wenn (fast) alle Beteiligten zustimmen. Da die Akteure innerhalb dieses Geflechts aufgrund vermischter Zuständigkeiten, Koordinationsmuster und Entscheidungsbefugnisse nicht autonom voneinander handeln können, blockieren sie sich gegenseitig oder verhandeln miteinander und finden problemangemessene Lösungen. Ausmaß und Dimensionen der Politikverflechtung variieren in Raum und Zeit.

Politikverflechtung
Die Politikverflechtung kann einerseits als *Entscheidungsverflechtung* operationalisiert werden und betrifft dann das Ausmaß der Interdependenz der verschiedenen staatlichen Handlungsebenen, gemessen z.B. anhand der Stärke zweiter Kammern (> Kap. 6.2.2). Andererseits besteht sie in *Ressourcenverflechtung*, die an den bundesstaatlichen Finanzverfassungen abzulesen ist und Einnahmen- bzw. Ausgabenverteilung regelt. Diesen Kriterien zufolge ist der Grad der föderalen Politikverflechtung z.B. in Kanada und Österreich niedrig, in Australien, der Schweiz und den USA mittelstark und in Deutschland hoch.

7.2 Vertikale Gewaltenteilung

Ausmaß und Art der Politikverflechtung ändern sich außerdem im Zeitverlauf. Während sie in den USA bis Ende der 1920er Jahre sehr gering ausgeprägt war (*dual federalism*), erreichte sie seit der Politik des *New Deal* ein erhebliches Niveau (*cooperative federalism*). Wenn die Kompetenzverteilung zwischen nationalen und bundesstaatlichen Regierungsebenen zuvor mit der Metapher des „Schichtkuchens" beschrieben worden war, ergab sie nun das Bild eines „Marmorkuchens". Mit dem Amtsantritt von Ronald Reagan 1981 begann eine Phase des *new federalism*, die durch Entflechtung und Stärkung der gliedstaatlichen Autonomie (*devolution*) gekennzeichnet war. Der Trend kehrte sich nach dem 11. September 2001 um; in dieselbe Richtung wirkte auch der Hurrikan „Katrina" im Sommer 2005.

Warum entstehen föderale politische Systeme und wie erklären sich ihre Unterschiede? In der älteren systemtheoretischen Interpretation sind Föderationen ein strukturelles Abbild der (politisch relevanten) kulturellen Heterogenität von Gesellschaften. Auf dem *Rational-Choice*-Ansatz beruhende staatszentrierte Erklärungen hingegen sehen in föderalen Arrangements konstitutionelle Designentscheidungen, die aufgrund von Verhandlungen zwischen rationalen Akteuren getroffen werden: Einige Akteure streben dabei eine friedliche Erweiterung ihres territorialen Machtanspruchs an, andere Akteure stimmen dem zu. Sie akzeptieren die Einschränkung ihrer politischen Unabhängigkeit im Tausch gegen die Chance, äußere oder innere Bedrohungen abzuwenden, deren Folgen ihnen als schwerwiegender erscheinen. Sowohl die gesellschafts- wie die staatszentrierte Perspektive auf die Entstehung von föderalen Staaten können neoinstitutionalistisch reformuliert werden und erklären dann zwei historische Pfade zum Föderalismus: Juan Linz (1999) beschreibt zunächst den *Typus des „bringing together"*, bei dem die Eliten zuvor souveräner politischer Gebilde einen Zusammenschluss aushandeln, um bestimmte Zuständigkeiten an das gemeinsame politische Zentrum abzugeben, im Übrigen aber ihre Autonomie wahren.

Von der Konföderation zur Föderation
Noch während des Unabhängigkeitskrieges hatten dreizehn britische Kolonien in Amerika im Jahre 1777/81 eine Konföderation, d.h. einen Staatenbund gegründet, der dem *Continental Con-*

gress als seinem Koordinationsausschuss ausschließlich außenpolitische Befugnisse übertrug. Erst die Bewältigung der Folgeprobleme des Krieges brachte die föderale Option auf die Tagesordnung. Sie war umstritten, weil sie auf eine politische Kultur des Individualismus mit ausgeprägtem Misstrauen gegenüber einem starken Staat stieß. Im Verlaufe der *Philadelphia Convention* (1787) erzielten *Federalists* und *Anti-Federalists* einen Kompromiss zugunsten eines *konföderalen Bundesstaates*, der USA. Er beruhte darauf, dass die Notwendigkeit des gemeinsamen Handelns für bestimmte, in der Verfassung aufgelistete Angelegenheiten anerkannt wurde. In allen anderen Angelegenheiten blieb die Selbstverwaltung der Gliedstaaten jedoch erhalten. Institutionell spiegelt sich das u.a. bis heute darin wider, dass beide Ebenen eigenständige Steuern erheben und dass jede von ihnen sowohl für die gesetzliche Regulierung als auch für deren Vollzug allein verantwortlich ist. Es gibt also ursprünglich keine „Gemeinschaftsaufgaben" wie etwa in der Bundesrepublik Deutschland, die den Typus des *unitarischen Bundesstaates* verkörpert.

Neben den USA gelten auch Australien und die Schweiz als typische Beispiele für diesen Entstehungspfad. Die Schweizer Eidgenossenschaft ist nach den USA die zweitälteste Föderation der Welt, die im Jahre 1291 als zunächst loses Schutz- und Trutzbündnis entstand und seit 1848 eine Föderation darstellt. Auch hier lässt sich die für konföderale Bundesstaaten charakteristische Schonung der gliedstaatlichen Autonomie beobachten. Sie geht allerdings mit einer starken Betonung von Solidarität und Subsidiarität einher, was die Eigenheiten der nationalen politischen Kultur widerspiegelt.

Linz unterscheidet einen zweiten *Typus des „holding together"*. Föderationen dieser Art entstehen als Reaktion auf Desintegrationstendenzen und bilden separate ethnische, kulturelle, sprachliche oder religiöse Identitäten innerhalb eines Staates ab. Sie sind daher mitunter in Gesellschaften zu beobachten, die durch tiefe, institutionalisierte Konfliktstrukturen gespalten sind (> Kap. 3.3) und stellen einen Versuch dar, diese im Rahmen eines einheitlichen Nationalstaates auszuhalten.

Vom Einheitsstaat zur Föderation
Beispiele für den Entwicklungspfad des *holding together* sind Indien, Spanien und Belgien. Belgien entstand im Jahre 1830 als parlamentarische Monarchie in Gestalt eines Einheitsstaates. Die Umwandlung in einen Bundesstaat, die 1993 in der belgischen Verfassung fixiert wurde, begann 1970. Sie war eine Reaktion auf die Überlagerung soziolinguistischer, regionaler und ökonomischer Konfliktlagen (> Kap. 3.3.1), die sich seit den 1960er Jahren zuspitzte und die Existenz des Staates bedrohte. Die Bearbeitung dieses Problems führte zu einer eigentümlichen institutionellen Lösung: Einerseits wurde das Staatsterritorium in drei Regionen – Flandern, Wallonien und die Hauptstadt Brüssel – aufgeteilt, die in erster Linie als ökonomische Einheiten konzipiert waren. Die Regionen erhielten die Zuständigkeiten für Politikfelder wie Raumentwicklung, Umwelt-, Naturschutz und Wohnungsbau. Andererseits wurden drei nicht-territoriale Gemeinschaften – die Französische, die Flämische und die Deutsche – geschaffen, denen Kompetenzen für personenbezogene Aufgaben (Kultur, Bildung, Gesundheit) zugeordnet wurden. Inzwischen sind die Institutionen der Region und der Gemeinschaft auf flämischer, nicht aber auf wallonischer, Seite weitgehend miteinander verschmolzen. Belgien verkörpert heute einen *zentrifugalen Föderalismus*, der durch das anhaltende Auseinanderdriften der Gliedstaaten gekennzeichnet ist. Die national-regionale Identitätsbildung ist weit fortgeschritten. Sie spiegelt sich auch darin wider, dass es kein nationales Mediensystem und keine nationalen Parteien mehr gibt. Auch die Zentralregierung wird durch Regionalparteien gebildet.

7.2.2 Föderalismus, effizientes Regieren und Demokratie

Sinn und Nutzen von Arrangements der föderalen Machtteilung werden in zweierlei Hinsicht diskutiert: Zum einen geht es um die Leistungsfähigkeit von Föderationen im Vergleich zu Einheitsstaaten, zum anderen darum, ob Föderalismus und Demokratie zusammengehören.

Für den Föderalismus sprechen Argumente, die ihn für große bzw. sehr heterogene Gemeinwesen als gut geeignet erscheinen lassen. Er reduziert die Machtkonzentration und damit die Gefahr des Machtmissbrauchs. Er ist gesellschaftlich inklusiv, was die Legitimität und

Stabilität des politischen Systems steigern kann. In territorial sehr großen Gesellschaften oder solchen, die durch tiefe strukturelle Spaltungslinien geprägt sind, schaffen subnationale Politikebenen Gewinne an Repräsentativität und Rechenschaftspflichtigkeit der Regierungen gegenüber den Bürgern. Staatliches Handeln ist aufgrund der territorialen „Zwischenebene" von Politik überschaubarer und im Wortsinne bürgernäher, die Wirkungen von Politik sind leichter zuschreibbar. Für die Bürger bestehen dadurch zusätzliche Chancen der Identitätsbildung und Partizipation sowie bessere Möglichkeiten, auf Probleme in ihrem Nahbereich Einfluss zu nehmen. Argumente zugunsten des Föderalismus lassen sich aber nicht nur auf der Input-Seite des politischen Prozesses, sondern auch in der Output-, also der Leistungsdimension finden: Der Zentralstaat werde durch die vertikale Gewaltenteilung entlastet. Der Wettbewerb zwischen den Gliedstaaten ermögliche innovative Politiklösungen, die quasi experimentell zunächst im Einzelfall implementiert werden können. Damit werde die „Vielfalt in der Einheit" gefördert, etwa in den Bereichen Kultur und Massenmedien oder mit einer Wirtschaftspolitik, die auf die Nutzung von Standortvorteilen zielt. Aufgrund der Existenz einer subnationalen Politikebene werde auch der Parteienwettbewerb gefördert und das Reservoir an politischem Führungspersonal vergrößert.

Der Haupteinwand gegen den Föderalismus betrifft mutmaßliche Effizienzverluste beim Regieren: Die institutionelle Ausdifferenzierung in der Vertikale mache den Entscheidungsprozess schwerfällig, teuer und intransparent. Das führe zu suboptimalen politischen Entscheidungen. Aufgaben des Staates werden dupliziert. Der Kooperationszwang zwischen den Ebenen führe im Verbundföderalismus zu Politikblockaden und Reformstaus, während der duale Föderalismus Politiker je nach ihrem Ambitionen dazu einlädt, sich nur in bestimmten Feldern zu engagieren. Das beeinträchtige die Kohärenz von Politik. Föderale Strukturen, welche die „Einheit in der Vielfalt" sichern sollen, können entgegen dieser Absicht auch zentrifugale Tendenzen stärken und daher die Erosion der staatlichen Einheit befördern.

Besondere Aufmerksamkeit ziehen *Politikverflechtungsfallen* auf sich. Die starke Verflechtung etwa von Bund, Ländern, lokalen (und gegebenenfalls supranationalen) Ebenen kann demzufolge die politische Handlungsfähigkeit beeinträchtigen, weil langwierige, auf Konsens zielende Aushandlungsprozesse notwendig werden. Wenn zwischen den verschiedenen Systemebenen ein Verhandlungszwang besteht, so Fritz W. Scharpf (1985), steigt die Chance für suboptima-

7.2 Vertikale Gewaltenteilung

le politische Lösungen, die wenig problemadäquat und nicht effizient sind. Dies erscheint als unvermeidbar, weil den konvergierenden Interessen der Akteure divergierende Interessen entgegenstehen, wenn es um die Verteilung der Gewinne aus bestimmten Entscheidungen geht. Aufgrund ihres institutionellen Eigeninteresses können die Akteure darüber hinaus auch keinem Umbau des Institutionensystems in Richtung auf mehr Integration (oder Desintegration) zustimmen, selbst wenn dies eine Verbesserung der *policy*-Ergebnisse verspräche.

Wie in Debatten über alle anderen institutionellen Konstellationen gilt auch hier, dass die jeweiligen Überlegungen und ihre empirischen Belege nur bedingt verallgemeinerbar sind. Der Föderalismus ist stets in hochkomplexe Institutionensysteme eingebettet, deren Elemente miteinander interagieren. Diese Interaktionen modifizieren die Effekte föderaler Institutionen mitunter graduell, zuweilen aber auch qualitativ in ihrer Wirkrichtung. So kann die Entscheidungsfreudigkeit im kooperativen Föderalismus höher ausfallen als angesichts der Vorstellung von der Politikverflechtungsfalle zu erwarten wäre, wenn er in eine konsensorientierte politische Kultur eingebunden ist. Dies kann auch der Fall sein, wenn sich die Kosten der Entscheidungsfindung abwälzen lassen, z.B. auf nachgeordnete territorial-administrative Einheiten, wenig konfliktfähige Interessengruppen oder künftige Generationen.

Auch in dieser Frage erweist sich die Perspektive des *Vetospieler-Ansatzes* (> Kap. 7.1.3, 9.2) als fruchtbar. Betrachtet man föderale Arrangements unter dem Aspekt der Kompetenzausstattung politischer Akteure, wird besonders deutlich, dass ihre Wirkung kontextspezifisch ist: Konstitutionell definieren sie zunächst zwei institutionelle Vetospieler, die in Einheitsstaaten nicht anzutreffen sind. Um eine politische Entscheidung treffen zu können, bedarf es der Einigung nicht nur der zentralstaatlichen Exekutive und Legislative, sondern darüber hinaus auch der Gliedstaatenregierungen und der zweiten Kammer des Parlaments. Daher steigt die Politikstabilität des betreffenden politischen Systems im Prinzip, denn Veränderungen sind schwerer durchsetzbar, wenn es mehr Vetoakteure gibt. Dieser Effekt ist jedoch weder per se positiv oder negativ, noch tritt er exklusiv im Föderalismus ein: Da im Gesamtsystem weitere institutionelle und parteipolitische Vetospieler auftreten können oder aber absorbiert werden, hängen die politischen Ergebnisse insgesamt von politikfeld- und zeitspezifischen Akteurskonstellationen ab, die nicht ein für allemal feststehen.

Die Frage nach dem Zusammenhang von Demokratie und Föderalismus ist ebenfalls nicht eindeutig zu beantworten. Theoretisch lässt sich zunächst argumentieren, dass der Föderalismus – im Sinne einer besonders weitgehenden politischen Dezentralisierung – durch seinen Beitrag zur Dekonzentration politischer Macht als Subtyp der pluralistischen Demokratie anzusehen ist: Föderale Staaten setzen sich aus Gemeinwesen zusammen, die sich selbst verwalten und miteinander kooperieren. Die Zentralregierung übt nur begrenzte politische Befugnisse aus. Der Pluralismus innerhalb der Föderation wird nicht zuletzt dadurch gestärkt, dass auch lokal oder regional verankerte Gruppen ihre Interessen befriedigen können, obwohl sie im gesamtnationalen Wettbewerb keine Durchsetzungschance hätten. Gegen dieses Argument wird jedoch eingewandt, dass der Föderalismus keine spezifischen Auswirkungen auf die Demokratiequalität von Staaten zeitige. Schließlich könne ein solches autonomieschonendes Arrangement auch subnationale autoritäre Systeme schützen, Ethnokratie statt Demokratie fördern, regionale Unterschiede zuspitzen usw. In der realen Welt sind jedenfalls sowohl demokratische als auch autoritäre Föderationen anzutreffen.

7.2.3 Mehrebenensysteme des Regierens

Die Frage der vertikalen Organisation der politischen Herrschaft eröffnet eine weitere Dimension, die über die Alternativen „Einheitsstaat" und „Föderation" hinausgeht und grundsätzlicher Natur ist. Generell geht es um die Leistungsfähigkeit moderner Regierungssysteme im Spannungsfeld zwischen zentraler und dezentraler Politiksteuerung. Die Globalisierung übt erheblichen Druck auf Nationalstaaten aus, weil sie die traditionellen politisch-administrativen Grenzen und damit auch die Handlungsfähigkeit und sogar die Kompetenzzuschreibungen des Staates innerhalb seines Territoriums in Frage stellt. Gleichzeitig vollziehen sich weltweit Prozesse der Regionalintegration, die suprastaatliche Gebilde hervorbringen, aber auch grenzüberschreitende Koordinations- und Kooperationszusammenhänge von substaatlichen Regionen. Insbesondere am Beispiel Europas stellt sich dabei die Frage, inwieweit dabei neue Formen der Staatlichkeit entstehen. Veränderungen betreffen nicht nur die nationalstaatliche Ebene. Daher bettet sich die Frage nach dem Staatsaufbau in die generelle Frage nach der Staatlichkeit politischer Gebilde im allgemeinen und Demokratien im besonderen ein.

7.2 Vertikale Gewaltenteilung

Die unterschiedlichen Ausprägungen an Staatlichkeit lassen sich in einem Kontinuum verorten. Dabei zeigt sich, dass der Übergang zwischen Föderationen und *dezentralisierten Einheitsstaaten* fließend ist. In solchen Staaten verfügen Gebietskörperschaften ebenfalls über eine Reihe politischer und administrativer Kompetenzen bis hin zur territorialen Selbstverwaltung oder Finanzautonomie. Auch diese dezentralisierten Strukturen von Staatlichkeit beeinflussen den politischen Prozess und seine Ergebnisse. Sie werfen daher ein breiteres Licht auf eine Diskussion über die unterschiedlichen Ebenen des Regierens, die lange Zeit auf Föderationen beschränkt gewesen war.

Wo liegt die Grenze zwischen beiden Formen der Staatsorganisation? Empirisch lässt sich zeigen, dass Föderationen in der Regel einen größeren politischen und fiskalischen Dezentralisierungsgrad aufweisen als Einheitsstaaten. Jedoch besteht das zentrale Unterscheidungsmerkmal zwischen beiden Formen der Staatlichkeit nicht im Umfang der dezentralisierten Kompetenzen, sondern darin, ob die Autonomie der Gliedeinheiten konstitutionell garantiert ist. Wenn das Design des vertikalen Staatsaufbaus unilateral durch den Zentralstaat verfügt und verändert werden kann, handelt es sich um einen dezentralisierten Einheitsstaat.

Spanien – Föderation oder dezentralisierter Einheitsstaat?
Die spanische Verfassung (1978), die eine parlamentarische Monarchie konstituierte, ist ein Kompromissdokument. Sie schreibt einen Einheitsstaat ohne spezifische Territorialstruktur fest. Gleichzeitig werden jedoch 22 Bereiche genannt, in denen die sogenannten *autonomías* Kompetenzen übernehmen können. Die Machtverteilung zwischen dem Zentralstaat und den Autonomen Gemeinschaften ist durch bilaterale Verträge geregelt. Der Fiskalföderalismus ist ausgeprägt. Spanien wird deshalb meist als Föderation angesehen, obwohl der Wortlaut der Verfassung dagegenspricht. Weil der Vertragsföderalismus zu sehr unterschiedlichen Arrangements zwischen dem Zentralstaat und den Autonomien geführt hat, spricht man – ebenso wie im Falle Belgiens – von einem *asymmetrischen Föderalismus*. Die „historischen" Regionen Baskenland, Galizien, Katalonien und Andalusien verfügen über größere Gestaltungsspielräume als die übrigen 13 Gliedstaaten.

International ist seit den 1970er Jahren ein Trend zur Dezentralisierung der klassischen Einheitsstaaten zu beobachten. Dabei werden zum Teil weitreichende Kompetenzen an subnationale Einheiten abgegeben. Möglicherweise vollzieht sich in einer Reihe von Föderationen gleichzeitig ein Gegentrend zu stärkerer Zentralisierung, um etwa den von der Globalisierung ausgehenden Druck aufzufangen, die ökonomischen Ungleichheiten zwischen den Gliedstaaten zu verringern und nationale Mindeststandards zu implementieren.

Dezentralisierung in Westeuropa
In Italien werden seit 1995 Dezentralisierungsversuche unternommen, die in den Jahren 2001 und 2002 in der Verfassung verankert wurden. In Frankreich, das bis 1981 den Musterfall eines zentralistischen Einheitsstaates darstellte, sind inzwischen fiskalische und administrative Rechte an die lokale Ebene abgegeben worden. Dies schlug sich in einer Verfassungsänderung (2003) nieder, die den Staatsaufbau als „dezentralisiert" bezeichnet. In Großbritannien werden seit 1997 weitreichende Reformen (*devolution*) durchgeführt. Aufgrund entsprechender Voten bei Referenden gibt es seit 1998/99 ein schottisches Parlament, in dessen Zuständigkeit Politikfelder wie Bildung, Gesundheit und Landwirtschaft fallen, eine walisische Regionalversammlung mit Budgetkompetenz und eine Nationalversammlung in Nordirland. Der Dezentralisierungsprozess ist noch nicht abgeschlossen.

Auch die Grenzen zwischen Föderationen und *Konföderationen*, also zwischen Staatlichkeit und zwischenstaatlichen internationalen Organisationen, sind fließend geworden. Die traditionellen Untersuchungsgegenstände der politikwissenschaftlichen Teilbereiche Politische Systeme bzw. Internationale Beziehungen berühren und überschneiden sich also immer mehr. Analytisch ist das politikwissenschaftliche Erfassen und Interpretieren von Veränderungen der Staatlichkeit eine aktuelle Aufgabe auch der Vergleichenden Politikwissenschaft. Nimmt man die bis dahin stillschweigend unterstellte nationalstaatliche Verfasstheit solcher Systeme nunmehr explizit in den Blick, werden einige konzeptionelle Weiterentwicklungen nötig.

Zu den wichtigen neueren Konzepten der letzten Jahre gehört das des *Mehrebenensystems* bzw. der *multilevel governance*. Es wurde im Kontext der Diskussion über die Europäische Union formuliert, die sich mit ihren Mitgliedstaaten zu einer mehrere Ebenen übergreifenden politischen Ordnung entwickelt hat und durch einen hohen Grad an *Politikverflechtung* (> Kap. 7.2.1) gekennzeichnet ist. In den unterschiedlichen Politikfeldern sind diverse Strukturen und Entscheidungsverfahren zu beobachten, deren Eigendynamik nicht zwangsläufig in politische Blockaden (*Politikverflechtungsfallen*) führt. Vielmehr steigert Mehrebenenpolitik unter Umständen sogar die Problemlösungskapazität innerhalb der EU. Sie verschafft Regierungen der EU-Mitgliedstaaten eine gewisse Autonomie gegenüber den Akteuren innerhalb ihrer Länder, da stets der entlastende Verweis auf die Zwänge der supranationalen Ebene möglich ist. Gleichzeitig besteht in der Exekutivlastigkeit der Entscheidungsfindung auf EU-Ebene eines der wichtigsten Argumente für das sogenannte *Demokratiedefizit* der Europäischen Union.

> **Die Europäische Union – eine Föderation?**
> Die Europäische Union wird oft als „politisches Gebilde *sui generis*" bezeichnet, was eine terminologische Verlegenheitslösung ist: Da sie kein Staat ist, kann sie aus traditioneller Sicht auch keine Föderation (Bundesstaat) sein. Andererseits verfügt sie über weitaus differenziertere Institutionen in weitaus vielfältigeren Bereichen als die bisher bekannten zwischenstaatlichen Konföderationen (Staatenbünde). Sie ist daher ein Hybrid aus einer Konföderation und einer Föderation. Als intergouvernementale Organisation interagieren ihre Mitglieder – nationale Regierungen – miteinander, ohne ihre völkerrechtliche Souveränität aufzugeben. Gleichzeitig verfügt die EU aber mit der Kommission, dem Europäischen Parlament und dem Europäischen Gerichtshof über (Quasi-)Exekutive, -Legislative und -Judikative.

Die Diskussion um Mehrebenensysteme des Regierens gehört in den breiten Kontext der Debatte um den Wandel von Staatlichkeit und des Regierens im allgemeinen, dessen Schlüsselkonzept das der *governance* ist – also der politischen Steuerung und Koordinierung, an der nicht nur (zentral-)staatliche Akteure, sondern Akteure unterschiedlichster institutioneller Verfasstheit beteiligt sind. Sowohl in vertikaler (z.B. Kommunen oder internationale Organisationen) als auch in horizontaler Hinsicht (Interessenverbände, Unternehmen, interorganisatorische Netzwerke u.a.) und je nach Politikfeld spezifisch ergeben sich dabei Akteurskonstellationen, die im Rahmen einer rein auf die traditionellen Institutionen gerichteten Perspektive nicht angemessen berücksichtigt werden können (> Kap. 8.3.3).

Literatur

Die Literatur über Regierungssysteme ist sehr umfangreich. *Steffani (1983)* erläutert die systematischen Unterschiede zwischen parlamentarischen und präsidentiellen Regierungssystemen. *Lijphart (1992)* ist ein Reader, der die wichtigsten Diskussionsbeiträge von Montesquieu bis zum Anfang der 1990er Jahre zusammenträgt. *Linz/Valenzuela (1994)* diskutieren die Meriten und Schwächen präsidentieller und parlamentarischer Regierungssystemen. *Duverger (1980)* und *Sartori (1994)* befassen sich mit dem Semipräsidentialismus, den als eigenständigen Typus zu konzeptualisieren *Steffani (1995)* für eine gedankliche Fehlleistung hält. *Shugart/Carey (1992)* erarbeiten eine Systematik von Realtypen jenseits der idealtypischen Dichotomie, die vom reinen Präsidentialismus über das präsidentiell-parlamentarische, premier-präsidentielle und parlamentarische System bis zur versammlungsunabhängigen Regierung reicht. *Shugart (2005)* bietet eine aktualisierte Zusammenschau dieser Systemtypen. Ebenso wie *Elgie (2005)*, der die neuere Diskussion skizziert und empirische Zuordnungen vornimmt, enthält der Aufsatz Hinweise auf weitere einschlägige Literatur.
Innovativ ist der theoretische Zugriff auf Regierungssysteme, den *Tsebelis' (2002)* Vetospielertheorie (> Kap. 9.2) erlaubt. Dies wird von *Stoiber (2007)* explizit aufgegriffen, der zunächst die unterschiedlichen ideengeschichtlichen Traditionen der Gewaltenteilung systematisiert und danach das normative Konzept der Gewaltenteilung mit dem empirisch-analytischen Vetospieler-Konzept verknüpft.
Watts (1998) gibt eine Einführung in die Grundbegriffe der Föderalismusdebatte. Die Handbücher von *Griffiths/Nerenberg (2005)* und *Watts (1999)* stellen die Föderationen der Erde vor. In *Benz/Lehmbruch (2002)* finden sich Beiträge, die theoretische Aspekte des Föderalismus diskutieren, Fallbeispiele analysieren und Zusammenhänge zwischen föderalen und weiteren institutionellen Arrangements bzw. zwischen ihnen und politikfeldspezifischen Problemen in westlichen Demokratien vergleichen. Dem möglichen Nexus zwischen Demokratie und Föderalismus ist der Aufsatz von *Lane/Ersson (2005)* gewidmet. Die Perspektive des Regierens in Mehrebenensystemen und der Bedingungen von Politikverflechtungsfallen wird anhand der politischen Systeme Deutschlands und der EU konsequent in den Arbeiten von *Scharpf (z.B. 1985, 2002)* und *Benz (1998)* entwickelt.

8 Regieren in repräsentativen Demokratien

8.1 Die Regierung als politische Exekutive

8.1.1 Regierung: Begriff, Funktion, Typen

Mehr als alle anderen Institutionen verkörpern Regierungen die Exekutive (> Kap. 6.2.2) eines Gemeinwesens, an deren Spitze sie stehen. Sie sind konstitutionell dazu ermächtigt, über die öffentlichen Angelegenheiten einer Gesellschaft zu entscheiden und sie damit zu gestalten. An sie werden Forderungen nach der politischen Lösung öffentlicher Probleme, also nach *public policy decision-making*, regelmäßig adressiert.

> **Begriff: Regierung**
> Der Begriff der *Regierung (government)* umfasst die „politische Exekutive", mitunter auch Kernexekutive *(core executive)* genannt, also das (Minister-)Kabinett und seinen Chef (Premierminister, Kanzler). Oft wird auch das Staatsoberhaupt („konstitutionelle Exekutive") dazugezählt, wenn es nicht mit dem Regierungschef identisch ist. In einem weiteren Sinne schließt der Begriff über diese *Gubernative* hinaus auch die Verwaltung (*Administrative*, Ministerialbürokratie) mit ein (> Kap. 8.2). In Mehrebenensystemen des Regierens (> Kap. 7.2.3) müssen die entsprechenden Körperschaften auf Länder- (und gegebenenfalls Gemeinde-)Ebene hinzugezählt werden.
> Im Präsidialsystem der USA bezieht sich *government* auf Exekutive, Legislative und Judikative. In einer solchen Begriffsverwendung ist „Regierung" synonym für *Regierungssystem* (> Kap. 7).

Regierungen übersetzen daher – systemtheoretisch (> Kap. 1.1.2) formuliert – gesellschaftliche Forderungen (Inputs) in Outputs, also Politik und technisch realisierbare sowie politisch akzeptable „Politiken" (*policies*). Dabei handelt es sich nicht um einen mechanischen Prozess, denn sie können in einem gewissen Maße auswählen, welche dieser Inputs sie berücksichtigen. Regierungen erfüllen daher einerseits die Funktion, Politik konzeptionell zu gestalten. Andererseits kommt ihnen die Implementationsfunktion zu, also die Gewährleistung der Umsetzung politischer Entscheidungen. Dafür greifen sie auf die bürokratischen Apparate des Staates, die Verwaltungen (> Kap. 8.2) zurück. Als dritte Funktion von Regierungen lässt sich die Koordination der Akteure im Prozess der politischen Entscheidungsfindung bestimmen.

International sind unterschiedliche Arrangements innerhalb von Regierungen anzutreffen. Eine erste systematische Unterscheidung betrifft den konstitutionellen Typ von Regierungen, die analog zur Unterscheidung parlamentarischer und präsidentieller Regierungssysteme (> Kap. 7.1) und genetisch damit verbunden ist: Im *Kabinettsystem*, das historisch zuerst in England und Schweden anzutreffen war und sich dann in ganz Westeuropa verbreitete, erscheint der Regierungschef im Kontext eines kollegialen Gremiums. Seine Mitglieder, die Minister, sind an den politischen Entscheidungen gleichberechtigt beteiligt. Gegenüber der Legislative, welche die Regierung einsetzt, trägt das Kabinett die kollektive Verantwortung. An die Regierungsentscheidungen sind alle ihre Mitglieder gebunden und müssen sie im Extremfall auch dann nach außen vertreten, wenn ihr Votum von ihren Kollegen überstimmt worden ist (*Kabinetts*- bzw. *Kollegialprinzip*). Gleichzeitig sind die Minister individuell für deren Implementation sowie für Entscheidungen in Rahmen ihres Geschäftsbereichs voll verantwortlich (*Ressortprinzip*).

Im Unterschied dazu hat sich in den Vereinigten Staaten das Modell der *Präsidialregierung* herausgebildet. Es ist nicht kollegial und egalitär wie das Kabinettsystem, sondern hierarchisch. Die Regierungsmitglieder (*secretaries*) bilden ein Beraterteam des Präsidenten, das nur ihm rechenschaftspflichtig ist und keine eigenständigen Regierungsaufgaben wahrnimmt. Allerdings leiten sie in eigener Verantwortung ihre Departments, die den Ministerien in der westeuropäischen Regierungstradition entsprechen.

Eine zweite systematische Unterscheidung betrifft die Beziehungsmuster *innerhalb von Kabinettregierungen* und das Verhältnis zwischen den Grundprinzipien der Regierungsorganisation. Es zeigt sich, dass das Prinzip der kollektiven Verantwortlichkeit in der politischen Praxis auf Grenzen trifft und erodiert. Zum einen bestehen viele Regierungen – etwa die britische und die italienische – aus mehreren Kategorien von Ministern. Neben den Chefs der zentralen Ressorts gibt es oft *non cabinet ministers* und *junior ministers,* die kein Stimmrecht im Kabinett haben. Zum anderen ist es aufgrund der Komplexität und des Umfangs politischer Entscheidungen nicht möglich, alle relevanten Ressortprobleme während der Kabinettsitzungen umfassend zu diskutieren. Regierungsmitglieder entscheiden daher oft faktisch selbstständig. Schließlich ist die Position des Regierungschefs unterschiedlich stark. Systematisch unterscheiden sich Kabinettregierungen einerseits danach, welche Bedeutung individuellen Ministern, Kabinettsausschüssen bzw. dem Kabinett als kollektivem Gremium zukommt. Andererseits variieren sie nach dem Grad ihrer Kollegialität, deren Bandbreite durch die „monokratische" Führung des Regierungschefs und die Gleichheit aller Kabinettsmitglieder abgesteckt wird. Jean Blondel (1995[2]: 276-278) schlägt folgende Typologie von Kabinettregierungen vor:

- In einer *Kollegialregierung* (*collegial cabinet government*) ist der Premierminister der Erste unter Gleichen. Bevor Entscheidungen gefällt werden, findet ein intensiver Austausch zwischen ihm und den Kabinettsmitgliedern statt. Die vergleichsweise egalitären Beziehungen innerhalb dieses Typs, der die Bedeutung des Kollegialprinzips betont, sind meist in der politischen Kultur des betreffenden Landes verankert bzw. begründen sich durch die Notwendigkeit der Koordination und Konsensfindung innerhalb von Koalitionsregierungen. In Ländern mit dieser Tradition ist in der Regel auch die Dominanz der Exekutive über das Parlament eingeschränkt.
- Das *Team* ist ein Kabinettstyp, dessen Mitglieder in der Regel auf eine langjährige gemeinsame Arbeitserfahrung zurückblicken. Regierungsaufgaben werden hier in beträchtlichem Umfang an einzelne Minister, Kabinettsausschüsse oder den Regierungschef delegiert. Kollegial- und Ressortprinzip sind bei diesem Typ stark ausgeprägt, was nicht zwangsläufig auf formalen Regelungen beruht, sondern auch auf Organisationsroutinen.
- Eine Regierung vom Typ einer *Premierministerregierung* (*prime ministerial government*) ist weitaus stärker hierarchisch organisiert. Der Premierminister hat hier die Schlüsselposition inne. Er ernennt bzw. entlässt Minister und koordiniert den politischen Entscheidungsprozess, wobei ihm ungeachtet des Kollegialprinzips die Richtlinienkompetenz zusteht. Die Beziehungen zwischen dem Regierungschef und den Ministern ähneln daher tendenziell den Binnenbeziehungen in Präsidialregierungen.

Kabinettstypen in der politischen Realität
Kollegialregierungen sind der traditionelle Kabinettstyp Westeuropas. Am ausgeprägtesten sind seine Merkmale in der Schweiz

(> Kap. 7.1.2), aber auch die Regierungen z.b. in Belgien, Dänemark, Island, Italien, den Niederlanden, Norwegen, Schweden, Tschechien und in der Europäischen Union sind vergleichsweise kollegial und egalitär.
Das britische Kabinett ist lange als Referenzfall eines *Teamkabinetts* angesehen worden. Bereits seit Walter Bagehots klassischer Schrift über die englische Verfassung (1876) wird jedoch über die Machtkonzentration beim Premierminister diskutiert. Den meisten Politikwissenschaftlern gilt Großbritannien heute als Beispiel für den Typ eines *prime ministerial cabinet*. In Deutschland ist die Stellung des Regierungschefs ebenfalls herausgehoben („Kanzlerdemokratie"): Das *Kanzlerprinzip* weist ihm die Richtlinienkompetenz, das Recht zur Ministerauswahl und zur Bestimmung der Ressortstruktur zu. Nach Auffassung der meisten Autoren, die das Verhältnis der Organisationsprinzipien der deutschen Regierung zueinander abwägen, ist das Kanzlerprinzip gegenüber dem Kabinetts- und dem Ressortprinzip höherrangig. Auch in Australien, Österreich, Japan, Kanada und Spanien dominiert der Regierungschef das Kabinett. In der politischen Praxis wird das tatsächliche Verhältnis zwischen den Mitgliedern der Regierung nicht nur durch die formale Gewichtung der Organisationsprinzipien und politische Routinen geprägt, sondern auch durch andere Faktoren, so etwa dadurch, ob es sich um Einparteien- oder Koalitionsregierungen (> Kap. 8.1.2) handelt.

International lässt sich eine Tendenz zur Verschiebung des Kräfteverhältnisses innerhalb von Kabinettregierungen beobachten. Selbst in den stärker egalitären Varianten gewinnen die Premierminister an Gewicht. In der vergleichenden Forschung wird seit den 1990er Jahren diskutiert, ob sich daraus ein Trend zur „Präsidentialisierung" (*presidentialization*) der Kernexekutive ableiten lässt. Der gemeinsame Nenner dieses in der Forschung unterschiedlich konzeptualisierten Phänomens besteht in der Vorstellung einer graduellen Annäherung der politischen Praxis in parlamentarischen Demokratien an die präsidentieller Systeme, ohne dass dabei die formale Struktur des Regierungssystems (> Kap. 7.1) gewechselt wird. Eine „Präsidentialisierung" von Regierungen wird diagnostiziert, wenn die Machtressourcen und die Autonomie des Regierungschefs innerhalb seiner Partei und gegenüber seinem Kabinett deutlich zunehmen und Wahlkämpfe immer mehr auf ihn als Person fokussiert sind.

8.1.2 Parteienregierungen

Die Legitimation demokratischer Regierungen speist sich daraus, dass sie aus allgemeinen, freien und fairen Wahlen (> Kap. 5) hervorgegangen sind. Damit wird sichergestellt, dass sie dem Bürger gegenüber rechenschaftspflichtig sind. Durch seine Wahlentscheidung signalisiert das Volk, ob es mit der Arbeit der Regierung in der vergangenen Amtsperiode zufrieden war oder nicht. Weil die Vermittlung zwischen Bürgern und Politik maßgeblich durch Parteien geprägt ist, sind moderne Demokratien *Parteiendemokratien* (> Kap. 2.1.3). Das Kernstück der Parteiendemokratie ist die *Parteienregierung* (*party government*). Nationale Exekutiven gehen dabei aus Wahlen hervor, die faktisch durch den parteipolitischen Wettbewerb geprägt sind. Das Modell der Parteienregierung ist ein Idealtyp, dem reale Regierungen nur mehr oder weniger näherungsweise entsprechen. Als potentiell kontinuierliche Variable lässt sich das Maß, in dem es sich empirisch um eine durch Parteien geprägte Regierung handelt, in Gestalt der *partyness of government* bestimmen. Gemessen wird dabei, inwieweit

- alle wichtigen Regierungsentscheidungen nur von Akteuren getroffen werden, die aus regelmäßig abgehaltenen Wahlen hervorgegangen sind (oder die von solchen Akteuren ernannt wurden und ihnen gegenüber verantwortlich sind),
- über die Politikinhalte von Regierungsprogrammen innerhalb der regierungsbildenden Partei oder in Koalitionsverhandlungen zwischen Parteien entschieden wird,
- die Auswahl von Kandidaten für die politischen Wahlämter innerhalb von Parteien stattfindet und diese den Parteien gegenüber (und nur darüber vermittelt auch dem Volk) verantwortlich sind.

Ein politisches System kann also über eine Exekutive verfügen, die mehr oder weniger eine Parteienregierung ist. Im internationalen Vergleich am schwächsten ausgeprägt sind Parteienregierungen in den USA, aber auch in der Schweiz, sehr stark hingegen in Ländern wie Frankreich, Italien, Deutschland, Großbritannien, Dänemark und Schweden. Differenziert man den Typus weiter aus, so lässt sich zum einen die *bipolare Parteienregierung* konzeptualisieren. Ihr Prototyp ist die typische britische Einparteienmehrheitsregierung; Wahlen erfüllen hier faktisch die Funktion eines Referendums über die Regierungstätigkeit. Ein zweiter Typ ist die *Koalitionsparteienregierung*, die typischerweise z.B. in Dänemark und Israel anzutreffen ist. Drittens finden sich beispielsweise in Italien (vor 1993) *dominante Parteienregierungen*. Es handelt sich dabei um Koalitionsregierungen, in denen faktisch nur eine einzige Partei als Seniorpartner in einem Regierungsbündnis in Frage kommt.

Eine solche Typologie von Parteienregierungen impliziert grundsätzliche Unterscheidungen in zweierlei Hinsicht: erstens danach, ob das Kabinett aus einer oder mehreren Parteien gebildet wird (*Einparteien-* oder *Koalitionsregierung*), zweitens danach, ob sie über die legislative Mehrheit verfügen oder nicht (*Mehrheits-* oder *Minderheitsregierung*). In Zweiparteiensystemen (> Kap. 4.2.4) gibt es in der Regel keine Alternativen der Regierungsbildung: Die größte Partei regiert allein, wenn sie die parlamentarische Mehrheit innehat (*single-party majority government*). Sollte dies nicht der Fall sein, regiert sie mit der legislativen Unterstützung kleinerer Parteien, ohne mit ihnen eine formale Koalition eingehen zu müssen. Solche Einparteienregierungen sind in der politischen Praxis allerdings weitaus seltener als Koalitionsregierungen, die beispielsweise in Westeuropa ca. 85% der Regierungen seit 1945 ausmachen. Die Dominanz eines dieser beiden Regierungstypen verkörpert die erste und bedeutendste Differenz zwischen *Mehrheits- und Konsensdemokratien* (> Kap. 9.1): Erstere zeichnen sich durch die Konzentration politischer Macht bei einer Einparteienregierung aus, letztere durch Machtteilung unter Koalitionspartnern.

Wahlsysteme und Einparteienregierungen

Ob Ein- oder Mehrparteienregierungen in der politischen Geschichte eines Landes überwiegen, hängt in erster Linie vom Zusammenwirken von Parteien- und Wahlsystem vor dem Hintergrund der historisch gewachsenen Konfliktstrukturen eines Landes ab (> Kap. 4.2, 5.1). Möglich sind Einparteienregierungen am ehesten bei Mehrheitswahlsystemen in sozialstrukturell homogenen Gesellschaften. Diese belohnen zu Lasten der Proportionalität der Stimmen diejenige Partei mit einem Bonus, die bei Wahlen relativ besser abschneidet. So hatte die *Labour Party* die britischen Unterhauswahlen von 1997 mit 43% der Stimmen gewonnen. Sie übersetzten sich in immerhin 63% der Parlamentssitze. Der durch das Wahlsystem bedingte Bonus betrug damit fast 20%. In Systemen mit Verhältniswahlrecht treten Einparteienregierungen zumal als Mehrheitsregierungen (außerhalb von Bayern) extrem selten auf, weil eine Regierungsmehrheit voraussetzt, dass die betreffen-

> de Partei tatsächlich mehr als die Hälfte der abgegebenen Stimmen auf sich vereint. Ein Vergleich von 20 Ländern zeigt, dass 60% der Regierungen Einparteienmehrheitsregierungen sind, wenn nach Mehrheitswahlrecht gewählt wird, aber nur 10%, wenn die personalisierte Verhältniswahl mit offenen Listen gilt.

Neben der Zahl der beteiligten Parteien unterscheiden sich Regierungen auch qualitativ, d.h. nach ihrer *Färbung* (*color*). Sie wird dadurch bestimmt, ob Parteien der Linken, der Mitte bzw. der Rechten koalieren und welchen Anteil sie an den Parlamentssitzen sowie an den Kabinettsposten haben. Damit wird sowohl die ideologische bzw. *policy-seeking*-Tendenz einer Regierung als auch das numerische Gewicht der beteiligten Parteien bestimmt. Mehr als ein Viertel der Regierungen in den westlichen Demokratien sind Regierungen der Mitte. In den meisten Ländern überwiegen Rechts- und Mitte-Rechts-Regierungen. Den durchschnittlich höchsten Wert als Rechts-Regierungen hatten zwischen 1946 und 1998 die Regierungen Kanadas, Japans, und Irlands, während die Färbung der schwedischen, österreichischen und norwegischen Regierungen im internationalen Vergleich am weitesten auf dem linken Teil des Spektrums lag.

Die Aushandlung von Koalitionen bedeutet, dass Wahlergebnisse und die Zusammensetzung von Regierungen in parlamentarischen Systemen oft nicht in einem direkten Zusammenhang stehen. Demokratietheoretisch wird daher mitunter die Frage aufgeworfen, inwieweit der Wählerwille überhaupt als respektiert gelten kann, wenn Regierungen letztlich aufgrund der Koalitionsarithmetik der politischen Eliten zustandekommen. Es zeigt sich allerdings empirisch, dass Koalitionen den Wählerwillen üblicherweise in einem relativ hohen Umfang repräsentieren: Zum einen ist meist die stärkste oder eine der beiden stärksten Parteien an der Regierungsbildung beteiligt. Zum anderen müssen Koalitionen in der Regel eine gemäßigte, eher auf die politische Mitte orientierte Politik betreiben und sind daher in Bezug auf den Medianwähler (> Kap. 5.2.1) repräsentativ.

Welche Parteien gehen eine Regierungskoalition ein und warum? Politikwissenschaftliche Koalitionstheorien modellieren spieltheoretisch, wie die Regierungsbildung durch rationale Akteure ausgehandelt wird. Frühe Modelle gingen dabei „politikblind" vor. Sie betrachteten die Koalitionsbildung lediglich als Herstellung einer rechnerischen Parlamentsmehrheit, bei der die *policy*-Präferenzen der Partner keine Rolle spielen. Die logisch perfekte Lösung ist unter diesen Bedingungen die sogenannte *minimale Gewinnkoalition (minimum winning coalition, MWC)*: Sie verfügt über die Regierungsmehrheit, ist aber minimal, weil sie keine für die Stimmabgabe überflüssigen Koalitionspartner enthält. Regierungsämter müssen daher nur unter den absolut notwendigen Koalitionspartnern verteilt werden, was plausibel ist, wenn man Parteien und Politikern das Motiv des *office-seeking* unterstellt (> Kap. 4.1.2). Tatsächlich gibt es in vielen Ländern immer oder häufig minimale Koalitionen. Allerdings spielen auch Politikpräferenzen meist eine Rolle, weil die ideologische Distanz zwischen den Partnern vergleichsweise gering zu sein pflegt. Minimale Gewinnkoalitionen stellen mit fast einem Drittel den größten Anteil an Koalitionsregierungen in Westeuropa (1945-2003). Sie erweisen sich aber bei Weitem nicht als ihre einzige Variante – über ein Viertel der Kabinette beruhen auf übergroßen Parlamentsmehrheiten.

Übergroße Koalitionen (*oversized coalition, surplus majority coalition*) enthalten auch Parteien, deren Stimmen für die parlamentarische Mehrheitsbildung nicht nötig sind – bis hin zu Allparteienregierungen. Wie lässt sich das erklären? Zum einen handelt es sich oft um Partner mit ähnlichen Politikprogrammen. Wenn sie sich alle an der Regierung beteiligen, sinkt die Gefahr von Konkurrenz und Konflikt, weil die betreffenden Akteure sich nicht in der Opposition profilieren müssen. Hier spielt also die politische Distanz innerhalb des Parteiensystems eine Rolle, und die Politiker können nicht nur durch *office-seeking*, sondern müssen auch durch *policy-seeking* angetrieben sein: Wenn es ihnen um die Realisierung von Politikinhalten geht, gewichten sie die Machtverluste gegebenenfalls geringer, welche durch die Verteilung von Regierungsämtern an mehrere Partner zwangsläufig entstehen. Zum anderen legen die politische Kultur und der Usus insbesondere in *Konkordanzdemokratien* (> Kap. 9.1.3) nahe, möglichst inklusive Politik zu betreiben, also so viele Parteien wie möglich in den Gesetzgebungsprozess zu integrieren. Übergroße Koalitionen sind darüber hinaus in Krisenzeiten häufig anzutreffen oder dann, wenn auf der Politikagenda der neuen Regierung wichtige Verfassungsänderungen stehen, die nur mit qualifizierter Mehrheit durchzusetzen sind. Schließlich kann die Beteiligung mehrerer kleinerer Parteien an der Regierung den stärkeren Partner gegen die Folgen mangelnder Koalitionsdisziplin schützen – falls einer der Juniorpartner ausscheren sollte, ist der Bestand der Regierung noch nicht gefährdet, was diese wiederum von einem solchen Schritt ganz und gar abhalten könnte.

> **(Über-)Große Koalitionsregierungen**
> Während in Konkurrenz- bzw. Mehrheitsdemokratien übergroße Koalitionen eher unüblich sind, kommen sie der Logik insbesondere von Konkordanzdemokratien sehr entgegen. In der Schweiz einigten sich die vier größten Parteien 1959 auf eine „Zauberformel", die arithmetisch begründet die Zusammensetzung der Regierung festlegte. Sie bildeten eine *maximum winning coalition*, die regelmäßig über ca. 90% der Parlamentssitze erzielte. Die Regierung, der siebenköpfige Bundesrat, setzte sich dabei aus je zwei Mitgliedern der Freisinnig-Demokratischen Partei (FDP), der Christlichdemokratischen Volkspartei (CVP) und der Sozialdemokratischen Partei (SP) sowie einem Mitglied der Schweizerischen Volkspartei (SVP) zusammen. Nachdem die Wählergunst gegenüber der CVP über längere Zeit hinweg abgenommen hatte, trat diese im Jahre 2003 einen Sitz an die SVP ab, die zur stärksten Partei geworden war („neue Zauberformel"). Diese Sitzverteilung im Kabinett entspricht wieder ungefähr den aktuellen Wähleranteilen. Der Sinn dieser Proporzregel bei der Besetzung öffentlicher Ämter liegt darin, einen konsensorientierten Politikstil institutionell abzusichern.

Mehrheitsregierungen sowohl von Einparteien- als auch von Koalitionsregierungen stellen in Westeuropa (1945-2003) zusammen aber nur knapp drei Viertel, d.h. mehr als ein Viertel der westeuropäischen Regierungen der Nachkriegszeit stützte bzw. stützt sich nicht auf eine parlamentarische Mehrheit. Während *Minderheitsregierungen* in Westeuropa eher ungewöhnlich sind, treten sie recht häufig in Skandinavien und Italien auf, außerhalb Europas auch in Kanada.

Warum lassen sich Parteien darauf ein? Schließlich könnten solche Regierungen per se instabil sein. Tatsächlich aber gleicht die Logik von Minderheitsregierungen der von übergroßen Koalitionen, wenn sie im politischen Prozess zu unterschiedlichen Themen immer wieder neue Mehrheiten suchen müssen. Wenn Parteien sogar mit einer oder mehreren Parteien der Opposition eine permanente Tolerierung vereinbart haben, handelt es sich ohnehin real um verkappte Mehrheitsregierungen. Minderheitsregierungen können beispielsweise entstehen, wenn die Opposition gespalten und polarisiert ist. Eine Regierung der Partei, die sich in der Mitte des politischen Systems verortet, läuft dann kaum Gefahr, durch das koordinierte Stimmverhalten der Opposition gestürzt zu werden. Wenn die Partei der Mitte sehr stark ist, so dass keine denkbare Mehrheitsregierung ohne sie auskäme, kann sie auch im Alleingang ein lebensfähiges Kabinett bilden und daher gegebenenfalls erfolgreich Anspruch auf die Regierung erheben.

Minderheitsregierungen werden durch bestimmte institutionelle Regelungen erleichtert. Dies ist der Fall, wenn das Parlament der Regierungsbildung nicht durch eine formale Investitur zustimmen muss oder auch, wenn seine gesetzgeberische Tätigkeit durch Parlamentsausschüsse geprägt ist. Solche Ausschüsse gewähren auch jenen Parteien Mitwirkungschancen, die nicht der Regierungskoalition angehören. Wenn Politiker also nicht nur *office*-, sondern auch *policy*-orientiert sind, mögen daher mitunter Anreize überwiegen, zumindest formal auf der Oppositionsbank zu sitzen, um sich auch gegenüber dem Wähler profilieren zu können.

Die Vielfalt an Koalitionsregierungen lässt sich also mit neoinstitutionalistischen Erweiterungen von *Rational-Choice*-basierten Theorien erklären. Sie berücksichtigen, dass Regierungen immer unter bestimmten Umweltbedingungen – in konkreten Situationen und angesichts spezifischer institutioneller Kontexte – gebildet werden, welche gewisse Politikoptionen begünstigen oder eher ausschließen. Damit erklärt sich auch, warum manche Koalitionstypen in einigen Ländern häufiger anzutreffen sind als in anderen.

Da Parteien nicht nur Regierungen bilden, sondern auch intermediäre Akteure sind, welche die Interessen bestimmter sozialer Gruppen repräsentieren, stellt sie die Übernahme der Regierungsverantwortung vor ein Dilemma, also vor ein grundsätzlich nicht auflösbares Problem: Sie müssen einerseits die politische Führung des Gemeinwesens übernehmen und daher das Gemeinwohl über die partikularen Interessen ihrer Wählerklientel sowie der eigenen Organisation stellen. Andererseits bleiben sie auch als Regierungsvertreter Repräsentanten einer bestimmten Partei mit spezifischen Interessen. Ausbalanciert werden müssen weiterhin die Zielvorstellungen der Organisation mit denen des staatlichen Verwaltungsapparates. Dieses Dilemma kann nur ausgehalten werden, wenn die Regierung möglichst autonom von der sie bildenden Partei agieren kann. Damit werden die unterschiedlichen Handlungslogiken der *party in public office* von denen der *party on the ground* und der *party in central office* (> Kap. 4.2.1) weitgehend entkoppelt, ohne völlig voneinander getrennt zu sein. Informelle Verfahren und Gremien sind dabei von besonderer Bedeutung (> Kap. 1.3.2). Als besonders günstig erweist es sich, wenn Parteiführung und Regierungsspitze personell identisch sind, insbesondere aufgrund einer Personalunion von Parteivorsitzendem und Regierungschef. Koalitionsregierungen werden vielfach aufgrund eines weitgehend informell verlaufenden Verhandlungsprozesses zwischen den (späteren) Partnern gebildet und danach durch informelle strategische Zentren koordiniert. Sie bestehen aus dem Führungspersonal der beteiligten Koalitionsparteien und der Regierung und werden oft als „Küchenkabinette" bezeichnet, in denen die tatsächliche Bedeutung einer Person nicht zwingend durch ihr offizielles Regierungsamt bestimmt wird.

8.1.3 Do Parties matter?

Die Vergleichende Politikwissenschaft befasst sich nicht nur mit dem politischen Prozess, mit den Beziehungen zwischen Akteuren innerhalb eines bestimmten Institutionensystems, sondern auch damit, was Regierungen für die Gesellschaft leisten. Ob sich die Tätigkeit einer Regierung danach unterscheidet, wie sie parteipolitisch zusammengesetzt ist, bewegt die Forschung seit den 1960er Jahren. Sind ideologische Unterschiede zwischen den Parteien entscheidend dafür, wie hoch z.B. die öffentlichen Ausgaben eines Landes sind und wohin sie gelenkt werden, welche wirtschaftliche Ordnungspolitik durchgeführt wird und ob sich die Außenpolitik ändert? Diese Frage ist von grundsätzlicher Bedeutung für Demokratien, weil sie den Zusammenhang zwischen Wählerwillen und Parteienregierung, ihrer Verantwortlichkeit und Responsivität, betrifft (> Kap. 2.1.2).

Sie ist auch keineswegs trivial, denn es lässt sich eine Reihe von Argumenten anführen, warum (Partei-)Politik nur geringe Bedeutung zukommen könnte. So schränken ökonomische Sachzwänge die Handlungsspielräume nationaler, von Parteien geprägter Politik generell ein. Das Niveau der Wirtschaftsentwicklung und der gesellschaftlichen Modernisierung, die durch die Politik nicht kurzfristig verändert werden können, schaffen Bedingungen, auf die Regierungen unabhängig von ihrer parteipolitischen Färbung reagieren müssen. Auch Globalisierungsphänomene – von der Internationalisierung der Finanz- und Kapitalmärkte über den transnationalen Terrorismus bis hin zu weltweiten Klimaveränderungen

– haben derartige Auswirkungen. Weiterhin können pfadabhängige Wirkungen des politischen Erbes (> Kap. 1.1.3), die durch Parteienregierungen nicht zu durchbrechen sind, für Politikkontinuität sorgen. Neu in die Regierungsverantwortung gekommene Parteien mögen zudem an – institutionellen und parteipolitischen – Vetospielern (> Kap. 9.2) oder an mächtigen Sonderinteressengruppen (> Kap. 4.3.2) scheitern, wenn sie versuchen, Politikwandel herbeizuführen. Tatsächlich ist es aus methodologischen Gründen nicht leicht, die Frage zu beantworten, ob der Politik von Parteienregierungen ernstzunehmende Bedeutung für gesellschaftliche Entwicklungen zukommt.

Vergleicht man statistisch verwertbare Aggregatdaten über lange Zeiträume, dann kann die Annahme, die Färbung einer Regierung sei relevant für Typ, Richtung und Folgen politischer Entscheidungen empirisch – zumindest probabilistisch und für bestimmte Politikfelder – dennoch gut belegt werden. Der *Parteiendifferenzthese* zufolge beeinflusst die parteipolitische Zusammensetzung von Regierungen ihre Tätigkeit tatsächlich. Ungeachtet der Vielfalt an Faktoren, die auf den politischen Entscheidungsprozess einwirken, scheinen Ähnlichkeiten in Typ und Zusammensetzung von Regierungen in unterschiedlichen Ländern ähnliche Folgen zu haben. Am deutlichsten lässt sich das für das Maß nachweisen, in dem moderne Demokratien *soziale Demokratien* (> Kap. 2.1.3) sind, also anhand der Entwicklung der Staatsausgaben und der Sozialpolitik: Je weiter links eine Koalition ist, desto stärker reagiert sie aktiv auf das Ansteigen der Arbeitslosigkeit und engagiert sich in der Sozialpolitik (> Kap. 4.3.2). (Säkular-)Konservative Regierungen hingegen reduzieren eher ihre Ausgaben für wohlfahrtsstaatliche Programme. Während Linksparteien stärker bestrebt sind, in ihrer Politik Ziele der sozialen Gleichheit zu fördern, geben konservative Parteien der Steigerung wirtschaftlicher Effizienz den Vorrang. Parteien der Linken (Sozialdemokratie) und der Mitte (christdemokratische Parteien) räumen dem Staat generell größere Steuerungs- und Regelungskompetenzen in der Wirtschaft ein als liberale und säkular-konservative Parteien.

Die parteipolitische Färbung von Regierungen hat also vermutlich Konsequenzen für ihre Politik. Wähler erwarten, dass Parteien ihre Wahlversprechen erfüllen, sobald sie in die Regierungsverantwortung gelangt sind. Parteien sind durchaus bestrebt, diese Erwartungen zu erfüllen, um wiedergewählt zu werden. Gleichzeitig beeinflussen auch ihr eigener politisch-programmatischer Gestaltungswillen und institutionelle sowie situative Umweltbedingungen ihre Politik. So beschränken die Notwendigkeit, Koalitionen einzugehen, oder eine geringe Regierungsstabilität die Spielräume von Parteien, das vom Wähler erteilte Mandat zu erfüllen. Auch der sozialstrukturellen Zusammensetzung der Bevölkerung kommt Bedeutung zu, weil davon die Art und Größe bestimmter Klientelen abhängt. So ist es kein Zufall, dass die Staatsquote um so höher liegt, je größer der Anteil der über 65-Jährigen an der Bevölkerung ist, weil dann die Ausgaben für die Alterssicherung, den Gesundheits- und Pflegesektor besonders hoch sind. Tendenziell geringer wiederum hingegen ist sie dort, wo institutionelle Begrenzungen wie etwa ein föderaler Staatsaufbau oder eine autonome Zentralbank existieren, die als Vetospieler agieren können.

8.2 Regierung und Verwaltung

8.2.1 Politik und Verwaltung

Um politische Entscheidungen in Kraft zu setzen und Programme zu realisieren, bedürfen Legislativen und Regierungen handlungsfähiger bürokratischer Apparate. Sie umfassen die Apparate der Ministerien (Ministerialbürokratie), nachgeordneter Behörden und unabhängiger Agenturen sowie lokaler und funktionaler Selbstverwaltungen auf den unterschiedlichsten Ebenen des Regierens. Wie aber verhält sich die Verwaltung zur Regierung? Ist sie lediglich die unpolitische Vollzugsmaschinerie des Staates?

In der traditionellen Verwaltungsrechtswissenschaft wurde zwischen Regierung als Exekutive, Legislative und Judikative einerseits und Verwaltung andererseits eine klare Trennlinie gezogen: Verwaltungen vollzogen demnach jene staatlichen Tätigkeiten, die nicht in Gesetzgebung oder Rechtsprechung bestanden. In der klassisch-konservativen Staatstheorie hingegen fallen der Staat – als Hüter des Gemeinwohls – und die Exekutive in Gestalt der hoheitlichen Bürokratie sogar zusammen. Mit der Entwicklung des modernen Verfassungsstaates ließ sich diese Vorstellung nicht mehr halten. Auf den späteren US-Präsidenten Woodrow Wilson ging das 1887 formulierte Dogma einer notwendigen Trennung von *Politics* und *Administration* zurück. Es besagt, dass es Rationalitätskriterien für politisches

Handeln gibt, die von der Politik unabhängig sind sowie gelehrt und gelernt werden können. Sie sollten daher in einem politisch neutralen Regierungsapparat mit professionell ausgebildetem Personal institutionalisiert werden. In Deutschland wurde eine ähnliche instrumentelle Sicht auf die Verwaltung als korrekte, professionelle, unpolitische und rein auf den Vollzug spezialisierte Organisation von Max Weber (> Kap. 8.2.2) begründet.

Erst in der zweiten Hälfte des 20. Jahrhunderts setzte sich diesseits und jenseits des Atlantiks, in der politischen Praxis wie in der politik- und verwaltungswissenschaftlichen Forschung die These durch, dass die Verwaltung nicht nur Adressat, sondern auch Akteur politischer Entscheidungen ist. Aufgrund ihres Stellenwertes kann sie Inhalte und Ergebnisse des *policy-making* (> Kap. 8.3) beeinflussen, indem sie in den Auseinandersetzungen vor und nach Entscheidungen der Regierung eine wichtige Rolle spielt oder sogar anstelle dieser politische Entscheidungen fällt. Verwaltungen werden sowohl bei der Konzipierung und Formulierung von Politikinhalten (*policies*), als auch im Prozess ihrer rechtlichen Kodifizierung sowie bei ihrer Implementation und Evaluation eigenständig und eigeninteressiert aktiv. Deshalb stellt die öffentliche Verwaltung auch einen originären Bereich der empirischen Forschung, darunter der vergleichenden Forschung dar (*Comparative Public Administration*).

Die wichtigste Dimension der Verwaltungstätigkeit besteht darin, politische Entscheidungen umzusetzen und den Routinealltag von Politik zu organisieren (*Politikimplementation*). Sie vollzieht sich entsprechend festgelegter Arbeitsabläufe, wobei die Rahmenbedingungen, Regeln und Zielvorgaben berücksichtigt werden, die durch Parlamente und politische Exekutiven gesetzt worden sind. Zweitens konkretisiert die Verwaltung im Rahmen der *delegierten (sekundären) Gesetzgebung* die durch das Parlament verabschiedeten Gesetze, indem sie z.B. Bescheide und Verordnungen erlässt (*Hoheitsverwaltung*). Eine dritte Dimension umfasst schließlich die *sachkompetente Beratung* von politischen Entscheidungen. Fachverwaltungen verfügen über eine spezielle Expertise, die temporär gewählten Politikern als Generalisten meist nicht zugänglich ist. Schließlich stellt der öffentliche Dienst die wichtigste *Schnittstelle zwischen Staat und Bürgern* dar, die in der Regel häufiger mit beispielsweise Lehrern, Angehörigen der Polizei oder der Arbeitsämter in Kontakt treten als mit ihren gewählten Repräsentanten. Daraus folgt zum einen, dass letztlich auf den unteren Ebenen des Staates bestimmt wird, was Gesetze und andere politische Entscheidungen in der Realität tatsächlich bedeuten. Zum anderen entsteht hier auch das Bild, das sich der Bürger vom Staat bzw. der Regierung macht. Offensichtlich ist, dass bei all diesen Aktivitäten der öffentlichen Verwaltung beträchtliche Handlungsspielräume zur Verfügung stehen, die den politischen Prozess zu einem erheblichen Teil prägen kann.

Eine eindeutige Begriffsdefinition für die *öffentliche Verwaltung* (*öffentlicher Dienst, public administration, public service*) gibt es nicht. Häufig wird sie organisationsrechtlich als öffentlich-rechtliche (nicht aber privatrechtliche) Institution beschrieben oder aber funktional als Institution, die öffentliche (nicht aber private) Aufgaben erfüllt. Damit sind Aufgaben gemeint, die privaten Produzenten entweder nicht überlassen werden können, weil der Markt die nötigen Leistungen, z.B. Rechtssicherheit oder Hochwasserschutz, nicht oder nur unbefriedigend erbringt. Die Erfüllung anderer Aufgaben, wie etwa die Organisation der Kinderbetreuung und der Altersvorsorge, soll dem Markt aus politischen Gründen nicht oder nur partiell überlassen werden, etwa um (soziale) Ungleichheit auszugleichen, die als ungerecht empfunden wird. In der Realität erweist es sich jedoch, dass häufig auch privatrechtliche oder gemeinnützige Organisationen solche öffentlichen Aufgaben erfüllen, so etwa im Bereich der Bildung und sozialen Wohlfahrt, und dass staatliche Organisationen als Marktteilnehmer auftreten, wie etwa als Miteigentümer von Unternehmen des öffentlichen Nahverkehrs oder von Energieversorgungsunternehmen. Weitere begriffliche Unterscheidungen betreffen Handlungsformen der Verwaltung: Mit der *Leistungsverwaltung* wird die Erbringung von Leistungen gegenüber dem Bürger bezeichnet, sei es die Zahlung etwa von Beihilfen zum Lebensunterhalt oder der Unterhalt von Museen. Die *Eingriffsverwaltung* hingegen umfasst Handlungen, die in das Recht des Bürgers eingreifen, nach seinem Belieben zu handeln oder nicht zu handeln, insbesondere zum Zwecke der Gefahrenabwehr.

Um die überholte Trennung von Politik und Verwaltung aufzuheben, wird heute oft die Bezeichnung *politisch-administratives System* verwendet, die das Regierungssystem im engeren Sinne und die gesamte öffentliche Verwaltung einschliesst. Es handelt sich dabei allerdings um eine Metapher, welche Größe und Vielfalt der Verwaltung nicht angemessen erfassen kann. Sie ist territorial und funktional so stark ausdifferenziert, dass ihr Kooperationsbedarf die Kapazitäten des politischen Systems zunehmend übersteigt. Die Vorstellung einer einfachen politischen Steuerung wird dadurch ebenso gesprengt wie die einer einheitlichen öffentlichen Verwaltung als hierarchisch organisierter Pyramide. Empfohlen wird deshalb mitunter, nicht mehr vom „öffentlichen Dienst" bzw. der „öffentlichen Verwaltung" zu sprechen: Mit der Bezeichnung *öffentlicher Sektor* ließe sich das Bild eines vielfältig nach innen und außen verknüpften und sich weitgehend selbst tragenden Netzes leichter verbinden.

8.2.2 Die Logik der Verwaltung

Der klassische Ansatz der Verwaltungstheorie, der von einer klaren Trennung zwischen Verwaltung und Politik ausgeht, beruht auf Max Webers Idealtypus (> Kap. 1.3.2) der *rational-legalen Bürokratie*. Bürokratien zeichnen sich ihm zufolge durch hauptamtliche Fachbeamte (Trennung von Amt und Person und von öffentlichen und privaten Mitteln), die Einstellung und Beförderung nach Leistung (Professionalisierung), Arbeitsteilung und Spezialisierung, die Über- und Unterordnung im Rahmen der Autoritätshierarchie mit Dienstweg sowie die Regelgebundenheit ihrer Verfahren und ihre Aktenmäßigkeit (schriftliche Dokumentation ihrer Aktivitäten) aus. Verwaltungshandeln legitimiert sich durch seine Rationalität, die auf der routinehaften Anwendung von Regeln auf die jeweils entsprechenden Fälle beruht und Berechenbarkeit bei Gleichbehandlung aller Bürger schafft. Die Verwaltung wird ausschließlich hierarchisch – über Gesetze und den Haushalt bzw. durch Weisungen der politischen Führung, die in diesem Rahmen gegeben werden – gesteuert. Alle Zielsetzungen und Präferenzen der Verwaltung werden also extern definiert, durch Berufspolitiker, die nicht nur „für", sondern auch „von" der Politik leben. Fachbeamte und Politiker als Generalisten stehen also in einem klaren Subordinationsverhältnis und brauchen sich gegenseitig.

Weber sah in der idealtypischen Bürokratie die moderne, weil am meisten rational organisierte Form von Herrschaft. Anhand des Modells lassen sich aber auch einige Schwächen von Bürokratien erkennen: Zum einen läuft die mechanische Regelbefolgung Gefahr, inadäquate Lösungen für Probleme zu bieten, die neu oder anders sind als vorgesehen. In solchen Fällen droht Verselbstständigung und Ineffizienz der Verwaltung. Zum anderen ist die Überpersönlichkeit bürokratischer Hierarchien wenig realistisch. Auch hier existieren informelle Routinen und persönliche Loyalitäten, die sowohl Einfluss auf die interne Funktionsweise von Administrationen haben als auch auf die Beziehungen zwischen ihr und dem Bürger sowie der politischen Exekutive. Verwaltungen stehen daher häufig unter dem Verdacht,

8.2 Regierung und Verwaltung

durch klientelistische und korrupte Praktiken geprägt zu sein (> Kap. 4.3.3).

Alternativen zu Webers Bürokratietheorie bieten ökonomische Theorien. Sie erklären Verwaltungshandeln ausgehend von Vorstellungen einer (begrenzten) Rationalität (> Kap. 1.2.3), die eigeninteressiertes Handeln impliziert. Darüber hinaus unterstellen sie Informationsasymmetrie zwischen den beteiligten Akteuren. Das früheste Modell innerhalb des *Rational-Choice*-Ansatzes, das von William Niskanen (1971) formuliert wurde, entwirft den Typus des *budgetmaximierenden Bürokraten*: Ebenso wie Unternehmen bestrebt sind, möglichst hohe Gewinne zu erwirtschaften, versucht das Personal von Verwaltungen demnach, das seinen Organisationseinheiten zur Verfügung stehende Budget (Finanzen, Sachmittel und Zeit) zu maximieren. Dabei nutzt es Informationsdefizite bei seinen politischen Auftraggebern über das wahre Ausmaß der benötigten Mittel. Neuere Varianten dieses Ansatzes unterstellen eine größere Diversität bei den Motiven für das optimierende Handeln von Bürokraten. Sie mögen demzufolge weniger ihr Gesamtbudget maximieren als jenen Teil davon, über dessen Verfügung sie unmittelbar selbst entscheiden. Außerdem wäre es denkbar, dass sie den intellektuellen Anspruch ihrer Tätigkeit sowie ihre Handlungsspielräume vergrößern wollen. Damit wird konzeptionell fassbar, warum Angehörige des öffentlichen Dienstes auch als genuin politische Akteure handeln können.

Neoinstitutionalistische Ansätze erweitern solche Vorstellungen von rational handelnden Bürokraten durch die Modellierung der handlungsermöglichenden, -beschränkenden oder -verhindernden Eigenschaften von Institutionen (*constraints* > Kap. 1.2.2). Dabei werden die Beziehungen zwischen Mitarbeitern von Bürokratien oder Ausführungs- und Regulierungsbehörden mit ihren politischen Vorgesetzten analysiert. Im Mittelpunkt der Anwendung der *Prinzipal-Agent-Theorie* (> Kap. 2.1.2) auf die Verwaltung steht die Frage, wie ein mit der Erfüllung öffentlicher Aufgaben betrauter Akteur (Agent) erfolgreich an die Erfüllung politischer Weisungen durch seinen Auftraggeber (Prinzipal) gebunden werden kann. Ein solcher Agent verfügt nicht nur aufgrund seines positionsbedingten Informationsvorsprungs über erhebliche Spielräume selbstständigen und eigennützigen Handelns. In der politischen Realität werden diese darüber hinaus häufig noch erweitert, weil – etwa aufgrund von Regierungskoalitionen oder aber langfristiger institutioneller Gegebenheiten wie Zweikammersystemen – Konstellationen anzutreffen sind, in denen der

Agent sich auf mehrere Prinzipale beziehen muss. Deren widerstreitende politische Interessen eröffnen einen Freiraum, in dem Bürokratien von politischen Vorgaben abweichen und eigene Interessen verfolgen können, ohne dafür von ihren Auftraggebern sanktioniert zu werden.

> **Die Macht der EU-Bürokratie**
> Europaweite Schlagzeilen verursachte im Herbst 2006 der deutsche EU-Kommissar für Unternehmen und Industrie, Günter Verheugen, mit seiner Kritik am Brüsseler Beamtenapparat, den er als „Notschrei an die Öffentlichkeit" bezeichnete. Die auf Dauer etablierten EU-Spitzenbeamten führten einen „ständigen Machtkampf" gegen die EU-Kommission, also die politische Exekutive der EU. Deren (gegenwärtig 27) Mitglieder werden von den nationalen Regierungen entsandt, ihre Ernennung erfolgt mit Zustimmung des Europäischen Parlaments. „Mancher denkt sich doch: Der Kommissar ist nach fünf Jahren wieder weg, ist also nur ein zeitweiliger Hausbesetzer", so Verheugen. Die Beamten in den rund drei Dutzend Generaldirektionen, d.h. den Verwaltungsabteilungen der Brüsseler Behörde, machten wichtige Fragen oft unter sich aus und träten mitunter gegenüber den Mitgliedstaaten oder dem Parlament mit persönlichen Sichtweisen auf, die sie fälschlicherweise als Haltung der Kommission darstellten. Der medienwirksame Auftritt des EU-Kommissars liefert damit nicht nur eine Illustration für die These der Politisierung öffentlicher Bürokratien und ihrer Bedeutung als unmittelbar politische Akteure, sondern auch für die Überlegenheit von Fachbürokraten gegenüber Politikern als „funktional dilettantischen" Prinzipalen, die überdies den Abstimmungsregeln eines kollektiven Entscheidungsgremiums unterworfen sind.

Die empirische Forschung bestätigt, dass Verwaltungen eine entscheidende Rolle bei der Politikformulierung spielen („Verwaltungsdominanz", „exekutive Führerschaft"), nur unvollständig durch Gesetze kontrolliert werden können und über erhebliche politische Handlungsspielräume verfügen. Ihre Entscheidungsprämissen werden nicht allein durch externe demokratisch legitimierte Akteure formuliert, sondern auch im Ergebnis von Beziehungen zu Interessengruppen und individuellen Klienten sowie durch die Verwaltungen

8.2 Regierung und Verwaltung

selbst („administrative Interessenvermittlung"). Die Politikdurchführung schließlich erweist sich als eigenständiger politischer Prozess, in dem weniger Anweisungen durch Politiker erteilt werden als Verhandlungen stattfinden („kooperativer Staat").

Darüber hinaus belegen international vergleichende Untersuchungen, dass Angehörige der Ministerialbürokratien in westlichen Ländern sich üblicherweise sowohl in der Rolle des klassischen als auch des politischen Beamten sehen. Im erstgenannten Sinne verstehen sie sich als Sachwalter des öffentlichen Interesses, die sich um die Schaffung von Standards für technische Praktikabilität, Recht und Gerechtigkeit bemühen und eine sachadäquate Problemlösung anstreben. Die damit verbundene Distanz zu Institutionen der politischen Macht wird überlagert durch das zweite, politisierte Rollenverständnis. Demzufolge erscheint es als legitim, politischen Einfluss auf Entscheidungsprozesse zu nehmen und Kompromisse auch jenseits von Sachzwängen einzugehen, gegebenenfalls auch, sich parteipolitisch festzulegen. Neuere Untersuchungen konstatieren eine zunehmende Politisierung der öffentlichen Verwaltung. Dies betrifft sowohl die *Parteipolitisierung* als auch die *funktionale Politisierung*, mit der eine erhöhte Sensibilität für Erwägungen der politischen Machbarkeit gemeint ist. Sie besteht in einer Art Selbstkontrolle der Spitzenbeamten von Ministerialbürokratien, die Reaktionen von Parlament und Regierung auf ihre Politikvorschläge und Gesetzesentwürfe antizipieren und ihr Verhalten entsprechend strategisch ausrichten.

Die Aufgaben, Struktur und Größe nationaler öffentlicher Dienste (*civil service systems*) unterscheiden sich im internationalen und zeitlichen Vergleich zum Teil erheblich voneinander. In Demokratien stehen an der Spitze der Verwaltungshierarchie in der Regel gewählte Politiker, welche die politische Verantwortung tragen oder ernannte Beamte, die einem solchen Politiker rechenschaftspflichtig sind. In den höchsten Ebenen gibt es neben ständigem Personal, von denen unparteiliche Sachkompetenz erwartet wird, in einigen Ländern auch die Kategorie der „Politischen Beamten", z.B. Staatssekretäre und Ministerialdirektoren. Sie werden bei einem Regierungswechsel ausgetauscht, da sie parteipolitisch loyal sein sollen. Am stärksten politisiert ist die US-amerikanische Bürokratie. Wenn ein neuer Präsident sein Amt antritt, werden ca. 3000 höherrangige Positionen neu besetzt. Oft gibt es in Ministerial- und anderen Verwaltungen auch weitere Führungspositionen, die parteipolitisch, gegebenenfalls auch nach parteipolitischem Proporz, besetzt werden.

Nationale Verwaltungskulturen
Öffentliche Dienste sind tief in nationale politik- und verwaltungskulturelle Traditionen eingebettet. Die angelsächsischen Verwaltungen knüpfen an die *Civic-Culture*-Tradition (> Kap. 3.1.1) an, die Staat und Gesellschaft als weitgehend autonom konzipiert und starke bürgerlich-kulturelle sowie individualistische Orientierungen aufweist. Die Rechtstradition des *common law* (> Kap. 6.1) hat die Ausformung eines eigenständigen Verwaltungsrechts und eines entsprechenden öffentlichen Dienstrechts hier weitgehend verhindert. Der Verwaltungsstil ist „generalistisch" bzw. – so Kritiker – „dilettantisch": Öffentliche Bedienstete müssen weniger über spezielle Fachexpertise verfügen als über allgemeine administrative und Managerfähigkeiten.

Die ausgeprägteste Alternative zu diesem Typus findet sich in der technokratischen Verwaltungskultur Frankreichs. Ebenso wie das deutsche System wurzelt das französische im Rechtsstaatsprinzip und im regelgesteuerten hierarchischen Verwaltungsmodell. Noch stärker als in Deutschland ist die Administration durch ihre Verwaltungseliten gekennzeichnet, die in den *Grandes Écoles*, einem speziellen Segment der Hochschulbildung, sozialisiert und trainiert werden. Für die Elitenrekrutierung in der Verwaltung, aber auch in Politik und Wirtschaft nehmen sie nahezu eine Monopolstellung ein. Ihre Absolventen sind Mitglieder von 21 *Grand Corps*, unter denen sechs zu den Spitzenkorps gehören, aus denen sich die hohe Ministerialbürokratie und das leitende Personal der präsidentiellen und ministeriellen Mitarbeiterstäbe rekrutiert. Die zentrale Ausbildungsstätte der administrativen Korps ist die *École Nationale d'Administration* (ENA), in die jährlich etwa 100 Studenten aufgenommen werden, die zur Hälfte über einen ersten Hochschulabschluss verfügen und zur anderen Hälfte aus dem öffentlichen Dienst kommen. Im Ergebnis dieses Systems reproduziert sich die französische Elite vor allem aus sich selbst heraus und ist nach außen relativ geschlossen. Die formale Zugehörigkeit zu den *Grand Corps* ist die wichtigste Karrierevoraussetzung im öffentlichen Dienst.

8.3 Policy-Making als Prozess

8.3.1 Prozessmodelle von Politik

Der Ablauf politischer Entscheidungsprozesse, die Interaktionen der beteiligten Akteure sowie Inhalt und Wirkungen von Entscheidungen werden durch den jüngeren politikwissenschaftlichen Teilbereich der *Policy Analysis* (*Politikfeldanalyse*) untersucht, die sich – wo sie komparativ vorgeht – auch innerhalb der Vergleichenden Politikwissenschaft etabliert hat (*Comparative Public Policy*). Gegenstand der Politikfeldanalyse ist also die inhaltliche Dimension von Politik (*policy* > Kap. 1.2.1), d.h. Gesetze, Verordnungen, Programme oder Einzelentscheidungen sowie Überzeugungs- und Koordinationsleistungen des politischen Systems. Politik kann dabei einerseits strukturell ausdifferenziert werden, indem verschiedene Komponenten und Beziehungstypen in einem Politikbereich oder –feld analysiert werden (z.B. Netzwerke). Politik kann andererseits auch prozessual als *policy-making* verstanden werden, was die (frühe systemtheoretische) Fokussierung auf Inputs ebenso überwindet wie die (ältere verwaltungswissenschaftliche) Abgrenzung der politischen Entscheidungs- von den administrativen Vollzugssystemen und die Zerlegung des politischen Prozesses in Phasen nahelegt.

> **Begriff: Policy Analysis**
> „Policy Analysis is what governments do, why they do it, and what differences it makes." (Thomas R. Dye 1976: 3)

Ausgehend von der systemtheoretischen Vorstellung (> Kap. 1.1.2) erscheint Politik als Problemverarbeitungsprozess. In seinem Verlauf werden funktionale Erfordernisse der Systemreproduktion erfüllt. Die politische Entscheidungsproduktion lässt sich in separate Abschnitte zerlegen, die jeweils bestimmte Ergebnisse hervorbringen.

Die Phasen des *policy-making* können als logisch und zeitlich aufeinanderfolgend verstanden werden. Sie bilden Elemente eines *Politikzyklus* (*policy cycle*), der an seinem Ende in einen neuen Kreislauf mündet. In jeder Phase spielen öffentliche Verwaltungen bzw. generell öffentliche Organisationen eine entscheidende Rolle:

- *Problemwahrnehmung und –formulierung* (*Agendasetzen, agendasetting*): Damit sie politikrelevant werden, müssen gesellschaftliche Phänomene (*issues*) zunächst von Akteuren des politischen Systems als „Problem" wahrgenommen werden. Das bedeutet einerseits, dass es als nicht (mehr) hinnehmbar angesehen wird, so dass eine Änderung des Status quo erforderlich ist. Andererseits wird es als politisch lösbar definiert, erscheint also nicht einfach als technische oder wissenschaftliche Frage. Das betreffende Problem, seine Deutung und die Forderung nach Veränderung müssen auf die politische Tagesordnung gelangen, worum eventuell heftige Auseinandersetzungen geführt werden. Die Kontrolle der politischen Tagesordnung ist eine der wichtigsten Quellen politischer Macht. Das bezieht sich sowohl auf die Themen, die von den Medien im öffentlichen Diskurs gesetzt werden (*public agenda* > Kap. 4.1.3) als auch auf die Themenliste des Parlaments und der Regierung (*formal agenda*). Welche Themen auf die Agenda gelangen, ist raum- und zeitabhängig.

Agenda-Setting und Politikformulierung

Seit Mitte der 1970er Jahre entstanden in vielen westlichen Ländern zunächst lokale Nichtraucher-Initiativen, die sich später zu nationalen Dachverbänden zusammenschlossen. International geriet der Nichtraucherschutz an öffentlich zugänglichen Orten seit Mitte der 1990er Jahre auf die politische Tagesordnung. Das erste europäische Land, das ein vollständiges Verbot für das Rauchen am Arbeitsplatz einschließlich öffentlicher Gaststätten verabschiedete, war Irland (29. März 2004). Während die US-amerikanischen Bundesstaaten diese Frage eigenständig und unterschiedlich regulieren, ist ein solches Vorgehen in Deutschland umstritten – ein Hinweis auf die unterschiedlichen Föderalismustypen beider Länder (> Kap. 7.2.1).

Dieses Thema stand übrigens schon häufiger auf der politischen Agenda. So verhängte Papst Urban VII. das erste bekannt gewordene Rauchverbot im Jahre 1570 für Kirchen. Für den gesamten öffentlichen Dienst wurde es weltweit erstmals 1941 in Deutschland angeordnet, wo es bis 1945 galt. Lokal begrenzte Rauchverbote galten aber auch in den Schützengräben des Ersten Weltkriegs. Im frühen 19. Jahrhundert war das Rauchen beispielsweise im Berliner Tiergarten sowie auf Münchens Straßen und Plätzen untersagt. Die Berliner übrigens erkämpften die lange geforderte Rauchfreiheit erst mit der Märzrevolution von 1848 – den Münchnern hingegen fiel sie schon im Sommer 1847 zu: Das Thema Rauchverbot war zur Machtprobe zwischen den bayerischen Ministern und Ludwig I.

8.3 Policy-Making als Prozess

> geworden, weil dessen umstrittene Geliebte Lola Montez, angeblich durch Frauenrechtlerinnen inspiriert, öffentlich und demonstrativ rauchte. (Ludwig I. konnte sich freilich nur kurzfristig durchsetzen. Nach Massenprotesten, die sowohl seiner Politik als auch seiner Geliebten gegolten hatten, dankte er im März 1848 ab.)

- *Politikformulierung und Entscheidung (policy formation/formulation)*: Politische Ziele und alternative Handlungsvorschläge werden erarbeitet und schließlich über den institutionell vorgesehenen Weg in politische Outputs transformiert. Dabei handelt es sich meist um mehrstufige, längere Entscheidungsprozesse, die durch Konflikte, Allianzen und Aushandlungen geprägt sind. An seinem Ende stehen politische Entscheidungen (*decisions*), z.B. in Form von Gesetzen, mitunter aber auch Nicht-Entscheidungen (*non-decisions*), die ebenfalls weitreichende Folgen haben können.
- *Politikdurchführung (implementation)*: Die endgültige Entscheidung, z.B. ein Gesetz, wird in der gesellschaftlichen Praxis umgesetzt und vollzogen. Diese Phase ist besonders bedeutungsvoll. Programme und deren Intentionen können hier verzögert, umgewandelt oder vereitelt werden. Im Rahmen der Implementation werden die beschlossenen Programme konkretisiert und interpretiert, Ressourcen bereitgestellt und Einzelfallentscheidungen getroffen.
- *Policy-Evaluierung*: Die Ergebnisse der Entscheidungen werden hinsichtlich ihrer direkten Wirkungen (*impact*) und indirekten Auswirkungen (*outcome*) analysiert, bewertet und mit den beabsichtigten Wirkungen verglichen. Die Evaluierung kann wissenschaftlich, administrativ durch die Verwaltung oder politisch durch genuin politische Akteure, darunter die Öffentlichkeit, erfolgen. Aufgrund interessengefärbter Interpretationen, aber auch unklarer Zielvorgaben unterscheiden sich die Bewertungen und die Formen politischen Lernens häufig.
- *Politikterminierung oder -neuformulierung*: Durch die Rückkopplung zwischen den Akteuren der politischen Entscheidungsfindung und den erzielten Wirkungen wird ein *policy*-Zyklus abgeschlossen und gegebenenfalls ein neuer Zyklus in Gang gesetzt, der z.B. unerwünschte Folgeprobleme beheben soll.

Zahlreiche empirische Untersuchungen, die sich am Modell des Politikzyklus orientieren, haben zu einem besseren Verständnis von

Prozessen der politischen Problembearbeitung beigetragen. Es bietet einen nützlichen heuristischen Rahmen, also ein konzeptionelles Werkzeug, mit dem sich die Interaktionen der Akteure und ihre (Zwischen-)Ergebnisse ordnen und analysieren lassen. Allerdings sind die Phasen des Zyklus in der politischen Praxis meist nicht eindeutig voneinander getrennt, sondern überlappen und durchdringen sich häufig. In konzeptioneller Hinsicht ergibt der *policy cycle* kein klares Kausalmodell, weil die Übergänge zwischen den einzelnen Zeitabschnitten nur analytisch behauptet, nicht aber erklärt werden können. Der Bedarf an einer Theorie des politischen Entscheidungsprozesses bleibt also ungedeckt. Immanent liegt dem Modell zudem eine Gesetzgeberperspektive zugrunde, die Politik als hierarchische Steuerung durch übergeordnete Instanzen konzipiert, was als überholt gilt. Eine Reihe von Forschungsprojekten hat gezeigt, dass die Struktur des *policy-making* in den einzelnen Ländern unterschiedlich sein kann. Öffentliche Probleme, die in einem Land staatlich und durch Steuerung von oben bearbeitet werden, unterliegen anderenorts unter Umständen einer netzwerkförmigen Selbstregulierung. In konzeptioneller Hinsicht schließen diese Erkenntnisse an die *governance*-Forschung (> Kap. 8.3.3) an.

8.3.2 Politik als Folge der Entscheidungen lernfähiger Akteure

Das Phasenmodell bietet darüber hinaus keine Instrumente, um zwischen ziel- bzw. umsetzungsorientierten Aktivitäten und symbolischen oder rituellen Handlungen zu unterscheiden. Letztere zielen nicht auf Problemlösung, sondern auf Handlungsfähigkeit und Machterhalt – ein normales Element von Politik. Auch die Bedeutung von Ideen, Wissen, Informationen und Lernen wird ignoriert, zumindest wenn es jenseits der Evaluierungsphase stattfindet. Insgesamt werden damit also die handelnden Akteure zu wenig berücksichtigt, was eine generelle Schwäche systemtheoretisch informierter Modelle darstellt.

Neuere Ansätze zielen darauf, diesen Mangel zu überwinden. Aus der Perspektive des methodologischen Individualismus (> Kap. 1.2.3) führen sie alle gesellschaftlichen Phänomene auf Entscheidungen von Akteuren zurück, die aktiv in Politikprozesse involviert sind bzw. sein könnten, weil sie von einem politischen Programm betroffen sind (*latente Akteure*). Dazu zählen staatliche Organisationen ebenso wie Verbände, Bürgerinitiativen, Wissenschaftler

8.3 Policy-Making als Prozess

oder Journalisten. Unter einer Reihe von Modellen, die hier ansetzen, um *policy*-Wandel zu erklären, sei das *Advocacy Coalition Framework* (*ACF*) von Paul Sabatier (Sabatier/Jenkins 1999) erwähnt.

Sabatier geht davon aus, dass sich Akteure mit übereinstimmenden Wertvorstellungen, Kausalannahmen und Problemwahrnehmungen zusammenschließen, um politische Ziele zu verfolgen. Das Schlüsselkonzept dafür ist das *belief system*, ein mehrschichtiges System verallgemeinerter, miteinander verbundener Überzeugungen und Einstellungen. Der allgemeine Kern (*deep core*) eines solchern *belief system* enthält grundlegende normative Überzeugungen, gesellschaftliche Werthaltungen und Identitätsbezüge, beispielsweise Bewertungen über die Bedeutung von individueller Freiheit im Spannungsverhältnis zu sozialer Gerechtigkeit. Er lässt sich nur schwer verändern. Eine mittlere Schicht des *belief system* bezieht sich auf das konkrete Politikfeld. Dieser *policy*-Kern (*policy core*) besteht aus Vorstellungen über *policy*-Positionen und Strategien, mit denen jene Wertvorstellungen umgesetzt werden können, die Akteure mit den wahrgenommenen Problemen verbinden. Auf der untersten Ebene schließlich sind relativ wandelbare sekundäre Aspekte zu finden. Sie beinhalten instrumentelle Entscheidungen und die Suche nach Informationen, welche benötigt werden, um die Inhalte des *policy*-Kerns zu implementieren. Mit dem Konzept des *belief system* gelingt es, eine Verbindung zwischen allgemeinen, nicht politikfeldspezifischen Handlungsorientierungen von Akteuren und ihren konkreten Vorstellungen und Strategien der Problemlösung in bestimmten Politikbereichen herzustellen.

Innerhalb von *policy-Subsystemen*, die das Set aller politikfeldrelevanten (aktiven und latenten) Akteure umfassen, können „Programmkoalitionen" (*advocacy coalitions*) entstehen. Diejenigen individuellen und kollektiven bzw. korporativen Akteure (> Kap. 1.2.3), die den *policy*-Kern eines bestimmten Überzeugungssystems teilen, gehen längerfristige, koordinierte Bündnisse ein – unter Umständen auch dann, wenn sie in grundlegenden allgemeinen Werteinstellungen voneinander abweichen. Sie prägen die Dynamik von *policy*-Subsystemen. Es wird angenommen, dass alle Akteure sich entweder tendenziell solchen Koalitionen anschließen oder das Subsystem verlassen. In der Regel bilden sich ein bis vier Koalitionen, was das politikfeldspezifische Konfliktniveau prägt. Zwischen ihnen vermitteln *policy-Broker*, etwa hohe Beamte, Gerichte oder Regierungschefs, die Gesamtinteressen vertreten, z.B. die Beilegung von Konflikten anstreben.

Wie kommt es zu *policy*-Wandel im jeweiligen Politikfeld? Sabatier zufolge hat das zwei Ursachen: Einerseits können Veränderungen in den Wertvorstellungen der Koalitionsmitglieder infolge von *policy*-orientiertem Lernen Umbrüche hervorrufen. Neue Erfahrungen führen gegebenenfalls dazu, dass Strategien geändert werden; neue Koalitionsmitglieder können andere Sichtweisen einbringen, alte Mitglieder die Koalition verlassen usw. Andererseits führen externe Ereignisse, wie Veränderungen der Konjunktur oder Regierungswechsel, zu Politikfeldwandel. Das Veränderungspotential des *policy*-orientierten Lernens ist in der Regel eher gering, weil die Koalitionsbildung auch der gegenseitigen Bestärkung der Akteure in den von ihnen verfolgten Zielen dient. Unter bestimmten institutionellen Rahmenbedingungen der Konfliktaustragung und bei bestimmten Konfliktgegenständen kann sich dies jedoch ändern. Wenn sich die konkurrierenden Akteure auf übergeordnete Ziele einigen und in einem gemeinsamen Forum kommunizieren, an dem sich führende Repräsentanten beider Seiten beteiligen, ist Veränderungslernen möglich.

8.3.3 Regieren: government und governance

Allen neueren Ansätzen der *policy*-Forschung ist gemeinsam, dass sie die traditionelle Vorstellung von der Regierung (*government*) als des zentralen Orts der politischen Entscheidungsformulierung überwinden. Das moderne Verständnis des Regierens geht weit über die Vorstellung der Setzung und Durchsetzung verbindlichen Rechts im Ergebnis formaler Entscheidungsprozesse zwischen und innerhalb der Verfassungsinstitutionen hinaus. Neben staatlichen und quasi-staatlichen Akteuren sind zahlreiche und vielfältige private Akteure an Prozessen der politischen Entscheidungsfindung und -umsetzung beteiligt. Zur Beschreibung der komplexen Akteurskonstellationen, die dabei entstehen, sind in der Forschung unterschiedliche Begriffe und Konzepte entwickelt worden, die insbesondere auf deren Netzwerkcharakter fokussiert sind.

Regieren in modernen Gesellschaften bedeutet weiterhin, dass Steuerungsinstrumente an Bedeutung gewinnen, die nicht rechtsförmig sind. Neben Gesetzen, Verordnungen u.a. sind es gemeinsame Problemdeutungen, informelle Kommunikationsprozesse und Vereinbarungen, die Akteure zu koordiniertem Handeln bewe-

8.3 Policy-Making als Prozess

gen. Schließlich vollzieht sich modernes Regieren oft auf unterschiedlichen, miteinander verschränkten Ebenen und überschreitet dabei die Grenzen des traditionellen Nationalstaates (> Kap. 7.2.3).

Die Komplexität des Regierens begrifflich präzise abzubilden, ist schwierig. In Abgrenzung zu *government* hat sich in der aktuellen politikwissenschaftlichen Diskussion der Terminus *governance* etabliert. Er bezeichnet ein strukturanalytisches Konzept, das die strukturierte Interaktion vernetzter *policy*-Akteure erfasst. Im Kern bedeutet *governance*, so Arthur Benz (2004), ein „Regieren", das Interdependenzen von (kollektiven) Akteuren steuert und koordiniert. Es beruht auf institutionalisierten Regelsystemen, die meist einen Mix aus marktförmigen, hierarchischen und netzwerkförmigen Steuerungsprinzipien darstellen, also formaler und informeller Natur sein können. Entsprechend schließt *governance* auch die Interaktionsmuster des Handelns der beteiligten Akteure ein, also Netzwerke, Koalitionen, Vertragsbeziehungen usw. Sie überschreiten in der Regel die Grenzen von Organisationen und insbesondere die von (National-)Staat und Gesellschaft, denn Politik ist nicht auf Akteure und Prozesse im Regierungssystem beschränkt (Tab. 10).

Tabelle 10: Government und Governance

	government *Staat vs Markt/Gesellschaft*	*governance* *Staat, Markt und Netzwerke als komplementäre Steuerungsformen*
policy	• Fokussierung auf Staat • Mehrheitsdemokratie und Hierarchie als wichtigste Institutionen	• institutionelle Struktur, die Elemente von Hierarchie, Verhandlungssystemen und Wettbewerbsmechanismen verbindet • Netzwerke
politics	• Wettbewerb zwischen Parteien um Machterwerb und zwischen Interessengruppen um Einfluss • Konfliktregulierung durch Entscheidung der zuständigen staatlichen Organe und Durchsetzung staatlicher Entscheidungen	• Konflikte zwischen regierenden/leitenden und regierten/betroffenen Akteuren • Steuerung und Koordination im Kontext institutioneller Regelsysteme • Verhandlungen staatlicher und/oder gesellschaftlicher Akteure • Anpassung institutioneller Regelsysteme

policy	• Gesetzgebung (Ge- und Verbote) • Verteilung öffentlicher Leistungen	• Verständigung (in Netzwerken und Gemeinschaften), Kompromisse, Tauschgeschäfte • Koproduktion kollektiver Güter • Netzwerkmanagement • Institutionenpolitik (Management des institutionellen Wandels)

Quelle: Benz (2004: 21)

Governance als Konzept gehört zu einem interdisziplinären Forschungsprogramm, das die Interaktionen vernetzter Akteure beschreibt und hinsichtlich ihrer Steuerungswirkungen untersucht. Es ist mit unterschiedlichen Modellen und Theorien vereinbar. Immer wird Politik dabei als Prozess und Ergebnis von Akteursentscheidungen gedacht. Sie erscheint also als nicht vollständig durch Institutionen oder (z.B. ökonomische) Sachzwänge determiniert, wenngleich durchaus durch sie beeinflusst. In der vergleichenden Forschung zunehmende Verbreitung findet auch eine normative Verwendung des Begriffes, die „gutes Regieren" (*good governance*) umfasst. Verfassungen, die Tätigkeit von Regierungen und Verwaltungen sowie die Beziehungen zwischen Staat, Wirtschaft und Gesellschaft werden danach bewertet, ob die Kriterien der Rechtsstaatlichkeit, Partizipation, Fairness, Transparenz, Verantwortlichkeit, Effizienz u.a. erfüllt sind.

Literatur

Blondel (1995^2) entwickelt einen systematischen Überblick über die Varianz nationaler Regierungen. Anspruchsvoll und weiterführend ist *Andewegs (1997)* neuere Typologie von Kabinettregierungen, die auch *Helms (2005)* zur Interpretation der Befunde eines Vergleichs der Exekutiven in Deutschland, den USA und Großbritannien nutzt. *Poguntke/Webb (2007^2)* untersuchen anhand von Fallstudien in etablierten Demokratien das Phänomen der „Präsidentialisierung" von Politik.

Katz (1987) entwickelt ein deskriptiv-analytisches Konzept der „Parteienregierung". *Müller (2004)* gibt einen einführenden Überblick in Koalitionstheorien, das Schlüsselwerk von *Laver/Shepsle (1996)* entwickelt einen umfassenden, auf dem *Rational Choice* beruhenden institutionellen Erklärungsansatz für die Bildung und Stabilität von Koalitionen und testet ihn

8.3 Policy-Making als Prozess

empirisch. *Kropp et al. (2002)* enthält eine Reihe von Fallstudien über die Bildung und das Handeln von Koalitionsregierungen in west- und osteuropäischen Ländern und ihre vergleichende Systematisierung. *Helms (2002)* befasst sich mit der Bedeutung der politischen Opposition in westlichen Demokratien, die er theoretisch und empirisch anhand des deutschen, britischen, französischen, US-amerikanischen und schweizerischen Beispiels erschließt. *Schmidt (1996)* untersucht die Parteieneffekte auf die Staatsquote und die Sozialausgaben von westlichen Demokratien, *Muller (1989)* die Folgen der parteipolitischen Färbungen von Regierungen auf die Einkommensunterschiede in der Bevölkerung.

Lehrbücher für die Politikfeldanalyse sind *Schneider/Janning (2006)*, *Schubert/Bandelow (2003)* und *Dunn (2003³)*. *Bogumil et al. (2006)* beschäftigen sich mit aktuellen Forschungsfragen auf dem Gebiet der öffentlichen Verwaltung, darunter anhand von Ländervergleichen. *Peters/Pierre (2007)* ist ein Handbuch der öffentlichen Verwaltung, das neben systematischen und historischen Aspekten auch regionale und internationale Vergleichsstudien über Verwaltungssysteme und -reformen enthält.

Das *governance*-Konzept und damit verbundene Diskurse werden kurz und aussagekräftig in einem Zeitschriftenaufsatz von *Blumenthal (2005)* skizziert. Der Sammelband *Benz et al. (2007)* ist theoretischen und analytischen Grundlagen dieses Konzepts sowie seinen Anwendungen gewidmet, während *Benz (2004)* als Lehrbuch speziell zum Regieren in komplexen Entscheidungssystemen konzipiert ist.

9 Zusammenfassung: Demokratien im Vergleich

9.1 „Muster der Demokratie": Komplexe Institutionensysteme

9.1.1 Zwei Grundtypen moderner Demokratie und ihre Entscheidungsregeln

Die Erarbeitung von Typologien ist eine der wichtigsten Beschäftigungen vergleichender Forschung. Für eine Gesamtbewertung demokratischer Institutionensysteme werden Typologien benötigt, die ihrem komplexen Charakter gerecht werden. Sie müssen trennscharf und erschöpfend die Zuordnung aller empirischen Fälle ermöglichen und dafür möglichst wenige Kriterien benötigen (> Kap. 1.3.2). Zu den ältesten und immer wieder reformulierten Typologien der vergleichenden Politikwissenschaft gehören einerseits die der Systemtypen (> Kap. 2.2) und andererseits Systematiken der institutionellen Varianz unterhalb der Ebene des Gesamtsystems, z.b. der Arrangements der horizontalen und vertikalen Gewaltenteilung (> Kap. 7), der Interaktionsmuster von Parteien (> Kap. 4.2.4) und der Wahlsysteme (> Kap. 5.1). Der Nachteil solcher Typologien institutioneller Teilsysteme besteht darin, dass sie diese aus ihrer Einbettung in den Gesamtkontext herauslösen. Wie auch in den vorangegangenen Kapiteln immer wieder deutlich wurde, ist aber gerade das Zusammenspiel der Institutionen innerhalb einer zeitlich und räumlich konkreten Konstellation entscheidend für die Funktionsweise des Gesamtsystems, für die Wirkungen von Institutionen und damit für die Ergebnisse von Politik.

In der empirischen Demokratieforschung wurden in den letzten beiden Jahrzehnten mehrere Vorschläge erarbeitet, die es erlauben sollen, das Universum demokratischer Systeme so zu ordnen, dass die Komplexität eingebetteter politischer Systeme beachtet wird. Die gebräuchlichste neuere Typologie stammt von Arend Lijphart (1999). Aus der Beobachtung der empirischen Koinzidenz einer Reihe von Merkmalsausprägungen in 36 Ländern entwickelte er zwei Grundmuster der Demokratie (*patterns of democracy*). Die enorme Vielfalt institutioneller Arrangements bringt nach Lijpharts Auffassung zwar spezifische nationale politische Systeme hervor, lässt sich aber – auf

9.1 Muster der Demokratie

einer hohen Abstraktionsstufe – auf lediglich zwei Institutionenkombinationen reduzieren. Sie unterscheiden sich im Ausmaß der Konzentration von Entscheidungskompetenzen: In der *Mehrheitsdemokratie* (*majoritäre Demokratie, majoritarian model of democracy*) ist die Macht auf wenige Institutionen verteilt, in der *Konsensdemokratie* (*konsensuelle Demokratie, consensus model of democracy*) hingegen auf tendenziell viele. Daher sind entweder wenige oder viele politische Akteure am *policy-making* beteiligt.

Die beiden Demokratie-Typen bevorzugen unterschiedliche Grundregeln, wenn gesamtgesellschaftlich verbindliche Entscheidungen getroffen werden müssen:
- Mehrheitsdemokratien beruhen auf dem *Mehrheitsentscheid*. Eine Politikoption gilt als akzeptiert, wenn eine numerische (je nach Vereinbarung: relative, absolute oder qualifizierte) Mehrheit der beteiligten Entscheidungsberechtigten formell zustimmt.
- Konsensdemokratien setzen auf die Regel des *Konsensentscheids*. Er verlangt die Zustimmung aller Beteiligten und legitimiert sich daher insbesondere durch seine Inklusivität und Integrationskraft. Sein zentrales Merkmal sind Verhandlungen als Modus der politischen Entscheidungsfindung und Konfliktlösung. Potentiell alle Betroffenen befassen sich damit, Problemlösungen zu erzielen, die der Einstimmigkeitsregel genügen.

Wessen Interessen soll eine Regierung berücksichtigen, wenn – wie das der Normalfall in komplexen Gesellschaften ist – die Bürger nicht alle dasselbe wollen? In der Mehrheitsdemokratie lautet die Antwort auf diese Frage, dass die Regierung dem Willen der Mehrheit Folge leisten soll – denn diese, und nicht eine Minderheit, hat sie gewählt. Sie ist daher exklusiv und kompetitiv. Typisch für sie sind alternierende Regierungen innerhalb von Konstellationen, in der sich eine politik- und handlungsfähige Parlamentsmehrheit mit der aus ihr hervorgehenden Regierung und eine alternativfähige Opposition als Gegner gegenüberstehen. Die Mehrheitsdemokratie ist also von der Idee des Wettbewerbs geprägt, dessen jeweiligem (Abstimmungs-)Sieger weitgehende Handlungsautonomie gewährt wird (*winner-take-all*-Prinzip).

Die Konsensdemokratie hingegen basiert auf Kooperation und Kompromissen der Akteure. Sie folgt der Vorstellung, dass den Interessen so vieler Bürger wie nur möglich Genüge getan wird. Die Mehrheitsregel als Entscheidungsregel wird dabei keinesfalls abgelehnt. Die beteiligten Akteure sind aber bestrebt, darüber hinauszugehen. Sie zielen nicht auf die für politische Entscheidungen kleinstmögliche, sondern auf eine möglichst große Mehrheit oder sogar auf Einstimmigkeit. Deswegen enthält dieses Muster institutionelle Sicherungen für die Partizipation betroffener Akteure an politischen Entscheidungen und für ihre Zustimmung. Es handelt sich um eine *Verhandlungsdemokratie*, die durch Inklusivität, Aushandlungsprozesse und Kompromisse gekennzeichnet ist. Der Spielraum der politischen Akteure in Parlament und Exekutive ist nachhaltig durch die Aufteilung von Macht und die institutionelle Sicherung von Teilhabechancen für gegenmajoritäre Kräfte eingeschränkt.

In konsensdemokratischen Systemen wird akzeptiert, dass nicht nur Abstimmungs- und Akteursmehrheiten als politische Handlungsressource anzusehen sind, sondern auch die Verhandlungsmacht von Akteuren. Der Begriff der Verhandlungssituation wird dabei recht weit gefasst, impliziert er doch nicht nur real stattfindende Prozesse, sondern auch „virtuelle" Verhandlungen, in denen Akteure aufgrund wechselseitiger Kenntnisnahme ihrer Präferenzen und deren (vorausschauender) Berücksichtigung politische Programme und Entscheidungen formulieren. Diese Konsensorientierung soll verhindern, dass Minderheiten die Kosten der für die Mehrheit vorteilhaften Entscheidungen tragen müssen. Dies könnte dann eine Legitimitätsbedrohung für das politische System darstellen, wenn es sich um Minderheiten handelt, deren strukturell verfestigte (ethnische, religiöse o.ä.) Eigenheiten sich nicht in politische Programme übersetzen lassen, welche eine begründete Aussicht auf Mehrheitsfähigkeit haben (> Kap. 9.3.2).

Das grundsätzliche Problem, wie das Spannungsverhältnis zwischen Legitimität und Effektivität von demokratischer Politik bearbeitet werden soll und wie Responsivität und Rechenschaftspflichtigkeit der Regierenden gegenüber den Regierten gewährleistet werden kann (> Kap. 2.1.2), wird in den beiden Grundtypen der Demokratie also entsprechend zweier alternativer Logiken bearbeitet. Dies lässt sich im Gesamtsystem ebenso wie in seinen Teilsystemen verfolgen.

9.1.2 Mehrheits- und Konsensdemokratie im Vergleich

Die beiden Grundtypen der Demokratie lassen sich laut Lijphart in zwei Dimensionen mit je fünf Kriterien operationalisieren: Die erste Dimension erfasst Merkmale des Machtwettbewerbs innerhalb des horizontalen Kernbereichs des politischen Systems (*Exekutive-Parteien-Dimension, EP-Dimension*) und berücksichtigt die Zusammensetzung von Regierungen, die Machtbalance zwischen Exekutive und

Legislative, die effektive Anzahl von Parteien, Disproportionseffekte des Wahlsystems und das Interessenvermittlungssystem. Mit der zweiten Dimension wird die Machtkonzentration in der Vertikale (*Föderalismus-Unitarismus-Dimension, FU-Dimension*) gemessen. Sie umfasst den Grad an Föderalismus und Dezentralisierung, die Konzentration der Macht in der Legislative anhand der Zahl ihrer Kammern, die Hürden für Verfassungsänderungen und die verfassungsgerichtliche Überprüfbarkeit von Gesetzen sowie die Unabhängigkeit der Zentralbank.

Exkurs: Zentralbanken

Wenn Zentralbanken unabhängig sind, kann die im Umlauf befindliche Geldmenge nicht von Politikern bestimmt werden, die Anreize dafür hätten, sie zu vergrößern, um Staatsausgaben zu finanzieren und die Konjunktur aus politischen Gründen anzukurbeln. Demokratietheoretisch problematisch ist allerdings, dass die Steuerung der Geldversorgung einer Gesellschaft dadurch nicht von Akteuren kontrolliert wird, die durch Wahlen legitimiert sind. Sanktionsmöglichkeiten für eine falsche oder schlechte Geldpolitik sind daher kaum vorhanden.
Die *Europäische Zentralbank* (EZB), die 1998 gegründet wurde, ist nur der Stabilität des Euro verpflichtet. Sie bestimmt die Geldpolitik im Euro-Raum unabhängig und entstand nach dem Vorbild der *Deutschen Bundesbank*, die nach dem Zweiten Weltkrieg als unabhängige Zentralbank geschaffen wurde. Die *Banque de France* erhielt 1993, die *Bank of England* 1997 den Unabhängigkeitsstatus. Auch die US-amerikanische *Federal Reserve Board* (Fed) ist regierungsunabhängig. Sie sorgt für stabiles Geld und Wirtschaftswachstum; die Kompetenz für die Wechselkurspolitik liegt allerdings bei der Bundesregierung. Eine abhängige Zentralbank ist hingegen die *Reserve Bank of India*.

Wie sich zeigt, integrieren Lijpharts zehn Kriterien (Tab. 11) wichtige Wissensbestände der Vergleichenden Politikwissenschaft, die in den Kapiteln 4 bis 8 dargestellt worden sind. Gleichzeitig werden sie auf zum Teil neue Art geordnet. So liegt etwa der Typ des Regierungssystems quer zum Demokratietyp: Das parlamentarische System Großbritanniens ist majoritär, das Deutschlands konsensuell.

Tabelle 11: Merkmale der Mehrheits- und Konsensdemokratie

Mehrheitsdemokratie *Majoritarian model of democracy*	**Konsensdemokratie** *Consensus model of democracy*
Exekutive-Parteien-Dimension	
Konzentration der Exekutivmacht bei einer Einparteien-Mehrheitsregierung	Aufteilung der Exekutivmacht auf eine Vielparteien-Koalitionsregierung
Dominanz der Exekutive über die Legislative	formelles und informelles Kräftegleichgewicht zwischen Exekutive und Legislative
Zweiparteiensystem (oder ähnlicher Typus)	Vielparteiensystem
Mehrheitswahlsystem mit disproportionaler Stimmen- und Sitzverteilung	Verhältniswahlsystem
pluralistisches Interessengruppensystem	koordiniertes, korporatistisches Interessengruppensystem
Föderalismus-Unitarismus-Dimension	
unitarischer, zentralisierter Staat	föderaler, dezentralisierter Staat
Einkammerparlament	Zweikammerparlament mit gleich starken, unterschiedlich konstituierten Kammern
mit einfachen Mehrheiten veränderbare Verfassung oder nicht-kodifizierte Verfassung	schwer und nur mit sehr großen Mehrheiten zu verändernde geschriebene Verfassung
Letztentscheidungsrecht der Legislative über die Konstitutionalität der Gesetzgebung	richterliche Überprüfung der Konstitutionalität der Gesetzgebung (durch Verfassungsgericht oder Oberstes Gericht)
von der Exekutive abhängige Zentralbank	unabhängige Zentralbank

Quelle: Schmidt (2000[3]: 339-440), Lijphart (1999: 3-4)

Die *Mehrheitsdemokratie* zeichnet sich durch einfache Entscheidungsmechanismen aus, die auf der Konstruktionsidee von Mehrheitsentscheiden aufbauen und daher die Konzentration von Macht fördern. Idealtypisch kommt der Regierung hier größeres institutionelles Gewicht zu als dem Parlament. Es handelt sich um eine Einparteienregierung, die nicht auf Koalitionspartner angewiesen ist, was auch damit zusammenhängt, dass das nationale Parteiensystem aus lediglich zwei Parteien besteht. Sie profitieren alternierend vom Mehrheitswahlsystem, das stets eindeutige Wahlsieger hervorbringt. Die ausgeprägte Wettbewerbsorientierung der politischen Akteure in diesem Modell spiegelt sich auch in einem pluralistischen Interessenvermittlungssystem wider. Die Machtkonzentration bei der Exekutive wird institutionell durch einen unitarischen und zentralisierten Staatsaufbau sowie die politische Abhängigkeit der Zentralbank gestützt. Im Parlament ist die Macht ebenfalls konzentriert. Es besteht nur aus einer einzigen Kammer, ist gegenüber der Judikative souverän und kann die Verfassung mit einfacher Mehrheit ändern. Diesem Demokratietyp am nächsten kommen Großbritannien und die von seinem Vorbild geprägten anderen „Westminster-Systeme", besonders Neuseeland (vor 1996).

Im Unterschied zur Mehrheitsdemokratie beruht die *Konsensdemokratie* auf der Herstellung von Kompromissen durch Kommunikation, Verhandlung und Tausch zwischen möglichst vielen gesellschaftlichen Interessen bzw. ihren Repräsentanten. Die politischen Kompetenzen sind hier auf unterschiedliche Institutionen verteilt. Zwischen Exekutive und Legislative herrscht eine ausgewogene Machtbalance, zudem existiert eine starke Judikative mit verfassungsgerichtlicher Kompetenz. Der Staat ist föderal und dezentralisiert. Es gibt zwei Parlamentskammern, die nicht identisch besetzt und institutionell etwa gleich stark sind. Verfassungen können nur nach Überwindung hoher Hürden geändert werden. Regierungen sind Koalitionsregierungen, deren strukturelle Grundlagen durch ein Mehrparteiensystem und die Verhältniswahl gesichert werden. Die Vielfalt gesellschaftlicher Interessen schlägt sich in Verbänden nieder, die in ein korporatistisches System integriert sind. Die Zentralbank agiert unabhängig von der Exekutive. Als bestes Beispiel für diesen Demokratietyp gilt die Schweiz, aber auch Belgien (nach seiner Föderalisierung 1993 > Kap. 7.2.1) und die Europäische Union kommen ihm sehr nahe.

9.1.3 Weitere Differenzierungen

Die Typen der Mehrheits- bzw. Konsensdemokratie sind induktive Generalisierungen (> Kap. 1.3.2), d.h. keines der realen politischen Systeme entspricht einem dieser Typen vollständig – selbst das „Westminster-Modell" ist nicht dasselbe wie das politische System Großbritanniens. In allen Demokratien finden sich Kombinationen der beiden grundsätzlichen Entscheidungsregeln. Insgesamt scheinen

Konsens- und Verhandlungslösungen für politische Konflikte und Entscheidungen zudem generell an Bedeutung zu gewinnen. Begründet wird dies mit der zunehmenden sachlichen Komplexität und dem hohen Risiko von politischen Entscheidungen in der „(Welt-)Risikogesellschaft" (Ulrich Beck) wie auch mit der immer größer werdenden Heterogenität von Gesellschaften, deren Integrationsfähigkeit womöglich wichtiger ist als die Effektivität des Regierens im engeren Sinne.

Mix der Entscheidungsregeln in der politischen Praxis

Auch in den klassischen Mehrheitsdemokratien des Westminster-Modells wird zuweilen verhandelt, so zum Beispiel zwischen der Regierung und den Gewerkschaften. In der Schweiz werden die ausgeprägten verhandlungsdemokratischen Elemente durch direktdemokratische Verfahren ergänzt, die Instrumente des Mehrheitsentscheids sind. Gerade die leichte Verfügbarkeit von Referenden stärkt die Verhandlungsdemokratie „im Schatten des Mehrheitsprinzips", weil die politischen Eliten, um Blockaden und Immobilismus zu vermeiden, sich vorab auf dem Verhandlungswege einigen, um alle referendumsfähigen Vetospieler zu integrieren. Deutschland ist laut Gerhard Lehmbruch (1998[2]) als Kombination aus einem (föderalen Zwangs-)Verhandlungssystem mit Elementen des Mehrheitssystems anzusehen, die aus dem parteipolitischen Wettbewerb resultieren. Bei dieser Konstellation ist die Gefahr von Entscheidungsblockaden besonders hoch, weil inkompatible Entscheidungslogiken aufeinandertreffen, die sich zudem nicht entschärfen lassen, weil die föderale Politikverflechtung (> Kap. 7.2) Verhandlungen erzwingt.

Lijphart stellte bei der Vermessung von 36 etablierten und jüngeren Demokratien in Europa, Lateinamerika, der Karibik, Afrika, Asien und des Pazifik überdies fest, dass die Kombination der Entscheidungsregeln systematisiert werden kann und so zu einer weniger einfachen, aber präziseren Typologie moderner Demokratien führt, die vier Merkmalskombinationen enthält: Sowohl die Exekutive-Parteien- als auch die Föderalismus-Unitarismus-Dimension des politischen Systems können für sich genommen konsensuell oder majoritär ausgeprägt sein. Eine mehrheitsdemokratische FU-Dimension kann also durchaus mit einer konsensdemokratischen EP-Dimension einhergehen und umgekehrt (Abb. 15).

9.1 Muster der Demokratie

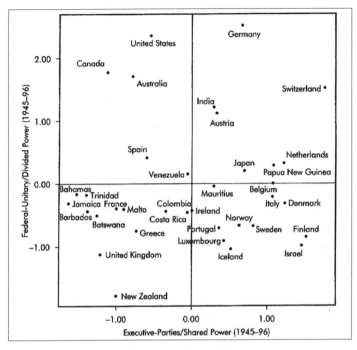

Abbildung 15: Die „Landkarte der Demokratien"

Quelle: Armingeon (2002: 151, nach Lijphart 1999)

Vier Demokratietypen

Als aussagekräftiges Beispiel für eine Konsensdemokratie in der EP-Dimension, die mit einer Mehrheitsdemokratie in der FU-Dimension kombiniert ist, gilt Israel mit seinem polarisierten Parteienpluralismus bei reinem Verhältniswahlrecht, mit häufig übergroßen Koalitionen und einem korporatistischen System der Interessenvermittlung, aber auch einer nicht-kodifizierten Verfassung und einem unikameralistischen Parlament. Zum Typus dieser *einheitsstaatlichen Konsensdemokratie* zählen auch die nordischen Staaten und die Benelux-Länder.

Kanada verkörpert den Kontrasttyp der *föderativen Mehrheitsdemokratie* am besten: Als Föderation mit einem Zweikammer-Par-

lament, einer recht starren Verfassung, Normenkontrolle und unabhängiger Zentralbank hat sein politisches System eine konsensuelle FU-Dimension. Mit überwiegend Einparteiregierungen, einem eher Zwei- als Dreiparteiensystem, dem System der relativen Mehrheitswahl und Interessengruppenpluralismus weist die EP-Dimension hingegen charakteristische Merkmale einer Mehrheitsdemokratie auf. Auch die USA sind diesem Subtyp zuzuordnen, allerdings sind die majoritären Elemente der Exekutive-Parteien-Dimension hier aufgrund des relativen Gleichgewichts zwischen Präsident und Kongress nicht sehr ausgeprägt.
Einheitsstaatliche Mehrheitsdemokratien sind z.b. Großbritannien und Neuseeland, während Deutschland und die Schweiz stark ausgeprägte *föderative Konsensdemokratien* darstellen.

Schließlich bedarf noch der Begriff der *Konkordanzdemokratie* Erwähnung, der bereits in den späten 1960er Jahren durch den deutschen Politikwissenschaftler Gerhard Lehmbruch (2003) geprägt wurde und deckungsgleich mit Lijpharts ebenfalls aus dieser Zeit stammendem Konzept der *consociational democracy* ist. Es handelt sich dabei um einen später als Untertyp der Konsensdemokratie konzeptualisierten Demokratietyp, der sich in manchen Gesellschaften mit besonders tiefen kulturell-ethnischen, religiösen u.a. Spaltungslinien (> Kap. 3.3.1) herausgebildet hat. Die Heterogenität solcher *divided societies* wird durch Entscheidungsstrukturen integriert, welche der Konsensbildung und fairen Repräsentation aller gesellschaftlichen Gruppen dienen. Politische Macht wird daher auf unterschiedliche Institutionen und Ebenen innerhalb der Exekutive verteilt (*power-sharing democracy*), z.B. in Gestalt von umfassenden Regierungskoalitionen, um die Partizipation aller Gesellschaftssegmente an der Politik sicherzustellen. In der legislativen Arena wird darauf geachtet, dass die Proportionalität der Repräsentation gewährleistet ist (*Proporzdemokratie*), z.B. durch das Verhältniswahlrecht (> Kap. 5.1.2). Auch die Vergabe öffentlicher Ämter zeichnet sich durch das Bestreben aus, die verschiedenen Gruppen angemessen zu berücksichtigen. Minderheiten werden in wichtigen Fragen nicht nur Teilhabe-, sondern auch Veto- sowie weitgehende Autonomierechte zugestanden (> Kap. 9.3.2). Statt der Mehrheitsregel dominieren hier also Proporzregeln und konsensorientierte Verhandlungen. Der Parteienwettbewerb und seine Konkurrenzlogik werden durch die ge-

genläufige Logik der kooperativen Kompromissfindung ergänzt und konterkariert. Daher finden sich hier häufig Koalitionsregierungen, die auf übergroßen Mehrheiten beruhen und alle politisch relevanten Parteien einbinden (> Kap. 8.1.2). Als Arrangements der Machtteilung innerhalb der Exekutive stellen sie freiwillige Verhandlungssysteme dar.

Korporatistische Interessengruppensysteme (> Kap. 4.3.1) ergänzen die Konkordanzdemokratie häufig. Als spezifisches Muster der Staat-Verbände-Beziehungen beruhen sie auf derselben konsens- und verhandlungsorientierten Logik wie die konkordanten Beziehungsmuster zwischen Parteien und anderen Akteuren der partei-parlamentarischen und politisch-administrativen Arenen. Falls diese eher informellen Interaktionsmuster und -arenen keine geeigneten Problemlösungen hervorbringen sollten, ist der Rückgriff auf die konstitutionell gesicherten Prinzipien der Wettbewerbsdemokratie und des hierarchisch steuernden Staates jederzeit möglich. Korporatistische Interessengruppensysteme und Parteienkonkordanz bzw. Konsensdemokratie treten allerdings nicht zwangsläufig gemeinsam auf, wie etwa der Fall Schweden zeigt, bei dem der Korporatismus in ein mehrheitsdemokratisches System der vertikalen Machtverteilung eingebettet ist.

Konkordanzdemokratien
Als Konkordanzdemokratien werden meist Österreich, die Schweiz, die Niederlande, aber auch Indien, der Libanon vor dem Bürgerkrieg, Kolumbien, Malaysia und Zypern bezeichnet, zumindest in bestimmten Phasen ihrer politischen Geschichte. Zu den jüngeren *power-sharing democracies* gehören nach Ansicht von Lijphart (2004) auch Belgien, Bosnien, Tschechien und Südafrika. Zwar ist die institutionelle Varianz dieser Systeme beachtlich, sie weisen jedoch einige wesentliche ähnliche Eigenschaften auf.

Der Unterschied zwischen Konsens- und Konkordanzdemokratie ist nicht eindeutig. Oft werden beide Begriffe parallel verwendet. Im Konzept der Konkordanzdemokratie findet jedoch die Vorstellung Berücksichtigung, dass die Neigung zur Konsensbildung sozialstrukturell erzwungen ist und nicht nur auf den Willen der politischen Eliten zurückgeht. Das Konzept der Konsensdemokratie hingegen betont den Aspekt der einvernehmlichen, ausgehandelten Konfliktlösung und ist gegenüber den Gründen dafür indifferent, weshalb es eine Kategorie darstellt, welche die Konkordanzdemokratie einschließt.

9.2 Akteure in institutionellen Konfigurationen: Der Vetospieler-Ansatz

9.2.1 Vetoakteure und politische Entscheidungsprozesse

Eine theoretische Alternative zu Lijpharts Demokratiemodellen, deren Konstruktion auf der Makroebene politischer Systeme ansetzt und statische Typen hervorbringt, bilden mikropolitische Modelle des neoinstitutionalistischen *Vetospieler-Ansatzes*. Sie stellen Akteure innerhalb ihrer Kontexte in den Mittelpunkt (> Kap. 1.1.3). Der Vetospieler-Ansatz bietet eine allgemeine, konzeptionell integrierte Sicht auf den systematischen Zusammenhang zwischen dem Handlungs- und Veränderungspotential politischer Akteure und den institutionellen Charakteristika politischer Systeme. Das Erkenntnisinteresse, das die Modellbildung leitet, fokussiert dabei weniger auf die Klassifizierung zeitstabiler institutioneller Muster als auf die Erklärung politischer Ergebnisse und ihrer Dynamik: Wie kommen sie zustande? Unter welchen Bedingungen fallen politische Entscheidungen, die Veränderungen des Status quo bewirken? Es geht also um das Entwicklungs- und Anpassungspotential von Demokratien. Sie sind abhängig von konkreten Politikfeldern, situativen Bedingungen und den dabei je zu beobachtenden Akteurskonstellationen in unterschiedlichem Maße anpassungsfähig und *policy*-innovativ.

Dieser Ansatz hat in den letzten Jahren in der *Comparative Politics* großen Widerhall gefunden. Er beruht auf der einfachen Annahme eines intendiert rationalen Verhaltens von Akteuren (> Kap. 1.2.3): Wenn sie über Vetomacht (*veto power*) verfügen, also durch ihre Verweigerung das Zustandekommen politischer Entscheidungen verhindern können, dann werden sie diese zur Verfolgung ihrer eigenen Interessen einsetzen. Sie legen also ihr Veto gegen jegliche Politik ein, die sie als schädlich für ihre Interessen wahrnehmen, weil sie nicht ihren *policy*-Präferenzen bzw. deren „Idealpunkten" entsprechen. Analysiert man auf dieser Grundlage Prozesse des politischen Entscheidens, so stellt sich heraus, dass das jeweilige „Muster der Demokratie" zwar wirksame institutionelle Rahmenbedingungen setzt. Man muss aber in jeder Situation aufs Neue die Vetospieler und ihre Präferenzen identifizieren, um erklären zu können, wie politische

9.2 Vetospieler-Ansatz

Entscheidungen und Ergebnisse tatsächlich zustandekommen. Wenn es viele Spieler mit jeweils differierenden Interessen gibt, ist eine Einigung auf Reformen, neue Gesetze, andere Politikinhalte usw. erschwert oder sogar unmöglich. Insofern geht es auch hier, ähnlich wie bei Lijpharts „Mustern der Demokratie", um Machtkonzentration und -fragmentierung, aber die Logik des Modells ist eine andere: Sein Ausgangspunkt sind nicht institutionelle Arrangements allein, sondern Akteure, die in institutionellen und situativen Kontexten handeln. Erst das erklärt die spezifischen Wirkungen selbst formal sehr ähnlicher Institutionen. Das zentrale Unterscheidungskriterium von Demokratien besteht daher nicht in der mehr oder weniger großen Inklusivität der berücksichtigten Bürgerpräferenzen, sondern in der mehr oder weniger großen Chance, dass relevante, Änderungen bewirkende politische Entscheidungen möglich sind.

Die prominenteste Variante dieses Ansatzes ist die *Vetospielertheorie* von George Tsebelis (2002), die eine vom *Rational Choice* inspirierte allgemeine Theorie des politischen Institutionenvergleichs darstellt (> Kap. 7.1.3, 7.2.2). Vetospieler sind hier individuelle (z.B. Präsidenten) oder kollektive (z.B. Parteien) Akteure, deren Zustimmung zu politischen Entscheidungen erforderlich ist. *Institutionelle Vetospieler (institutional veto players)* verfügen über formale Vetorechte, die durch die Verfassung definiert sind. Die Ausstattung der jeweiligen nationalen politischen Systeme ist unterschiedlich, in Abhängigkeit davon, ob Verfassungen etwa nur eine oder zwei parlamentarische Kammern vorsehen, ob Verfassungsgerichte existieren und inwieweit direktdemokratische Elemente vorgesehen sind, die Vetorechte unmittelbar an den Bürger übertragen. Eine andere Qualität haben *parteipolitische Vetospieler (partisan veto players)*. Sie entstehen aus der Dynamik des politischen Prozesses, ergeben sich also aus der Verfassungswirklichkeit. Ihr Status ist daher veränderlich. Parteipolitische Vetospieler sind z.B. die Parteien einer Koalitionsregierung. In einigen Erweiterungen des Modells werden noch *sonstige Vetoakteure* genannt, da anderenfalls mitunter außerordentlich einflussmächtige Interessenorganisationen, das Militär oder die Zentralbanken nicht konzeptualisiert werden könnten. Die Kompetenzen dieser Akteure sind formal oder informell institutionalisiert, mitunter auch situativ bedingt.

Neu hinzukommende Akteure können die konkrete Entscheidungssituation verkomplizieren, jedoch nur unter bestimmten Bedingungen. Dies ist nur dann der Fall, wenn ihre Idealposition zum betreffenden politischen Problem nicht in jenem Bereich liegt, der durch die Präferenzen der bereits vorhandenen Vetospieler definiert ist (*absorption rule*). Gehören also beispielsweise in einem präsidentiellen Regierungssystem der Präsident und die parlamentarische Mehrheit derselben Partei an, dann tritt nur der Präsident als Vetospieler auf – handelt es sich hingegen um eine Situation gegenläufiger Mehrheiten (*divided government*), dann sind die beiden institutionellen Vetoakteure, der Präsident und die Legislative, auch effektive Vetoakteure. Der Vetospieler-Ansatz ermöglicht es also, die zweifelsohne große Bedeutung der eher invarianten institutionellen Merkmale einer *polity* mit veränderlichen Einflussfaktoren im Verlaufe des politischen Prozesses (*politics*) zu kombinieren, um *policy outcomes* zu erklären. Vergleiche werden daher über unterschiedliche Zeiträume und über verschiedene Systemtypen hinweg möglich. Darin besteht seine Stärke.

9.2.2 Vetospieler und Politikwandel

Vetospieler schränken die Handlungsfreiheit aller Akteure ein, die in politische Entscheidungsprozesse involviert sind. Ihre Konstellation bestimmt jeweils, ob und inwieweit innovative politische Entscheidungen (*policy innovation*) möglich sind bzw. wie hoch die *Politikstabilität (policy stability)* eines politischen Systems ist, es also signifikanten Veränderungen des Status quo zugänglich ist oder auch nicht. Das Verhalten der Vetospieler erklärt demnach, ob es zu Reformen oder zu Reformblockaden kommt. Das Veränderungs- und Innovationspotential von politischen Systemen hängt von mehreren Faktoren ab:

- von der Zahl der institutionellen und parteipolitischen Vetoakteure in einem politischen System: Je mehr Vetospieler einer Regierung gegenüberstehen, desto geringer ist die Reformierbarkeit der Politik.
- von ihrer politisch-ideologischen Kongruenz, d.h. der Spannweite zwischen den *policy*-Idealpunkten dieser Akteure (z.B. auf der Links-Rechts-Skala): Je mehr die Politikpräferenzen der Vetospieler voneinander abweichen, desto geringer ist die Aussicht auf eine Änderung des Status quo, weil sie sich nicht auf einen gemeinsamen Standpunkt einigen können.
- von der internen Kohäsion kollektiver Akteure, die dadurch bestimmt wird, wie homogen die individuellen Interessen ihrer Mitglieder sind und wie die interne Willensbildung organisiert ist: Je homogener die Vetospieler sind, desto effektiver und stabiler ist ihr Widerstand gegen Politikwandel.

9.2 Vetospieler-Ansatz

- von der strategischen Orientierung der Akteure, die vom Parteienwettbewerb dominiert wird: Kooperative Vetospieler, z.B. Koalitionspartner, sind – auch unabhängig von inhaltlichen Erwägungen (also der politisch-ideologischen Kongruenz) – stärker an einer Einigung interessiert als kompetitive Vetospieler.
- von der Lebensdauer und Parteifärbung der amtierenden Regierung: Je länger sie bereits in der Verantwortung ist und je stärker sie sich politisch-ideologisch von ihrer Vorgängerregierung unterscheidet, desto wahrscheinlicher ist eine Abkehr vom politischen Status quo.

Vetospieler und Politikblockaden

Größere Kurswechsel in der Wirtschafts- und Sozialpolitik haben in den letzten drei Jahrzehnten in der Regel in Ländern mit wenigen Vetospielern stattgefunden, insbesondere in Großbritannien, Australien, Neuseeland und Schweden – und zwar weitgehend unabhängig von den parteipolitischen Färbungen ihrer Regierungen. Den Einparteienregierungen des Vereinigten Königreiches beispielsweise stehen weder parteipolitische Vetoakteure in Gestalt von Koalitionsparteien noch institutionelle Vetoakteure wie eine zweite Kammer gegenüber. Lediglich die Regierung und die Parlamentsmehrheit sind institutionell vorgesehene Vetospieler. Durch ihre parteipolitische Identität liegen daher keine Handlungsbeschränkungen vor, solange die Mehrheit im Unterhaus den Premierminister unterstützt. Föderale Staaten mit stärker verhandlungsdemokratischen Strukturen wie Deutschland zeichnen sich hingegen durch eine größere Zahl von Vetospielern aus, was mit stärkerer Politikkontinuität bzw. Reformblockaden etwa beim Umbau des Sozialstaates einhergeht.

Eine vollständige Erklärung des Phänomens kann sich freilich nicht auf lediglich das Vetospieler-Argument beschränken. Auch in der Schweiz und den Niederlanden, in denen es viele institutionelle Vetospieler gibt, wurden beispielsweise erfolgreiche Wohlfahrtsstaatsreformen durchgeführt. Die Erfolgsbedingung dafür war die überdurchschnittliche Konsensorientierung aller Akteure, die einen konkordanzdemokratischen Politikstil zur Folge hat (> Kap. 9.1.3). Sie traten daher effektiv nicht als Vetospieler in Erscheinung.

Aufgrund ihrer Folgen für die *policy*-Stabilität beeinflussen Vetospieler auch andere Systemmerkmale: So ist die Kompetenz von Akteuren, Themenvorschläge auf die politische Tagesordnung zu setzen (*agenda-setting power*), in hoch stabilen Systemen von geringerer Bedeutung als in innovationsfähigen Systemen. *Policy*-Stabilität kann in parlamentarischen Systemen Regierungsinstabilität verursachen, weil Regierungen häufiger zerbrechen, wenn sie handlungsunfähig sind. In präsidentiellen Systemen wiederum kann aus ähnlichen Gründen das gesamte Regime instabil werden. Außerdem vergrößern Politikblockaden die Handlungsspielräume von Verwaltungen und Gerichten. Viele empirische Befunde der Vergleichenden Politikwissenschaft, die in den vorangegangenen Kapiteln dargestellt wurden, lassen sich also in dieser Perspektive recht gut interpretieren. Ihre Ursachen werden nicht den politischen Institutionen per se zugeschrieben, sondern Akteuren, die in den dadurch geschaffenen Handlungskorridoren agieren und deren Spezifik selbst ein Ergebnis kontingenter politischer Prozesse und ihrer Ergebnisse, etwa von Wahlentscheidungen der Bürger, ist.

Der Vorteil dieses Ansatzes liegt darin, dass er sehr unterschiedliche empirische Phänomene unter der Perspektive der Erklärung von *policy-outcomes* als konkrete Manifestationen abstrakter Kategorien subsumiert. Er vereinheitlicht die Vielfalt der Realität, weil er sich auf die Akteure des politischen Entscheidungssystems konzentriert. Seine Logik, die von der Verortung von Vetokompetenzen ausgeht, verläuft quer zu den gängigen Typologien politischer Systeme, die formal-institutionelle Kriterien der Typenbildung verwenden (z.B. präsidentielle vs. parlamentarische Regierungssysteme, Ein- vs. Zweikammernparlamente usw.). Es zeigt sich, dass institutionelle Merkmale, etwa von Regierungssystemtypen, Rahmenbedingungen schaffen, die von den Akteuren genutzt werden können – ob sie aber als Vetoakteure auftreten, wird dadurch nicht determiniert, sondern erweist sich erst im Prozessverlauf. Daher ist der Vetospieler-Ansatz weitaus dynamischer als Lijpharts Typologie demokratischer Gesamtkonfigurationen. Gleichzeitig ist er anschlussfähig zu der Vorstellung von „Mustern der Demokratie": Je ausgeprägter mehrheitsdemokratisch ein politisches System ist, desto weniger institutionelle und situative Vetospieler weist es auf, während verhandlungsdemokratische Arrangements unter sonst gleichen Bedingungen über eine höhere Zahl davon verfügen.

9.3 Die Leistungsbilanz von Demokratien

9.3.1 Performanzvergleich von Demokratien und Autokratien

> **Demokratie – das beste politische System?**
> „Many forms of Government have been tried, and will be tried in this world of sin and woe. No one pretends that democracy is perfect or all wise. Indeed, it has been said that democracy is the worst form of government except all those other forms that have been tried from time to time."
>
> Winston Churchill, britischer Premierminister, vor dem britischen Unterhaus (11.11.1947)

Welche Herrschaftsordnung ist die beste? Mit dieser Frage beginnt die Politikwissenschaft bei Aristoteles vor mehr als zwei Jahrtausenden, und diese Frage beschäftigt sie auch heute noch. Als „Demokratiewissenschaft" geht sie normativ davon aus, dass es prinzipiell Demokratien sind, welche die „beste Politik" ermöglichen, nämlich politische Systeme, in denen die Entscheidungen der Regierenden an den Willen der Regierten rückgekoppelt sind. Dadurch wird die Autonomie der politischen Schlüsselakteure durch die Bürger, ihre Interessen und ihre Partizipationsmöglichkeiten eingeschränkt. Die Eliten werden systematisch und institutionell abgesichert dazu gezwungen, das Gemeinwohl auch dann im Blick zu behalten, falls sie ihre Eigeninteressen höher als dieses gewichten sollten (> Kap. 2.1).

Es gibt empirische und theoretische Indizien dafür, dass demokratische politische Systeme eine bessere Leistungsbilanz als Nicht-Demokratien aufweisen. Dazu gehören ein höheres Maß an Schutz der Menschenrechte und eine bessere Förderung der Humanentwicklung im allgemeinen, größere Rechtssicherheit, darunter des Eigentums der Bürger, die vergleichsweise gemeinschaftsverträgliche Lösung gesellschaftlicher Probleme trotz eventuell prinzipiell unvereinbarer Interessen von Akteuren und damit die generelle Akzeptanz von Pluralismus und Diversität sowie die Möglichkeit, Machtwechsel ohne Gewaltanwendung herbeizuführen. Autokratien gelten aufgrund ihrer geringeren Responsivität gegenüber den Bürgern und ihren Belangen als endogen (zumindest tendenziell) stabilitätsgefährdet. Demokratien scheinen sie in ihrer Innovativität, Lern-

und Anpassungsfähigkeit zu übertreffen, was letztlich auf die Wettbewerbs- und Marktelemente in ihren Institutionensystemen zurückzuführen ist.

Ob Demokratien – oder aber, was nicht dasselbe ist, Marktwirtschaft, Rechts- und Vertragssicherheit und ein hohes Bildungsniveau – das volkswirtschaftliche Wachstum und die Entwicklung der gesamtwirtschaftlichen Produktivität tatsächlich fördern, ist politikwissenschaftlich umstritten. Es lässt sich theoretisch jedoch gut begründen. Wegen des Wettbewerbs um die Zustimmung der Wähler, darunter von privaten Unternehmern und Steuerzahlern, müssen die politischen Eliten eventuelle Ambitionen beschränken, eine übermäßig interventionistische Wirtschaftspolitik zu verfolgen und sich selbst Privilegien zuzuteilen. Partikulare Sonderinteressengruppen, die als Verteilungskoalitionen wirtschaftliches Wachstum bremsen können (> Kap. 4.3.2), sollten sich ebenfalls besser eindämmen lassen als in Autokratien, weil die politischen Entscheidungskompetenzen generell dezentralisierter sind und institutionelle *checks and balances* existieren.

Die größere Friedfertigkeit in der Außenpolitik, die demokratischen politischen Systemen lange nachgesagt worden ist, wird inzwischen meist als Doppelbefund relativiert: Gegeneinander führen demokratische Staaten nur sehr selten Kriege, aber in Bezug auf Nicht-Demokratien verhalten sie sich keineswegs auffällig friedlich.

Das alles heißt aber nicht zwingend, dass die Demokratie „an sich" oder jede konkrete Form der Demokratie eine solche „beste Herrschaftsform" darstellt. Manfred G. Schmidt (2000: 522-539) arbeitet folgendes Zwischenergebnis der vergleichenden Forschung über die Performanz der liberalen Demokratien des Westens heraus:

Erstens weisen die etablierten Demokratien gegenüber anderen Regimetypen, darunter (noch) nicht konsolidierten Demokratien, eine höhere „politische Produktivität" auf. Sie gewährleisten politische Gleichheit, Partizipationschancen, Rechenschaftspflichtigkeit (*accountability*) und Rücksichtnahme der politischen Führung auf Bürgerpräferenzen (*responsibility*), Transparenz und Berechenbarkeit von Politik, die Legitimität der politischen Ordnung, prozedurale Gerechtigkeit, Sicherheit und Freiheit der Bürger – keineswegs vollständig, aber besser als alle anderen politischen Systeme. Und sie schränken das Ausmaß an Willkür und Selbstprivilegierung der Regierenden wirksamer ein als diese.

Zweitens wird aber die Überlegenheit von Demokratien im Vergleich mit Nicht-Demokratien aufgrund methodologischer Fehler meist überschätzt. Einerseits sind nachweisbare Korrelationen zwi-

9.3 Die Leistungsbilanz von Demokratien

schen bestimmten Phänomenen nicht immer Kausalbeziehungen; Ko-Varianz und Ko-Evolution können auch durch Drittvariablen verursacht sein (> Kap. 1.3.1). Exemplarisch wird dies an Diskussionen über den Zusammenhang zwischen Demokratie und sozioökonomischer Entwicklung (> Kap. 2.3.2) sowie zwischen Demokratie und Regierungssystem (> Kap. 7.1.3) deutlich, aber auch über die Frage, inwiefern die politisch-programmatische Orientierung von Parteien die Ergebnisse von Politik bestimmt (> Kap. 8.1.3). Demokratien werden darüber hinaus vermutlich mitunter für Leistungen gepriesen, die ihnen im strengen Sinne nicht zugeordnet werden können. Institutionen wie der Rechtsstaat, unabhängige Gerichte und der Konstitutionalismus etwa können prinzipiell auch in anderen politischen Systemen existieren. Andererseits beruhen viele Überlegenheitsbefunde von Demokratien auf einer problematischen Fallselektion, weil die etablierten, wohlhabenden und stabilen OECD-Länder in den Stichproben meist überrepräsentiert sind (> Kap. 2.1.3).

Drittens gibt es Bereiche, in denen Demokratien nur mäßige Leistungen erbringen. Sie haben beispielsweise mit dem Problem der Sklaverei, als Kolonialmächte, in Bezug auf die volle soziale Gleichheit von Männern und Frauen oder in der Umweltpolitik Leistungsdefizite gezeigt, die denen anderer politischer Systeme nicht nachstehen. Auf manchen Gebieten, etwa bei der Bekämpfung von Arbeitslosigkeit, scheinen sie insgesamt nicht erfolgreicher als Autokratien. Etliche ihrer Institutionen verursachen *trade-offs* zwischen Leistungszielen. So hat der Wohlfahrtsstaat, der politische Stabilität und soziale Sicherheit für alle Bürger bietet, einen Preis in Gestalt wachstumshemmender Effekte und Arbeitslosigkeit. Der Wettbewerbscharakter demokratischer Politik verursacht insgesamt eine Tendenz zu einer an Wahlzyklen orientierten „Kurzatmigkeit", aus der kurzfristig wirksame, aber langfristig destruktive politische Entscheidungen erwachsen können.

Viertens haben sich die etablierten Demokratien bislang erfolgreich an veränderte Umwelten angepasst. Sie sehen sich aber neuen Herausforderungen gegenüber, die ihren Bestand unter Umständen gefährden können. Dazu gehören folgende Probleme:

Die repräsentative Demokratie funktioniert dank einer gewissen Entkopplung zwischen den politischen Entscheidungseliten und den Bürgern (> Kap. 2.1), und nicht immer bedarf sie der politischen Partizipation aller (> Kap. 3.1). Allerdings würde sie in ihrem Bestand gefährdet, wenn sich ein Großteil der Bürger vollständig aus der Politik zurückzöge und ihr damit die Legitimität verweigerte. In Demokratien muss die – für ein effektives Regieren notwendige und erhebliche – Handlungsautonomie der politischen Eliten kontinuierlich und „von unten" begrenzt werden.

Globalisierung und Regionalisierung, darunter die EU-Europäisierung, stellen Herausforderungen an die staatliche Verfasstheit der Demokratie dar, weil die traditionelle Kongruenz zwischen der Reichweite gesellschaftlicher Probleme und der Reichweite der staatlichen Regelungskompetenz in vielen Dimensionen aufgehoben ist (> Kap. 7.2.3). Damit gerät die historisch gewachsene Kopplung von repräsentativer Demokratie und nationalem Territorialstaat unter Druck, was die Frage nach neuen Formen der Demokratie aufwirft. Die Handlungsautonomie und Souveränität des Nationalstaates wird geringer, aber nicht vollständig durch effizientes Regieren auf inter- oder supranationaler Ebene kompensiert. Das „Globalisierungs-Demokratie-Dilemma" bedroht daher die Legitimität demokratischer Systeme.

Eine Machtverteilung, die Antisystemkräften Dominanz oder Vetopositionen im Parteiensystem bzw. im Parlament verschaffen würde, bedeutete eine Gefährdung der Demokratie – so wie in der Weimarer Republik, die unter dem Druck von antisystemischen Parteien von rechts und links zusammenbrach.

Die Spielregeln des demokratischen Wettbewerbs produzieren neben erwünschten auch unerwünschte Effekte. So verzerren Wahlsysteme in unterschiedlichem Maße die Proportionalität der in der Gesellschaft vertretenen politischen Interessen (> Kap. 5.1), der Ausgang politischer Entscheidungsprozesse wird auch von den Abstimmungsregeln bestimmt (> Kap. 9.1.1) usw. Eine befriedigende Korrektur solcher Wirkungen ist oft unmöglich, sei es aus politischen oder „technischen" Gründen. Es liegt auf der Hand, dass die Demokratie bedroht wäre, würden ihre Akteure die Spielregeln nicht (mehr) akzeptieren, unter denen Politik formuliert wird.

Die Spielregeln der Demokratie privilegieren kurzfristige Interessen und Entscheidungen, da sie auf die Zustimmung aktueller Mehrheiten angewiesen sind. Die Belange künftiger Generationen werden dabei zwangsläufig nur wenig berücksichtigt. Das birgt die Gefahr irreversibler Fehlentscheidungen für die Zukunft, wie sich das beispielsweise in Fragen der Klima- und Sozialpolitik abzeichnet.

Institutionelle Trägheit, die Pfadabhängigkeit von Entscheidungen und die Einbettung von Institutionen und *policies* in bestimmte Traditionen der politischen Kultur sorgen für Kontinuität der Politik, begrenzen aber auch die Chance für komplexe, entschiedene und grundlegende Politikwechsel. Die Fehlerkorrekturfähigkeit von Demokratien ist daher unter Umständen nicht so hoch wie nötig. Gesellschaftliche Großreformen „aus einem Guss" gelingen nur selten und unter bestimmten Bedingungen, wie auch die Bilanz der dritten und vierten Demokratisierungswelle zeigt (> Kap. 2.3.1). Wenn Demokratien also auf Umweltbedingungen stoßen, die sich nicht mehr oder weniger evolutionär und graduell vollziehen, sondern ihren Kontext abrupt und qualitativ verändern, könnten sich ihre Entscheidungsprozeduren als zu schwerfällig erweisen.

> **Demokratie – das beste politische System?**
> „Nicht die Demokratie ist eindeutig besser als alle anderen Staatsformen. Es ist hauptsächlich die etablierte Demokratie mit Rechtsstaat, wirksamem Schutz der Bürgerrechte und hohem Wohlstand im Unterschied zu allen anderen Staatsformen, die eine gute Staatsverfassung vor den weniger leistungsfähigen Ordnungen des Gemeinwesens auszeichnet. Aber auch diese Staatsform laboriert an beträchtlichen Mängeln. Und Überlastung durch alte und neue Herausforderungen ist nicht ausgeschlossen." (Schmidt 2000: 539)

Insgesamt ist damit festzuhalten, dass selbst liberale Demokratien nicht unter allen Bedingungen und in jeder Hinsicht eine bessere Leistungsbilanz als nicht-demokratische politische Systeme aufweisen. Überlegen sind sie bisher – und selbst angesichts der dabei zu beobachtenden Mängel und Defekte – in der *Qualität* des politischen Prozesses, nämlich durch die vielfältigen Rückkopplungen zwischen dem Willen der Regierten und den politischen Eliten sowie durch institutionelle Arrangements der Machtaufteilung und -kontrolle. Sie stehen allerdings vor einer Reihe von Herausforderungen, die sie unter Anpassungsdruck setzen.

9.3.2 Vor- und Nachteile unterschiedlicher Arrangements

Die empirisch-analytischen Erträge aus dem Vergleich politischer Systeme sind – wie sich auch in der Schwerpunktsetzung dieses Lehrbuchs zeigt – in Bezug auf (die unterschiedlichen Formen der) Demokratie weitaus umfangreicher als für nicht-demokratische politische Systeme. Mit der Verbreitung des neoinstitutionalistischen Forschungsparadigmas und in Reaktion auf fundamentale politische Prozesse wie die dritte Demokratisierungswelle und die Globalisierung der meisten gesellschaftlichen Bereiche hat die Politikwissenschaft in den letzten zwei Dekaden beachtliche Einsichten in die Leistungsbilanz von Demokratien, über ihr Potential zur Bearbeitung gesellschaftlicher Probleme, aber auch über Funktionsschwächen und -blockaden gewonnen. In den Ländern, die einen Systemwechsel vollzogen haben, stellt sich die Frage nach der Auswahl und Gestaltung konkreter institutioneller Arrangements (*institutional choice*) ebenso wie in manchen Ländern mit etablierten Demokratien, die Regierungs- oder gar Systemkrisen durchlebten oder unter den Wandlungsdruck von Entwicklungen außerhalb des politischen Systems gerieten.

Die Frage nach der normativen Bewertung von unterschiedlichen Demokratietypen hat deshalb auch dann wieder an Relevanz gewonnen, wenn die neuere, sozialwissenschaftlich ausgerichtete Politikwissenschaft generell zurückhaltender und skeptischer gegenüber der alten aristotelischen Frage nach der „besten Politik" ist. Dies zeigt eine Reihe jüngerer Kontroversen um die Vor- und Nachteile der verschiedenen Typen von Regierungssystemen (> Kap. 7.1.3) ebenso wie bei der seit einigen Jahren intensiv betriebenen Suche nach institutionellen Arrangements, die „gutes Regieren" (*good governance* > Kap. 8.3.3) ermöglichen.

Hinsichtlich der mutmaßlichen Stärken und Schwächen der Mehrheits- und Konsensdemokratie (> Kap. 9.1) weicht Arend Lijphart recht entschieden von der lange Zeit vorherrschenden Ansicht ab, die in den „Westminster-Demokratien" den „demokratischen Königsweg" sah, weil dieses Arrangement aufgrund seiner Machtkonzentration eine besonders effiziente politische Steuerung ermöglicht. Seiner Auffassung nach ist die Konsensdemokratie der Mehrheitsdemokratie in den meisten Aspekten eindeutig überlegen. Er argumentiert dabei von einem normativen Standpunkt aus, der das Spannungsverhältnis zwischen Effektivität und Legitimität des Regierens (> Kap. 2.1.2) zunächst scheinbar zugunsten letzterer auflöst: Je inklusiver ein politisches System ist, je repräsentativer Politik in Bezug auf ihre Adressaten ist, je mehr politische Akteure in den politischen Entscheidungsprozess integriert werden, desto höher ist seine Input-Qualität. Die besonderen Vorzüge des Konsensentscheids liegen normativ darin, dass er liberalen Idealen der Organisation des Gemeinwesens entspricht, weil er autonomieschonend wirkt. Auch die Implementation politischer Entscheidungen sollte effizient sein, weil alle Betroffenen an deren Aushandlung beteiligt waren und sie deshalb akzeptieren können. Die Gemeinwohlorientierung der entste-

9.3 Die Leistungsbilanz von Demokratien

henden politischen Entscheidung ist hierbei nicht auf entsprechende Präferenzen der Akteure angewiesen, sondern entsteht durch Kompromisse zwischen durchaus rational-eigeninteressierten Akteuren. Mehrheitsdemokratien, so Lijphart, stoßen dort an ihre Grenzen, wo die Gesellschaft heterogen und fragmentiert ist und daher *strukturelle Minderheiten* existieren, deren Interessen nicht mehrheitsfähig sind.

Insofern betrifft das Argument der „Legitimität durch Inklusivität" auch die Bestandsaussichten von Demokratien: Politische Systeme mit ausgeprägter Machtverteilung und daher starker Konsens- und Verhandlungsorientierung könnten ihre langfristige Stabilität möglicherweise besser sichern als solche mit besonders handlungsfähigen, weil auf Machtkonzentration beruhenden politischen Entscheidungszentren. Gegen dieses Argument lässt sich allerdings einwenden, dass der Weg zur Einigung in der Regel lang, beschwerlich und von Blockaden bedroht ist. Sein Ergebnis kann in „faulen Kompromissen" bestehen, die nicht tragfähig sind, oder in inkonsistenten *policies*, deren Implementation misslingt bzw. den Status quo nur unbefriedigend verändert. Konsensdemokratien mit ihrem Bestreben nach großen, womöglich einstimmigen Mehrheiten könnten sich als extrem inklusiv erweisen, so dass sie letzten Endes weder Macht- noch Politikwechsel zuließen. Solche Systeme würden an ihrem Immobilismus zugrundegehen.

Die Forschungsergebnisse über Auswirkungen von Institutionen auf die politische Realität bleiben kontrovers und werden die Vergleichende Politikwissenschaft weiter beschäftigen. Eine „beste Verfassung", die in allen konkreten Kontexten reibungslose Institutionen etabliert, gibt es nicht und kann es aus neoinstitutionalistischer Sicht selbstverständlich nicht geben. Es lassen sich jedoch einige Aussagen darüber formulieren, welche institutionellen Arrangements bestimmten politischen Zielen besonders entgegenkommen und bei spezifischen Problemlagen besonders geeignet sind. So setzt die majoritäre Konkurrenzdemokratie nach allgemeiner Auffassung eine weitgehend integrierte Gesellschaft voraus, damit Mehrheitsentscheidungen legitimierbar sind. Ist die Gesellschaft hingegen – ethnisch, sprachlich, religiös oder sozioökonomisch – durch tiefe, strukturell verfestigte Spaltungen gekennzeichnet (*divided society*), stößt die Mehrheitsdemokratie auf Funktionsprobleme. Einerseits werden Regierungs- und Politikwechsel unwahrscheinlicher, weil strukturell festgelegte Gruppen wenig frei zwischen ideologischen Politikalternativen wählen. Politische Mehrheiten wechseln daher seltener. Andererseits entsteht die Gefahr, dass strukturelle Minderheiten marginalisiert werden. Für solche Gesellschaften empfehlen sich Arrangements, die Konsensfindung durch Verhandlungen – statt durch Mehrheitsentscheidungen – erleichtern. Sie könnten die Legitimität des politischen Systems vergrößern und dabei sogar gleichzeitig die Effizienz des Regierens steigern. In diesem Zusammenhang kommen Institutionen der Verhandlungsdemokratie – genauer: der *Konkordanzdemokratie (consociational democracy* > Kap. 9.1.3) – besondere Bedeutung für die meist tief „gespaltenen Gesellschaften" der späten Demokratisierung zu. Allerdings sollten weder Passfähigkeit und Potential konkordanzdemokratischer Arrangements noch generell die Chancen eines klugen *constitutional engineering* überschätzt werden. Das folgt aus etlichen der im Verlauf der vorangegangenen Kapitel entwickelten Argumente: Auch „beste Lösungen" für bestimmte Probleme können sich im Verfassunggebungsprozess als politisch nicht realisierbar erweisen (> Kap. 6.3). Und selbst wenn es gelingen sollte, sie zu implementieren, ist damit noch nicht garantiert, dass sie in ihrem konkreten Kontext auch tatsächlich wie geplant funktionieren (z.B. > Kap. 3.1.3, 7.1.3).

Designempfehlungen für die Demokratie in komplexen Gesellschaften

Für die Autoren von Verfassungen neuer Demokratien, so Arend Lijphart (2004), sind spezifische Empfehlungen für institutionelle Designs hilfreicher als erschöpfende Optionenkataloge. Daher entwirft er auf der Grundlage anerkannter politikwissenschaftlicher Erkenntnisse ein *„one size"*-Modell für heterogene Gesellschaften: In Ländern mit tiefen ethnischen, religiösen u.a. Spaltungen kann Demokratie demnach nur funktionieren, wenn zwei Schlüsselprinzipien eingehalten werden – das der Machtteilung (*power sharing*), das Repräsentanten aller relevanten Gruppen an der Regierung beteiligt, und das der weitgehenden Autonomie dieser Gruppen, insbesondere in den Bereichen Kultur und Bildung (*group autonomy*). Diese Prinzipien müssen in konstitutionelle Regelungen überführt werden, wofür Anleihen bei älteren Konkordanzdemokratien genommen werden können. Gleichzeitig bleibt genügend Raum für institutionelle Varianten im Detail.
Lijphart empfiehlt das Verhältniswahlrecht für die Rekrutierung von Parlamenten, weil es die proportionale Repräsentation aller relevanten Gruppen sichert (> Kap. 5.1). Mehrpersonenwahlkreise sollen nicht allzu groß sein, um die Distanz zwischen den Wählern

und ihren Vertretern zu begrenzen. Gewählt werden soll vorzugsweise nach (geschlossenen) Parteilisten, um die Herausbildung von starken politischen Parteien zu fördern. Weiterhin rät er zu einem parlamentarischen Regierungssystem (> Kap. 7.1.1). Es verfüge über das größere Potential zur Machtteilung in der Exekutive, weil die aus dem Parlament hervorgehende Regierung ein kollegiales Entscheidungsgremium darstellt. Der Gefahr instabiler Regierungen könne durch konstitutionelle Vorkehrungen wie dem konstruktiven Misstrauensvotum begegnet werden. Ein weiterer Vorteil des parlamentarischen Regierungssystems liege darin, dass Präsidentschaftswahlen unnötig sind. Sie würden zwangsläufig nach dem Mehrheitswahlrecht durchgeführt und daher aufgrund ihrer Personalisierung den Parteienwettbewerb überschatten. Prinzipiell sollte das Staatsoberhaupt mit primär zeremoniellen Kompetenzen ausgestattet und nicht direkt gewählt werden, um keinen weiteren demokratisch legitimierten politischen Akteur außerhalb des Parlaments zu schaffen.

Für solche gespaltenen Gesellschaften, so Lijphart, stellt der Föderalismus (> Kap. 7.2) oft eine günstige institutionelle Lösung dar, um die Macht aufzuteilen und Autonomierechte zu sichern. Die Gliedeinheiten sollten möglichst klein sein, weil sie dadurch eher homogen sind. Kompetenzen sind möglichst zu dezentralisieren. Zweite Kammern in der Legislative, die Gliedstaateninteressen vertreten, sollten schwächer als die ersten Kammern sein (> Kap. 6.2.2). Gemeinschaften, die nicht geographisch konzentriert sind, sollten nicht-territorial verfasste Autonomierechte, etwa auf dem Gebiet der Bildung, erhalten. Schließlich ist die Machtteilung zwischen Gruppen auch jenseits von Regierung und Parlament zu sichern, so im öffentlichen Dienst, der Justiz, der Polizei und dem Militär, wozu unter Umständen Quotenregelungen hilfreich sein können. Günstig sei es auch, möglichst hohe Hürden für Verfassungsänderungen vorzusehen.

Literatur

Croissant (2002) systematisiert in einer leicht nachzuvollziehenden Weise die Klassifikationen institutioneller Arrangements in Demokratien, wobei er Regierungssystemtypen im engeren Sinne (> Kap. 7.1) zu *Lijpharts* „Mustern der Demokratie" und *Tsebelis'* Vetospieler-Ansatz in Beziehung setzt.

Lijphart (1999) entwickelt die gegenwärtig gebräuchlichste Typologie moderner Demokratien; das Buch enthält empirische Vergleichsdaten zu 36 europäischen, asiatischen, amerikanischen, afrikanischen und Inseldemokratien. *Czada (2003)* erörtert das Konzept der Konsens- bzw. Verhandlungsdemokratie, *Lehmbruch (2003)* enthält eine Auswahl der wichtigsten Texte dieses deutschen Politikwissenschaftlers über Konkordanztheorie und Korporatismus (> Kap. 4.3.1). *Eberlein/Grande (2003)* analysieren die Logiken des Mehrheits- und Konsensentscheids umfassend nach ihren Voraussetzungen, Stärken, Schwächen und geeigneten Anwendungsfeldern.

Als Alternative zu Lijpharts Perspektive, die auf die Regeln der Machtverteilung fokussiert ist, entwirft *Tsebelis (2002)* einen methodischen und theoretischen Rahmen für den Vergleich politischer Systeme, in dessen Zentrum die politikrelevanten Konstellationen von Akteuren stehen. Deutschsprachige zusammenfassende Einführungen, kritische Würdigungen, weiterführende Konzeptualisierungen und Anwendungen von Tsebelis' analytischem Konzept finden sich z.B. bei *Kaiser (1998)*, *Obinger (2001)* und *Stoiber (2007)*. *Abromeit/Stoiber (2006)* vergleichen mithilfe des Vetospieler-Ansatzes drei institutionelle Dimensionen – staatliches Entscheidungssystem, Parteiensystem und Interessenvermittlungssystem – von neun westeuropäischen Ländern.

Die zwei umfassenden Datensätze *Comparative Political Data Set I und II* eines Teams um Klaus Armingeon, mit denen politische Merkmale von 23 OECD-Staaten (1960-2002) sowie 28 postkommunistische Staaten (1989-2004) erfasst werden, finden sich auf dem Server der Universität Bern unter der Adresse http://www.ipw.unibe.ch/content/team/klaus_armingeon/comparative_political_data_sets/index_ger.html. Eine ähnliche Datensammlung hat die Weltbank unter dem Titel *Database of Political Institutions* (DPI) zusammengestellt. Da der URL extrem lang ist, findet man die Datenbank am besten, wenn man „worldbank dpi" googelt.

Schmidt (2006) diskutiert die Zukunftsaussichten der Demokratie. *Keefer (2004)* arbeitet systematisch heraus, wovon die *policy*-Effizienz von Demokratien abhängt. Er kommt zu dem Schluss, dass etwa die Typen des Regierungs- und Wahlsystems weitaus weniger erklären als institutionelle Arrangements, die *checks and balances* zwischen den politischen Entscheidungsträgern vorsehen und die Informiertheit der Wähler sowie die Glaubwürdigkeit der Wahlversprechen von Politikern gewährleisten.

Verzeichnis verwendeter und weiterführender Literatur

Einleitung

Abromeit, Heidrun/Stoiber, Michael, 2006: Demokratien im Vergleich: Einführung in die vergleichende Analyse politischer Systeme. Wiesbaden: VS Verlag für Sozialwissenschaften.

Almond, Gabriel A./Powell, G. Bingham/Strøm, Kaare/Dalton, Russell J., 2004[8]: Comparative Politics Today: A World View. New York, NY: Longman + Pearson.

Becker, Bernd, 2002: Politik in Großbritannien: Einführung in das politische System und Bilanz der ersten Regierungsjahre Tony Blairs. Paderborn: Schöningh.

Berg-Schlosser, Dirk/Müller-Rommel, Ferdinand (Hrsg.), 2003[4]: Vergleichende Politikwissenschaft: Ein einführendes Studienhandbuch. Opladen: Leske + Budrich.

Gallagher, Michael/Laver, Michael/Mair, Peter, 2006[4]: Representative Government in Modern Europe. Boston, MA: McGraw-Hill.

Hague, Rod/Harrop, Martin, 2004[6]: Comparative Government and Politics: An Introduction. London: Palgrave Macmillan.

Hartmann, Jürgen, 2005[2]: Westliche Regierungssysteme: Parlamentarismus, präsidentielles und semi-präsidentielles Regierungssystem. Wiesbaden: VS Verlag für Sozialwissenschaften.

Helms, Ludger/Jun, Uwe (Hrsg.), 2004: Politische Theorie und Regierungslehre: Eine Einführung in die politikwissenschaftliche Institutionenlehre. Frankfurt/Main: Campus.

Hübner, Emil, 2001[4]: Das politische System der USA: Eine Einführung. München: Beck.

Ismayr, Wolfgang (Hrsg.), 2003[3]: Die politischen Systeme Westeuropas. Opladen: Leske + Budrich.

Ismayr, Wolfgang (Hrsg.), 2004[2]: Die politischen Systeme Osteuropas. Opladen: Leske + Budrich.

Jahn, Detlef, 2006: Einführung in die Vergleichende Politikwissenschaft. Wiesbaden: VS Verlag für Sozialwissenschaften.

Keman, Hans (Hrsg.), 2002: Comparative Democratic Politics: A Guide to Contemporary Theory and Research. London: Sage.

Kempf, Udo, 2006[4]: Das politische System Frankreichs. Wiesbaden: VS Verlag für Sozialwissenschaften.

Kopstein, Jeffrey/Lichbach, Mark I., 2005[2]: Comparative Politics: Interests, Identities, and Institutions in a Changing Global Order. Cambridge: Cambridge University Press.

Lauth, Hans-Joachim (Hrsg.), 2002: Vergleichende Regierungslehre: Eine Einführung. Opladen: Westdeutscher Verlag.

Lehner, Franz/Widmaier, Ulrich, 2002[4]: Vergleichende Regierungslehre. Opladen: Leske + Budrich.

Lijphart, Arend, 1999: Patterns of Democracy: Government Forms and Performance in Thirty-Six Countries. New Haven, CT: Yale University Press.

Lösche, Peter/Loeffelholz, Hans-Dietrich von (Hrsg.), 2004[4]: Länderbericht USA: Geschichte, Politik, Wirtschaft, Gesellschaft, Kultur. Bonn: Bundeszentrale für politische Bildung.

Newton, Kenneth/van *Deth, Jan W.*, 2005: Foundations of Comparative Politics: Democracies in the Modern World. Cambridge: Cambridge University Press.
Oldopp, Birgit, 2005: Das politische System der USA: Eine Einführung. Wiesbaden: VS Verlag für Sozialwissenschaften.
Pelinka, Anton, 2005: Vergleich politischer Systeme. Wien: Böhlau.
Rudzio, Wolfgang, 2006[7]: Das politische System der Bundesrepublik Deutschland. Wiesbaden: VS Verlag für Sozialwissenschaft.
Schmidt, Manfred G., 2007: Das politische System Deutschlands: Institutionen, Willensbildung und Politikfelder. München: Beck.
Tömmel, Ingeborg, 2006[2]: Das politische System der EU. München: Oldenbourg.

Kapitel 1

Almond, Gabriel A./Powell, G. Bingham/Strøm, Kaare/Dalton, Russell J., 2004[8]: Comparative Politics Today: A World View. New York, NY: Longman + Pearson.
Behnke, Joachim/Baur, Nina/Behnke, Nathalie, 2006: Empirische Methoden der Politikwissenschaft. Paderborn: Schöningh.
Berg-Schlosser, Dirk/Müller-Rommel, Ferdinand (Hrsg.), 2003[4]: Vergleichende Politikwissenschaft. Opladen: Leske + Budrich.
George, Alexander L./ Bennett, Andrew, 2005: Case Studies and Theory Development in the Social Sciences. Cambridge, MA: MIT Press.
Helmke, Gretchen/Levitsky, Steven (Hrsg.), 2006: Informal Institutions and Democracy: Lessons from Latin America. Baltimore, MD: John Hopkins University Press.
Jahn, Detlef, 2006: Einführung in die Vergleichende Politikwissenschaft. Wiesbaden: VS Verlag für Sozialwissenschaften.
King, Gary/Keohane, Robert O./Verba, Sidney, 1994: Designing Social Inquiry: Scientific Inference in Qualitative Research. Princeton, NJ: Princeton University Press.
Kiser, Larry L./Ostrom, Elinor, 1982: The Three Worlds of Action, in: *Ostrom, Elinor* (Hrsg.), Strategies of Political Inquiry. Beverly Hills, CA: Sage, 179-222.
Landman, Todd, 2003[2]: Issues and Methods in Comparative Politics: An Introduction. London: Sage.
Lauth, Hans-Joachim (Hrsg.), 2002: Vergleichende Regierungslehre: Eine Einführung. Opladen: Westdeutscher Verlag.
Lijphart, Arend, 1971: Comparative Politics and Comparative Method, in: American Political Science Review 65 (3), 682-693.
Lipset, Seymour M., 1960: Political Man: The Social Basis of Politics. Garden City, NY: Doubleday.
Mayntz, Renate/Scharpf, Fritz W., 1995: Gesellschaftliche Selbstregelung und politische Steuerung. Frankfurt/Main: Campus.
Peters, B. Guy, 2005[2]: Institutional Theory in Political Science: The New Institutionalism. London: Continuum International Publishing Group.
Pierson, Paul, 2000: Increasing Returns, Path Dependence, and the Study of Politics, in: American Political Science Review 94 (2), 251-267.
Przeworski, Adam/Teune, Henry, 1970: The Logic of Comparative Social Inquiry. New York, NY: Wiley-Interscience.
Ragin, Charles C., 1987: The Comparative Method: Moving Beyond Qualitative and Quantitative Strategies. Berkeley, CA: University of California Press.
Ragin, Charles C., 1994: Constructing Social Research: The Unity and Diversity of Method. Thousand Oaks, CA: Pine Forge Press.

Scharpf, Fritz W., 2000: Interaktionsformen: Akteurzentrierter Institutionalismus in der Politikforschung. Opladen: Leske + Budrich.
Schimank, Uwe, 2004: Der akteurzentrierte Institutionalismus, in: *Gabriel, Manfred* (Hrsg.), Paradigmen der akteurszentrierten Soziologie. Wiesbaden: VS Verlag für Sozialwissenschaft, 287-301.
Schimank, Uwe, 2007[3]: Handeln und Strukturen: Einführung in die akteurtheoretische Soziologie. Weinheim: Juventa.
Tsebelis, George, 2002: Veto Players: How Political Institutions Work. New York, NY: Sage.
Weber, Max, 2006[2] (1904): Die protestantische Ethik und der Geist des Kapitalismus. Vollständige Ausgabe. Herausgegeben und eingeleitet von Dirk Kaesler. München: Beck.

Kapitel 2

Almond, Gabriel, 1991: Capitalism and Democracy, in: PS: Political Science and Politics 24 (3), 467-474.
Berins Collier, Ruth, 1999: Paths Toward Democracy: The Working Class and Elites in Western Europe and South America. Cambridge: Cambridge University Press.
Beyer, Jürgen, 2006: Vom Sozialismus zu Demokratie und Marktwirtschaft – Systemtransformation als Governance-Problem, in: *Lütz, Susanne* (Hrsg.), Governance in der politischen Ökonomie. Wiesbaden: VS Verlag für Sozialwissenschaften, 107-166.
Braun, Dietmar/Gilardi, Fabrizio (Hrsg.), 2006: Delegation in Contemporary Democracies. London: Routledge.
Brodocz, André/Schaal, Gary S. (Hrsg.), 2006[2]: Politische Theorien der Gegenwart. Opladen: Verlag Barbara Budrich, 2 Bände.
Bunce, Valerie, 2000: Comparative Democratization: Big and Bounded Generalizations, in: Comparative Political Studies 33 (6-7), 703-734.
Carothers, Thomas, 2002: The End of the Transition Paradigm, in: Journal of Democracy 13 (1), 5-21.
Collier, David/Levitsky, Steven, 1997: Democracy with Adjectives: Conceptual Innovation in Comparative Research, in: World Politics 49 (3), 430-451.
Croissant, Aurel, 2004: From Transition to Defective Democracy: Mapping Asian Democratization, in: Democratization 11 (5), 156-178.
Dahl, Robert A., 1971: Polyarchy: Participation and Opposition. New Haven, CT: Yale University Press.
Dahl, Robert A., 1989: Democracy and its Critics. New Haven, CT: Yale University Press.
Dahl, Robert A., 1998: On Democracy. New Haven, CT: Yale University Press.
Dahl, Robert A., 2005: What Political Institutions Does Large-Scale Democracy Require?, in: Political Science Quarterly 120 (2), 187-197.
Dawisha, Karen/Parrott, Bruce, 1997: Politics, Power, and the Struggle for Democracy in South-East Europe. Cambridge: Cambridge University Press.
Diskin, Abraham/Diskin, Hanna/Hazan, Rueven Y., 2005: Why Democracies Collapse: The Reasons for Democratic Failure and Success, in: International Political Science Review 26 (3), 291-309.
Elster, Jon/Offe, Claus/Preuß, Ulrich K./Bönker, Frank/Rüb, Friedbert, 1998: Institutional Design on Post-Communist Societies: Rebuilding the Ship at Sea. Cambridge: Cambridge University Press.

Fraenkel, Ernst, 1991 (1964): Deutschland und die westlichen Demokratien. Mit einem Nachwort über Leben und Werk Ernst Fraenkels, hrsg. von Alexander von Brünneck. Frankfurt/Main: Suhrkamp.

Friedrich, Carl Joachim/Brzezinski, Zbigniew, 1956: Totalitarian Dictatorship and Autocracy. Cambridge: Harvard University Press; deutsche Ausgabe: *Friedrich, Carl Joachim/Brzezinski, Zbigniew*, 1957: Totalitäre Diktatur. Stuttgart: Kohlhammer.

Geddes, Barbara, 1999: What Do We Know About Democratization after Twenty Years?, in: Annual Review of Political Science 2, 115-144.

Gibson, Clark C., 2002: Of Waves and Ripples: Democracy and Political Change in Africa in the 1990s, in: Annual Review of Political Science 5, 202-221.

Hagopian, Frances/Mainwaring, Scott P., 2005: The Third Wave of Democratization in Latin America: Advances and Setbacks. New York, NY: Cambridge University Press.

Huntington, Samuel P., 1968: Political Order in Changing Societies. New Haven, CT: Yale University Press.

Huntington, Samuel P., 1991: The Third Wave: Democratization in the Late Twentieth Century. Norman, OK: University of Oklahoma Press.

Inglehart, Ronald/Welzel, Christian, 2005: Modernization, Cultural Change and Democracy: The Human Development Sequence. New York, NY: Cambridge University Press.

Karl, Terry Lynn/Schmitter, Philippe C., 1991: What Democracy is ... and is not, in: Journal of Democracy 2 (3), 75-88.

Knack, Stephen, 2004: Does Foreign Aid Promote Democracy?, in: International Studies Quarterly 48 (1), 251-266.

Kopstein, Jeffrey S./Reilly, David A., 2000: Geographic Diffusion and the Transformation of Post-Communist World, in: World Politics 53 (1), 1-37.

Leibholz, Gerhard, 1958: Strukturprobleme der modernen Demokratie. Karlsruhe: Müller.

Levitsky, Steven/Way, Lucan, 2002: The Rise of Competitive Authoritarianism, in: Journal of Democracy 13 (2), 51-64.

Linder, Wolf/Bächtinger, André, 2005: What Drives Democratisation in Asia and Africa?, in: European Journal of Political Research 44 (6), 861-880.

Linz, Juan J., 1975: Totalitarian and Authoritarian Regimes, in: *Greenstein, Fred I./ Polsby, Nelson W.* (Hrsg.): Handbook of Political Science, Bd. 3: Macropolitical Theory. Reading, MA: Addison-Wesley; deutsche Ausgabe der neu eingeleiteten Ausgabe von 2000: *Linz, Juan J.*, 2000: Totalitäre und autoritäre Regime, Potsdamer Textbücher Band 4, herausgegeben von Raimund Krämer. Berlin: Berliner Debatte Wissenschaftsverlag

Linz, Juan J./Stepan, Alfred, 1996: Problems of Democratic Transition and Consolidation in Southern Europe, South America, and Post-Communist Europe. Baltimore, MD: John Hopkins University Press.

Lipset, Seymour M., 1960: Political Man: The Social Basis of Politics. Garden City, NY: Doubleday.

McFaul, Michael, 2002: The Fourth Wave of Democracy and Dictatorship: Noncooperative Transitions in the Post-Communist World, in: World Politics 54 (2), 212-244.

Merkel, Wolfgang, 1999: Systemtransformation: Eine Einführung in die Theorie und Empirie der Transformationsforschung. Opladen: Leske + Budrich; Neuauflage angekündigt seit 2006.

Merkel, Wolfgang/Croissant, Aurel, 2000: Formale und informale Institutionen in defekten Demokratien, in: Politische Vierteljahresschrift 41 (1), 3-30.

Merkel, Wolfgang/Puhle, Hans-Jürgen/Croissant, Aurel/Eicher, Claudia/Thiery, Peter (Hrsg.), 2003: Defekte Demokratie. Band 1: Theorie. Opladen: Leske + Budrich.

Merkel, Wolfgang/Puhle, Hans-Jürgen/Croissant, Aurel /Thiery, Peter (Hrsg.), 2006: Defekte Demokratie. Band 2: Regionalanalysen. Wiesbaden: VS Verlag für Sozialwissenschaften.

Moore, Barrington, 1966: The Social Origins of Dictatorship and Democracy: Lord and Peasant in the Making of the Modern World. Boston, MA: Beacon Press.

Munck, Gerardo L./Skalnik Leff, Carol, 1997: Modes of Transition and Democratization: South America and Eastern Europe in Comparative Perspective, in: Comparative Politics 29 (3), 343-362.

O'Donnell, Guillermo, 1994: Delegative Democracy, in: Journal of Democracy 5 (1), 112-126.

O'Donnell, Guillermo/Schmitter, Philippe C. (Hrsg.), 1986: Transitions from Authoritarian Rule: Tentative Conclusions About Uncertain Democracies. Baltimore, MD: John Hopkins University Press.

Offe, Claus, 1994: Der Tunnel am Ende des Lichts. Frankfurt/Main: Campus.

Przeworski, Adam, 1991: Democracy and the Market: Political and Economic Reforms in Eastern Europe and Latin America. Cambridge: Cambridge University Press.

Przeworski, Adam/Limongi, Fernando, 1997: Modernization: Theories and Facts, in: World Politics 49 (2), 155-183.

Rueschemeyer, Dietrich/Huber Stephens, Evelyne/Stephens, John D., 1992: Capitalist Development and Democracy. Cambridge: Polity Press.

Rustow, Dankwart A., 1970: Transitions to Democracy: Toward a Dynamic Model, in: Comparative Politics 2 (3), 337-364.

Schmidt, Manfred G., 2000^3: Demokratietheorien: Eine Einführung. Opladen: Leske + Budrich.

Schumpeter, Joseph A., 1972^3: Kapitalismus, Sozialismus und Demokratie. München: Francke.

Strøm, Kaare/Müller, Wolfgang C./Bergman, Torbjörn (Hrsg.), 2006: Delegation and Accountability in Parliamentary Democracies. Oxford: Oxford University Press.

Thompson, Mark R., 1998: Weder totalitär noch autoritär, in: *Siegel, Achim* (Hrsg.), Totalitarismustheorien nach dem Ende des Kommunismus. Köln: Böhlau, 309-339.

Thompson, Mark R., 2002: Totalitarian and Post-Totalitarian Regimes in Transitions and Non-Transitions from Communism, in: Totalitarian Movements and Political Religions 3 (1), 79-106.

Welzel, Christian/Inglehart, Ronald, 2005: Freiheitsstreben und Demokratisierung: Die Perspektive der Humanentwicklung, in: Politische Vierteljahresschrift 46 (1), 62-85.

Kapitel 3

Almond, Gabriel A./Verba, Sidney, 1963: The Civic Culture: Political Attitudes and Democracy in Five Nations. Princeton, NJ: Princeton University Press.

Almond, Gabriel A./Verba, Sidney, 1980: The Civic Culture Revisited: An Analytical Study. Boston, MA: Little, Brown and Co.

Barnes, Samuel H./Kaase, Max et al., 1979: Political Action: Mass Participation in Five Western Democracies. Beverly Hills, CA: Sage.

Berglund, Sten/Ekman, Joakim/Aarebrot, Frank (Hrsg.) 2004: The Handbook of Political Change in Eastern Europe. Cheltenham: Edward Elgar, 13-55.

Brady, Henry E./Verba, Sidney/Schlozman, Kay Lehman, 1995: Beyond SES: A Resource Model of Political Participation, in: American Political Science Review, 89: 271-294.

Curtis, James E./Baer, Douglas E./Grabb, Edward G., 2001: Nations of Joiners: Explaining Voluntary Association Membership in Democratic Societies, in: *American Sociological Review* 66 (6), 783-805.

Dalton, Russell J., 2002³: Citizen Politics: Public Opinion and Political Parties in Advanced Industrial Democracies. New York, NY: Chatham House.

Dalton, Russel J., 2004: Democratic Challenges, Democratic Choices: The Erosion of Political Support in Advanced Industrial Democracies. Oxford: Oxford University Press.

Green, Donald/Shapiro, Ian, 1994: Pathologies of Rational Choice Theory: A Critique of Applications in Political Science. New Haven: Yale University Press, deutsche Ausgabe: *Green, Donald/Shapiro, Ian*, 1999: Rational Choice. Eine Kritik am Beispiel von Anwendungen in der Politischen Wissenschaft. München: Oldenbourg.

Inglehart, Ronald, 1977: The Silent Revolution. Changing Values and Political Styles among Western Publics. Princeton, NJ: Princeton University Press; deutsche Ausgabe: *Inglehart, Ronald*, 1982: Die stille Revolution. Vom Wandel der Werte. Bodenheim: Athenaeum.

Inglehart, Ronald, 1997: Modernization and Postmodernization: Cultural, Economic and Political Change in 43 Societies. Princeton: Princeton University Press; deutsche Ausgabe: *Inglehart, Ronald*, 1998: Modernisierung und Postmodernisierung: kultureller, wirtschaftlicher und politischer Wandel in 43 Gesellschaften. Frankfurt/Main: Campus.

Inglehart, Ronald/Welzel, Christian, 2005: Modernization, Cultural Change and Democracy: The Human Development Sequence. New York, NY: Cambridge University Press.

Lane, Jan-Erik/ Ersson, Svante O., 1999: Politics and Society in Western Europe. London: Sage.

Lipset, Seymour M./Rokkan, Stein, 1967: Cleavage Structures, Party Systems and Voter Alignments: An Introduction, in: *Lipset, Seymour M./Rokkan, Stein* (Hrsg.), Party Systems and Voter Alignments. Cross-National Perspectives, New York, NY: Free Press, 1-64.

Norris, Pippa (Hrsg.), 1999: Critical Citizens: Global Support for Democratic Governance. Oxford: Oxford University Press.

Norris, Pippa, 2002: Democratic Phoenix: Reinventing Political Activism. Cambridge: Cambridge University Press.

Olson, Mancur, 1965: The Logic of Collective Action: Public Goods and the Theory of Groups. Cambridge, MA: Harvard University Press; deutsche Ausgabe: *Olson, Mancur*, 1968: Die Logik des kollektiven Handelns: Kollektivgüter und die Theorie der Gruppen. Tübingen: Mohr.

Pharr, Susan J./Putnam, Robert D. (Hrsg.), 2000: Disaffected Democracies: What's Troubling the Trilateral Countries? Princeton, NJ: Princeton University Press.

Pickel, Susanne/Pickel, Gert, 2006: Politische Kultur- und Demokratieforschung. Grundbegriffe, Theorien, Methoden. Eine Einführung. Wiesbaden: VS Verlag für Sozialwissenschaften.

Putnam, Robert D., 1993: Making Democracy Work. Civic Traditions in Modern Italy. Princeton, NJ: Princeton University Press.
Putnam, Robert D., 2000: Bowling Alone: The Collapse and Revival of American Community. New York, NY: Simon + Schuster.
Putnam, Robert D. (Hrsg.) 2001, Gesellschaft und Gemeinsinn: Sozialkapital im internationalen Vergleich. Gütersloh: Bertelsmann-Stiftung.
Rokkan, Stein, 2000: Staat, Nation und Demokratie in Europa: Die Theorie Stein Rokkans aus seinen gesammelten Werken. Rekonstruiert und eingeleitet von Peter Flora. Frankfurt/Main: Suhrkamp.
Shepsle, Kenneth A./Bonchek, Mark S., 1997: Analyzing Politics: Rationality, Behavior, and Institutions. New York: W.W. Norton.
Van Deth, Jan W./Maraffi, Marco/Newton, Kenneth/Whiteley, Paul F. (Hrsg.), 1999: Social Capital and European Democracy. London: Routledge.
Van Deth, Jan W./Elff, Martin, 2004: Politicisation, Economic Development, and Political Interest in Europe, in: European Journal of Political Research 43 (3), 477-508.
Van Deth, Jan W./Montero, José Ramon/Westholm, Anders (Hrsg.), 2007: Citizenship and Involvement in European Democracies: A Comparative Analysis. London: Routledge.
Verba, Sidney/Nie, Norman H./Kim, Jae-on, 1978: Participation and Political Equality. A Seven-Nation Comparison. Cambridge u.a.: Cambridge University Press.
Verba, Sidney/Schlozman, Kay L./Brady, Henry E., 1995: Voice and Equality: Civic Voluntarism in American Politics. Cambridge, MA: Harvard University Press.
Welzel, Christian/Inglehart, Ronald, 2005: Freiheitsstreben und Demokratisierung: Die Perspektive der Humanentwicklung, in: Politische Vierteljahresschrift 46 (1), 62-85.

Kapitel 4

Anheier, Helmut/Kendall, Jeremy, 2002: Interpersonal Trust and Voluntary Associations: Examining Three Approaches, in: British Journal of Sociology 53 (3), 343-362.
Beyme, Klaus von, 2000: Parteien im Wandel: Von den Volksparteien zu den professionalisierten Wählerparteien. Wiesbaden: Westdeutscher Verlag.
Brunnengräber, Achim/Klein, Ansgar/Walk, Heike (Hrsg.), 2005: NGOs im Prozess der Globalisierung: Mächtige Zwerge – umstrittene Riesen. Bonn: Bundeszentrale für politische Bildung.
Croissant, Aurel/Lauth, Hans-Joachim/Merkel, Wolfgang, 2000: Zivilgesellschaft und Transformation: Ein internationaler Vergleich, in: *Merkel, Wolfgang* (Hrsg.), Systemwechsel 5. Opladen: Leske + Budrich, 9-49.
Czada, Roland, 1994: Konjunkturen des Korporatismus: Zur Geschichte eines Paradigmenwechsels in der Verbändeforschung, in: *Streeck, Wolfgang* (Hrsg.), Staat und Verbände. Politische Vierteljahresschrift Sonderheft 25/1994, 37-64.
Dalton, Russell J./Wattenberg, Martin P. (Hrsg.), 2000: Parties without Partisans: Political Change in Advanced Industrial Democracies. Oxford: Oxford University Press.
Della Porta, Donatella/Tarrow, Sidney (Hrsg.), 2005: Transnational Protest and Global Activism: People, Passions, and Power. Lanham, MD: Rowman + Littlefield.
Doug, Imig/Tarrow, Sidney, 2003[2]: Politischer Protest im europäischen Mehrebenensystem, in: *Jachtenfuchs, Markus/Kohler-Koch, Beate* (Hrsg.), Europäische Integration. Opladen: Leske + Budrich, 121-150.

Duverger, Maurice, 1951: Les partis politiques. Paris: Armand Colin; deutsche Ausgabe: *Duverger, Maurice*, 1959: Die politischen Parteien. Tübingen: Mohr.

Edwards, Bob/Foley, Michael W./Diani, Mario (Hrsg.), 2001: Beyond Tocqueville: Civil Society and the Social Capital Debate in Comparative Perspective. Hanover, NH: University Press of New England.

Esser, Frank/Pfetsch, Barbara, 2003: Politische Kommunikation im internationalen Vergleich: Grundlagen, Anwendungen, Perspektiven. Wiesbaden: Westdeutscher Verlag.

Gunther, Richard/Montero, José Ramon/Linz, Juan J. (Hrsg.), 2002: Political Parties. Old Concepts and New Challenges. Oxford: Oxford University Press.

Gunther, Richard/Mughan, Anthony, 2000: Democracy and the Media: A Comparative Perspective. Cambridge: Cambridge University Press.

Hellman, Joel S., 1998: Winners Take All: The Politics of Partial Reform in Post-Communist Transitions, in: World Politics 50 (2), 203-234.

Howard, Marc Morjé, 2002: The Weakness of Post-Communist Civil Society, in: Journal of Democracy 13 (1), 157-169.

Katz, Richard S./Crotty, William J. (Hrsg.), 2006: Handbook of Party Politics. London: Sage.

Katz, Richard S./Mair, Peter (Hrsg.), 1992: Party Organizations. A Data Handbook on Party Organizations in Western Democracies, 1960-90. London: Sage.

Katz, Richard S./Mair, Peter (Hrsg.), 1994: How Parties Organize. Change and Adaptation in Party Organizations in Western Democracies. London: Sage.

Katz, Richard S./Mair, Peter, 1995: Changing Models of Party Organization and Party Democracy: The Emergence of the Cartel Party, in: Party Politics 1 (1), 5-28.

Katz, Richard S./Mair, Peter, 1996: Cadre, Catch-all or Cartel? A Rejoinder, in: Party Politics 2 (4), 525-34.

Kirchheimer, Otto, 1965: Der Wandel des westeuropäischen Parteiensystems, in: Politische Vierteljahresschrift 6 (1), 20-41.

Kitschelt, Herbert, 2000: Citizens, Politicians, and Party Cartellization: Political Representation and State Failure in Post-Industrial Democracies, in: European Journal of Political Research 37 (2), 149-179.

Laakso, Markku/Taagepera, Rein, 1979: "Effective" Number of Parties: A Measure with Application to West Europe, in: Comparative Political Studies 12 (1), 3-27.

Lehmbruch, Gerhard, 1977: Liberal Corporatism and Party Government, in: Comparative Political Studies 10 (1), 91-126.

Lijphart, Arend, 1999: Patterns of Democracy: Government Forms and Performance in Thirty-Six Countries. New Haven, CT: Yale University Press.

Lipset, Seymour M./Rokkan, Stein, 1967: Cleavage Structures, Party Systems and Voter Alignments: An Introduction, in: *Lipset, Seymour M./Rokkan, Stein* (Hrsg.), Party Systems and Voter Alignments. Cross-National Perspectives, New York, NY: Free Press, 1-64.

Madison, James, 1788: Federalist Paper # 10, in: Die „Federalist Papers", übersetzt, eingeleitet und mit Anmerkungen versehen von Barbara Zehnpfennig. Darmstadt: Wissenschaftliche Buchgesellschaft, 93-100.

Mair, Peter, 1990: The West European Party System. Oxford: Oxford University Press.

Mair, Peter/Biezen, Ingrid van, 2001: Party Membership in Twenty European Democracies, 1980-2000, in: Party Politics 7 (1), 5-21.

Marx, Karl/Engels, Friedrich, 1984[7] (1848): Manifest der Kommunistischen Partei, Originalgetreue Reproduktion der Erstausgabe. Berlin: Dietz.

Michels, Robert, 1989 (1911): Soziologie des Parteiwesens. Stuttgart: Kröner.
Niedermayer, Oskar/Stöss, Richard/Haas, Melanie (Hrsg.), 2006: Die Parteiensysteme Westeuropas. Wiesbaden: VS Verlag für Sozialwissenschaften.
Norris, Pippa, 2000: Virtuous Circle: Political Communications in Post-Industrial Societies. Cambridge: Cambridge University Press.
Norris, Pippa, 2005: Radical Right: Voters and Parties in the Electoral Market. Cambridge: Cambridge University Press.
Obinger, Herbert, 2003: Die politische Ökonomie des Wirtschaftswachstums, in: *Obinger, Herbert/Wagschal, Uwe/Kittel, Bernhard* (Hrsg.): Politische Ökonomie: Demokratie und politische Leistungsfähigkeit. Opladen: Leske + Budrich, 113-149.
Panebianco, Angelo,1988: Political Parties: Organization and Power. Cambridge: Cambridge University Press.
Poguntke, Thomas, 2000: Parteiorganisation im Wandel. Gesellschaftliche Verankerung und organisatorische Anpassung im europäischen Vergleich. Opladen: Westdeutscher Verlag.
Raschke, Joachim, 1988: Soziale Bewegungen: Ein historisch-systematischer Grundriß. Frankfurt/Main: Campus.
Reutter, Werner, 2005: Verbände und Interessengruppen in der Vergleichenden Politikwissenschaft: Theoretische Entwicklung und methodische Probleme, in: *Kropp, Sabine/Minkenberg, Ulrich* (Hrsg.): Vergleichen in der Politikwissenschaft. Wiesbaden: VS Verlag für Sozialwissenschaften, 234-254.
Reutter, Werner/Rütters, Jürgen, 2001: Verbände und Verbandssysteme in Westeuropa. Opladen: Leske + Budrich.
Rucht, Dieter, 1993: Parteien, Verbände und Bewegungen als Systeme politischer Interessenvermittlung, in: *Niedermayer, Oskar/Stöss, Richard* (Hrsg.): Stand und Perspektiven der Parteienforschung in Deutschland. Opladen: Westdeutscher Verlag, 251-275.
Rucht, Dieter, 2003: The Changing Role of Political Protest Movements, in: West European Politics 26 (4), 153-176.
Sartori, Giovanni, 1976: Parties and Party Systems: A Framework for Analysis. Cambridge: Cambridge University Press.
Scarrow, Susan, 2002: Perspectives on Political Parties: Classic Readings. London: Palgrave Macmillan.
Schmitter, Philippe C., 1974: Still the Century of Corporatism, in: Review of Politics 36 (1), 85-131.
Schmitter, Philippe C./Lehmbruch, Gerhard (Hrsg.), 1979: Trends Toward Corporatist Intermediation. Beverly Hills, CA: Sage.
Siaroff, Alan, 1999: Corpotatism in 24 Industrial Democracies: Meaning and Measurement, in: European Journal of Political Research 36 (2), 175-205.
Snow, David A./Soule, Sarah A./Kriesi, Hanspeter (Hrsg.), 2004: The Blackwell Companion to Social Movements. Malden, MA: Blackwell.
Streeck, Wolfgang/Schmitter, Philippe C., 1996: Gemeinschaft, Markt, Staat – und Verbände? Der mögliche Beitrag von privaten Interessenregierungen zu sozialer Ordnung, in: *Kenis, Patrick/Schneider, Volker* (Hrsg.), Organisation und Netzwerk: Institutionelle Steuerung in Wirtschaft und Politik. Frankfurt/Main: Campus.
Tarrow, Sidney, 1998^2: Power in Movement: Social Movements and Contentious Politics. Cambridge: Cambridge University Press.
Treisman, Daniel, 2000: The Causes of Corruption: A Cross-National Study, in: Journal of Public Economics 76 (3), 399-457.

Voltmer, Katrin (Hrsg.), 2006: Mass Media and Political Communication in New Democracies. London: Routledge.
Webb, Paul D./Farrell, David M./Holliday, Ian (Hrsg.), 2002: Political Parties in Advanced Industrial Democracies. Oxford: Oxford University Press.
Wiesendahl, Elmar, 1998: Parteien in Perspektive: Theoretische Ansichten der Organisationswirklichkeit politischer Parteien. Opladen: Westdeutscher Verlag.
Winter, Thomas von/Willems, Ulrich (Hrsg.), 2007: Interessenverbände in Deutschland. Wiesbaden: VS Verlag für Sozialwissenschaften.
Zinecker, Heidrun, 2005: Zivilgesellschaft in Entwicklungsländern – konzeptionelle Überlegungen, in: Politische Vierteljahresschrift 46 (4), 527-551.

Kapitel 5

Buchstein, Hubertus, 2000: Öffentliche und geheime Stimmabgabe: Eine wahlrechtshistorische und ideengeschichtliche Studie. Baden-Baden: Nomos.
Budge, Ian, 2006: Identifying Dimensions and Locating Parties: Methodological and Conceptual Problems, in: *Katz, Richard S./Crotty, William J.* (Hrsg.): Handbook of Party Politics. London: Sage, 422-433.
Campbell, Angus/Gurin, Gerald/Miller, Warren E., 1954: The Voter Decides. Evanston, IL: Row + Peterson.
Campbell, Angus/Converse, Philip E./Miller, Warren, E./Stokes, Donald E., 1960: The American Voter. New York, NY: Wiley.
Cox, Gary W., 1997: Making Votes Count: Strategic Coordination in the World's Electoral Systems. Cambridge: Cambridge University Press.
Dalton, Russell J., 2002^3: Citizen Politics: Public Opinion and Political Parties in Advanced Industrial Democracies. New York, NY: Chatham House.
Downs, Anthony, 1957: An Economic Theory of Democracy. New York, NY: Harper Collins; deutsche Ausgabe: *Downs, Anthony*, 1968: Ökonomische Theorie der Demokratie. Tübingen: Mohr.
Duverger, Maurice, 1959: Die politischen Parteien. Tübingen: Mohr.
Falter, Jürgen W./Schoen, Harald (Hrsg.), 2005: Handbuch Wahlforschung: Ein einführendes Handbuch. Wiesbaden: VS Verlag für Sozialwissenschaften.
Farrell, David M./Schmitt-Beck, Rüdiger (Hrsg.), 2002: Do Political Campaigns Matter? Campaign Effects in Elections and Referendums. London: Routledge.
Gallagher, Michael/Mitchell, Paul (Hrsg.), 2005: The Politics of Electoral Systems. Oxford: Oxford University Press.
Lazarsfeld, Paul/Berelson, Bernard/Gaudet, Hazel, 1944: The People's Choice: How the Voter Makes Up his Mind in a Presidential Campaign. New York, NY: Duell, Sloan, and Pearce.
Lijphart, Arend, 1994: Electoral Systems and Party Systems: A Study of Twenty-Seven Democracies, 1945-1990. Oxford: Oxford University Press.
Mair, Peter, 2002: In the Aggregate: Mass Electoral Behaviour in Western Europe, 1950-2000, in: *Keman, Hans* (Hrsg.), Comparative Democratic Politics. A Guide to Contemporary Theory and Research. London: Sage, 122-142.
Nohlen, Dieter, 2004^4: Wahlrecht und Parteiensystem: Zur Theorie der Wahlsysteme. Opladen: Leske + Budrich.
Nohlen, Dieter, 2005: Internationale Trends der Wahlsystementwicklung, in: Österreichische Zeitschrift für Politikwissenschaft 34 (1), 11-26.
Norris, Pippa, 2004: Electoral Engineering. Voting Rules and Political Behavior. Cambridge: Cambridge University Press.

Powell, G. Bingham, 2000: Elections as Instruments of Democracy: Majoritarian and Proportional Visions. New Haven, CT: Yale University Press.
Schmidt, Manfred G., 2000³: Demokratietheorien: Eine Einführung. Opladen: Leske + Budrich.
Schmitt-Beck, Rüdiger, 2000: Politische Kommunikation und Wählerverhalten: Ein internationaler Vergleich. Wiesbaden: Westdeutscher Verlag.
Shugart, Matthew S./Wattenberg, Martin P. (Hrsg.), 2001: Mixed-Member Electoral Systems: The Best of Both Worlds? Oxford: Oxford University Press.
Strohmeier, Gerd, 2002: Moderne Wahlkämpfe – wie sie geplant, geführt und gewonnen werden. Baden-Baden: Nomos.

Kapitel 6

Bos, Ellen, 2004: Verfassunggebung und Systemwechsel: Die Institutionalisierung von Demokratie im postsozialistischen Europa. Wiesbaden: VS Verlag für Sozialwissenschaften.
Elster, Jon, 1993: Constitution-Making in Eastern-Europe: Rebuilding the Boat in the Open Sea, in: Public Administration 71 (2), 169-217.
Fish, Steven M., 2006: Stronger Legislatures, Stronger Democracies, in: Journal of Democracy 17 (1), 5-20
Helms, Ludger, 2006: Ursprünge und Wandlungen der Verfassungsgerichtsbarkeit in den konsolidierten liberalen Demokratien, in: Zeitschrift für Parlamentsfragen 53(1), 50-73.
Lijphart, Arend, 1999: Patterns of Democracy: Government Forms and Performance in Thirty-Six Countries. New Haven, CT: Yale University Press.
Lijphart, Arend, 2004: Constitutional Design for Divided Societies, in: Journal of Democracy 15 (2), 96-109.
Montesquieu, Charles, 1994 (1748): Vom Geist der Gesetze, eingeleitet, ausgewählt und übersetzt von Kurt Weigand. Stuttgart: Reclam.
Patzelt, Werner J. (Hrsg.), 2003: Parlamente und ihre Funktionen: Institutionelle Mechanismen und institutionelles Lernen im Vergleich. Opladen: Westdeutscher Verlag.
Schultze, Rainer-Olaf, 1997: Verfassungsreform als Prozeß, in: Zeitschrift für Parlamentsfragen 28 (3), 502-520.
Stern, Klaus, 1984²: Das Staatsrecht der Bundesrepublik Deutschland: Grundbegriffe und Grundlagen des Staatsrechts, Strukturprinzipien der Verfassung. München: Beck.
Tsebelis, George, 2002: Veto Players: How Political Institutions Work. New York, NY: Sage.
Tsebelis, George/Money, Jeannette, 1997: Bicameralism: Political Economy of Institutions and Decisions. Cambridge: Cambridge University Press.

Kapitel 7

Bagehot, Walter, 1963 (1867): The English Constitution. London: Chapman and Hall.
Benz, Arthur, 1998: Politikverflechtung ohne Politikverflechtungsfalle: Koordination und Strukturdynamik im europäischen Mehrebenensystem, in: Politische Vierteljahresschrift 39 (3), 558-589.

Benz, Arthur/Lehmbruch, Gerhard (Hrsg.), 2002: Föderalismus: Analysen in entwicklungsgeschichtlicher und vergleichender Perspektive. Politische Vierteljahresschrift, Sonderheft 32/2001.
Duverger, Maurice, 1980: A New Political System Model: Semi-Presidential Government, in: European Journal of Political Research 8 (2), 165-187.
Elgie, Robert (Hrsg.), 1999: Semi-Presidentialism in Europe. Oxford: Oxford University Press.
Elgie, Robert, 2005: Variations on a Theme, in: Journal of Democracy 16 (3), 98-112.
Griffiths, Ann L./Nerenberg, Karl, 2005: Handbook of Federal Countries. Montréal: McGill-Queen's University Press.
Kaiser, André (Hrsg.), 2000: Regieren in Westminster-Demokratien. Baden-Baden: Nomos.
Lane, Jan-Erik/Ersson, Svante, 2005: The Riddle of Federalism: Does Federalism Impact on Democracy?, in: Democratization 12 (2), 163-182.
Lehmbruch, Gerhard, 1998[2]: Parteienwettbewerb im Bundesstaat: Regelsysteme und Spannungslagen im Institutionengefüge der Bundesrepublik Deutschland. Wiesbaden: Westdeutscher Verlag.
Lijphart, Arend (Hrsg.), 1992: Parliamentary versus Presidential Government. Oxford: Oxford University Press.
Linz, Juan J./Valenzuela, Arturo (Hrsg.), 1994: The Failure of Presidential Democracy. Baltimore, MD: John Hopkins University Press.
Linz, Juan J., 1999: Democracy, Multinationalism and Federalism, in: *Merkel, Wolfgang/Busch, Andreas* (Hrsg.): Demokratie in Ost und West: Frankfurt/Main: Suhrkamp.
Livingston, William S., 1956: Federalism and Constitutional Change. Oxford: Clarendon Press.
Luchterhandt, Otto (Hrsg.), 2002[2]: Neue Regierungssysteme in Osteuropa und der GUS: Probleme der Ausbildung stabiler Machtinstitutionen. Berlin: Berlin Verlag.
Mainwaring, Scott/Shugart, Matthew S., (Hrsg.), 1997: Presidentialism and Democracy in Latin America. Cambridge: Cambridge University Press.
Neustadt, Richard, 1960: Presidential Power: The Politics of Leadership. New York, NY: Wiley.
Riggs, Fred W., 1988: The Survival of Presidentialism in America: Para-Constitutional Practices, in: International Political Science Review 9 (4), 247-278.
Sartori, Giovanni, 1994: Comparative Constitutional Engineering: An Inquiry into Structures, Incentives and Outcomes. Basingstoke: Palgrave Macmillan.
Scharpf, Fritz W., 1985: Die Politikverflechtungsfalle: Europäische Integration und deutscher Föderalismus im Vergleich, in: Politische Vierteljahresschrift 26 (4), 323-356.
Scharpf, Fritz W., 2002: Regieren im europäischen Mehrebenensystem: Ansätze zu einer Theorie, in: Leviathan 30 (1), 65-92.
Shugart, Matthew S./Carey, John M., 1992: Presidents and Assemblies: Constitutional Design and Electoral Dynamics. Cambridge: Cambridge University Press.
Shugart, Matthew S., 2005: Semi-Presidential Systems: Dual Executive and Mixed Authority Patterns, in: French Politics 3 (3), 323-351.
Siaroff, Alan, 2003: Comparative Presidencies: The Inadequacy of the Presidential, Semi-presidential and Parliamentary Distinction, in: European Journal of Political Research 42 (3), 287-312.

Steffani, Winfried, 1979: Parlamentarische und präsidentielle Demokratie: Strukturelle Aspekte westlicher Demokratien. Opladen: Westdeutscher Verlag.

Steffani, Winfried, 1983: Zur Unterscheidung parlamentarischer und präsidentieller Regierungssysteme, in: Zeitschrift für Parlamentsfragen 14 (3), 390-401.

Steffani, Winfried, 1995: Semi-Präsidentialismus: Ein eigenständiger Systemtyp? Zur Unterscheidung von Legislative und Parlament, in Zeitschrift für Parlamentsfragen 26 (4), 621-641.

Stoiber, Michael, 2007: Gewaltenteilung, Machtteilung und das Vetospieler-Konzept, in: Zeitschrift für Politikwissenschaft 17 (1), 21-41.

Sturm, Roland/Zimmermann-Steinhart, Petra, 2005: Föderalismus: Eine Einführung. Baden-Baden: Nomos.

Tsebelis, George, 2002: Veto Players: How Political Institutions Work. New York, NY: Sage.

Watts, Ronald L., 1998: Federalism, Federal Political Systems, and Federations, in: Annual Review of Political Science 1, 117-137.

Watts, Ronald L., 1999[2]: Comparing Federal Systems. Montréal: McGill-Queen's University Press.

Kapitel 8

Aberbach Joel D./ Putnam, Robert D. /Rockman Bert A. (Hrsg.), 1981: Bureaucrats and Politicians in Western Democracies. Cambridge: Harvard University Press.

Andeweg, Rudy, 1997: Collegiality and Collectivity: Cabinets, Cabinet Committees and Cabinet Ministers, in *Weller, Patrick/Bakwis, Herman/Rhodes, R.A.W.* (Hrsg.): The Hollow Crown. London: Macmillan, 58-83.

Bagehot, Walter, 1963 (1867): The English Constitution. London: Chapman and Hall.

Benoit, Kenneth/Laver, Michael, 2006: Party Policy in Modern Democracies. London: Routledge.

Benz, Arthur, 2001: Der moderne Staat: Grundlagen der politologischen Analyse. München: Oldenbourg.

Benz, Arthur (Hrsg.), 2004: Governance: Regieren in komplexen Regelsystemen. Wiesbaden: VS Verlag für Sozialwissenschaften.

Benz, Arthur/Lütz, Susanne/Schimank, Uwe/Simonis, Georg (Hrsg.), 2007: Handbuch Governance. Wiesbaden: VS Verlag für Sozialwissenschaften.

Blondel, Jean, 1995[2]: Comparative Government: An Introduction. London: Prentice Hall

Blondel, Jean/Müller-Rommel, Ferdinand (Hrsg.), 2001: Cabinets in Eastern Europe. Palgrave: London.

Blumenthal, Julia von, 2005: Governance – eine kritische Zwischenbilanz, in: Zeitschrift für Politikwissenschaft 15 (4), 1149-1180.

Bogumil, Emil/Jann, Werner/Nullmeier, Frank (Hrsg.), 2006: Politik und Verwaltung. Politische Vierteljahresschrift, Sonderheft 37/2006.

Budge, Ian/Keman, Hans, 1990: How Party Government Works: Testing a Theory of Formation, Functioning and Termination in 20 Democracies. Oxford: Oxford University Press.

Dunn, William N., 2003[3]: Public Policy Analysis: An Introduction. Englewood Cliffs, NJ: Prentice Hall.

Dye, Thomas R., 1976: Policy Analysis: What Governments Do, Why They Do It, and What Difference It Makes. Tuscaloosa, AL: University of Alabama Press.

Gallagher, Michael/Laver, Michael/Mair, Peter, 2006[4]: Representative Government in Modern Europe. Boston, MA: McGraw-Hill.

Helms, Ludger, 2002: Politische Opposition. Opladen: Leske + Budrich.

Helms, Ludger, 2005: Presidents, Prime Ministers and Chancellors: Executive Leadership in Western Democracies. Houndmills: Palgrave.

Katz, Richard S., 1987: Party Government and Its Alternatives, in: *Katz, Richard S.* (Hrsg.), Party Government: European and American Experiences. Berlin: de Gruyter, 1-26.

Katz, Richard S. (Hrsg.), 1987: Party Governments: European and American Experiences. Berlin: de Gruyter.

Kropp, Sabine/Schüttemeyer, Suzanne S./Sturm, Roland (Hrsg.), 2002: Koalitionen in West- und Osteuropa. Opladen: Leske + Budrich.

Laver, Michael/Schofield, Norman, 1998: Multiparty Government. The Politics of Coalition in Europe. Ann Arbor: The Michigan University Press.

Laver, Michael/Shepsle, Kenneth A., 1996: Making and Breaking Governments. Cambridge: Cambridge University Press.

Lijphart, Arend, 1999: Patterns of Democracy: Government Forms and Performance in Thirty-Six Countries. New Haven, CT: Yale University Press.

Müller, Wolfgang C., 2004: Koalitionstheorien, in: *Helms, Ludger/Jun, Uwe* (Hrsg.): Politische Theorie und Regierungslehre. Eine Einführung in die politikwissenschaftliche Institutionenforschung. Frankfurt, New York: Campus, 267-280.

Müller, Wolfgang C./ Strøm, Kaare (Hrsg.), 1997: Koalitionsregierungen in Westeuropa. Wien: Signum Verlag.

Muller, Edward N., 1989: Distribution of Income in Advanced Capitalist States: Political Parties, Labour Unions and the International Economy, in: European Journal of Political Research 17 (2), 367-400.

Niskanen, William A., 1971[2]: Bureaucracy and Representative Government. Chicago, IL: Aldine, Atherton.

Peters, B. Guy, 2001[5]: The Politics of Bureaucracy. London: Routledge.

Peters, B. Guy/Pierre, Jon, 2007: Handbook of Public Administration. London: Sage.

Poguntke, Thomas, 2000: Präsidiale Regierungschefs: Wie verändern sich die parlamentarischen Demokratien?, in: *Niedermayer, Oskar/Westle, Bettina* (Hrsg.): Demokratie und Partizipation. Wiesbaden: Westdeutscher Verlag, 356-371.

Poguntke, Thomas/Webb, Paul (Hrsg.), 2007[2]: The Presidentialization of Politics: A Comparative Study of Modern Democracies. Oxford: Oxford University Press.

Riker, William, 1962: The Theory of Political Coalitions. New Haven, CT: Yale University Press.

Sabatier, Paul A., 1993: Advocacy-Koalitionen, Policy-Wandel und Policy-Lernen: Eine Alternative zur Phasenheuristik, in: *Heritier, Adrienne* (Hrsg.): Policy-Analyse: Kritik und Neuorientierung. Politische Vierteljahresschrift, Sonderheft 24/1993, 116-148.

Sabatier, Paul A., 1998: The Advocacy Coalition Framework: Revisions and Relevance for Europe, in: Journal of European Public Policy 5(1), 98-130.

Schmidt, Manfred G., 1996: When Parties Matter: A Review of the Possibilities and Limits of Partisan Influence on Public Policy, in: European Journal of Political Research 30 (2), 155-183.

Schneider, Volker/Janning, Frank, 2006: Politikfeldanalyse: Akteure, Diskurse und Netzwerke in der öffentlichen Politik. Wiesbaden: VS Verlag für Sozialwissenschaften.

Schubert, Klaus/Bandelow, Nils C. (Hrsg.), 2003: Lehrbuch der Politikfeldanalyse. München: Oldenbourg.
Schuppert, Gunnar Folke (Hrsg.), 2005: Governance-Forschung. Vergewisserung über Stand und Entwicklungslinien. Nomos: Baden-Baden.
Sturm, Roland, 2006: Regieren in Großbritannien. Die aktuelle britische Debatte zum Verständnis des Westminster-Modells, in: Zeitschrift für Parlamentsfragen 37 (4), 795-811.
Warwick, Paul, 1994: Government Survival in Parliamentary Democracies. Cambridge: Cambridge University Press.
Weber, Max, 1972: Wirtschaft und Gesellschaft. Tübingen: Mohr.
Woldendorp, Jaap, et al., 2000: Party Government in 48 Democracies (1945-1998). Kluwer: Dordrecht.

Kapitel 9

Abromeit, Heidrun/Stoiber, Michael, 2006: Demokratien im Vergleich: Einführung in die vergleichende Analyse politischer Systeme. Wiesbaden: VS Verlag für Sozialwissenschaften.
Armingeon, Klaus, 2002: Interest Intermediation: The Cases of Consociational Democracy and Corporatism, in: *Keman, Hans* (Hrsg.), Comparative Democratic Politics: A Guide to Contemporary Theory and Research. London: Sage, 143-165.
Croissant, Aurel, 2002: Regierungssysteme und Demokratietypen, in: *Lauth, Hans-Joachim* (Hrsg.): Vergleichende Regierungslehre: Eine Einführung. Opladen: Westdeutscher Verlag, 113-132.
Czada, Roland, 2003: Der Begriff der Verhandlungsdemokratie und die vergleichende Policy-Forschung, in: *Mayntz, Renate/Streeck, Wolfgang* (Hrsg.): Die Reformierbarkeit der Demokratie: Innovationen und Blockaden. Frankfurt/Main: Campus, 173-203.
Eberlein, Burkhard/Grande, Edgar, 2003: Entscheidungsfindung und Konfliktlösung, in: *Schubert, Klaus/Bandelow, Nils C.* (Hrsg.), Lehrbuch der Politikfeldanalyse. München: Oldenbourg, 175-201.
Ganghof, Steffen, 2003: Promises and Pitfalls of Veto Player Analysis, in: Schweizerische Zeitschrift für Politikwissenschaft 9 (2), 1-25.
Kaiser, André, 1998: Vetopunkte der Demokratie: Eine Kritik neuerer Ansätze der Demokratietypologie und ein Alternativvorschlag, in: Zeitschrift für Parlamentsfragen 29 (3), 525-541.
Keefer, Philip, 2004: What Does Political Economy Tell Us About Economic Development – and Vice Versa?, in: Annual Review of Political Science 7, 247-272.
Lehmbruch, Gerhard, 1998²: Parteienwettbewerb im Bundesstaat: Regelsysteme und Spannungslagen im Institutionengefüge der Bundesrepublik Deutschland. Wiesbaden: Westdeutscher Verlag.
Lehmbruch, Gerhard, 2003: Verhandlungsdemokratie: Beiträge zur vergleichenden Regierungslehre. Wiesbaden: Westdeutscher Verlag.
Lijphart, Arend, 1999: Patterns of Democracy: Government Forms and Performance in Thirty-Six Countries. New Haven, CT: Yale University Press.
Lijphart, Arend, 2004: Constitutional Design for Divided Societies, in: Journal of Democracy 15 (2), 96-109.

Obinger, Herbert, 2001: Vetospieler und Staatstätigkeit in Österreich: Sozial- und wirtschaftspolitische Reformchancen für die neue ÖVP/FPÖ-Regierung, in: Zeitschrift für Parlamentsfragen 3(2), 360-386.
Schmidt, Manfred G., 2000³: Demokratietheorien: Eine Einführung. Opladen: Leske + Budrich.
Schmidt, Manfred G., 2006: Die Zukunft der Demokratie, in: Zeitschrift für Parlamentsfragen 37 (4), 812-822.
Stoiber, Michael, 2007: Gewaltenteilung, Machtteilung und das Vetospieler-Konzept, in: Zeitschrift für Politikwissenschaft 17 (1), 21-41.
Tsebelis, George, 1995: Decision Making in Political Systems: Veto Players in Presidentialism, Parliamentarianism, Multicameralism, and Multipartism, in: British Journal of Political Science 25 (3), 289-325.
Tsebelis, George, 2002: Veto Players: How Political Institutions Work. New York, NY: Sage.

Verzeichnis der Abbildungen

1	Das systemtheoretische Politikmodell............	21
2	Politikmodell des akteurszentrierten Institutionalismus...	23
3	Sozioökonomischer Entwicklungsstand und die Wahrscheinlichkeit von Demokratie.......	71
4	Die Inglehart-Welzel-Wertekarte (Stand: ca. 2000)..	83
5	Cleavages	96
6	Typologie von Parteiensystemen....................	119
7 und 8	Das räumliche Modell des Parteienwettbewerbs..	150
9	Kausalitätstrichter zur Erklärung der Wahlentscheidung	155
10	Parlamentarisches und präsidentielles Regierungssystem..	197
11	Das Regierungssystem Großbritanniens	199
12	Das Regierungssystem der USA	200
13	Das Regierungssystem der Schweiz...............	202
14	Das Regierungssystem Frankreichs...............	203
15	Die „Landkarte der Demokratien"	261

Verzeichnis der Tabellen

1	Drei Dimensionen von Politik	28
2	Most similar cases design	43
3	Most different cases design	43
4	Typen nicht-demokratischer politischer Systeme	63
5	Freedom-House-Index 2007 (Auswahl)	65
6	Typen von Interessenorganisationen	105
7	Idealtypische Systeme der Interessenvermittlung	124
8	Wahlsystem, Repräsentationsziel und Entscheidungsregel	141
9	Disproportionseffekte von Wahlsystemen	144
10	*Government* und *Governance*	251
11	Merkmale der Mehrheits- und Konsensdemokratie	258

Sachregister

Accountability 49, 52, 270
Advocacy Coalition Framework 249-250
Ägypten 65, 83, 84
Äthiopien 213
Agenda, politische 52, 108, 132, 163, 232, 246; *public agenda* 108, 246
agenda-setting 108-110, 163, 210, 245-247, 268
Akteur (Begriff) 22-25, 31-34
Albanien 69, 83, 84
Algerien 83, 84
Anreize 34, 91-92, 137, 158-159, 182, 206, 234, 257
Argentinien 83, 200, 213
Armenien 65, 69, 83
Aserbaidschan 65, 69, 83
Australien 53, 65, 83, 91, 121, 160, 161, 180, 185, 193, 198, 213, 214, 216, 228, 261, 267
Autoritarismus, Autokratie 46, 58-64, 67, 68, 69, 70, 76, 80, 125, 172, 188, 195, 211, 220; kompetitiver A. 60-61

Bahamas 122, 261
Bangladesh 83, 84
Barbados 121, 261
Bayern 32, 230, 246-247
Belarus 65, 69, 83
Belgien 53, 81, 83, 97, 126, 135, 161, 165, 182, 217, 221, 228, 259, 261, 263
Bertelsmann Transformation Index 66, 77
Bewegung, soziale 19, 87, 91, 98, 101, 105-107, 115, 134, 135
Bhutan 46
Bikameralismus 179-180, 212
Bosnien-Herzegowina 65, 69, 83, 213, 263
Botswana 65, 198, 261
bounded rationality 33-34
Brasilien 21, 83, 213
Brunei 46
Bürokratie 225, 237, 240-244

Bulgarien 69, 83, 205
Bundesstaat 104, 214-217, 223
Burma 65

civic community 85-86, 101
civic culture 78, 80-81, 85, 101, 244
checks and balances 181, 196, 209, 212, 213, 270, 278
Chile 65, 83
China 14, 15, 21, 65, 83
cleavages 95-100, 102, 111, 113-116, 122, 148, 152, 159-160
cohabitation 205, 210
common law 169, 172, 209-210, 244
cross-pressure 154, 156

Dänemark 53, 81, 83, 88, 126, 160, 161, 162, 165, 179, 185, 193, 228, 229, 261
dealignment 159
Deduktion 41
defreezing 116
Delegationsbeziehung, s. Prinzipal-Agent-Theorie
Demokratie (Begriff) 46-57, 58-61, 64; direkte D. 47, 49, 53, 55, 137-138, 186; elektorale D. 47, 65-66, 68; Konkordanz-D. (*consociational democracy*) 232-233, 262-264, 276-277; Konsens- und Mehrheits-D. 41, 57, 120, 127, 139, 230, 233, 251, 255-164, 274-276; liberale D. 14, 50-53, 54-58, 65-66, 68, 87, 136, 171, 273; Massen-D. 54-55; Medien-D. 108; minimale D. 47, 48, 59; mit Adjektiven 58; Parteien-D. 53, 54-55, 103, 127, 149, 201, 229; *Polis*-D. 52, 172; Proporz-D. 262; repräsentative D. 47, 48-53, 54, 55, 103, 137, 167, 186, 225, 271, 272; soziale D. 55, 236; trilaterale D. 53; Volks-D. 48
Demokratie, Institutionalisierung der D. 67, 189, 191; Kern-I. der Demokratie 51-52, 68, 69, 136, 167, 170; Leistungs-

bilanz von D. 269-273, 274; „Muster der D." 192, 254-264, 265, 268; Herausforderungen für die D. 271-273
Demokratiedefizit 131, 223
Demokratiemessung 64-66
Demokratietheorie 52, 76, 127, 130, 140, 182, 214, 231, 257
Demokratisierung(sprozess) 39, 54, 61, 66-77, 84, 174, 182, 183, 189, 194, 208, 276
Demokratisierungstheorien 37, 70-77, 209
Demokratisierungswellen 66-69, 73, 78, 135, 146, 189, 200, 206, 273, 274
Deutschland 21, 39, 53, 55, 56, 65, 78, 81, 83, 92, 109, 117, 121, 123, 126, 1133, 138, 144, 146, 160, 162, 165, 172, 173, 180, 182, 185, 186, 188, 193, 213, 214, 216, 217, 224, 228, 229, 238, 244, 246, 252, 253, 257, 260, 261, 262, 267
devolution 215, 222
Dezentralisierung 220, 221, 222, 257
Differenzmethode 42
Diktatur 59, 116
Disproportionseffekte 143, 144, 146, 257
divided government 199, 266
divided societies 262, 275
Dritter Sektor 101, 102, 134
Drittvariable 36, 37, 42, 271
Dualismus von Regierung und Opposition 181, 198
Duverger's Law 152-153

Effektivität des Regierens 49, 57, 72, 141, 148, 198, 205, 256, 260, 274
Ehernes Gesetz der Oligarchie 113
Einheitsstaat 212, 217, 219, 220, 221, 222, 261-262
Einparteienregierung 151, 181, 230, 258, 267
England 54, 115, 169, 171-172, 175, 176, 180, 189, 226, 228, 257
Entscheidungsregel 141, 142, 145, 208, 254, 255, 259, 260
Estland 65, 69, 83, 185
Europäische Union (EU) 14, 39, 69, 88, 100, 126, 133, 136, 183, 185, 194, 222, 223, 224, 228, 242, 259, 272

Exekutive (Begriff) 176-177, 225; duale E. 203; geschlossene (monistische) E. 199-200; Kern-E. 225, 228; konstitutionelle E. 225; politische E. 182, 198, 225, 227, 238, 240, 242
Exekutive-Parteien-Dimension 256, 258, 260, 261, 262

Finnland 53, 83, 118, 121, 122, 126, 160, 165, 204, 261
Föderalismus 179, 209, 212-220, 221, 224, 246, 257, 277; Typen 213-214, 218-219, 221, 246; F. und Demokratie 217-220
Föderalismus-Unitarismus-Dimension 257, 258, 260
Frankreich 14, 15, 53, 54, 56, 81, 83, 92, 118, 121, 135, 142, 145, 161, 162, 165, 173, 175, 176, 182, 185, 190, 193, 194, 203, 204, 205, 207, 211, 222, 229, 244, 253, 261
Freedom House Index 64-66, 68, 69, 77
Freiheitsstreben 77, 82-83

Georgien 65, 69, 83
Gesetzgebung 32, 267, 171, 176, 177, 178, 179, 180, 181, 183, 186, 195, 200, 232, 237, 252, 258; delegierte G. 182, 238
Gewaltenteilung, -trennung, -verschränkung 30, 60, 75, 168, 171, 174, 175-188, 195-201, 202, 204, 208, 211, 212, 213, 218, 224, 254
Globalisierung 52, 96, 97, 98, 220, 222, 235, 272, 274
governance 17, 27, 223, 248, 250-252, 253; *good g.* 38, 49, 252, 274; *multilevel g.* 222
Graswurzelmobilisierung 106
Griechenland 53, 56, 68, 83, 88, 126, 161, 182, 261
Großbritannien 14, 15, 39, 53, 56, 57, 67, 81, 83, 91, 115, 117, 121, 126, 131, 141, 144, 145, 160, 165, 168, 169, 172, 173, 174, 179, 180, 182, 190, 193, 198, 207, 215, 222, 226, 228, 229, 230, 252, 253, 257, 259, 261, 262, 267

Sachregister

Gründungswahlen 67
Guatemala 65
Gubernative 225

homo oeconomicus 33, 157; *h. sociooeconomicus* 34; *h. sociologicus* 34, 153

Idealtyp 40, 74, 81, 124, 127, 213, 229, 240, 258
impeachment 178, 196
Implementation 20, 21, 26, 29, 31, 81, 131, 132, 133, 138, 195, 213, 214, 225, 226, 238, 247, 249, 274, 275
Indien 14, 15, 65, 83, 121, 141, 185, 198, 213, 217, 261, 263
Individualismus, methodologischer 31, 38, 45, 66, 73, 90, 248
Indonesien 83, 84
Induktion 40, 41, 53, 259
input 18-21, 101, 102, 127, 218, 225, 245, 274
Institution (Begriff) 28-31; formale und informelle I. 27, 28, 29-31, 60, 61, 132, 170, 265, 268
institutional choices 75, 133, 148, 187, 192, 274
institutioneller Wandel 12, 24, 25, 76, 252
Institutionenbildung 76
Institutionalismus, älterer/klassischer 17, 34, 78, 152; akteurszentrierter 23, 24, 44; Neo-I. 11, 18, 22-25, 29, 30, 31, 33, 34, 45, 73, 76, 152, 170, 215, 234, 241, 264, 273, 275
Interessenaggregation, -artikulation, -repräsentation 19, 51, 63, 101, 103, 106, 124, 130, 177
Interessengruppen 30, 89, 90, 101, 103-106, 112, 124, 127-131, 132-133, 211, 219, 236, 242, 251, 262, 270
Interessengruppensystem 21, 57, 122-127, 133, 208, 257, 258, 259, 263, 278
Interessenorganisation, s. Verband
Interessenvermittlung 28, 101, 122, 124, 125, 126, 208, 243, 257, 259, 261
intermediäre(s) System/Akteure 19, 54, 87, 89, 90, 94, 95, 101-108, 113, 124, 132, 134, 170, 234

Irak 65
Iran 15, 65, 83, 84
Irland 53, 83, 115-116, 204, 231, 246, 261
Island 53, 83, 126, 161, 179, 193, 204, 228, 261
Israel 65, 83, 119, 121, 142, 193, 229, 261
Italien 11, 53, 56, 65, 81, 83, 85, 98, 110, 119, 121, 126, 146, 147-148, 160, 161, 162, 165, 173, 179, 182, 185, 207, 222, 226, 228, 229, 230, 233

Japan 14, 15, 53, 56, 83, 117, 121, 146, 147, 185, 193, 228, 231, 261
Jordanien 83, 84
Judikative 19, 30, 176, 177, 184-188, 197, 223, 225, 237, 259
Judizialisierung (Justizialisierung) 186

Kabinett 197, 198, 200, 202, 204, 225-228, 230-235, 252
Kabinettprinzip 226
Kabinettregierung 226-228
Kabinettstypen 227-228
Kabinettsystem 226
Kanada 53, 83, 88, 141, 144, 180, 185, 194, 198, 213, 214, 228, 231, 233, 261
Kasachstan 69
Kausalität (Kausalbeziehung, -erklärung, -zusammenhang) 16, 35-37, 42, 70, 71, 73, 94, 153, 208, 248, 249, 271
Kausalitätstrichter 155-156
Kirgistan 65, 69
Klassenkonflikt, s. *cleavages*
Klassifizierung 11, 16, 35, 39, 41, 46, 48, 59, 118, 119, 122, 264, 277
Kollegialprinzip 226
Kollektivgut, -problem 89-95, 125, 158-159
Koalitionsparteien 32, 229, 235, 267
Koalitionspotential 119
Koalitionsregierung 30, 120, 121, 145, 146, 147, 206, 208, 227, 228, 229-235, 236, 237, 252, 253, 258, 259, 262, 263, 265

Koalitionstypen 121, 232-234, 261-262
Koalitionsverhandlungen 151, 229, 231-234
Kolumbien 65, 83, 181, 261, 263
Kommunikation 12, 19, 20, 30, 59, 89, 108, 109, 111, 132, 134, 137, 154, 156, 250, 259
Komoren 213
Konfliktstrukturen, s. *cleavages*
Konföderation 215, 222, 223
Konkordanzmethode 43
Konzertierung 125, 127
Korporatismus, s. Neokorporatismus
Korrelation 36, 37, 38, 70, 160, 270
Korruption 38, 131-133, 134, 186, 241
Kroatien 61, 69, 83, 200, 205
Kultur, politische 78-80, 81, 82, 84, 86, 88, 99, 112, 190, 209, 211, 216, 219, 227, 232, 272

legacies (Hinterlassenschaften der Vergangenheit) 76, 211, 236
Legitimität 20, 49, 57, 72, 74, 79, 122, 127, 140, 145, 177, 198, 206, 217, 256, 270, 271, 272, 274, 275, 276
Legislative (Begriff) 177-184
Lettland 68, 83, 199
Libanon 263
Libyen 65
Liechtenstein 161
linkage 54, 103, 113
Litauen 69, 83, 175, 205
Lobbyismus, Lobbying 11, 30, 92, 93, 104, 105, 126, 129, 131-133
Logik kollektiven Handelns, s. Kollektivgutproblem
Luxemburg 53, 81, 83, 126, 161, 162, 261

Majorzregel 141, 145, 146, 152
Makroebene 24, 34, 71, 73, 90, 264
Malaysia 65, 123, 263
Marokko 83, 84
Mazedonien 69, 83
Medianwähler 150-151, 231
Medien 19, 20, 61, 66, 75, 106, 107-110, 131, 134, 154, 160, 163-164, 166, 217, 218, 242, 246

Mediokratie 109
Mehrebenensysteme 212, 220-224, 225
Mehrheitswahlrecht s. Wahlsystem
Mesoebene 24, 73
Mexiko 15, 21, 53, 83, 147, 213
Mikroebene 24, 90
Mikronesien 213
Milieu 97, 114-116, 153
Minderheitsregierung 121, 145, 230, 233-234
Mobilisierung 36, 62-63, 67, 87, 95, 106-107, 111, 112, 115
Modernisierungstheorie 69-73, 77, 84
Moldau (Moldova) 69, 83
Monarchie 59, 60, 115, 174, 175, 180, 189, 190, 199, 212, 217, 221
Mongolei 69
Montenegro 65, 69, 83
most different cases design 43-44
most similar cases design 42-44

Nachrichtenwert 108-109, 164
Nationalstaat 52, 53, 56, 96, 97, 98, 107, 115, 135, 190, 216, 220, 222, 251, 272
Neoinstitutionalismus s. Institutionalismus
Neokorporatismus 40, 91, 92, 122-127, 130, 131, 133, 134, 259, 261, 263, 278
Nepal 65
Neuseeland 53, 83, 120, 136, 146, 179, 185, 193, 198, 259, 261, 262, 267
Nicht-Demokratie 40, 47, 58-63, 65, 135, 269, 270
Nichtregierungsorganisation 102, 107
Niederlande 53, 81, 83, 88, 123, 126, 142, 144, 160, 161, 165, 182, 228, 261, 263, 267
Nigeria 65, 83, 213
Non-Profit Organization 64, 102
Norwegen 53, 83, 88, 126, 165, 193, 228, 231, 261

OECD-Länder 53, 123, 271, 278
Öffentlicher Dienst/Sektor 132, 239-240, 242, 243
Österreich 53, 56, 83, 92, 126, 161, 165, 173, 180, 185, 188, 203, 213, 214, 228, 231, 261, 263

Sachregister

Oman 46
Operationalisierung 38, 41, 60, 64, 214, 256
output 18-21, 29, 81, 101, 127, 131, 186, 218, 225, 247
outcome 19, 42, 43, 49, 247, 266, 268

Pakistan 83, 84, 213
Parlament (Begriff) 19, 55, 67, 177-184; Arbeits- und Rede-P. 178-179, 209; Ein-, Zweikammer-P. 179-180, 258, 259, 261, 265, 268; Funktionen des P. 177-178
Parlamentarismus 47, 49, 55, 177, 182, 186, 195, 205
Parlamentssuprematie 168, 187
Partei (Begriff) 54, 103-105
Parteiendemokratie 53, 54-55, 103, 127, 149, 201, 209
Parteiendifferential 157-158
Parteiendifferenzthese 236
Parteienfamilien 40, 97, 116-118
Parteienregierung 54, 151, 160, 181, 229-235, 236, 252, 258, 267
Parteienstaat 55
Parteiensystem 17, 22, 44, 59, 65, 95, 98, 111, 112, 114, 115, 116, 118-122, 123, 147, 151-153, 162, 166, 181, 208, 209, 211, 230, 232, 258, 259-262, 272, 278
Parteienwettbewerb 54, 75, 114, 115, 118, 121, 138, 149-151, 152, 157, 166, 188, 196, 218, 262, 267, 277
Parteitypen 111-113
Partizipation, politische 36-37, 51, 53, 33, 64, 74, 79, 80, 81, 82, 83, 86-89, 90, 91, 93, 94, 99, 101, 102, 106, 108, 123, 134, 137, 140, 143, 145, 146, 148, 152, 153, 161, 162, 165, 207, 218, 252, 256, 262, 269, 270, 271
partyness of government 229
Pfadabhängigkeit (*path dependence*) 24, 25, 75, 76, 86, 97, 133, 187, 191, 236, 272
Peru 61, 83
Pluralismus 22, 40, 57, 62, 63, 70, 89, 103, 108, 110, 120-121, 122-127, 129, 132, 134, 136, 220, 258, 259, 261, 262, 269

Polen 53, 65, 69, 83, 109, 175, 205
policy 20-21, 27-28, 79, 108, 219, 231, 232, 234, 238, 249-251, 252, 264, 266-268, 278
policy cycle 245-248
policy-making 20, 26, 30, 47, 49, 57, 125, 197, 206, 225, 245-248, 255
politics 27-28, 237, 251, 266
Politik (Begriff) 25-28
Politikblockade 218, 267, 268
Politikfeldanalyse 245, 253
Politikstabilität 211, 219, 266
Politikverflechtung 180, 214-215, 223, 260
Politikverflechtungsfalle 218, 219, 223, 224
Politisierung 88, 242, 243
polity 27-28, 60, 77, 127, 167, 266
Polyarchie 52, 53, 68, 76
Portugal 53, 56, 68, 83, 88, 126, 142, 185, 204, 261
postkommunistische Staaten 56, 128, 134, 179, 182, 188, 208, 278
Post-Totalitarismus 62-64
Präsidentialisierung 228, 252
prime ministerial government 227, 228
Prinzipal-Agent-Theorie 50, 241-242
Proporzregel 141, 142, 143, 145, 146, 233, 262

Rational Choice 33, 34, 73, 75, 94, 99, 149, 152, 158, 159, 161, 166, 215, 234, 241, 252, 265
realignment 160, 165
Rechtsstaat 52, 54, 60, 64, 169, 171-172, 244, 252, 271, 273
Referendum 138, 189, 193, 202, 203, 229, 260
Regierung (Begriff) 17, 27, 225-228, 250-252
Regierungsbildung 166, 230, 231, 234
Regierungslehre, vergleichende 17, 18, 21, 34, 78, 195, 212
Regierungssystem 15, 17, 19, 28, 43, 44, 54, 57, 76, 101, 152, 168, 174, 176, 178, 181, 192, 193, 195-212, 220, 224, 228,

239, 251, 257, 268, 271, 274, 277; parlamentarisches R. 54, 174, 181, 195-201, 207. 208, 224, 226, 268, 277; präsidentielles R. 54, 152, 177, 178, 181, 195-201, 206, 208, 209, 210, 224, 226, 266, 268; semipräsidentielles R. 191, 203-205, 211-213; Vor- und Nachteile 182, 205-212
Regime (Begriff) 46; hybrids R. 58, 69; Regimetyp 28, 58-64, 195, 270
rent seeking 128
Repräsentationsprinzip 49, 141, 146, 175
responsibility 49, 57, 87, 198, 235, 256, 269
Ressortprinzip 226, 227, 228
rule of law 171-172
Rumänien 69, 83, 205
Russland 15, 21, 39, 61, 65, 69, 83, 128, 147, 175, 205, 211, 213

Saudi-Arabien 46
Scheinkausalität 37
Schweden 53, 83, 88, 121, 126, 160, 174, 179, 226, 228, 229, 261, 263, 267
Schweiz 44, 53, 54, 56, 65, 83, 92, 97, 121, 126, 135, 136, 138, 144, 161, 165, 179, 180, 185, 193, 201-203, 213, 214, 216, 227, 229, 233, 253, 259, 260, 261, 262, 263, 267
Selbstverwaltung 216, 221, 237
Serbien 61, 69, 83
Slowakei 53, 69, 83, 205
Slowenien 65, 69, 83, 205
small-N-Problem 39
Sowjetunion 62, 69, 170, 189, 205, 211
Sozialkapital 84-86, 89, 93, 94, 130, 134
Sozialstaat 53, 55-56, 57, 82, 112, 117, 159, 173, 183, 236, 267, 271
Spanien 53, 56, 68, 81, 83, 118, 121, 126, 142, 174, 182, 185, 213, 217, 221, 228, 261
St. Kitts und Nevis 213
Staatenbund 215, 223
Staatlichkeit 38, 220-223
Staatsbürgerkultur 80-81
Staatssozialismus 46, 48, 59, 62, 64, 68, 69, 81, 84, 98, 107, 124, 170

Staatstätigkeit 28, 55, 177, 183, 184
Südafrika 15, 65, 83, 213, 263
Südkorea 53, 83, 200
Superpräsidentialismus 205, 211
System, politisches (Begriff) 18-22
Systemfunktionen 19-21
Systemtheorie 17, 18-22, 44, 129
Systemwechsel 14, 22, 66, 67, 68, 69, 74, 75, 77, 84, 85, 105, 121, 274

Tadschikistan 69
Taiwan 83, 200
Theorie mittlerer Reichweite 22
totalitäres politisches System/Regime 59, 61-64, 78
Transition, Transformation, s. Systemwechsel
Tripartismus 92, 125
Trittbrettfahrerproblem, s. Kollektivgutproblem
Tschechien 53, 69, 83, 228, 263
Türkei 53, 65, 83, 84, 144
Turkmenistan 44, 65, 69
Typologie 40-41, 42, 46-47, 53, 59, 62, 64, 118, 119, 124, 192, 195, 203, 213, 214, 227, 230, 252, 254, 260, 261, 268, 278

Ukraine 61, 65, 69, 83, 205
Ultraparlamentarismus 182
Ungarn 53, 69, 83, 199
unified government 199
Unsicherheit 74, 191
USA 11, 14-15, 21, 25, 53, 54, 56, 64, 65, 67, 83, 88, 111-112, 117, 120, 123, 126, 133, 136, 138, 141, 159, 160, 175, 179, 180, 181, 185-186, 187, 190, 193, 200, 207, 209, 211, 213, 214-215, 216, 225, 229, 237, 243, 246, 252, 253, 257, 262
Usbekistan 69

Vatikanstaat 46
Venezuela 65, 83, 181, 193, 213, 261
Verband 89, 92, 94, 96, 103-105, 107, 123, 124, 125, 126, 127, 129, 130, 131, 132, 133, 134, 248, 259, 263, 165; „Herrschaft der Verbände" 127

Sachregister

Verbandslandschaft 40, 124, s. auch Interessengruppensystem
Vereinigte Arabische Emirate 46, 213
Vereinigtes Königreich von Großbritannien und Nordirland, s. Großbritannien
Vereinigte Staaten von Amerika, s. USA
Verfassung 27, 28, 29, 32, 46, 64, 67, 87, 136, 139, 167-195, 196, 201, 202, 203, 204, 210, 211, 212, 216, 217, 221, 222, 228, 252, 258, 259, 261, 262, 265, 273, 275, 276; formelle und materielle V. 167-168; kodifizierte V. 168-169
Verfassunggebung 173, 187, 188-193, 194, 199, 276
Verfassungsänderung 137, 167, 180, 188, 189, 192, 193, 202, 222, 232, 257, 277
Verfassungsgericht 168, 169, 185-188, 191, 209, 210, 213, 257, 258, 259, 265
Verfassungsprinzipien 171-174
Verfassungsstaat 52, 237
Verfassungswirklichkeit 187, 190, 191, 192, 202, 204, 265
Vergleich als Methode 14, 15, 16, 35-41, 45, 46-47, 64-66, 73
Vergleichsdesigns 41-44
Verteilungskoalitionen 128, 270
Verwaltung 19, 20, 31, 132, 171, 177, 183, 184, 195, 206, 226, 234, 237-244, 245, 247, 252, 253, 268
Verwaltungshandeln, Theorien des 240-242
Verwaltungskultur 210, 244
Vetorechte 32, 168, 177, 180, 201, 262
Vetospieler, Vetoakteur, *veto-player* 32-33, 41, 128, 168, 177, 188, 192, 210-212, 219, 224, 236, 237, 260, 264-268, 272
Vetospielertheorie 22, 23, 192, 210-211, 219, 224, 264-266, 277, 278
Vierte Gewalt 108

Volatilität 116, 118, 162
Volkssouveränität 49, 175, 177, 185, 186, 196

Wählerverhalten 152, 159, 162, 163, 165, 166
Wahlnorm 153, 157, 159, 161
Wahlparadox 158-159
Wahlrecht 51, 64, 65, 68, 99, 111-114, 120, 135-136, 139, 152, 165, 166, 172
Wahlrechtsgrundsätze 136-137
Wahlsystem, kombiniertes 145-148, 166; Mehrheits-W. 57, 140-146, 152, 208, 209, 230, 231, 258, 259, 262, 277; Verhältnis-W. 43, 57, 139, 140-148, 152, 153, 162, 208, 209, 230, 231, 258, 259, 262, 262, 276; Wirkungen von W. 22, 139, 143-145, 146, 148, 152, 166
Wahlverhalten 38, 87, 95, 153-159, 160, 161, 163, 166, 209; Theorien des W. 153-158
Werte 30, 38, 67, 71, 72, 78, 79, 82-84, 86, 94-97, 99, 107, 108, 114, 122, 131, 160, 177, 249
Wertewandel 22, 82-84, 96-98, 116
Westminster-Modell 198, 207, 259, 260, 274
Winner-take-all-Prinzip 140, 208, 255
Wohlfahrtsstaat s. Sozialstaat
Wohlstandstheorie der Demokratie 72

Zentralbank 168, 237, 257, 258, 259, 262, 265
Zentralisierung 60, 222
Zivilgesellschaft 62, 63, 87, 101-102, 130, 134
Zweite Kammer 179-180, 213, 219, 267, 277
Zypern 263